사회조사방법의 이해

- SPSS를 활용한 통계 분석 -

사회조사방법의 이해

- SPSS를 활용한 통계 분석 -

권혁남 · 최윤규 지음

소리내

권혁남

전북대학교 신문방송학과 교수이다.
고려대학교 신문방송학과를 졸업하고 동 대학원에서 언론학 석사, 박사를 받았다.
정치 커뮤니케이션, 커뮤니케이션 이론 및 방법론 등을 가르치고 있다.
한국언론학회장, 한국언론정보학회장, 언론중재위원, KBS MBC EBS경영평가위원, KBS시청자위원, 전북대학교 사회과학대학장 및 전국사회대학장협의회장, 미국 인디애나대 및 플로리다 주립대 방문교수를 지냈다.
언론학 저술로 『미디어 정치캠페인』(2014), 『미디어 선거의 이론과 실제–개정판』(2006), 『현대정치커뮤니케이션연구』(2006, 공저), 『미디어와 유권자』(2005, 공저), 『정치커뮤니케이션의 이해』(2004, 공저), 『대중매체와 사회』(1998, 공저), 『한국 언론과 선거보도』(1997) 등이 있다.

최윤규

전북발전연구원 부연구위원이다.
전북대학교 신문방송학과를 졸업하고 동 대학원에서 언론학 석사, 박사를 받았다.
세부전공은 정치 커뮤니케이션이다. 한국지역언론학회 총무이사로 활동하고 있다.
논문으로 "정치광고가 후보 이미지와 지지도 변화에 미치는 영향에 관한 연구"(2005), "언론의 보도경향 판단과 자신의 찬반, 지각된 여론이 제 3자지각에 미치는 영향"(2012), "중국 3대 언론매체의 한국관련 보도 행태 연구"(2013), "트위터 정치정보 이용과 이용동기, 유력자 평가가 유권자의 정치적 속성, 투표참여에 미치는 효과연구"(2013), "전주지역 지상파3사 방송 메인뉴스의 중복성에 관한연구"(2015) 등이 있다.

서 문

오늘날 우리는 엄청난 규모의 데이터에 노출되어 있다. 최근 가장 빈번하게 이루어지고 있는 데이터 수집 가운데 하나는 위치정보 동의 등 스마트폰 안드로이드 운영체계에서 애플리케이션을 설치할 때 묻는 정보동의이다. 이를 통해 기업들은 사용자의 라이프 스타일을 파악할 수 있다. 이러한 데이터들이 모여 거대한 빅 데이터를 형성한다. 빅 데이터는 정형 또는 비정형 형태의 거대한 데이터를 데이터 마이닝을 통해 체계적으로 분류하고 분석하여 통계학적 결과를 도출해 내는 것이다.

최근 각광받고 있는 빅 데이터도 계량적 분석(quantitative analysis)에서 출발한다. 현실에서 계량적 연구는 활발하게 활용되고 있으며 데이터 수집을 위해 수많은 조사가 이루어지고 있다. 대표적으로 선거와 관련된 국민들의 정치적 성향 혹은 지지후보에 대해 조사하기도 하고, 상품의 인지도나 소비자 반응을 알아내기 위해 조사하기도 한다. 정부나 지방자치단체도 정책을 평가하기 위해 조사를 실시한다.

사회과학은 자연과학처럼 1 더하기 1은 2가 아니다. 무수히 많은 변수들이 존재하고 항상 다른 결과 값이 나온다. 그렇지만 다른 결과 값도 비슷한 경향을 나타낸다. 완벽하게 일치하지 않지만 비슷한 경향을 가진 사회현상을 객관적이고 체계적으로 연구하기 위해 계량적 분석이 이용된다. 다시 말해 사회과학에서 계량적 분석은 사회현상을 연구하는 중요한 도구이다. 사회과학 조사방법은 다양한 사회현상을 탐색하여 기술하고, 인과관계를 밝혀내 결과를 예측할 수 있도록 해준다. 이와 같은 계량적 연구의 중요성으로 거의 모든 사회과학 학문에서 조사방법론을 필수과목으로 지정하여 비중 있게 가르치고 있다.

하지만 대다수 학생들은 조사방법론을 어렵다고 인식한다. 일상에서 사용하지 않는 용어와 수학을 기초로 한 통계 때문에 학생들은 지레 겁을 먹고 조사방법론을 두려워한다. 저자가 아는 교수는 학생들에게 조사방법론의 용어들을 외국어가 아닌 외계어라고 설명하곤 한다. 학술지 또는 학위 논문의 상당수가 통계 분석을 이용하여 연구문제를 검증한다. 하지만 논문을 읽는 학생들이 계량적 연구를 이해하지 못하고 이론적 배경과 결론만을 이해하는 경우를 저자는 종종 보아왔다.

많은 조사방법론 교재들에서 주요 이론적 논리들이 너무 추상적이고 난해하게 설명되어 있다. 조사방법론의 기초가 없는 학생들이 이러한 책들을 이해하기에 너무 어렵다. 더불어 통계학적 시각에서 접근한 교재들도 있다. 이 역시 너무 어려운 수학적 수식과 기법을 설명하고 있어 사회과학 학생들에게 적합하지 않다. 마지막으로 통계 프로그램의 기술적 사용만을 강조한 교재들도 존재한다. 프로그램의 매뉴얼처럼 되어 있는 교재로 공부한다면 언제 무너질지 모르는 사상누각의 지식이 될 수 있다. 위 모든 것을 아우르는 기본에 충실하지만 어렵지 않은 조사방법론 교재가 필요하다.

저자들은 조사방법론을 어려워하는 사회과학도들에게 조사방법론의 기본 원리와 주요 활용되는 통계기법을 쉽게 설명하는 것을 이 책의 목적으로 하였다. 구체적으로 기본 원리에 충실하게 설명하면서 실제 연구에 쉽게 적용할 수 있는 방법을 담고 있는 교재를 만들려고 하였다. 학부생에게 연구방법론의 개념을 쉽게 설명하여 사회과학을 이해하는데 도움을 주고자 하였다. 더불어 대학원생들에겐 조사방법론의 근간인 이론적 원리를 바탕으로 실제 연구에 적용하는 통계기법을 제시함으로써 학술적 발전에 도움을 주고자 하였다. 이 책은 이러한 연구목적을 충족하기 위해 아래 세 가지 원리를 기준으로 구성되었다.

1. 과학적 조사연구의 근간인 이론적 원리의 쉬운 설명
2. 이론적 원리가 실제 조사수행에게 어떻게 적용되는지 예시 제시
3. 다양한 통계기법의 실제 활용방법 소개

앞에서 밝힌 것처럼 저자의 목표는 이 책을 통해 학생들이 조사방법론에 대한 두려움을 떨쳐버리고 손쉽게 통계방법론을 활용할 수 있도록 돕는 것이다. 이를 달성하기 위해 이 책을 크게 두 가지 부분으로 구분하였다. 먼저 제1부 조사방법론에서 사회 조사방법론의 기초를 설명하였다. 사회과학적 지식에 대한 관심과

이해를 높이기 위해 제1장에서 과학적 연구방법을 개괄하고, 제2장에서 주요 연구 요소를 다룬 후 제3장에서 전반적 연구절차를 설명하였다. 조사방법론의 필수 사항인 측정과 척도를 제4장에서 다루었고, 표본추출 방법을 제5장에서 기술하였다. 이어서 조사방법론의 핵심 도구인 서베이 조사를 제5장에서 설명하였다. 그 밖에 주요 연구방법인 실험연구와 질적 방법 및 내용분석을 7, 8장에 걸쳐 다루었다.

이어서 제2부 SPSS를 활용한 통계기법에서 핵심적인 통계의 기본 원리를 설명하였다. 더불어 실제 연구에 적용할 수 있도록 통계 프로그램인 SPSS의 사용법을 제시하였다. 구체적으로 제9장에서 기초적인 통계 용어의 개념을 설명하였고 SPSS 패키지를 소개한 후 빈도분석과 χ^2검증과 t검증, ANOVA 등 기초통계를 설명하였다. 마지막으로 제10장에서 고급통계인 상관관계분석, 요인분석, 판별분석, 군집분석, 신뢰도분석, 회귀분석, 그리고 경로분석을 설명하였다. 모든 통계기법의 기본 원리를 설명한 후 SPSS 프로그램을 통한 분석 방법으로 그림으로 자세하게 제시하였다. 마지막 경로분석의 경우 SPSS 프로그램과 더불어 Amos 프로그램의 활용도 덧붙었다.

저자가 생각하기에 조사방법론은 책으로 이해하는데 한계가 있다. 기본적인 개념이 부재한 상태에서 생소한 용어들을 완전히 이해할 수 없다. 따라서 이 책을 통해 단 시간에 모든 것을 이해한다는 욕심보다 실제 적용해야할 연구문제가 생겼을 때 이를 해결할 수 있는 길잡이로 활용하기 바란다. 주어진 시간과 지면의 제약으로 인해 통계분석 내용을 보다 충실하게 담지 못한 점을 안타깝게 생각한다. 앞으로 독자들의 따뜻한 관심과 책의 전반적인 내용에 대한 따끔한 지적은 이 책을 더욱 더 충실하게 만드는데 큰 도움이 될 것이다.

마지막으로 이 책을 집필하면서 원고를 꼼꼼하게 검토해준 전오열 박사와 자료정리를 도와준 전북대학교 신문방송학과 김영신 조교에게 진심으로 감사드린다. 더불어 항상 묵묵히 옆을 지켜주는 사랑하는 가족들에게 감사함을 전한다.

2015년 2월

저자 일동

목 차

제1부 조사방법론

제2부 SPSS를 활용한 통계분석

표 목 차

그림목차

제1부 조사방법론

제1장 과학적 연구방법

Chapter 01

과학적 연구방법

1. 과학에 대한 이해

우리는 이 세상에 대해 모르는 것도 많지만 이미 많은 것을 알고 있다. 우리는 지구가 둥글다는 사실을 알고 있고, 가보지는 않았지만 이집트의 수도가 카이로라는 사실을 알고 있다. 또한 우리네 할머니 할아버지들은 다리를 주무르면서 곧 비가 올 것이라고 예상하고, 아침에 낀 안개를 보고서 그날은 매우 더울 것임을 알아차린다.

그러면 우리는 이렇게 많은 지식들을 어떻게 알게 되었을까? 알고 있는 지식의 대부분은 간접경험을 통해 얻은 것들이다. 다른 사람들이 들려주는 얘기를 통해, 또는 신문, 방송, 인터넷, 그리고 책 등의 간접 경험을 통해 세상의 이치와 지식들을 습득한다. 간접경험에 비해 지식습득 양은 적지만 우리는 직접 경험을 통해서도 세상을 알게 된다. 이제 걸음마를 막 시작한 아기는 온통 호기심으로 가득 차 있다. 그래서 손으로 직접 만져보거나 입으로 먹어봄으로써 세상을 탐구하는 것이다. 뜨거운 주전자 주둥이에서 흘러나오는 수증기를 만지지 못하게 아무리 말려도 아기는 기필코 그것을 만져본다. 수증기가 뜨겁다는 것을 스스로 경험한 뒤에서야 비로소 다시는 만져볼 생각을 갖지 않는다. 이러한 아기의 경험도 탐구를 통한 지식 습득의 결과라고 할 수 있다. 바로 이와 같이 직접, 간접 경험을 통해 세상을 알게 되는 것을 인간의 지식탐구행위라고 한다.

1) 지식탐구 방법

우리는 수많은 정보나 지식을 제대로 검증하지 않은 채 너무 쉽게 받아들이고 있다. 그러면 우리가 알고 있는 정보와 지식이 모두 진실일까? 우리는 지구가 둥글다는 사실을 알고 있다. 하지만 과거 사람들은 지구를 평면으로 알고 있었다.

지식 축적의 기반은 합의이다. 사회 성장의 가장 큰 부분은 모든 사람들이 알고 있는 지식을 받아들이는 학습과정이다. 때문에 우리가 알고 있는 지식의 대부분은 동의와 믿음의 문제이다(Babbie, 1983). 개인의 경험은 한계가 있기 때문에 학습을 통한 지식 습득은 매우 유용한 방법이다. 합의에 의존한 학습뿐만 아니라 직접 경험함으로써 지식 습득도 가능하다.

미국의 철학자 퍼스(Peirce)는 지식을 얻는 보편적인 방법을 아집적 방법, 권위적 방법, 직관적 방법, 과학적 방법 등 네 가지로 구분하였다(Kerlinger, 1973, pp.5~6에서 재인용)[1].

첫 번째, 아집에 의한 방법(method of tenacity)이다. 이 방법은 사람들이 무언가를 사실이라고 확고하게 믿어왔기 때문에 이를 진실이라고 인식한다. 이전에 좋았거나 혹은 나빴던 것은 앞으로도 계속 그럴 거라고 믿는 것이다. 즉, 항상 그렇게 되어 왔기 때문에 진리라고 인식하는 방법이다. 굿이나 타부 등의 미신과 관습을 통해 지식을 안다거나, 아니면 관상, 사주, 손금, 점 등을 통해 사람의 운명을 파악하는 것 등도 여기에 해당된다고 하겠다. 그러나 가장 대표적인 아집적 방법으로 전통을 들 수 있다. 현재 세대의 지식은 전 세대로부터 전통으로 누적되어진다. '거인의 어깨 위에 서다(standing on the shoulders of giants)'로 표현되는 물려받은 전통은 지식탐구에 있어서 명백한 이점으로 작용한다(Babbie, 1983). 오랫동안 누적된 정보와 지식은 더 많은 지식 발전의 밑거름이 된다. 하지만 어렸을 때부터 무비판적으로 습득된 전통은 지식 탐구에

1) 위버와 도미니크(Wimmer, & Dominick, 2014)는 퍼스의 지식을 얻는 방법 외에 자기 발견에 의한 방법을 추가했다. 자기 발견(self-discovery)에 의한 방법은 외부로부터 정보를 수집하지 않고 개인의 경험을 바탕으로 자기 스스로 지식을 습득하는 것을 의미한다.

걸림돌로 작용되기도 한다. 이미 모든 사람이 진실이라 믿는 내용을 의심하고 다시 검증하려한다면 이방인 취급을 받을 수 있다. 하지만 오랫동안 사실이라 믿어온 모든 내용이 모두 진실은 아니다. 전통을 지나치게 강조하게 되면 훈고학의 한계를 극복할 수 없게 된다.

두 번째는 직관에 의한 방법(method of intuition)[2)]이다. 직관이란 이성적 추리(reasoning) 과정을 거치지 않는 능력이나 감각으로 대상을 직접 파악하는 것을 의미한다. 따라서 직관에 의한 지식 획득은 비판의 여지가 없는 분명한 명제로 그것이 명백하거나 이치에 맞기 때문에 진실이라고 믿는 것이다. 직관에 의한 방법은 이성(理性)과 일치할 수 있지만, 경험과 반드시 일치하지는 않는다(Kerlinger, 1973, p.5). 예를 들어 "전체는 부분보다 크다", "원인 없는 결과는 없다"는 아무 의심 없이 받아들이는 명제이다. 하지만 과거 "지구는 평평하다"는 명제가 오류로 밝혀졌듯이 직관에 의한 방법은 검증을 통해 바뀔 수 있다.

세 번째는 권위에 의한 방법(method of authority)이다. 권위적 방법은 지식 전달자에 대한 권위와 신뢰를 바탕으로 지식을 습득하는 방식이다. 우리는 부모나 전문가, 언론 등 권위가 있거나 믿을만한 정보원을 통해서 지식을 습득한다. 권위는 지식 탐구에 도움이 되지만 때로 방해가 되기도 한다. 전문가의 의견을 과대평가하거나 무비판적으로 습득하여 진실 추구의 걸림돌로 작용될 수 있다. 그래서 영국의 사학자 뷰어리(Burry)는 "과학은 권위에 대한 끊임없는 투쟁"이라고 말하기도 하였다. 위에서 설명한 전통과 아울러서 권위 역시 지식 탐구의 양날의 칼로 작용할 수 있다. 즉, 전통과 권위는 지식 추구의 출발점을 제공해 주지만, 잘못된 지점에서 출발하게 하거나 잘못된 방향으로 이끌 수 있다(Babbie, 1983).

위에서 든 세 가지 방법은 지식을 획득하는 데 있어서 유용성은 있을지 모르지만 모두 나름대로의 한계를 갖고 있다는 점에서 비과학적 방법이라고 한다. 반면에 네 번째 방법인 과학적 방법은 객관성, 논리성, 정확성 등을 특징으로 한다.

---

2) 퍼스(Peirce)는 선험(先驗: prior method)에 의한 방법으로 표현했지만 다른 학자들은 직관(直觀: intuition)에 의한 방법으로 표현했다(신민철, 2007).

2) 과학적 방법의 특징

위머와 도미니크(Wimmer & Dominick, 2004)는 과학적 방법의 특성을 다섯 가지로 정리하였다. 그것은 과학적 연구는 경험적, 객관적, 체계적이며 누적적, 예측적, 공개적이라는 것이다.

(1) 경험적이다

과학적 방법의 가장 중요한 특징은 경험주의(empiricism)이다. 경험주의는 감각기관을 통해 직·간접적으로 확인할 수 있어야 한다. 과학적 연구는 연구자가 알 수 있고 분류할 수 있도록 측정 가능한 학문 영역이다. 일반적인 감각기관 혹은 지적 수준으로 경험 가능해야 과학으로 인정되는 반면 경험할 수 없는 형이상학적 설명은 인정되지 않는다. 과학은 경험적 검증이 가능한(verifiable) 지식이라는 점에서 철학, 문학, 신화 등 단순한 지식의 축적에 의한 지식체계와 다르다. 검증할 수 없는 문제는 과학의 영역 밖에 있다. 즉 과학이 철학이나 문학과 구별되는 주된 기준의 하나로 '경험적인 증거가 확실한 지식'이란 점을 들 수 있다(김경동, 이온죽, 1989). 따라서 각국의 신화(mythology)는 다른 나라에서 전혀 다르게 이해될 수 있지만 과학적 지식은 전 세계 누구에게나 보편타당하게 적용된다. 한국 사람에게 적용되는 과학은 미국, 일본 등 다른 나라 사람에게도 적용된다. 과거 우리나라가 일제 식민지를 경험한 이유를 '하늘의 뜻'으로 설명하는 주장은 감각기관으로 경험될 수 없다. 따라서 경험주의 입장에서 권위, 전통, 계시, 직관 등에 기초한 지식은 수용될 수 없다.

그러나 과학에서 경험(empirical)은 넓은 뜻으로 사용되어 간접적인 관찰까지도 포함한다. 예를 들어 온도는 직접적으로 관찰할 수 없지만 온도계를 통해 간접적으로 관찰할 수 있다. 또한 물리학에서 중성자(neutron)는 인간이 직접적으로 지각할 수 없지만 사진에 남겨진 중성자의 궤적을 통해 중성자의 존재를 간접적으로 경험할 수 있다. 현실에서 사회현상의 대부분은 간접적인 관찰을 통해서만 이해할 수 있다(신민철, 2007).

(2) 객관적이다

과학은 연구자의 주관성을 배제하고 일정한 규칙과 절차를 따라야만 한다는 점에서 객관성을 띤다. 객관성이란 감각기관을 통해 누구나 같은 대상을 인식하고 일치할 때 획득된다. 경험적 증거는 객관적인 존재로 가정된다. 그러나 현실적으로 절대적인 의미의 객관성을 확보하기는 매우 어렵다. 과학자들의 객관적 관찰도 어떤 의미에서 주관적인 해석을 요구한다. 따라서 과학적 연구에서 '객관성'이란 용어는 '상호주관성(intersubjectivity)'으로 이해하는 것이 적합하다.

상호주관성이란 연구자들의 주관적 동기는 다르더라도 동일한 방법으로 실시한 연구 결과는 같아야 한다는 것을 의미한다. 이는 서로 다른 연구자들이 공통적으로 갖고 있는 주관에 근거하기 때문이다. 과학적 연구는 사람에 의해 계획되고 수행되기 때문에 객관성을 완벽하게 확보할 수 없다. 하지만 연구자들이 공통으로 가지고 있는 주관을 바탕으로 동일한 결론을 도출함으로써 객관성을 확보할 수 있다. 이를 위해 연구자들은 자신의 연구내용에 연구방법론을 자세히 설명한다. 각 연구들의 방법론을 검토함으로써 연구자의 주관 개입 여부 및 정도를 검증할 수 있다.

퍼스는 진실 탐구를 위해 주관적 사고가 영향을 줄 수 없는 객관적 방법을 모색해야 하며, 그 방법으로 모든 사람이 동일한 결론에 도달해야 한다고 말했다(Kerlinger, 1973, p.6). 과학적 방법은 현상 간의 관계를 경험적으로 검증할 수 있고 객관적이고 반복 가능한 방법으로 지식을 습득한다. 즉, 논리적으로 유추한 현상 간의 관계가 경험적으로 관찰된 사실과 일치될 때 과학적 지식으로 인정된다. 예를 들어 오스트레일리아의 배리 마셜(Barry Marshall)이 1984년 위궤양의 원인 박테리아인 헬리코박터 파일로리(Helicobacter Pylori)를 처음 발견했다. 이후 몇 년에 걸쳐 수많은 사람들이 독립적인 연구를 반복해 그의 발견을 확인했고 과학적 지식으로 인정되었다.

(3) 체계적이며 누적적이다

아무것도 갖추지 못한 상태에서 무모하게 도전하는 행위를 가리켜 우리는 '맨땅에 헤딩한다'는 속어를 사용한다. 과학은 맨땅에 헤딩이 통용되지 않는다. 새로운 지식은 과거에 축적된 지식 위에서 생성되는 것이지 갑자기 하늘에서 떨어지는 경우는 없다. 새로운 과학적 연구를 하기 위해서 연구자는 기존의 과학적 연구문헌들을 충분히 섭렵해야만 한다. 이러한 문헌고찰을 통해 자신의 연구에 맞는 연구문제나 개념, 그리고 연구방법들을 찾는데 도움을 얻게 된다.

또한 과학은 논리적 체계성을 갖추어야 하는데, 그러기 위해서는 논리의 전개과정이 일관적이어야 하고, 모순되지 않아야 한다. '논리적'은 설명이 합리적이며 이치에 맞음을 의미하며, 다음 두 가지 조건을 동시 만족시킬 때 비로소 논리적이라고 할 수 있다. 첫 번째 조건은 어떤 현상이 시간적으로 앞선 현상을 일으킬 수 없다. 예를 들어 수도꼭지가 먼저 움직이고 나서 물이 나오는 것이지, 반대로 물이 나오고 수도꼭지가 움직여지는 것이 아니다. 두 번째 조건은 두 개의 배타적인 상태가 동시에 일어나지 않아야 한다. 예를 들어 문을 동시에 열고 닫을 수는 없다.

(4) 예측적이다

우리가 과학을 하는 목적 중의 하나는 연구대상이 되는 현상에 대한 이해를 통해 그 현상의 미래를 예측하는데 있다. 그래서 연구자가 새로 만든 이론이나 가설이 그 현상의 미래를 성공적으로 예측하느냐에 따라 그 이론과 가설의 유용성을 측정할 수 있다.

예를 들어 TV드라마의 폭력성과 청소년 정서 간의 관계를 살펴보자. 많은 연구들에서 폭력적인 TV드라마에 노출될수록 청소년의 과격한 행동이 증가됨을 입증했다면 이를 일반화시킬 수 있다. 더 나아가 청소년을 대상으로 한 방송 제작과 편성의 참고 자료로 활용할 수 있다.

(5) 공개적이다

연구자는 연구 결과는 물론이고 연구과정과 절차와 관련된 일체의 자료나 정보를 공개함으로써 자신이 발견한 지식이나 이론의 정확성을 주장할 수 있다. 구체적으로 연구자들은 표본추출방법, 측정방법, 자료수집방법 등의 정보를 반드시 공개해야 한다. 그래야만 다른 연구자들이 해당연구를 검증하여 그 연구를 지지하거나 반박 할 수 있는 것이다.

연구자가 아무리 세상이 깜짝 놀랄만한 새로운 지식이나 이론을 얻었다 하더라도 그 연구 과정과 결과를 공개하지 않으면 인정되지 않는다. 또한 이러한 공개과정을 거쳐 후학 연구자들이 그 지식과 이론을 바탕으로 더 나은 새로운 지식이나 이론을 발견하거나 개발함으로써 과학의 진보가 이루어지는 것이다. 중국 후한 말에 처음으로 마취제를 발명하여 환자를 마취시켜 그 동안 불가능에 가까웠던 외과적 수술을 시술한 중국의 신의 화타(神醫 華陀)의 비방이 공개되거나 전수되지 않음으로 인해 의술의 발전이 늦어진 역사적 사실은 지금까지도 많은 교훈을 주고 있다.

2. 과학의 목적

과학이라는 단어는 학문뿐만 아니라 일상생활에서도 흔히 사용하는 일상적 용어이다. 과학을 뜻하는 영어단어 science는 지식(knowledge) 또는 앎(to know)을 뜻하는 라틴어 scientia를 어원으로 한다. 따라서 과학은 세상을 설명할 수 있는 지식체계라 할 수 있다. 우리는 과학을 통해 각종 자연적·사회적 현상(phenomenon)뿐만 아니라 현상들 간의 관계를 이해하고 설명할 수 있다.

우리가 과학을 하는 목적은 지식의 생산, 즉 우리를 둘러싼 세상(각종 자연적·사회적 현상 그리고 현상들 간의 관계)을 이해하고 설명하는 데 있다. 이러한 의미에서 과학의 목적은 이론(theory)의 정립으로 이해할 수 있다. 세상에 수없이 많은 일들이 내재하고 있는 규칙과 법칙을 정리한 것이 이론이다. 따라서 이론은 어떤 현상을 질서 있게 또는 체계 있게 설명해준다(김광웅, 2013, 223쪽).

일반인들은 과학을 어렵게만 생각하고 있다. 커린저(Kerlinger, 1973, p.7)는 과학에 대한 오해와 잘못된 고정관념에 대해 다음과 같이 말했다. 첫째, 사람들은 흰 가운을 입고 실험실에서 실험하는 연구만을 떠올린다. 둘째, 사회문제와 담을 쌓고 상아탑 속에서 복잡한 이론을 생각하고 구성하는 사람만을 과학자로 인식한다. 마지막으로 과학을 공학 및 테크놀로지와 동일시한다. 따라서 과학이란 과학자만이 하는 것이 아니라 일반인들도 일상생활 속에서 얼마든지 할 수 있으며, 사회과학도 엄연히 과학이라는 점을 인식해야 할 것이다.

과학의 목적을 구체화하면 과학은 다양한 현상에 대해 객관적, 체계적으로 기술(describe) · 설명(explain) · 예측(predict) · 통제(control)하는 것이다. 사회과학의 궁극적 목적은 특정 사회현상을 기술함으로써 내포하고 있는 의미를 정확하게 이해한 후 현상들 간의 관계에 대해 설명하고, 이를 바탕으로 앞으로 일어날 사회현상을 예측하며, 미래에 일어날 현상을 통제하는 데에 있다.

1) 기술

기술이란 현상에 대한 관찰결과를 진술하는 것을 말한다. 기술은 상태에 대한 기술과 과정에 대한 기술로 나누어진다. 상태에 대한 기술은 어떤 변인[3](variable)의 값을 명시하는 것을 말한다. 예를 들어 "철수는 키가 180cm이고, 몸무게는 75kg이다", "대한민국은 인구가 5천 만 명이다" 등이 상태에 대한 기술이다. 과정에 대한 기술은 2개 이상 변인들 간의 관계를 진술하는 것을 말한다. 예를 들어 "탄수화물을 많이 섭취하면 살이 찐다" "후진국일수록 언론통제가 심하다" 등을 들 수 있다.

2) 설명

과학의 궁극적 목적은 현상에 대한 설명에 있다. 현상에 대한 설명은 변인들 간의 인과관계(원인과 결과 관계)를 밝히는 것을 말한다. 예를 들어 "하늘이 파랗다"는 현상에 대한 기술이라면, 하늘이 왜 파란지에 대한 이유를 밝히는 것은 현상에 대한 설명이 된다. 그래서 "하늘이 파란 것은 파란 광선이 더 많이 굴절하기 때문이다"라고 하면 현상에 대한 충분한 설명이 된다.

흔히 "팔다리가 저리면 비가 온다"고 하는데, 이는 인과관계에 대한 잘못된 설명이다. 따라서 신경통 증상이 비를 내리게 하는 것이 아니라 반대로 비가 내리기 전 변화된 기압이나 습도, 온도가 신경통에 영향을 미치는 것이라고 말해

3) 2장에서 설명하겠지만 변인이란 특정 분류 틀이나 측정 틀에 의해 수치로 기록되어 여러 값을 가지는 대상이나 사건을 말한다(최현철, 2013, 23쪽).

야 정확한 과학적 설명이 되는 것이다.

3) 예측

사회현상의 변인들 간의 관계를 설명해 일반화 시킬 수 있다면, 그 현상의 변화를 사전에 예측할 수 있게 된다. 변인들 간의 인과관계를 알게 되었다면 한 변인의 상태나 값을 변화시킴으로써 다른 변인의 변화를 사전에 알 수 있다.

예를 들어 청소년의 일탈행위는 가정환경, 교우관계, 미디어 영향 등이 원인으로 작용하는 것으로 알려져 있다. 따라서 청소년 개인의 가정이 결손가정인지, 어떤 친구를 사귀는지, 특정 유형의 미디어 콘텐츠를 자주 이용하는 지 등을 알 수 있다면 청소년의 일탈행위를 어느 정도 정확히 예측할 수 있다.

4) 통제

어떤 현상에 대한 설명이 이루어지면 그 현상의 예측이 가능하기 때문에 그 현상을 의도적으로 변화시킬 수 있게 된다. 그래서 사회적인 어떤 문제를 해결하고 연구결과를 실용화할 수 있는 것이다. 여기에서 과학(science)과 공학(engineering)이 구별되는데, 과학은 어떤 주어진 현상을 기술, 설명, 예측하는 데 궁극적 목적이 있다면, 대체로 공학은 그러한 현상을 통제하는 데 목적을 두고 있다고 하겠다. 기초과학을 연구하는 학자들은 연구가 현상에 대한 기술, 설명, 예측에 비중을 두어야한다는 순수학문 입장이라면, 응용과학을 하는 학자들은 현상에 대한 통제에 더 많은 비중을 두고 있다(차배근, 1985, 36쪽).

3. 과학적 연구 과정

과학적 연구의 핵심은 사회 현상을 '어떻게' 설명하는가이다. '어떻게'를 발견하는 것이 연구방법론이다. 과학적 연구방법론(scientific methodology)이란 과학적 지식발견을 위한 규칙 및 절차의 체계(system of explicit rules and procedures)라고 이해할 수 있다(Frankfort-Nachmias & Nachmias, 1992, p.14).

1) 과학적 연구방법의 두 가지 전통

과학적 연구방법에 관한 서로 다른 두 가지 전통이 오랜 시간 동안 지속되어 왔다. 과학적 연구방법은 크게 귀납(induction)과 연역(deduction)으로 나눌 수 있다.

(1) 연역적 방법(전체 → 부분)

연역적 논리체계(deductive logic)는 보편적(general)인 것으로부터 특수한(specific) 것을 추론해내는 방법이다. 구체적으로 이론적 전제를 제시한 후 일반적인 경험이나 사실에서 특수한 사실을 이끌어 내는 방법이다. "전체에 대하여 참인 것은 부분에 대해서도 참이다"라고 하는 입장이다. 연역적 논리체계는 실증주의적(positivism) 입장에서 이론을 개발하는 전형적인 과학적 방법이다. 다음은 대표적인 연역적 방법이다.

모든 사람은 죽는다(일반적 사실)
소크라테스는 사람이다(사실의 관찰)
그러므로 소크라테스는 죽는다(특수한 사실)

연역적 논리체계는 기존 이론이나 일반적 논리를 바탕으로 잠정적 해답을 가설로 설정하고 이를 관찰이나 경험으로 검증한다. 연역적 논리체계에 따른 연구방법은 '일반적인' 이론으로부터 '특수한' 이론적 기대를 끌어내고, 이를 검증 가능한 가설로 설정한다. 다음 단계에서 변인을 경험적으로 관찰할 수 있도록 조작화하고 측정도구를 개발한다. 마지막으로 측정도구로 관찰한 후 결과에 따라 가설이 채택 혹은 기각된다.

이론적 전제 → 가설 → 조작화 → 관찰 → 검증 → 채택 혹은 기각

(2) 귀납적 논리체계

귀납적 논리체계(inductive logic)는 특수한 경험이나 사건으로부터 보편적인 원리를 도출해 내는 방법이다. 즉, 연구자는 관찰한 사실을 설명하기 위한 이론을 형성해 가는 과정이다. 예를 들면, 연구자가 소크라테스가 죽은 사실을 관찰하고 모든 사람이 죽는다는 잠정적 결론을 내릴 수 있다. 귀납적 논리체계는 문화인류학자들에 의하여 문화현상을 설명하는 방법으로 주로 사용되고 있다.

사실의 관찰 → 사실의 누적 및 유형화 → 잠정적 결론

이론과 경험은 연역적 논리체계와 귀납적 논리체계 전개 과정에서 정반대로 전개된다. 일반적으로 연역적 논리체계와 귀납적 논리체계는 가설을 설정하고 과학적 지식을 축적하는데 있어 상호보완적으로 사용된다. 연역적 방법은 기존 이론을 바탕으로 새로운 가설을 검증하는 전형적인 양적실험연구의 특성을 지니고 있다. 하지만 방법론적 특성으로 인하여 새로운 지식체계를 정립하는데 제한적이다. 반면 귀납적 방법은 새로운 지식을 발견하고자하는 탐색적 연구에 적합하다. 연역과 귀납의 논리체계는 연구과정에서 순환적으로 연결되어 상호보완적으로 작용하는데, 이론에서 가설을 정립하고, 이러한 가설은 관찰을 가능하게 하며, 관찰을 통하여 일반화가 이루어지고 일반화를 거쳐 이론이 수정되는 순환적 과정이다(김구, 2011, 76쪽).

〈그림 1-1〉 연역과 귀납의 상호 순환적 관계

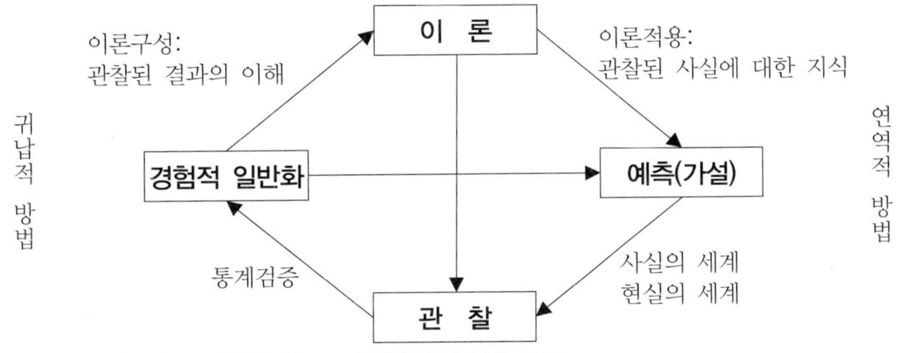

출처: 김구 (2011), 사회과학 연구조사 방법론의 이해, 77쪽.

2) 과학적 연구과정

신민철(2007)은 과학적 지식 습득을 위한 과학적 연구과정을 연구문제의 정의, 연구문제에 대한 논리적 해답 제시, 논리적 해답에 대한 경험적 검증 등 3단계 핵심과정으로 단순화시켰다. 과학적 연구과정의 첫 단계는 연구할 문제의 정의이다. 먼저 과학적으로 연구해야 할 문제를 선정해야 연구를 시작할 수 있다. 사회현상에 대해 의구심을 가지고, 왜 이러한 현상이 발생했는지를 고민하여 연구할만한 가치가 있는지를 판단하는 단계이다. 두 번째 단계에서는 정의된 연구문제에 대한 논리적인 해답을 제시한다. 이 단계에서 사회현상에 영향을 미칠 수 있는 여러 가지 요소들을 고려하여 영향을 줄 것으로 예상되는 변인을 제시한다. 이때 제시된 변인들의 영향은 확정된 것이 아닌 가능성에 불과하다. 마지막 세 번째 단계에서는 논리적으로 제시한 변인들의 영향, 즉 연구문제의 해답을 확인한다. 연구문제는 경험적 관찰을 통해 확인된다. 이를 종합하면 과학적 지식은 위 3단계를 거쳐 논리와 경험적 관찰을 기반으로 창출된다.

〈그림 1-2〉 과학적 연구과정의 주요 단계

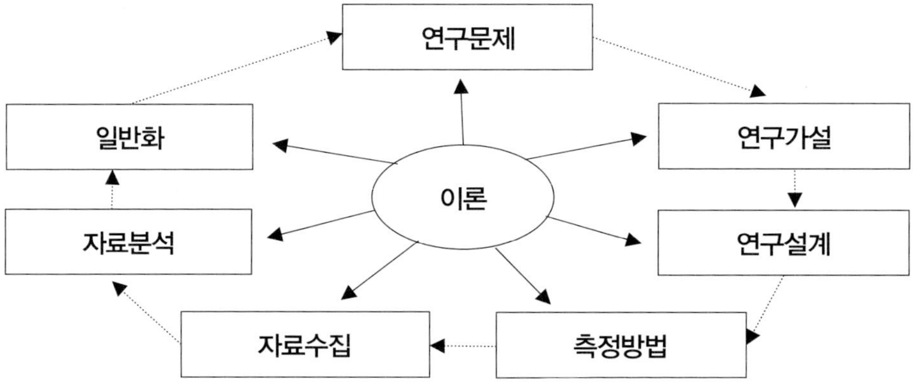

출처: Frankfort-Nachmias & Nachmias (1992), p.22.

한편 나치미아스와 나치미아스(Frankfort-Nachmias & Nachmias, 1992)는 과학적 연구과정을 연구문제, 연구가설, 연구설계, 측정방법, 자료수집, 자료분석, 일반화 등 7단계로 구체화시켰다. 나치미아스와 나치미아스의 과학적 연구과정의 모든 단계는 이론을 바탕으로 하고 있다. 이론이란 사회현상에 대한 변인들 간의 관계에 대한 체계적인 설명이다. 따라서 과학적 연구과정의 모든 단계들은 변인들 간의 관계에 관한 내적 일관성을 확보해야 한다. 만약 연구가설을 설정할 때 바탕이 된 이론과 자료분석에서 사용된 이론이 서로 상반된다면 내적 일관성을 확보하지 못한 연구자의 자의적 해석에 불과하다. 연구문제와 연구가설 단계는 사회현상을 설명하는 이론의 발견과정이고, 연구설계부터 일반화까지의 과정은 제시한 가설을 이론적으로 검증하는 정당화된 주장(justified argument)단계이다(신민철, 2007).

특히 연구가설 단계에서 이론의 역할은 거의 절대적이다. 보편적으로 연구자는 연구문제와 관련된 기존 문헌연구를 검토하여 연구가설을 도출한다. 따라서 문헌연구를 통한 충분한 이론의 습득은 사회현상의 본질에 부합하는 연구가설을 이끌어 낼 수 있다. 게다가 이론은 선행 연구자들이 이미 여러 차례 검증한 결과를 재검증하는 불필요한 노력을 줄일 수 있게 해준다. 이론은 과학적 연구과정의 배경으로 작용함으로써 이론 자체가 확장된다. 기존 이론은 새로운 연구의 배경으로 영향을 줄뿐만 아니라 연구과정이나 결과로부터 영향을 받는다. 이처럼 이론의 순환적 특징은 경험적 검증을 반복한다. 즉, 이론은 새로운 연구의 배경지식으로 작용할 뿐만 아니라 결과를 추가하거나 수정함으로써 영역이 확대된다.

(1) 연구문제 설정, 기존문헌 검토

첫 번째 단계는 연구문제의 정의(problem definition)로 연구자가 무엇을 연구할 것인가에 관한 것이다. 과학적 연구는 어떤 현상에 대한 연구자의 개인적 호기심이나 관심으로부터 시작된다. 더불어 연구문제는 현실 문제에 해답을 찾기 위해 연구의 필요성을 느끼거나 기존 지식에 대한 불만이나 의구심에서 시작될 수 있다. 연구문제를 설정할 때 과연 연구할 만한 가치가 있는지를 판단해야 한다. 그러나 연구문제의 절대적 기준이 있는 것은 아니다.

최현철(2013, 31~32쪽)은 연구문제를 설정할 때 유의해야 할 다섯 가지를 제시했다. 첫째, 연구문제를 너무 광범위하게 설정하면 안 된다. 연구자가 너무 과도한 욕심을 부려 모든 것을 다 설명하고자 하면 제대로 연구를 수행할 수 없다. 따라서 연구문제는 가능한 세분화되고 작은 주제를 설정해야 한다. 둘째, 현실적으로 조사 가능한 연구문제를 설정해야 한다. 아무리 좋은 연구문제라도 현실적으로 조사가 불가능한 연구문제는 연구가 이루어질 수 없다. 셋째, 연구문제가 연구할 만한 가치가 있어야 한다. 연구문제가 특정 분야 발전에 기여할 수 있어야 한다. 넷째, 연구비용과 시간 등 연구 조건을 고려해야 한다. 너무 막대한 비용이 소요되거나 너무 오랜 기간을 요하는 연구는 이루어질 수 없다. 다섯째, 윤리적으로 문제가 없어야 한다. 연구자도 사회적 구성원이기 때문에 사회윤리적 문제를 준수해야 한다.

기본적인 연구 아이디어를 찾았다면 기존연구를 검토해야 한다. 선행연구를 검토함으로써 자신이 관심을 가지고 있는 주제가 어떠한 방법으로 얼마만큼 연구되었는지를 파악해야 한다. 기존연구 검토과정에서 선행연구에 대한 비판적 입장을 견지해야 한다. 기존연구 검토는 단순한 요약이 아닌 비판적 시각으로 문제점을 파악함으로써 이전 연구보다 진일보한 무엇인가를 찾아내는 과정이다.

위머와 도미니크(Wimmer & Dominick, 1994, p.24)는 다음 여섯 가지 의문점을 염두에 두고 기존문헌을 검토해야 한다고 하였다. 그 분야에서 지금까지 어떤 유형의 연구가 이루어져 왔는가? 기존 연구에서 발견된 것은 무엇인가? 선행연구자들은 앞으로 어떤 연구가 더 필요하다고 제시하고 있는가? 검토한 결과 아직 연구되지 않은 주제는 어떤 것들이 있는가? 본인이 구상하는 연구가 그 분야의 발전에 어떻게 기여할 것인가? 기존 연구에서 주로 어떤 방법들을 사용했는가? 이와 같은 질문들을 고려하여 구체적인 연구문제나 연구가설을 설정해야 한다.

종합하면 기존문헌을 검토할 때 이론과 방법론 두 가지 측면을 중점적으로 파악해야 한다. 연구문제와 관련된 이론적 측면에서 선행연구의 문제점과 결과를 검토함으로써 연구자 자신만의 새로운 연구를 찾아낼 수 있다. 더불어 방법론적 측면에서 개념 측정의 적합성과 사용된 방법론의 타당성을 검토해야 한다. 선행연구보다 더 적합한 개념측정 방법이나 방법론을 적용함으로써 더 나은 연구방법을 도출해낼 수 있다.

(2) 연구가설(research hypothesis)

과학적 연구과정의 두 번째 단계는 연구문제를 경험적인 조사가 가능한 형태로 구체화 시켜 연구문제에 대한 연구자의 잠정적 해답인 가설을 설정하는 것이다. 가설이란 측정 가능한 형태로 변환된 변인들 간의 관계에 대한 연구자의 주장이다. 가설을 설정할 때 연구자의 주장은 기존연구 검토 과정에서 발견한 문제점을 해결하기 위한 새로운 대안이나 수정된 아이디어를 바탕으로 제기되어야 한다. 즉 다양한 연구 아이디어는 기존 이론을 바탕으로 경험적인 증명이 가능한 가설의 형태로 제시되어야 한다.

과학적 지식은 논리와 경험 가능한 관찰을 양대 축으로 타당성을 인정받는다. 때문에 연구문제를 논리적이며, 측정 가능하도록 진술한 가설설정은 과학적 연구에서 매우 중요하다. 뿐만 아니라 과학적 연구는 연구자의 주장인 가설을 검증하고 입증해나가는 과정이므로 가설 설정의 중요성은 더욱 강조된다.

가설을 설정할 때 다음 세 가지를 고려해야 한다. 첫째, 가설은 이론과 모순되면 안 된다. 가설은 기존연구를 바탕으로 도출되기 때문에 이론과 배치되면 안 된다. 둘째, 가설은 변인 간의 논리적 일관성을 유지해야 한다. 변인 간의 관계를 규정하는 가설은 이들 간의 관계가 논리적으로 서술되어야 한다. 셋째, 가설은 간결하게 서술되어야 한다. 좋은 가설은 두 가지 이상 가설을 하나로 진술하거나(double question) 까다로운 조건으로 복잡하게 서술되어서는 안 된다.

연구문제와 가설의 차이는 연구문제가 일반적인 연구 영역을 다루는 반면 가설은 변인들 간의 관계에 대한 검증 가능한 진술이라는 점이다(Wimmer & Dominick, 1994, p.24). 연구문제는 연구대상을 질문 형태로 포괄적으로 제시하지만, 가설처럼 변인들 간의 관계만으로 한정하지는 않는다. 이에 반해 가설은 검증을 위한 변인들 간의 관계를 구체적으로 진술한다. 따라서 연구자가 예상한 관계가 입증된 '채택(accepting)'과 입증되지 못한 '기각(rejecting)'의 형태로 가설의 해답이 제시된다(신민철, 2007, 56쪽). 예를 들어 연구자가 'TV 프로그램의 폭력성이 청소년의 폭력성에 어떠한 영향을 미치는가?'를 연구문제로 설정하였다면 이들 변인들 간의 관계를 측정 가능한 가설로 구체화시켜야 한다. 그래서 '텔레비전 폭력 드라마를 많이 시청할수록 청소년의 폭력성이 증가할 것이다'로 진술하면 된다.

〈그림 1-3〉 과학적 연구절차

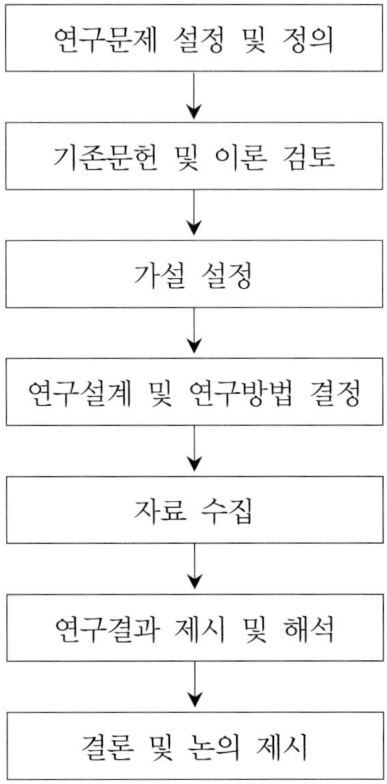

(3) 연구설계(research design)

연구가설이 설정되면 연구문제에 대한 과학적 해답을 얻기 위한 연구계획을 수립해야 한다. 〈그림 1-3〉의 세 번째 단계인 연구설계는 연구문제에 대한 답을 구하기 위한 관찰과 분석하기 전에 계획을 수립하는 것이다. 바비(Babbie, 1983, p.73)는 연구설계 단계에서는 두 가지에 중점을 두어야 한다고 주장했다. 첫째, 연구자가 발견하고자 하는 것이 무엇인지 명확하게 구체화해야 한다. 둘째, 해답을 찾을 수 있는 최선의 방법을 결정해야 한다.

연구설계는 연구의 기본 틀을 제공한다. 연구설계는 관찰의 내용, 관찰방법 그리고 관찰결과의 분석방법을 제시함으로써 연구문제의 답을 제공하고 변인을 통제한다(Kerlinger, 1973, pp.300~301). 구체적으로 연구설계 단계에서 영향을 주고받는 변인들의 속성을 규정하고, 척도 및 통계분석 등 측정방법을 결정하며, 통계분석을 통한 결론의 개요를 제공한다. 이를 종합하면 연구설계 단계에서 어떤 대상 또는 현상을 어떻게 관찰하고, 관찰결과를 어떻게 해석할지를 계획하고 구체화시키는 것이다. 따라서 〈그림 1-3〉의 측정방법, 자료수립, 자료분석, 일반화 단계는 연구설계의 구체적 실현이다.

(4) 측정방법(measurement)

과학자들은 용어를 매우 엄격하게 사용한다. 다시 말해 과학자들은 자신들의 연구 대상을 매우 엄격하게 정의한다. 각 대상을 명확히 정의하지 않으면 현상들 간의 관계를 명백히 설명하기 어렵다. 이처럼 각 학문마다 연구대상 현상을 명확히 정의한 특수한 용어들을 사용하고 있는데, 이를 개념(concept)이라 부른다. 구체적으로 개념은 어떠한 현상이 가지고 있는 일반적 특징을 지칭한다. 일반적 특징이기 때문에 개념은 추상적이다. 현상에 대한 여러 측면을 간략하게 구현시켜주기 때문에, 그리고 추상적인 생각을 단순화 시켜주기 때문에 유익하다(김광웅, 2013). 그리고 '중량(weight)'은 모든 물질이 지니고 있는 공통 특징인 무게를 나타내는 개념이다. 개념은 물질의 특징 중 오직 하나만을 내포해야 한다. 만약 중량이 무게와 크기, 두 개의 다른 특징을 내포한다면 변인 간의 관계를 명확히 설명할 수 없다. 과학자들은 자신들이 알아낸 결과에서 규칙성과 일관성을 찾으려 노력한다. 규칙성과 일관성을 바탕으로 과학의 목표인 이론을 정립하고자 한다. 이론이란 개념들을 사용하여 사회현상에 대한 변인들 간의 관계를 체계적으로 설명한 명제이다. 이와 같이 이론에 사용되는 개념들은 유용성 여부에 따라 변화된다. 한동안 유용하게 사용되던 개념도 새로운 개념의 등장에 사라질 수도 있다. 그래서 학자들은 "과학의 역사란 개념의 무덤"이라고 말한다(신민철, 2007, 30쪽).

과학적 연구과정의 네 번째 단계는 가설검증을 위해 연구문제의 대상에 숫자 또는 부호(symbol)를 부여하는 측정방법을 선택하는 것이다. 4장에서 자세히 설명하겠지만 측정은 추상적 개념을 숫자 등 관찰 가능한 속성으로 연결시켜 줌으로써 객관성을 확보하게 된다. 현상을 이해하고 설명하기 위해서 추상적 용어인 개념을 관찰 가능하도록 구체적 사물이나 사건과 연결시켜야 한다. 즉 변인들 간의 관계를 검증하려면 직·간접적으로 확인할 수 있는 구체적 수단으로 개념을 변환시켜야 한다. 이처럼 추상적인 개념을 관찰 가능한 경험적 세계로 연결시키는 과정이 측정이다.

측정은 측정대상 자체를 측정하는 것이 아니라 측정대상이 가지고 있는 공통된 속성에 수치(numeral)를 부여하는 것이다(김구, 2011). 예를 들어 자동차의 속도를 측정할 때 자동차의 무게 등 외형을 측정하는 것이 아니고 자동차가 달리고 있는 속도라는 속성을 수치화시킨다.

〈표 1-1〉 측정의 예

측정현상	측정도구	측정값(결과)
길 이	자	1m 80cm
무 게	저울	70kg
속 도	스피드 건	시속 100km
TV 시청량	시계	1시간 20분

(5) 자료수집(data collection)

〈그림 1-3〉의 과학적 연구과정의 다섯 번째는 연구 현상을 경험적으로 관찰하는 자료수집 단계이다. 자료수집 단계에서 1차 자료를 사용할 것인지 아니면 2차 자료를 사용할 것인지를 결정해야 한다. 1차 자료는 연구자 자신이 직접 자료를 수집하는 것이고, 2차 자료는 과거에 자신이나 다른 연구자가 수집한 자료를 다시 사용하는 것을 의미한다. 연구자들은 2차 자료가 자신의 연구목적에 부합하지 못한 경우가 많기 때문에 대부분 1차 자료에 의존한다(김구, 2011).

1차 자료를 수집할 경우 먼저 연구대상의 범위와 자료수집방법을 정해야 한다. 연구대상 전부를 조사할지(census) 아니면 일부를 표본으로 조사할지를(sampling) 연구목적에 맞추어 결정해야 한다. 연구대상 전체를 대상으로 하는 전수조사는 비용과 시간이 과도하게 투입되기 때문에 대부분의 연구들이 표본조사를 실시한다. 표본조사의 경우 표본의 크기와 표본 추출 방법을 결정해야 한다. 더불어 응답자를 직접 만날 것인지, 전화 또는 우편을 이용할 것인지 아니면 이메일을 이용할 것인지 등의 응답자 접촉 방법도 결정해야 한다.

자료를 수집하는 대표적인 방법으로 서베이(survey research), 인터뷰(interview), 내용분석(content analysis) 등이 있다. 수집된 자료(data)는 설문조사를 통해 수로 표현된 계량적 자료(quantitative data)이거나 인터뷰를 통해 획득된 언어적으로 표현된 질적 자료(qualitative data)일 수도 있다.

(6) 자료분석(data analysis)

자료 수집이 완료되면, 관찰한 결과를 바탕으로 연구가설을 검증하는 자료분석 단계로 이어진다. 이 단계에서 연구자는 자료에서 나타난 패턴을 파악해야 한다. 패턴은 연구자가 자료를 해석할 수 있도록 의미를 부여해 준다(김구, 2011). 통계분석기법은 계량적 자료의 분석에서 패턴을 발견하는데 핵심적인 도구로 사용된다. 예를 들어 탐색적 연구의 경우 기술분석(descriptive analysis)이 사용된다. 설명분석은 상호관계분석(analysis of association), 인관관계 분석은 인과분석(causal analysis) 등 연구 목적에 따라 적합한 통계분석기법이 적용된다.

연구자는 자료분석 과정에서 외적 타당도(external validity)와 내적 타당도(internal validity)를 모두 충족시켰는지를 검토해야 한다. 3장에서 자세히 설명하겠지만 외적 타당도란 모집단과 시간, 장소에 상관없이 연구결과를 적용할 수 있느냐의 문제이다. 결과적으로 여러 상황에 적용할 수 있는 외적 타당도를 확보함으로써 연구결과를 일반화 시킬 수 있다. 반면에 내적 타당도란 연구자가 의도했던 측정과 조사가 이루어졌는지의 문제이다. 여러 이유로 연구자의 의도와 다르게 측정되거나 조사되는 경우가 있다. 불필요한 요인들이 연구에 영향을 미쳐 잘못된 연구결과를 얻을 수 있는데, 이를 제대로 통제해야만이 내적타당도를 높일 수 있다.

(7) 일반화(generalization)

과학적 연구과정의 마지막은 연구결과의 일반화 단계이다. 연구자의 호기심에서 출발해서 선행연구를 바탕으로 도출된 연구문제가 경험적 관찰로 측정되고, 분석을 거쳐 획득된 결론은 기존 이론체계에 추가된다. 과학적 연구는 객관적이고 반복 가능한 관찰에 바탕을 둔 경험주의를 기반으로 한다. 따라서 자료분석을 제시할 때 연구자들은 연구가 어떻게 진행되었고 자료를 어떤 방법으로 분석하였는지를 명확하게 제시해야 한다. 이를 통해 후속 연구자들이 연구방법을 반복해 같은 결과를 도출할 수 있어야 한다. 따라서 과학적 연구는 순환적 특징을 가지고 있다.

신민철(2005, 55쪽)은 하나의 연구를 통해 얻어진 결론의 일반화란 잠정적인 것이라며 일반화에 대해 아래와 같이 설명했다. 추리통계이론에 의존해서 부분적인 조사결과를 전체 연구대상으로 일반화할 수 있지만, 하나의 연구에서 연구결과에 영향을 주는 요소들을 완벽하게 통제할 수는 없다. 따라서 하나의 연구과정에서의 일반화란 특정 연구문제에 대한 연구의 완성을 의미하는 것이 아니라 또 다른 연구문제의 출발점이라고 이해하는 것이 합리적일 것이다. 일반화가 가능한 연구도 잠정적일 수 있기 때문에, 유사한 여러 연구들을 묶어서 특정 현상들 간에 존재하는 연구결과를 좀 더 넓은 의미에서 일반화하려는 시도(예 : 메타분석)도 많은 의미가 있다.

제2장
연구의 요소

Chapter 02

연구의 요소

앞 장에서 설명한 바와 같이 과학의 궁극적 목적은 새로운 이론(theory)을 개발하는 것이라 할 수 있다. 이론이란 현상을 설명하고 예측하기 위한 개념(concept) 간의 관계에 대한 진술이다. 달리 말하면 이론은 변인 간의 관계를 설명, 예측하기 위해 서로 연결되어 있는 개념으로 이루어진 주장이다. 그러면 개념, 변인은 무엇인가? 본 장에서는 연구의 기본 요소라 할 수 있는 개념, 구성체, 변인, 정의, 연구문제, 연구가설 등에 대해 알아보도록 하자.

1. 개념, 구성체, 정의, 변인, 관계

1) 개념, 구성체

개념이란 관찰 내용을 요약하고, 특징들을 일반화시킨 추상적 생각을 표현한 용어이다(Wimmer & Dominick, 1994, p.42). 다시 말해 경험적 현상을 대변하는 추상적 표현인 것이다(신민철, 2007, 74쪽). 예를 들어 방송 연기자가 카메라 앞에만 서면 식은땀을 흘리고, 암기했던 대사를 잊는 등 불안한 증상을 보인다면 이러한 행위의 특징을 요약해 '카메라 울렁증'이라는 추상적 용어로 개념화할 수 있다. 물리학에서 많이 사용되는 무게, 부피, 속도 등이 대표적 개념이다. 사회과학 분야에서 미디어 이용동기와 만족도, 광고효과, 사회계급, 계급문화, 권력 등도 개념의 대표적 예라고 할 수 있다.

개념은 두 가지 기능을 하는데, 첫째는 연구자가 고려해야 하는 세부적 사항을 감소시켜주며, 둘째는 그 의미를 알고 있는 사람들 간의 커뮤니케이션을 촉진시켜주는 기능을 수행한다(Wimmer & Dominick, 1994). 개념은 대상의 대표적 특징을 일반적 범주로 연결시켜 연구과정을 간소화시킨다. 만약 연구자가 정상적인 부부 생활을 하면서 의도적으로 자녀를 낳지 않는 맞벌이 부부를 연구한다고 가정하자. 이때 연구대상을 좀 더 쉽게 설명하기 위해 이들을 '딩크족(DINK: double income no kids)'으로 명명하고 '자녀에 얽매이지 않는 젊은 부부'로 개념화할 수 있다. 또한 개념은 사람들 간의 소통을 용이하게 해준다. 사람들 간의 의사소통이 잘 이루어지려면 사용하는 용어의 의미가 분명해야 한다. 관찰결과의 핵심을 정확하게 내포하고 있는 개념과 용어를 통해 다른 사람에게 정보를 손쉽게 전달하는 것이 중요하다.

한편 개념과 비슷하면서 구별되는 것이 바로 구성체(construct)이다. 위머와 도미니크(Wimmer & Dominick, 1994, p.42)는 구성체의 특징을 세 가지로 정리하였다. 첫째, 구성체는 항시 여러 차원으로 세분화될 수 있는 추상적 개념이다. 달리 말하면 구성체는 개념의 조합이다. 둘째, 구성체는 추상적이기 때문에 일반적으로 직접 관찰될 수 없다. 셋째, 구성체는 항상 특정한 연구목적을 위해 설계되기 때문에 그 정확한 의미는 오직 연구 상황을 고려해야만 이해될 수 있다. 예를 들어 미디어 이용과 관련된 수용자의 '관여도(involvement)'라는 구성체를 보자. 관여도는 미디어 콘텐츠와 수용자 간의 연관성과 관련된 개념으로 직접적으로 측정하기 어렵다. 그런데 관여도라는 구성체는 주의(attention), 관심(interest), 환기(arousal) 등의 하위개념을 포함하고 있다. 따라서 관여도의 의미는 미디어 콘텐츠에 대한 관여도 또는 미디어 자체에 대한 관여도 등 각각의 연구 상황에 따라 달라진다.

2) 정의

우리는 일상생활에서 다른 사람과 대화를 나누는 도중에 특정 단어나 용어가 갖는 의미가 서로 달라 오해를 하는 경우를 종종 경험한다. 이는 사용하는 용어나 단어에 대한 정의(definition)가 다르기 때문에 일어나는 해프닝이다. 연구에서도 마찬가지다. 연구에서 사용하는 개념이 갖는 의미, 즉 정의가 다르다면 연구자간에 큰 혼선이 일어날 수밖에 없다. 그래서 연구에서 사용하는 개념에 대해서는 사전에 정의를 내려줘야 하는데, 똑같은 개념이라도 연구자마다, 그리고 연구 상황에 따라 정의는 달라질 수밖에 없다.

개념을 정의하는 방법은 개념적 정의(conceptual definition)와 조작적 정의(operational definition)가 있다. 개념적 정의는 사전적 정의라고 하는데, 사전에서 보듯이 한 개념에 대한 정의를 다른 개념들을 동원하여 설명하게 된다. 예를 들어 '커뮤니케이션'이라는 개념을 '두 명 이상의 사람들 간에 생각이나 감정, 정보, 의견 등을 주고받는 상호작용'으로 정의하는 것을 들 수 있다.

연구에서는 개념적 정의 보다는 조작적 정의를 많이 사용하는데, 조작적 정의는 특정 현상이나 개념을 관찰, 측정하는 절차에 관한 진술이라고 할 수 있다. 조작적 정의는 구성체나 변인을 측정하는데 필요한 활동이나 조작을 기술하여 의미를 부여하는 것이다(Kerlinger, 1973, p.31). 다시 말해 조작적 정의는 측정과 관련된 개념이나 변인을 구체적이고 명확하게 정의하는 것이다. 예를 들어 대학생의 지능과 성적 간의 관계를 연구한다고 하자. 이 때 '지능'을 "A지능검사연구소에서 제작한 IQ검사에서 나타난 점수이다"로 조작적 정의할 수 있다.

그런데 조작적 정의는 같은 개념이나 변인이라도 연구자마다, 연구 상황 마다 제각기 달리 정의될 수 있다. 예를 들어 '개인의 직업만족도' 개념을 측정하기 위해서는 다음과 같이 적어도 3가지의 조작적 정의를 내릴 수 있을 것이다. ① 본 연구에서의 직업만족도는 "모든 것을 고려했을 때 선생님의 현재 직업에 대해 얼마나 만족하십니까"라는 질문에 대한 응답을 5점 척도(매우 만족, 어느 정도 만족, 보통, 어느정도 불만족, 매우 불만족)로 측정한 값을 말한다. ② 본 연구에서의 직업만족도는 "선생님은 현재 직업을 다른 직업으로 바꾸고 싶은 생각이 있습니까"라는 질문에 대한 응답을 5점 척도(매우 그렇다, 어느 정도 그렇다, 보통이다, 거의 그렇지 않다)로 측정한 값을 말한다. ③ 본 연구에서의 직업만족도는 "만약 선생님의 자녀가 선생님의 현재 직업을 갖고자 한다면 어떻게 하시겠습니까"라는 질문에 대한 응답을 5점 척도(매우 찬성, 어느 정도 찬성, 보통, 어느 정도 반대, 매우 반대)로 측정한 값을 말한다.

결국 조작적 정의는 추상적인 개념이나 변인을 측정하고 관찰할 수 있게 만든다는 점에서 추상세계와 경험세계의 연결고리라고 하겠다.

〈표 2-1〉 조작적 정의 예

변인	조작적 정의
언론의 자유	프리덤 하우스(Freedom House)에서 매년 평가하는 언론의 자유도 척도
TV 장르 선호도	응답자들이 가장 좋아하는 TV 장르 두 가지를 적도록 함
정치 지식	정치와 관련된 10개 질문에 대한 정답 개수
TV 이용동기	루빈(Rubin)이 고안한 5점 척도로 이루어진 TV 이용동기에 관한 27개 질문

3) 변인

(1) 변인에 대한 이해

온 세상은 무수히 많은 변인(variable)들로 구성되어 있다. 성, 연령, 교육수준, 종교, 정치 성향, 무게, 크기, 색, 인종, 국가, 정당, 성격, 학교, 야구 투수의 볼, 몸매, 수(數) 등 삼라만상이 모두 변인이라 하겠다. 그러면 변인이란 무엇인가? 수학에서는 변수라고 하는데, 변인이란 '상호배타적인 속성(mutually exclusive properties)들의 집합(set)'이다. 여기서 속성이란 값(value)이라고도 하는데, 이는 어떤 사물을 특징짓는 그 무엇을 말한다(차배근, 1985, 8-9쪽). 예를 들어 '색'이란 변인을 이루고 있는 빨간, 노란, 파란 등 수많은 색깔들을 각각 속성이라고 한다. '종교'란 변인은 크게 불교, 가톨릭, 개신교, 무슬림 등의 속성으로 구성된다.

위에서 '상호배타적인'이라는 말은 변인을 이루고 있는 속성들이 서로 같지 않아야 한다는 것이다. 변인은 여러 가지 값(숫자)으로 나타낼 수 있기 때문에 각기 다른 기호로 표현된다. 따라서 숫자나 값이 같은 기호로 표현되는 것은 변인이 될 수 없다. 예를 들어 '수'라는 변인은 0, 1, 2, 3, 4, 5 … 등 무한대의 속성으로 구성되어 있는데, 이들 각 숫자는 완벽하게 해야만 상호배타적인 좋은 사례이다.

변인에서 모든 값이 반드시 숫자를 의미해야만 하는 것은 아니다. '남성'과 '여성'으로 구분되는 성별, '상, 중, 하'로 분류되는 계층도 변인이 가지고 있는 값이다. 하지만 변인의 값을 표현할 때는 반드시 숫자로 해야 한다. 다시 말해 변인이 의미하고 있는 값은 반드시 숫자일 필요는 없지만 표현할 때는 숫자이어야만 한다. 그 이유는 현상의 변화를 수로 표현해야만 통계를 이용할 수 있기 때문이다. 예를 들어 성별을 표현할 때, 변인의 값은 여성과 남성이지만 이를 통계로 처리하기 위해서는 숫자 1은 남성, 2는 여성과 같이 서로 다른 숫자를 부여해주어야 한다.

한편 변인에 값과 숫자를 부여할 때는 세 가지 원칙을 지켜야 한다. 첫째, 값이나 속성들이 상호배타적이어야 하고, 둘째, 변인에 속한 속성들이 총망라(exhaustive)되어야 하며, 셋째, 논의의 차원(level of discourse)이 같아야 한다는 것이다.

상호배타적이어야 한다는 것은 앞에서 말한 바와 같이 변인의 한 값이 두 가지 이상 하위범위(보기)로 중복되어서는 안 됨을 의미한다. 예를 들어 '출신지역'을 조사할 때 '서울', '경기', '광주', '전북' 등으로 나눈다면 이들 사이에는 중복되지 않는다. 그러나 이 때 '호남'을 별도로 넣는다면 '광주'와 '전북', '전남'이 중복되어 상호배타적이지 않게 된다. 또한 설문조사에서 흔히 범하는 실수인데, TV시청시간을 측정하는 경우 보기를 제시할 때 ① 1시간 미만, ② 1~2시간, ③ 2~3시간, ④ 3~4시간, ⑤ 4시간 이상과 같이 분류하는 경우가 있다. 그러나 이러한 경우 2시간, 3시간, 4시간 TV보는 사람은 범주들이 중복되기 때문에 상호배타성을 위배하는 것이다. 다시 강조하지만 관찰된 내용이 동시에 두 가지 속성에 해당되면 안 되고 오직 한 가지 속성으로만 분류되어야 한다.

총망라되어야 한다는 것은 변인의 하위범위(보기)에 속하는 모든 값들을 포함시켜야 한다는 의미이다. 예를 들어 교육수준이라는 변인을 묻는 하위범위(보기)에서 ①중졸, ②고졸, ③대졸로만 구분한다면 세 가지 범주를 벗어난 '무학'이나 '초졸', '대학원 졸'을 구분할 수 없기 때문에 값들이 총망라되지 못하게 된다. 범주를 벗어난 학력은 응답 확률이 아주 낮거나 의미가 없을 수 있지만 '중졸이하', '대졸 이상' 또는 '기타' 등과 같이 범주를 확대시켜 모든 사례가 포함되도록 해야 한다. 또 다른 예를 들자면 '좋아하는 햄버거'를 조사할 때 맥도널드, 롯데리아 등 주요 브랜드들만 제시해서는 안 되고 소규모 브랜드까지 제시해야 한다. 만약에 연구자가 모든 햄버거 브랜드를 잘 알지 못할 경우 '기타'를 포함시켜야 하며, 햄버거를 좋아하지 않는 사람들을 위해 '좋아하지 않음'을 포함시킨다면 모든 속성들을 총망라하게 된다.

마지막으로 논의의 차원이 같아야 한다는 것은 변인의 하위범위들 간에 상호 논리적 일관성이 있어야 한다는 것이다. 예를 들어 성별의 범주에 남성과 여성뿐만 아니라 학생과 주부 등 직업의 범주가 섞이거나, 선호하는 음식을 말할 때 '곰탕, 불고기, 냉면, 자장면, 초밥…….' 등에 '한식' 또는 '일식'이 들어가면 속성들이 상호배타적이지 않을 뿐만 아니라 논의의 차원을 벗어나는 것이다.

(2) 변인의 유형

① 독립변인과 종속변인

변인을 분류하는 방법은 여러 가지가 있지만 변인들 간의 관계에 따른 독립변인(independent variable)과 종속변인(dependent variable) 구분이 가장 유용하다. 그 이유는 보편적인 적용가능성과 단순성뿐만 아니라 연구를 설계하고 연구결과를 제시하는 데 있어서 매우 유용하기 때문이다(Kerlinger, 1973). 변인들 간의 관계에서 독립변인은 영향을 미치거나 예언해 주고, 종속변인은 영향을 받거나 예언된다.

수학에서 유래한 독립변인과 종속변인의 구분은 원인변인과 결과변인으로 부를 수 있다. 일반적으로 독립변인은 선행변인으로 X로 표현하고, 종속변인은 결과변인으로 Y로 표현한다. 독립변인은 연구자에 의해 체계적으로 변화되고, 종속변인은 독립변인의 변화에 따른 효과를 관찰한 것이다(Wimmer & Dominick, 1994, p.43). 다시 말해 연구자의 의도에 따라 조작된 독립변인(예측하는 변인)의 변화에 따라 종속변인(예측되는 변인)의 값이 변화된다. 예를 들면 성별에 따른 TV 시청시간의 차이를 알아볼 경우, 연구자의 의도에 따라 남성과 여성으로 분류되는 성별이 독립변인이고, 분류에 따라 평균값으로 나타난 TV 시청시간이 종속변인이다. 연령이 정치 관심도에 미치는 영향을 알아볼 때, 영향을 주는 연령이 독립변인, 영향을 받는 정치 관심도가 종속변인이다.

독립변인과 종속변인은 절대적인 것이 아닌 상대적인 것이다. 독립변인과 종속변인 분류는 변인의 다른 종류에 따른 구분보다는 변인의 사용에 의한 구분이다(Kerlinger, 1973, p.38). 다시 말해 하나의 변인이 어떤 연구에서는 독립변인으로 사용되지만, 다른 연구에서는 종속변인으로 사용되기도 한다. 심지어 어떤 연구에서는 하나의 변인이 독립변인이 되기도 하고 동시에 종속변인이 되기도 한다. 예를 들어서 〈그림 2-1〉에서 볼 수 있듯이 이용과 충족 이론에서 미디어 이용동기(X)는 미디어 이용을 거쳐 미디어 이용만족(Y)에 영향을 미치지만, 반대로 충족된 이용만족(X)이 다시 미디어 이용(Y)을 촉진시키기도 한다. 이처럼 연구상황에 따라 독립변인과 종속변인이 바뀌게 된다.

〈그림 2-1〉 독립변인과 종속변인의 상대성

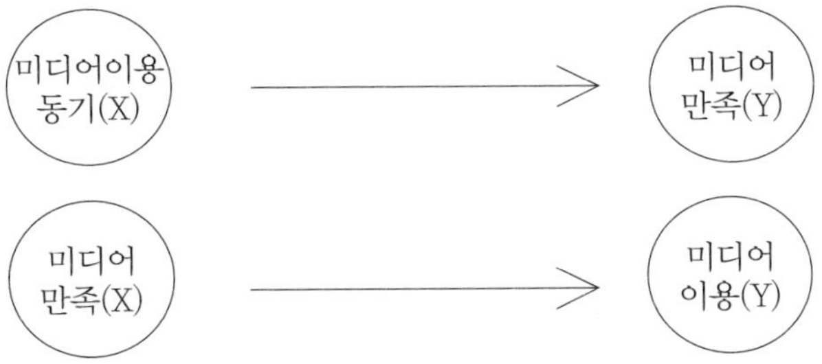

② 연속변인과 불연속변인

변인은 범주 사이를 나눌 수 있는지 여부에 따라 연속변인(continuous variable)과 불연속변인(discrete variable)으로 나뉜다. 불연속 변인은 범주들 간의 사이를 더 이상 나눌 수 없으며, 그것들이 서로 단절되거나 일정한 수로 한정되어있는 것이 특징이다. 즉 두개의 인접한 값 사이에 어떤 값도 존재하지 못한다. 따라서 범주형 변인 혹은 유목변인(categorical variable)이라고도 불린다. 유목은 대상이 가지고 있는 특성 유무에 따라 분류하거나 집단에 할당하는 것이다(Kerlinger, 1973). 유목 간에는 크고 작음 또는 서열 순위가 없으며, 같은 유목 내에서는 모두 같은 값을 갖는다. 성별 또는 직업과 같이 범주 사이에 값이 존재할 수 없다. 예를 들어 1. 남성, 2. 여성과 같이 성별을 숫자로 표현한 경우,

수는 연속된 성질을 갖지 못하기 때문에 1.5 등의 사이 값이 존재할 수 없다. 따라서 범주가 취할 수 있는 값은 한정되어 있다. 학년, 군대나 직장의 계급, 선호 정당, 시내버스 노선번호, 종교, 올림픽에서의 금은동메달 등이 대표적인 불연속 변인이다.

이에 비해서 연속 변인은 범주들 사이를 더 작은 단위로 계속적으로 나눌 수 있는 변인을 말한다. 따라서 연속 변인은 두 값의 사이에 무한한 소수가 존재한다. 시간, 길이, 무게 등이 대표적인 연속 변인인데, 연속 변인에서 큰 값은 작은 값보다 해당 특성이 더 많음을 의미한다.

불연속 변인과 연속변인 여부에 따라 사용 가능한 통계분석방법이 결정되기 때문에 매우 중요하다. 다시 설명하면 통계의 대표적 값인 평균은 값과 값의 간격이 일정한 연속 변인으로 사용될 수 있지만 값과 값의 간격이 의미가 없는 불연속 변인에서는 사용할 수 없다. 즉 평균 속도가 15.7㎞라고 명시할 수 있지만, 평균 성별이 1.5라고 표현할 수는 없다. 불연속변인은 빈도나 백분율(%)이 유용한 통계 분석방법이다.

불연속 변인을 사용할 수 있는 통계분석은 비모수 통계분석(non parametric statistical analysis)으로 한정된다. 연속 변인은 비모수 통계분석뿐만 아니라 모수통계분석(parametric statistical analysis)에도 사용될 수 있다. 더불어 연속 변인은 불연속 변인으로 변환할 수 있지만 불연속변인은 연속 변인으로 바꿀 수 없다. 예를 들어 연령(20살, 21살, 23살…)을 세대(20대, 30대, 40대…)로 변환할 수 있다. 하지만 처음부터 10살 단위로 묶여있는 세대변인은 1살 단위로 세분화시킬 수 없다. 따라서 다양한 통계분석을 사용하기 위해서는 가급적이면 연속 변인으로 측정하는 것이 유리하다 하겠다.

③ 가외변인, 매개변인

독립변인과 종속변인 간의 관계에 영향을 미칠 수 있는 불필요한 변인이 존재하는데, 이를 가외변인(extraneous variable)이라고 한다. 가외변인은 연구대상이 아니지만 종속변인에 영향을 미친다. 따라서 연구자는 정확한 연구결과를 도출하기 위해 연구결과에 예상치 못한 영향을 줄 수 있는 가외변인을 통제해야 한다.

예를 들어 연구자가 TV 시청시간과 성적 간의 관계를 알아보기 위해 "TV 시청시간이 많을수록 성적이 낮을 것이다"는 가설을 설정했다고 가정해보자. TV 시청시간이 성적에 영향을 미칠 수 있지만 성적에 영향을 미치는 여타의 가외변인을 통제하지 않는다면 연구결과를 오도할 수 있다. 예컨대 학원을 많이 다니는 학생이 그렇지 않은 학생보다 성적이 더 좋을 것이다. 여기서 학원이 가외변인이 된다. 따라서 연구자가 설정한 독립변인과 종속변인의 정확한 관계를 파악하기 위해서 학원이라는 가외변인을 통제해야 한다.

매개변인(intervening or mediating variable)이란 독립변인과 종속변인의 사이에서 독립변인의 결과인 동시에 종속변인의 원인이 되는 변인이다(홍두승, 2000, 31쪽). 복잡한 사회현상을 설명할 때 대부분의 변인들은 그보다 앞선 변인으로부터 영향을 받을 뿐만 아니라 다음 변인에게 영향을 준다. 이러한 관계에서 매개변인은 독립변인과 종속변인 사이에 위치해 이들의 관계를 설명해준다. 매개변인은 종속변인에 영향을 미치지만 독립변인 없이 독립적 영향력을 미치지는 못한다. 매개변인을 투입했을 때, 독립변인과 종속변인의 기존 관계가 사라지거나 상당히 변화된다(Frankfort-Nachmias & Nachmias, 1992).

사회학자 뒤르켐(Durkheim)은 '자살론'에서 종교(X)와 자살률(Y) 사이에 사회 통합(Z)을 삽입하여 이들의 관계를 설명했다. 뒤르켐의 연구결과에서 종교(X)는 사회 통합(Y)에 영향을 주고, 사회 통합(X)이 자살률(Y)에 영향을 주기 때문에 사회 통합은 종교와 자살률의 매개변인이다. 이러한 관계를 정리하면 〈그림 2-2〉와 같다. 종교와 자살률은 사회 통합을 매개하여 인과관계가 성립된다.

〈그림 2-2〉 독립, 종속, 매개변인의 관계

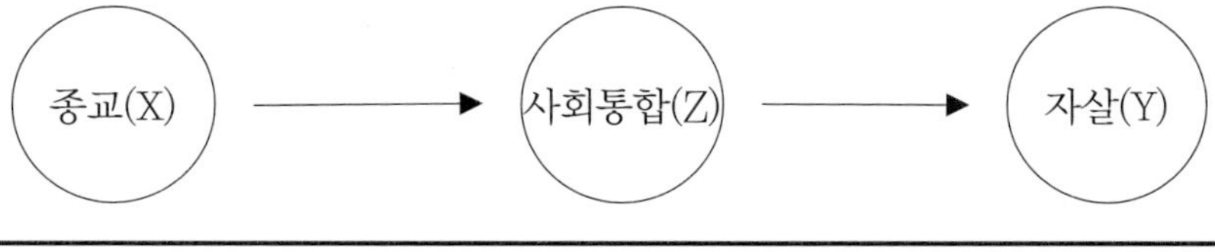

④ 잠재변인과 관찰변인

잠재변인(latent variable)은 일반적으로 직접관찰이 불가능한 변인인 반면 관찰변인(observed variable)은 구체적인 경험의 세계에서 숫자로 측정할 수 있는 변인이다(신민철 2007). 선호도, 이용 동기, 태도, 지능 등은 추상적 구성체로 직접 관찰이 불가능하지만 다양한 값이 존재하기 때문에 값이 변하는 특성을 갖는다. 이러한 구성체들이 잠재변인이다. 예를 들어 언론학의 이용과 충족이론(the theory of Uses and Gratifications)에서 '미디어 이용 동기'는 특정 욕구를 충족시키기 위해 미디어를 이용하는 이유들을 말한다. '미디어 이용 동기'는 오락, 정보추구, 상호작용, 습관 등의 하부 동기요인으로 구성되어있다. 이러한 하부동기들을 얼마나 추구하는지를 질문한 후에 하나의 지수(index)로 변환시키면 직접 관찰이 불가능한 미디어 이용 동기를 측정할 수 있게 된다. 이 때 미디어 이용 동기는 잠재변인이고 질문을 통해 측정되는 하부동기 요인들은 관찰변인이 되는 것이다. 일반적으로 하나의 구성체는 하나의 잠재변인을 가지고, 하나의 잠재변인은 다수의 관찰변인으로 구성되어 있다(신민철, 2007). 하나의 잠재변인을 하나의 관찰변인으로 구성할 수 있지만, 연구결과의 신뢰성과 타당성 제고를 위해 가급적 여러 관찰변인으로 구성하는 것이 바람직하다.

4) 관계

연구자들은 하나의 변인만을 관찰하고 측정하는 경우도 있지만 대부분이 두 개 이상 변인들 간의 관계(relation, relationship)를 연구하게 된다. 그래서 변인들 간의 관계에 대한 연구는 과학의 핵심이라고 하겠다.

관계에는 상관관계(correlation)와 인과관계(causal relation)가 있다. 먼저 상관관계는 둘 이상의 변인들이 변화하는 관계를 말한다. 예를 들어 'A가 많으면 B도 많아진다', 'A가 낮아지면 B가 높아진다'와 같다. 여기서는 무엇이 원인이고 결과인지를 알 수가 없다. 반면에 인과관계는 원인과 결과 변인이 뚜렷한 관계를 말한다.

앞의 1장에서 과학의 궁극적인 목적은 현상의 원인과 결과를 밝히고자 하는 것이라고 하였는데, 변인 간의 인과관계를 밝히는 것이 과학에서 가장 중요한 과제라고 하겠다. 두 변인 간에 인과관계가 있는 것으로 판단하는 데에는 다음과 같은 3가지 기준을 동시에 만족시켜야 한다. ① 독립변인과 종속변인이 같이 변해야 하고(covariation), ② 독립변인의 발생이 종속변인의 발생보다 시간적으로 선행(time order)하여야 하며 ③ 가외변인들이 종속변인에 미치는 영향이 없어야 한다. 이러한 조건들을 자세히 살펴보자.

먼저 독립변인과 종속변인이 같이 변해야 한다. 독립변인과 종속변인 둘 중에 하나만 변화하면 이들 간에는 근본적인 관계가 없는 것이다. 그래서 독립변인과 종속변인이 같이 변화한다면 인관관계의 1단계 조건이 성립하는 것이다. 그러나 독립변인과 종속변인이 동시에 변하거나 종속변인이 먼저 변화해서는 안 된다. 반드시 독립변인이 먼저 변하고 나서 종속변인이 뒤따라 변화해야 한다. 이렇게 된다면 인관관계의 2단계 조건이 만족된 것이다. 2단계 까지 확인하기는 어렵지 않다. 문제는 3단계이다. 종속변인의 변화가 제 3의 가외변인에 의한 것이 아니라 순전히 독립변인에 의해 영향을 받은 것으로 확인되어야만 비로소 독립변인과 종속변인 간에 인과관계가 있다고 결론내릴 수 있는 것이다.

예를 들어 보자. 현대 자동차가 미국시장에서 새로운 TV광고를 시작하자 매출액이 급속히 늘었다고 하자. 이럴 경우 과연 새로운 TV광고가 매출액 증가에 영향을 미쳤다고 말할 수 있을까? TV광고와 매출액이라는 두 변인간의 인과관계를 확인하기 위해서는 위에서 제시한 3가지 판단기준을 적용해보면 알 수 있다. 먼저 첫 번째 조건인 두 변인의 변화를 보자. 분명히 없던 TV광고가 새로 생겼고, 매출액이 늘어났다. 따라서 두 변인에게서 동시 변화가 생긴 것이기 때문에 첫 번째 조건을 만족시킨다. 이어서 두 번째 조건인 시간순서를 보면 독립변인인 TV광고가 있고나서 매출액이 늘어난 것이기 때문에 두 번째 조건 역시 만족된다. 세 번째 조건인 가외변인들의 영향력 제거를 검토해야한다. 만약에 TV광고를 실시하고 동시에 현대자동차가 자동차 가격을 내렸거나 AS를 대폭 확대하였다면 문제는 달라진다. 이럴 경우 자동차 매출액의 증가가 광고 때문인지, 아니면 차 가격 인하 또는 AS확충 때문인지 알 수가 없게 된다. 이럴 경우

차 가격 인하와 AS확충이 가외변인이 된다. 그런데 이 시기에 가격에도 변동이 없고, AS에도 변화가 없었으며, 매출액에 영향을 줄만한 다른 일들이 일어나지 않았다면 TV광고는 분명히 매출액 증가의 원인으로 작용하였다고 결론내릴 수 있게 된다.

연구자들은 연구에서 가설로 설정한 변인들 간의 관계가 상관관계가 아닌 인과관계이기를 바란다. 그러한 욕심으로 인과관계가 아닌 관계를 인과관계로 해석하는 경우가 많다. 그래서 연구자들은 인과관계를 검증할 때 혹시 허위관계(spurious relationship)가 아닌지를 면밀히 검토해야 한다. 위의 예에서 만약 현대자동차 매출액 증가(종속변인)가 TV광고(독립변인)보다는 자동차 가격을 인하(가외변인)한 결과로 일어난 효과임에도, 겉으로 보기엔 TV광고와 매출액 증가 간에 인과관계가 있는 것처럼 보인다. 바로 이와 같이 얼핏 보기에는 독립변인이 종속변인에 영향을 미친 것처럼 보이지지만 사실은 제 3의 가외변인이 종속변인에 영향을 미쳐서 일어난 인과관계를 허위관계라고 한다. 허위관계의 또 다른 예를 들어보자면 1970년대 이전에 “기찻길 가까이 사는 가정일수록 자녀수가 많다”라는 말이 회자되었다. 얼핏 보기엔 ‘기찻길에서 집과의 거리’와 ‘자녀수’ 두 변인 간에 인과관계가 있는 것처럼 보이지만 사실은 이들 독립변인과 종속변인 사이에 ‘가정의 경제력’과 ‘부부의 교육수준’이라는 가외변인이 중요하게 작용하고 있다. 부부의 경제력이 낮고 교육수준이 낮을수록 기찻길 가까운데 살며, 이들은 대체로 가족계획에 대한 인식과 지식이 부족하기 때문에 자녀수가 많은 것이다. 또 다른 예를 들어 보자. 우리는 흔히 ‘소방차가 많이 출동하면 화재 피해액이 많다’고 말을 한다. 그러나 ‘소방차 출동대수’와 ‘화재 피해액’ 간의 관계도 허위관계인 경우가 많다. 이들 사이에 ‘화재 피해품목’이라는 가외변인을 고려해 보면 ‘소방차 출동대수’와 ‘화재 피해액’ 간에는 허위관계일 가능성이 높아진다.

2. 연구문제

1) 연구문제의 중요성

좋은 연구는 좋은 연구문제(research problem)에서 시작되는데, 모든 연구는 현상에 대한 연구자의 문제의식으로부터 출발한다. 일반적으로 연구문제는 연구자의 흥미, 기존 이론의 보완 및 확대, 또는 새로운 이론 개발 등 다양한 동기로부터 제기된다. 연구문제는 특정 암 발생의 증가 등과 같은 현실적인 문제를 해결하기 위해 설정하거나, 사람들은 왜 영화를 좋아하는가 등과 같은 개인적 관심에서 제기 될 수 있다. 더불어 현실을 제대로 설명하지 못하는 기존 이론을 개선하기 위해 선정될 수 도 있다.

동기로부터 시작된 문제의식은 최종적으로 연구대상을 선정하여 연구문제로 구체화된다. 따라서 연구문제는 과학적 탐구를 개시하게 하게 하는 질문(question) 혹은 쟁점(issue)으로 이해 할 수 있다(신민철, 2007, 63쪽). 그러나 모든 문제의식들이 모두 연구문제로 설정되지 않는다. 특히 형이상학적 가치와 관련된 문제는 연구문제로 구체화되기 어렵다. 예를 들어 신은 존재하는가와 같은 문제들은 과학적 검증이 불가능하기 때문에 연구문제로 설정될 수 없다.

연구대상이 결정되면 연구자는 문제해결을 위해 선행연구들을 검토한 후 연구문제를 구체적으로 서술해야 한다. 일반적으로 사회현상은 여러 가지 변인들이 복잡하게 연결되어 있다. 연구자는 변인들에 대한 명확한 개념을 파악해야만 현상의 본질을 간파할 수 있다. 따라서 개념들을 간단명료하게, 그리고 완전하게 이해한 상태에서 연구문제를 구체적으로 서술해야 한다(이영훈, 2012).

연구 활동의 출발점인 연구문제의 중요성은 아무리 강조해도 지나치지 않다. 연구의 시작 단계에서 어긋나면 결국 잘못된 결론이 도출된다. 연구문제가 중요한 이유는 연구문제가 없으면 해답이 존재할 수 없으며, 문제에 따라 해답도 달라지기 때문이다. 더불어 연구문제를 잘못 정의할 경우 의도했던 문제를 해결할 수 없다(김병섭, 2010, 91~92쪽).

김병섭(2010)에 따르면 연구문제는 연구범위와 직접적으로 연결되어 연구의 방향을 제시해준다. 모든 연구는 연구 시간과 비용의 제약, 자료수집의 한계로부터 자유로울 수 없다. 따라서 무엇을 포함하고 어디까지 연구할지를 결정하는 연구범위에 연구문제가 직접적인 영향을 미친다. 또한 연구문제는 연구설계와 연구방법을 제시해 준다. 예를 들어 직접적인 광고효과를 연구문제로 설정하면 실험연구를 통해 광고를 노출시킨 후 수용자에게 미치는 직접적인 영향을 검증해야 한다.

그러나 연구문제 설정을 어렵게만 생각할 필요는 없다. 〈표 2-2〉에 제시된 바와 같이 우리의 일상생활에 영향을 미치는 사회현상과 관련된 연구문제들을 제기할 수 있다.

〈표 2-2〉 연구문제의 예

- 무인 과속단속기는 사고를 감소시키는가?
- 무엇이 부동산 가격을 오르게 하는가?
- SNS 이용은 이용자들의 커뮤니케이션 능력을 증가시키는가?
- 광고는 매출을 증가시키는가?
- 교육수준은 소득에 영향을 미치는가?

2) 연구문제 설정기준

위머와 도미니크(Wimmer & Dominick, 1994, pp.46~49)는 연구문제의 적절성을 확인하기 위해 다음 여덟 가지 검토 사항을 제시했다.

첫째, 연구주제가 너무 광범위하지 않은가? 초보 연구자들은 단일 연구로 다루기 힘든 광범위한 주제를 선택하는 경향이 있다. 연구주제와 대상을 세분화하고 범위를 좁혀야 한다.

둘째, 현실적으로 연구가 가능한 문제인가? 아무리 좋은 연구문제도 응답자를 찾을 수 없거나 주요 변인을 측정하지 못할 수도 있다.

셋째, 수집된 자료를 분석할 수 있는가? 수집된 자료가 신뢰도와 타당도를 확보하지 못한다면 변인들 간의 관계를 설명할 수 없다. 더불어 연구자가 자료 분석을 위한 통계처리방법을 이해하고 있어야 한다. 만약 통계처리방법에 대한 이해가 부족하면 '도구의 법칙(law of the instrument)'[4)]의 오류를 범할 수 있다.

넷째, 연구문제가 유익한가? 연구는 해당 분야의 논쟁이나 문제에 대한 이해

4) 도구의 법칙은 연구자가 통계절차에 대한 이해 없이 통계방법을 선택하여 연구결과가 무엇을 의미하는지, 어떻게 해석해야 하는지를 오류이다(Wimmer & Dominick, 2014: 유재천, 김동규 역, p.48).

를 증진시키기 위해 기존 지식에 누적되어야 한다. 더불어 학위논문, 학술지, 용역 프로젝트 등 연구의 목적에 실질적 도움이 되어야 한다.

다섯째, 연구결과를 일반화 시킬 수 있는가? 다른 상황에서도 동일한 연구결과를 얻을 수 있는 외적 타당도를 확보해야 한다.

여섯째, 분석하는데 비용과 시간은 얼마나 필요한가? 연구를 시작하기 전 필요한 자료나, 장비, 편의시설의 목록을 작성하여 과도한 비용이 소요되지만 생략 가능한 요소는 배제시켜야 한다. 더불어 각 연구 단계별로 충분한 시간을 배정하여 주어진 기간 내에 연구를 완성시켜야 한다.

일곱째, 계획한 접근방법이 해당 프로젝트를 수행하는 데 적합한가? 연구문제에 접근할 수 있는 가장 쉬운 방법을 선택해야 한다. 연구대상에 접근할 수 있는 복잡한 접근방법은 피해야 한다.

마지막으로 연구대상에게 미치는 잠재적 해악은 없는가? 연구대상자에게 물리적 또는 심리적 해악을 미쳐서는 안 된다.

좋은 연구문제를 발견하기 위해 연구자에게 문제의식과 주의 깊은 관찰, 더불어 비판적 독서와 다양한 분석이 요구된다(이종승, 2009). 연구자는 예리한 문제의식을 가지고 사회현상을 주의 깊게 관찰하며 '왜'라는 질문을 끊임없이 제기해야 한다. 뿐만 아니라 관련된 선행연구를 다양하게 검토하여 연구경향을 파악하고 새로운 문제를 찾아내야 한다. 선행연구의 다양하고 예리한 분석을 위해서 비판적 독서가 요구된다. 선행연구를 검토할 때 단순히 내용만을 파악해서는 안 된다. 구체적으로 선행연구 검토 과정에서 연구방법이나 결과의 해석은 타당한가, 연구결과와 적용한 이론은 일치하는가, 다른 연구들과 일치하는가를 분석해야 한다. 더불어 기존 연구의 제한점과 한계를 해결할 수 있는 방안을 고민해야 한다.

3. 연구가설

가설(hypothesis)이란 독립변인과 종속변인 간의 관계를 표현한, 연구 문제에 대한 잠정적 해답이다(Frankfort-Nachmias & Nachmias, 1992, p.61).

사회과학에서 현상과 현상의 관계를 규정한 논리적 주장을 가설이라고 한다. 더불어 가설은 일반적 명제로부터 파생된, 경험적 실체로부터 진술된 예상이다(Babbie, 1983. p.38). 부연설명하면 단순한 주관적인 주장이 모두 가설이 될 수 있는 것은 아니다. 일반적 명제를 전제하기 때문에 기존의 지식(즉, 이론)과 논리적 추론을 바탕으로 주장되어야 한다. 예상된 진술문이기 때문에 가설은 '참(채택, accepting)'이거나 '거짓(기각, rejecting)'일 가능성을 내포하고 있다. 이와 같이 가설에서 예상된 현상 간의 관계가 참인지 거짓인지를 경험적으로 검증하는 과정을 가설검증(hypothesis testing)이라 한다. 결국 가설은 변인 간의 관계를 진술한 서술문이고, 진술문을 검증한다는 전제를 내포하고 있다(Kerliger, 1973)

모든 연구에서 가설이 반드시 제시되어야 하는 것은 아니다. 연구 목적과 성격에 따라 사회현상들 간의 관계를 명확히 진술하지 못하는 경우 연구가설을 생략하기도 한다(이종승, 2009). 탐색적 연구의 경우, 변인들 간의 관계를 명확히 유추할 수 없기 때문에 가설을 설정하지 않고서 연구문제나 연구목적으로 대신하게 된다. 반면 설명적 연구, 특히 인과관계를 밝히는 연구에서는 기존 이론이나 선행연구를 통해 예상되는 변인들 간의 관계에 관한 가설을 제시하는 경우가 많다.

과학적 연구에서 귀납적 방법과 연역적 방법은 서로 순환적으로 작용된다(이종승, 2009). 처음 귀납적 방법을 이용한 과학적 연구는 다시 연역적 방법에 의해 검증된다. 즉, 사회현상에 대한 관찰로부터 과학적 탐구가 시작되고, 관찰결과는 귀납적 방법에 의해 이론의 정립에 기초가 된다. 이는 다시 귀납적 추리에 의해 가설이 설정되고, 경험적 관찰을 통한 결과가 연역적 방법으로 검증된다.

연역적 방법에 의한 사회과학적 연구 핵심은 연구문제의 해답을 찾아가는 과학적 과정이다. 구체적으로 사회현상과 관련된 연구문제의 해답을 찾기 위해 잠정적인 해답인 가설을 제시한 후, 경험적 관찰을 통해 가설의 참과 거짓을 검증함으로써 연구문제에 대한 답을 구한다.

1) 검증 대상 가설 설정

연구문제는 현상들 간의 관계를 의문문으로 진술한 것이기 때문에 연구문제를 해결하기 위해서는 서술문 형태인 연구가설로 바꾸어야 한다. 즉, 연구문제에 대한 잠정적인 해답인 가설을 제시하고 참인지 여부를 분석하기 때문에 결국은 가설은 연구문제를 해결하는 절차라 하겠다. 여기에서 가설 검증은 독립변인의 집단에 따라 종속변인의 차이가 있는지, 아니면 두 변인 간에 정적(+) 또는 부적(−) 관계인지, 더 나아가 독립변인이 종속변인에 미치는 영향을 밝혀내는 것이다. 예를 들어 연구문제 "스마트 폰 사용은 대인관계에 어떠한 영향을 미치는가?"를 "스마트 폰 사용량이 많을수록 면대면 대인관계는 소홀할 것이다"라는 가설로 진술할 수 있다.

기본적으로 가설의 진술문은 '만약 ~라면 ~할 것이다(if A, then B)'와 같이 가정적 형태로 설정된다. 선행 조건 A를 바탕으로, 결과 조건 B의 상태를 진술하는 형태이다. 표면적인 문장보다는 선행 조건과 결과 조건이 갖추어 졌는지를 보고 가설의 적정성 여부를 판단 할 수 있다. 아래의 〈표 2-3〉은 연구문제 "소득수준에 따라 TV시청량의 차이가 있을까?"와 관련된 가설 4개를 구분했다.

〈표 2-3〉 연구문제와 가설의 유형

구분	진술문
연구문제	소득수준에 따라 TV 시청량의 차이가 있을까?
가설 1	소득수준은 TV 시청량에 영향을 줄 것이다.
가설 2	소득수준은 TV 시청량에 영향을 주지 않을 것이다.
가설 3	소득수준이 높을수록 TV 시청량이 증가할 것이다.
가설 4	소득수준이 높을수록 TV 시청량이 감소할 것이다.

〈가설 1〉은 연구문제에 대해 포괄적인 해답을 제시하는 형태이다. 소득이 TV 시청량에 영향을 줄 것이라는 가설이 참이면, 결국 연구문제인 소득에 따라 TV 시청량의 차이를 입증할 수 있다. 〈가설 1〉을 부정하는 진술문인 〈가설 2〉가 참

이라면 연구문제를 부정하게 된다. 나아가 가설은 방향성까지 제시할 수 있다. 독립변인의 변화에 따라 종속변인의 정적(+)또는 부적(−) 관계를 예상할 수 있다. 〈가설 3〉은 정적(+)관계, 〈가설 4〉는 부적(−)관계를 예측한 것이다.

2) 연구가설과 영가설

가설은 연구가설(research hypothesis, 약어 H_1으로 표현)과 영가설(null hypothesis, null은 '0'을 의미, 약어 H_0로 표현)로 나뉜다. 먼저 연구가설은 검증하려고 하는 사회현상 간의 관계를 연구자가 예상하는 그대로 진술하는 형태로, 대안가설(alternative hypothesis)이라고도 부른다. 연구가설을 설정할 때 차이나 영향의 유무뿐만 아니라 방향까지 설정할 수 있다. 예를 들면 "교육수준은 TV 시청량에 영향을 줄 것이다"라는 가설에 방향성을 추가하여 "교육수준이 높을수록 TV시청량이 줄어들 것이다"라고 설정할 수 있다.

또 다른 가설의 유형인 영가설(귀무가설이라고도 함)은 연구가설과 대조를 이루는 서술문이다. 즉, 연구문제에서 예상했던 사회현상 간의 관계를 부정하는 형태이다. 예를 들면 "교육수준은 TV 시청량에 영향을 주지 않을 것이다" 혹은 "교육수준에 따라 TV시청량은 차이가 없을 것이다"라고 설정할 수 있다.

〈표 2-4〉 연구가설과 영가설의 비교

	연구/대안가설(H_1)	영/귀무가설(H_0)
가설 내용	모집단에서 차이 · 관계 · 변화가 있을 것이다	연구가설과 대조를 이뤄 모집단에서 차이 · 관계 · 변화가 없을 것이다
비방향적 가설	$\mu_1 \neq \mu_2$	$\mu_1 = \mu_2$
방향적 가설	$\mu_1 > \mu_2$	$\mu_1 \leq \mu_2$

출처: 이종승 (2009), 『교육 · 심리 · 사회연구방법론』, 91쪽 재구성.

실제로 가설검증에서 사용되는 가설은 연구가설이 아닌 영가설이다. 왜 그럴까? 영가설은 독립변인과 종속변인 간의 관계가 우연 또는 무작위 오차(random error) 때문에 발생한 것으로 가정한다(Wimmer & Dominick,

2014). 따라서 영가설은 가설검증 유무와 통계적 유의미를 판단하는 근거로 사용된다. 연구결과가 우연 또는 무작위 오차에 의해 발생된 것이 아니라면 영가설은 기각되고 연구가설을 받아들이게 된다.

영가설을 이용한 가설검증은 저명한 과학 철학자인 칼 포퍼(K. Popper)의 반증주의(Falsificationism)를 기반으로 하고 있다. 포퍼는 과학적 연구에서 반증가능성[5]을 주장했다(김영석, 2000, 재인용). 연구가설이 보편법칙에 따라 참인 것을 검증하기 불가능하기 때문에 영가설이 거짓임을 증명함으로써 연구가설을 입증할 수 있다.

현상들 간의 관계를 예측하는 연구가설이 항상 관계가 있다고 설정하지는 않는다. 경우에 따라서는 관계가 없다고 설정하기도 한다. 이러한 경우 영가설은 현상 간에 관계가 있다고 진술되어야 한다. 결론적으로 영가설을 기각하는 것이 가설검증의 목표이고, 영가설이 기각된다면 연구가설이 수용된 것으로 추론하게 된다(신민철, 2007, 85쪽). 즉, 영가설을 검증함으로써 연구가설의 논리적 오류를 최소화시킬 수 있다. 연구과정에서 연구자는 영가설이 연구가설과 중복되기 때문에 거의 진술하지 않지만, 영가설은 항상 존재하고 중요한 역할을 수행한다(Wimmer & Dominick, 2014).

3) 가설검증에서의 두 가지 오류

가설검증을 할 때 항시 피할 수 없는 두 가지 오류가 일어나게 된다. 앞에서 본 바와 같이 영가설(H_0)을 설정하고 이를 긍정 또는 부정할 때 〈표 2-5〉에서 보는 바와 같이 두 가지 오류가 발생하게 된다. H_0이 진(true)인 경우를 긍정하고, H_0이 거짓(false)인 경우를 부정하면 정확한 결론에 도달하게 되나, 문제는 H_0이 진인 경우를 부정하거나 반대로 H_0이 거짓인 경우를 긍정하게 되면 오류를 일으키게 된다.

---

5) 반증가능성 개념은 과학을 이루는 보편명제들을 경험을 통해 검증 또는 확증하기 어려운 경우에도 반증은 가능하다는 사실을 근거로 도입되었다. 반증은 관찰과 실험의 결과를 가지고 이론을 반박하는 것이다. 예를 들어, 희지 않은 백조를 관찰하였다면, '모든 백조는 희다'는 명제를 반증할 수 있다(김영석, 2000, 22쪽).

이처럼 진실인 H_0를 부정함으로써 일어나는 오류를 제 1종 오류(Type I error), 반대로 거짓인 H_0를 긍정함으로써 일어나는 오류를 제 2종 오류(Type II error)라고 한다. 이런 오류는 마치 재판과정에서 생기는 오류와 같은데, 만약 결백한 사람을 유죄로 선고한다면 제 1종 오류를 범하는 것이며, 반대로 죄인에게 무죄를 선고하면 제 2종 오류를 범하는 것이라 하겠다(차배근, 1983, 351쪽).

그래서 영가설을 부정함으로써 연구자가 내세운 연구가설을 긍정할 때는 이를 그대로 받아들이기 보다는 혹시 이것이 제 1종 오류로 인해 부정해야 할 연구가설을 긍정하는 것은 아닌지를 신중하게 검토해야 한다. 반대로 영가설을 긍정함으로써 연구자가 내세운 연구가설을 부정할 때는 혹시 이것이 제 2종 오류로 인해 긍정해야 할 연구가설을 부정하는 것은 아닌지를 다시 검토하는 것이 중요하다.

〈표 2-5〉 가설검증의 두 가지 오류

		영가설의 상태	
		H_0가 진(眞)인 경우	H_0가 위(僞)인 경우
두 가지 중의 결정	H_0의 긍정	정확한 결론 (1−α)	제2종 오류 (β)
	H_0의 부정	제1종 오류 (α)	정확한 결론 (1−β)

출처: 차배근 (1983), 『사회통계방법』, 351쪽.

제3장
연구 설계

Chapter 03

연구 설계

1. 연구 설계의 목적

연구설계(research design)란 연구문제에 대한 해답을 구하기 위해 짜여 진 연구 계획 및 구조, 전략이다(Kerlinger, 1973, p.300). 이때 계획이란 연구의 전체적 그림이라고 할 수 있고, 구조란 연구대상인 현상(즉, 변인)들 간의 관계에 대한 모형(model)이다. 따라서 연구설계란 어떤 현상을 어떻게 관찰하고 관찰결과를 어떠한 방법으로 분석할지를 계획하는 것이다. 하지만 연구과정의 모든 내용을 상세하게 미리 결정하는 것은 피해야 한다.

또한 연구설계는 연구문제에 대한 타당한 해답을 구하기 위하여 불필요한 변인의 통제를 목적으로 한다(Kerlinger, 1973). 변인의 통제는 극대·극소화의 원칙(maxmincon principle)을 따른다. 극대·극소화의 원칙이란 독립변인의 영향을 극대화(maximize)시키는 동시에 종속변인에 영향을 미치는 불필요한 가외변인을 통제(control)함으로써 오차를 극소화(minimize)시키는 것이다.

연구설계의 또 다른 목적은 연구결과를 일반화시키는 데에 있다. 좋은 연구설계는 현상 간의 관계를 구체적으로 진술한 연구가설에 대한 해답을 제시할 수 있어야 한다. 더불어 독립변인과 종속변인에 영향을 미칠 수 있는 가외변인을 최대한 통제할 수 있도록 설계돼야 한다. 내적 타당도와 외적 타당도를 확보해 다른 시공간에서도 같은 연구결과를 얻어 일반화할 수 있어야 한다. 결국 좋은 연구설계란 독립, 종속변인 간의 관계(가설)를 연구하기 위한 틀을 제공해주어야 하고 가설을 검증하기 위한 경험적 관찰 방법, 관찰된 결과의 분석방향을 제시해주어야 한다(신민철, 2007, 93쪽).

〈그림 3-1〉 연구절차

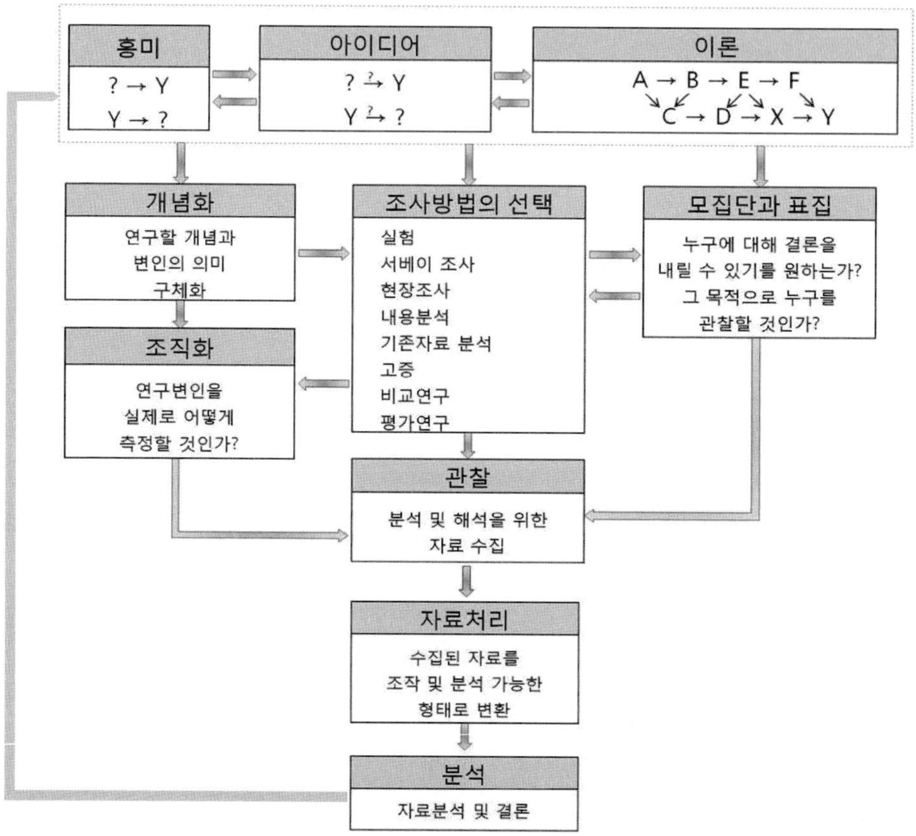

출처: Babbie (1983), 『Practice of social research』, p.94.

2. 연구설계의 종류

1) 변인통제 가능성에 따른 분류: 실험설계와 비실험설계

변인의 통제 가능성은 연구설계를 구분하는 가장 중요한 기준 가운데 하나이다. 이 구분에 따라 실험적 접근법(experimental approach)과 비실험적 접근법(non-experimental approach)으로 나눈다. 실험적 접근법이란 연구자가 조작(manipulate), 통제(control)한 독립변인의 변화에 따른 종속변인의 변화를 관찰하는 연구방법이다. 변인을 통제함으로써 독립변인이 종속변인에 미치는 영향을 밝혀내는 인과관계를 정확히 관찰·예측할 수 있다. 반면 비실험적 접근법은 연구자가 독립변인을 조작, 통제하지 못하는 경우에 사용된다. 구체적으로 비실험적 접근법은 응답자들이 주요 변인들을 이미 경험한 상태에서 독립변인과 종속변인의 관계를 파악하는 연구설계이다.

비록 실험접근과 비실험적 접근법은 독립변인의 조작 가능성 차이는 존재하지만, 현상들 간의 관계설명이라는 사회과학의 목표 측면에서는 동일한 접근법이다. 인과관계 등 현상 간의 관계를 설명해주는 과학에서 실험적 접근법이 이상적이다. 하지만 변인들을 완벽하게 통제할 수 없는 현실에서 비실험적 접근법 또한 과학의 목표를 달성할 수 있는 유용한 연구방법이다.

2) 연구 장소에 따른 분류: 현장연구와 비현장연구

연구가 실행되는 장소에 따라 현장연구와 비현장연구로 구분된다. 현장연구란 사회현상이 발생한 실제 현장에서 직접 연구를 실행하는 것이다. 반면 비현장연구는 실험실이나 설문조사를 통해 실제 현장에 나가지 않고 연구를 수행하는 것이다.

신민철(2007)은 연구장소에 따른 분류와 더불어 변인통제 가능성 여부를 동시에 적용하여 아래 〈표 3-1〉과 같이 구분하였다. 구체적으로 실험 여부와 현장연구 여부에 따라 실험실실험(laboratory experiment), 현장실험(field experiment), 설문조사(survey research) 및 현장조사(field study) 등 네 가지 연구 방법으로 구분하였다.

〈표 3-1〉 연구설계의 종류

독립변인조작여부 / 현장여부	실험설계 (Yes)	비실험설계 (No)
현장연구 (Yes)	현장실험	현장조사
비현장연구 (No)	실험실 실험	설문조사

출처: 신민철 (2007), 사회연구방법의 기초, 95쪽.

(1) 실험실 실험

실험실 실험은 인과관계를 밝히기 위해서 연구대상 변인을 철저히 통제할 수 있는 실험실 환경에서 수행하는 연구유형이다. 부연하자면 외부와 차단된 실험실을 통해 가외변인을 제거함으로써 원인과 결과 간의 관계를 명확히 밝힐 수 있다. 의약 분야에서 신약의 약효를 검증하는 것과 같이 실험실 실험을 자연과학 분야에서만 사용하는 연구방법으로 오해할 수 있지만, 사회과학에서도 실험실 실험을 사용하여 사회현상 간의 관계를 규명하고 있다(신민철, 2007). 실례로 광고분야에서 동공 크기의 변화를 측정하는 퓨필로미터(pupilometer)를 이용하여 실험실에서 광고자극에 대한 반응을 연구한다. 이와 같이 사회과학에서 실험실 실험은 가외변인을 통제한 환경에서 실험 대상자의 언어적, 비언어적 행위를 관찰하는 연구방법이다(김영석, 2000).

실험실 실험은 통제의 용이성과 인과관계의 명확성, 상대적으로 저렴한 비용 등의 장점을 갖는다. 구체적으로 주요 변인뿐만 아니라 실험 환경, 피험자를 통제할 수 있다는 장점으로 연구의 내적 타당도(internal validity)를 확보할 수 있다. 더불어 원인과 결과 변인의 발생 시간을 통제함으로써 선·후를 통한 인과관계를 명확히 밝힐 수 있다. 그리고 현장연구에 비해 비용이 저렴하다.

이러한 장점에도 불구하고, 실험실 실험은 인위성과 영역의 제한 등의 단점이 있다. 먼저 실험실 실험은 현실과 다른 환경이기 때문에 외적 타당도(external validity)가 낮아지는 단점을 가지고 있다. 가외변인이 제거된 실험실 환경을 다양한 자극이 공존하는 현실 환경에 그대로 적용할 수 없다. 더불어 실험실 실험은 제한적 영역에만 적용할 수 있기 때문에 장기적 효과연구에 적용할 수 없다는 한계를 가지고 있다.

(2) 현장실험

현장실험은 현실적인 환경에서 독립변인을 조작하는 연구방법이다. 가외변인을 철저히 통제할 수 없는 경우, 실제로 현상이 발생하는 현장에서 실시하는 실험이다. 예를 들어 상품의 진열 위치에 따른 소비자의 구매 차이를 연구할 때, 독립변인인 상품의 진열 위치를 매일 변화시킨 후 매출액의 차이를 알아보는 실험을 수행할 수 있다.

실험실실험과 현장실험 간의 차이는 연구수행 장소의 차이뿐만 아니라 독립변인의 통제 정도 차이에서도 나타난다(신민철, 2007). 다시 말해 현장실험은 연구자가 독립변인을 철저히 통제할 수 없는데, 이 점이 단점이자 동시에 장점이라 하겠다. 현장실험은 실험실실험보다 변인간의 관계를 분명하게 설명함으로써 연구결과에 대한 외적타당도를 확보할 수 있다. 더불어 현장실험은 이론의 검증뿐만 아니라 실질적인 문제 해결을 위한 도구로 매우 유용하다. 실용적 도구로써 현장실험은 마케팅 분야에서 자주 사용되는 연구방법이다.

이와 같은 장점에도 불구하고 현장실험은 독립변인을 완벽하게 조작할 수 없는 단점이 있다. 더불어 조사대상자를 완벽하게 무작위(randomization)[6]로 추출하지 못한다는 단점 또한 존재한다. 앞에서 예를 들었던 진열 위치에 따른 매출액의 차이를 연구할 때, 요일이나 시간 등의 영향으로 특정 연령이나 성별이 지나치게 많이 표집될 수 있다.

(3) 설문조사

서베이, 즉 설문조사는 사회과학 분야에서 가장 오래되고 많이 사용되는 보편적인 연구설계 방법이다. 성경에 따르면 설문조사는 고대 이집트 지배층의 지배수단으로 사용되었고, 1880년 마르크스(Marx)의 노동착취 연구에서도 이용되었다고 한다(Babbie, 2007). 설문조사는 연구주제와 관련된 구조화된 설문지를 통해 응답자의 의견이나 행동, 가치관을 실증적인 자료로 수집, 측정하는 연구방법이다.

6장에서 자세히 설명하겠지만 설문조사는 설문응답자와의 접촉 방법에 따라 면접조사, 전화조사, 우편조사, 온라인조사 등으로 구분된다. 먼저 면접조사(personal interview)는 조사원(interviewer)이 응답자(interviewee)를 직접 대면해서 정보를 수집하는 방법이다. 직접 대면하기 때문에 추가 정보 제공, 응

6) 무작위 원칙이란 피험자나 피조사자 등을 무작위로 선정하고 이들을 다시 무작위로 각 집단(실험집단, 통제집단)에 배치하여, 실험처치 등을 각 집단에 무작위로 배정하는 것을 말한다(김영석, 2000, 62쪽).

답자 통제 등의 장점이 있는 가장 바람직한 조사방법이지만 다른 조사방법에 비해 상대적으로 많은 비용과 노력이 필요하다.

둘째, 우편조사(mail survey)는 연구자가 우편으로 설문지를 응답자에게 보낸 후 다시 우편으로 돌려받는 방법이다. 상대적으로 적은 비용이 소요되지만, 응답률이 지나치게 낮다는 문제점을 가지고 있다. 저조한 응답률은 표본의 대표성 문제를 발생시킨다. 또한 표본으로 선정된 응답자가 아닌 다른 사람이 대신 설문에 답하는 대리 응답을 막을 수 없다.

셋째, 전화조사(telephone survey)는 조사원이 전화를 통해 응답자에게 질문을 수행하는 방법이다. 이 방법은 비용이 상대적으로 저렴하고 신속한 조사가 가능하다는 장점이 있다. 하지만 중도 탈락 가능성이 높기 때문에 시간이 많이 소요되는 설문을 조사하기 어렵고, 그림이나 도표와 같은 시각적 도구를 사용할 수 없는 단점이 있다.

넷째, 온라인조사(on-line survey)는 인터넷의 발달로 이메일이나 웹사이트를 이용하여 설문을 진행하는 방법이다. 온라인 조사는 동시간에 많은 사람을 대상으로 조사할 수 있기 때문에 단시간에 많은 응답을, 그리고 매우 저렴한 비용으로 얻을 수 있다는 장점을 갖고 있다. 하지만 응답자가 모집단을 대표하는지를 알 수 없고, 한 사람이 여러 번 응답하는 중복응답의 가능성을 배제할 수 없다는 단점을 가지고 있다.

종합하면 설문조사는 현상과 관련된 모든 사람을 조사하기 어려운 현실에서 모집단의 대표성을 지닌 표본을 통해 저렴한 비용으로 변인과 관련된 정확한 데이터를 수집할 수 있다는 장점을 갖고 있다. 하지만 실험방법처럼 변인들을 통제할 수 없다는 단점이 있다.

(4) 현장조사

현장조사란 현장에서 사회현상과 관련된 변인들 간의 관계를 조사하는 비실험적 연구방법이다. 직장, 가정, 학교 등 모든 현실적 환경에서 진행되는 비실험적 연구는 모두 현장조사이다. 특히 인류학 분야에서 자주 사용하는 방법이다(신민철, 2007).

신민철(2007)은 현장조사의 장점을 현실성과 효과의 크기, 잠재력으로 설명했다. 먼저 현실에서 연구가 진행되기 때문에 다른 연구설계에 비해 현실성이 가장 뛰어나다. 그리고 특정 현상들 간의 관계를 연구하는 과정에서 다른 관계를 발견할 수 있는 잠재력을 가지고 있다. 하지만 여러 장점에도 불구하고 몇가지 단점이 있다. 먼저 독립변인을 통제할 수 없고, 수많은 가외변인이 존재하기 때문에 현상 간의 관계를 명확히 설명하기 어렵다. 또한 현실 환경이 너무 복잡하고 다양하기 때문에 주요 변인을 정확히 측정하기 힘들다.

3) 시간적 차원에 따른 분류: 횡단연구와 종단연구

(1) 횡단연구(cross-sectional research)

횡단연구는 특정 시점에서 연구대상으로부터 자료를 수집한다. 대표적인 예로 인구센서스는 주어진 시기에 특정 국가의 국민 모집단의 특성을 기술하기 위한 조사이다. 특정 시점을 기준으로 하기 때문에 종단연구에 비해 상대적으로 시간과 비용이 적게 든다. 하지만 시간의 흐름에 따른 변화를 관찰할 수 없기 때문에 인과관계를 밝혀내기 어렵다.

(2) 종단연구(longitudinal research)

종단연구는 시간의 흐름에 따른 특정 현상의 변화를 관찰하는 연구방법으로 시계열 분석(time series analysis)이라고도 부른다. 시간의 간격을 두고 여러 차례 자료를 수집하기 때문에 횡단연구에 비해 비용과 노력이 더 많이 들지만 인과관계를 밝혀낼 수 있다는 큰 장점을 갖고 있다. 1940년 미국 대통령선거를 연구한 라자스펠드 등(Lazarsfeld, Berelson & Gaudet, 1948)은 종단연구를 통해 오피니언 리더의 역할을 밝혀냈다. 종단연구는 경향연구와 코호트연구, 패널연구 등 세 가지 유형으로 나뉜다.

① 경향연구(trend study)

경향연구는 시간의 흐름에 따른 모집단의 변화를 조사하는 연구이다. 각 조사 시점 마다 조사대상자들이 다르게 표집된다. 예를 들어 선거기간 동안 실시되는 여론조사는 조사 시기마다 다른 응답자로부터 자료를 수집한다. 따라서 선거캠페인 기간 동안 후보자별 지지도 변화를 분석할 수 있고, 선거기간 동안 총체적인 변화량을 알 수 있다. 그러나 유권자 개인의 개인별 변화, 즉 스위치 효과(지지 후보 변경)나 강화 효과(지지 후보 강화) 등을 알 수는 없다.

② 코호트연구(cohort study)

코호트란 로마 군대에서 군단 내에 속해 있던 10개 분과 중 하나이다. 사회과학에서 코호트는 서로 연결되어 있거나 동일한 사건을 경험한 집단을 지칭한다. 코호트 연구는 특정 집단의 사람들이 시간이 지나면서 어떻게 변화하는지를 조사하는 연구이다. 코호트 분석은 종속변인의 변화가 연령에 의한 것인지(age effect) 아니면 특정 집단에 속해있기 때문인지(코호트 효과, cohort effect)를 밝혀낼 수 있다(Wimmer & Dominick, 2014).

코호트연구의 예를 들자면 1945년 해방둥이들이 격동의 현대사를 겪으면서 어떠한 정치, 사회의식의 변화를 가져왔는지를 매 20년 단위로 연구할 수 있다. 그래서 1965년에 실시하는 연구에서는 20세, 1985년 연구에서는 40세, 2005년 연구에서는 60세를 조사대상으로 삼는다. 그러나 각 조사시점마다 조사대상자들의 연령은 같으나 동일한 사람이 아니고 매번 바뀌게 된다.

③ 패널연구(panel study)

패널연구는 같은 사람을 대상으로 여러 시점에 걸쳐 조사하는 방법이다. 동일인을 대상으로 조사한다는 점에서 경향연구나 코호트연구와 구별된다. 같은 사람을 대상으로 자료를 수집하기 때문에 선거캠페인 기간의 여론조사에서 스위치 효과나 강화 효과 등 상세한 정보를 구할 수 있다.

패널연구의 가장 큰 장점은 인과관계를 도출할 수 있다는 점이다. 같은 응답자를 대상으로 시간의 흐름에 따라 자료를 수집하기 때문에 분명한 선·후를 바탕으로 독립변인과 종속변인의 영향을 명확하게 알 수 있다. 하지만 패널연구는 패널 관리를 위해 비용이 많이 든다. 또한 지속적으로 조사에 응할 응답자들을 모집하기 쉽지 않다. 패널을 모집했더라도 연구과정에서 패널에서 떨어져 나가는 탈락률이 높다는 한계가 있다.

4) 연구의 목적에 따른 분류: 탐색적 연구, 기술적 연구, 설명적 연구

연구 목적에 따라 탐색적 연구(exploratory research), 기술적 연구(descriptive research), 설명적 연구(explanatory research)로 분류할 수 있다. 탐색적 연구는 연구문제의 발견, 변인의 규명, 가설의 도출을 위한 예비조사이다. 기술적 연구는 현상이나 모집단의 특성을 파악하기 위한 빈도와 분포 등 특성을 수량화하는 표본조사이다. 설명적 연구는 변인들 간의 관계 규명을 위한 상관관계나 인과관계를 밝히는 연구이다.

3. 분석단위

1) 분석단위의 개념

사회현상을 연구할 때 관찰하고자 하는 연구대상 혹은 연구대상자 등 모든 것을 분석단위(units of analysis)라고 한다. 개인뿐만 아니라 경우에 따라 집단이나 조직, 사회적 상호작용, 사회적 산물(social artifacts)이 분석단위가 될 수 있다.

(1) 개 인

사회과학연구에서 가장 많이 사용하는 분석단위가 개인이다. 연구자들은 개인을 분석함으로써 사회집단이나 현상을 기술하고 설명한다. 연구자들은 연구대상의 성, 연령, 출생지, 교육수준, 태도, 가치관 등 개인적 특성을 바탕으로 집단 또는 사회를 일반화하려 한다(Babbie, 1983). 분석단위로서의 개인은 집단의 구성원으로서 비슷한 경향을 가지고 있다. 예를 들어 명문대의 학생 개인을 대상으로 부모의 교육수준과 직업, 소득, 거주지 등을 분석한 결과 부유한 가정의 자녀들이 명문대에 더 많이 진학한다면 부의 대물림 현상의 심화를 설명할 수 있다.

(2) 집 단

각종 사회집단도 연구의 분석단위가 된다. 부부, 가족, 가구, 준거집단(reference group) 등이 분석단위로 자주 사용된다. 집단을 분석단위로 선정했을 때도 그 집단에 속한 개인들을 관찰하게 된다. 이를 관찰단위(units of observation)라고 한다. 개인을 분석단위로 선정한 경우는 분석단위와 관찰단위가 같지만, 집단을 분석단위로 선정한 경우는 분석단위와 관찰단위가 다를 수 있다. 예를 들어 비행 청소년에 대해 연구할 때, 개인을 분석단위로 하는 경우 비행 청소년 개인을 관찰함으로써 그 집단의 전체적 특성을 알게 된다. 그러나 만약 집단을 분석단위로 하는 경우에는 개인을 관찰하여 그 집단의 특성뿐만 아니라 일반 청소년 집단 또는 다른 비행 청소년 집단과의 차이 등을 알아내게 된다.

(3) 조 직

공식적인 사회조직도 사회과학 연구의 분석단위가 될 수 있다. 영리기업 뿐만 아니라 정부, 학교 등과 같은 비영리조직도 분석단위가 될 수 있다. 예를 들어 전국 대학평가 연구를 수행한다면, 이때의 분석단위는 전국의 각 개별대학이 된다. 개별 대학들의 교수 1인당 학생 비율, 교수 연구실적, 교육 지원시설, 취업률, 일반인 인식평가 등의 자료를 수집하여 대학의 서열을 매길 수 있다.

(4) 사회적 상호작용

사회적 상호작용도 분석단위가 될 수 있다. 최근 사회과학 분야에서 인기를 끌고 있는 빅 데이터 분석의 경우, 커뮤니케이션 수단인 SNS를 분석대상으로 삼아 SNS 상에서 자주 거론되는 단어를 수집, 분석하는 연구방법이다. 전화와 이메일, 잡담, 온라인 토론 등도 사회적 상호작용의 분석단위로 사용될 수 있다. 분석단위가 개인인 경우 행위자에 관심을 두지만, 사회적 상호작용인 경우 메시지 자체에 초점을 맞추게 된다.

(5) 사회적 산물

사회적 산물이란 각종 사회 성원들이 만들어낸 모든 생산품이나 아이디어, 행동 등을 일컫기 때문에 그 대상과 범위는 무한히 넓다. 예를 들어 책, 그림, 드라마, 자동차, 건물, 노래, 결혼, 이혼, 선거, 생활양식, 문화, 유머 등 유형과 무형의 수많은 대상들이 존재한다. 예를 들어 방송사의 선거보도를 연구한다면 각 뉴스꼭지를 분석단위로 하여 각각의 뉴스 내용을 분석틀에 맞춰 분석하게 된다.

2) 분석단위 오류

분석단위를 선정하여 관찰, 분석한 결과를 가지고 어떤 결론을 내릴 때 자칫 범할 수 있는 잠재적 오류를 조심해야 한다. 분석단위와 관련된 잠재적 오류는 생태학적 오류(ecological fallacy)와 환원주의(reductionism)가 있다.

(1) 생태학적 오류

생태학적 오류는 개인보다 단위가 큰 집단이나 조직 등의 생태학적 단위에서 얻은 결과물을 소속된 개인들에 대한 결론을 적용할 때 일어나는 오류를 말한다. 예를 들어 우리나라의 투표행태는 지역주의 투표행태가 지배적이다. 그래서 영남지역에서는 보수적인 새누리당 후보가, 호남지역에서는 진보적인 새정치민주연합 후보가 당선되는 경향이 있다. 그러나 이러한 투표결과를 가지고서 모든 영남지역민들을 새누리당 지지자로, 모든 호남지역민들을 새정치민주연합 지지자들로 결론을 내리거나, 지역이 정당지지에 절대적인 영향을 미친다고 결론을 내리게 되면, 생태학적 오류에 빠지게 된다. 왜냐하면 영남사람들 중에서 새정치민주연합 후보에게 투표한 유권자가 있고, 호남사람들 가운데도 새누리당 후보에게 투표한 유권자가 엄연히 존재한다. 그럼에도 불구하고 이들 소수의 투표행위가 생태학적 단위에 의해 무시된 것이다. 이와 같이 지역이라는 분석단위에서 얻은 결과물을 가지고서 그 지역에 사는 개인들에 대한 결론을 내리려 할 때 생태학적 오류가 발생하게 된다.

이러한 생태학적 오류와는 정반대인 개체적 오류(individualistic fallacy)가 있다. 이것은 생태학적 오류와는 반대로 특별한 예외를 들어서 일반적으로 받아들여지는 진술이나 양식을 부정하려는 데에서 일어나는 오류이다. 예를 들어서 대학중퇴자 중에서 스티브 잡스와 같은 극히 드문 성공 사례를 제시하고, 대학졸업자들이 중퇴자들보다 사회에서 성공가능성이 높다는 일반적 패턴을 부정하려는 것이 대표적이라 하겠다.

정리하자면 생태학적 오류는 특수성을 인정하지 않고 보편성만을 강조하는 데에서 일어날 수 있는 오류이고, 개체적 오류는 반대로 특수성을 지나치게 강조하여 보편성을 부정하려는 데에서 발생하는 오류라 하겠다. 따라서 연구자는 분석단위를 벗어나 확대 해석할 때 오류가 발생할 위험성에 주의해야 한다.

(2) 환원주의

환원주의는 특정의 제한적인 관점이나 개념을 통해 어떤 사회현상을 설명할 때 발생하는 오류를 말한다. 예를 들어 학자들은 자신의 전공분야만을 가지고 사회현상을 설명하려 한다. 구체적으로 사회학자들은 사회학적 변인들(가치, 규범, 역할 등)을 통해, 경제학자들은 경제학적 변인들(공급과 수요, 한계가치 등)을 통해, 그리고 심리학자들은 심리학적 변인들(인성 유형, 외상 트라우마 등)을 통해 사회현상을 해석한다. 이럴 때 경제학자들은 경제학적 환원주의, 심리학자들을 심리학적 환원주의에 빠지게 된다(Babbie, 1983. p.81). 환원주의 역시 생태학적 오류와 마찬가지로 부적절한 분석단위를 사용할 때 발생할 수 있다는 점을 명심해야 한다.

4. 연구설계의 타당도

설계사가 건축물을 설계할 때 항시 고려해야할 것은 건축물이 본래의 목적이나 용도에 맞게 제대로 건축되어질 수 있는지에 관한 것이다. 마찬가지로 연구자는 연구설계를 할 때 모든 연구과정이 본래의 목적과 연구문제, 연구가설에 맞게끔 제대로 이루어지도록 하는 것이 바로 연구 설계의 타당도 문제이다.

타당도는 내적 타당도(internal validity)와 외적 타당도(external validity)로 분류된다. 내적 타당도는 가외변인이 아닌 독립변인이 종속변인의 변화를 제대로 가져왔는가의 문제이고, 외적 타당도는 연구결과를 일반화할 수 있느냐의 문제이다. 따라서 연구자들은 분석과정에서 연구결과가 내적 타당도나 외적 타당도를 충족하는지를 반드시 검토해야 한다.

1) 내적 타당도

내적 타당도는 독립변인이 종속변인에 미친 영향을 설명할 때 종속변인의 변화가 순전히 독립변인에 의해 일어난 것인지 아니면 제 3의 가외변인에 의한 영향인지에 관한 규명과 관련되어 있다. 실험연구에서 연구자는 독립변인이 종속변인에 미치는 영향을 명확히 밝히기 위해 불필요한 변인을 제거하거나 통제해야 한다. 만약 연구자가 종속변인에 영향을 미칠 수 있는 가외변인을 통제하지 못했다면 자칫 연구결과를 잘못 해석할 수 있다. 이와 같이 내적 타당도는 독립변인과 종속변인의 관계를 잘 설명하느냐의 문제로서 실험연구뿐만 아니라 서베이 등 모든 연구에서 중요한 개념이다.

위머와 도미니크(Wimmer & Dominick, 1994, p.31)는 내적 타당도의 문제를 다음과 같이 설명했다. 연구자가 "y는 x의 함수이다" 혹은 "$y = f(x)$"를 검증하려 한다. 만약 연구자가 b라는 가외변인을 통제하지 않으면 $y = f(b)$라는 검증결과를 얻을 수 있기 때문에 조사 조건을 통제할 필요가 있다. 가외변인의 영향이 있었다는 것은 내적 타당도의 부족을 의미하기 때문에 해당 연구는 가설검증에 실패한 것으로 보아야 한다.

연구과정에서 내적 타당도를 저해할 수 있는 요인은 여러 가지가 있기 때문에 연구자들은 성공적인 연구를 위해 내적 타당도를 반드시 고려해야 한다. 캠벨과 스탠리(Cambell & Stanley, 1963), 그리고 쿡과 캠벨(Cook & Cambell, 1979)은 내적 타당도를 저해하는 요인을 다음과 같이 설명했다(Wimmer & Dominick, 1994, pp.31~35 재인용)

(1) 역사(history)

연구기간 동안에 일어나는 사건이 조사 대상자들의 태도나 의견, 행위 등에 영향을 미치는 것을 역사 요인이라 한다. 예를 들어 한국인들의 일본에 대한 호감도를 조사하는 연구에서 실사 직전에 독도문제가 터졌다면 독도문제가 한국인들의 일본 호감도에 영향을 미치기 때문에 정확한 측정이 어렵게 된다.

(2) 성숙(maturation)

연구를 진행하는 과정에서 조사대상자들의 생물학적 또는 심리학적 특성이 변할 수 있다. 피조사자들이 배고파지거나 피곤해진다든지, 또는 나이를 먹게 되면 조사에 응하는 태도에 변화가 일어날 수 있다. 예컨대 장시간에 걸쳐 TV광고를 시청해야 하는 실험연구를 할 경우 피로가 가외변인으로 작용할 수 있다. 피곤해지기 전과 피곤해진 후에 피험자들의 광고에 대한 반응은 다를 수밖에 없다. 또한 질문문항이 너무 많은 설문지에 응답할 때, 앞부분의 문항에는 성실하게 응답하지만 뒷부분의 문항에는 불성실하게 응답하는 것도 이 문제에 해당된다 하겠다.

(3) 검증 효과(testing)

조사를 위한 검증은 그 자체가 가외변인이 될 수 있다. 특히 조사 대상자에게 사전조사와 사후조사를 실시하는 경우 더욱 그렇다. 사전조사가 피조사자들로 하여금 설문지 등을 기억하게 하여 사후조사에서 작위적으로 응답하게 만들 수 있다. 이러한 위험성은 같은 설문지나 측정도구를 사전조사와 사후조사에서 동일하게 사용하는 경우에 매우 커진다. 조사대상자들은 질문에 어떻게 대답해야 하는지를 알게 되고 연구자가 요구하는 것이 무엇인지를 알아차리게 된다.

(4) 측정도구 마멸(instrumentation, instrument decay)

이것은 연구과정에서 일어날지도 모르는 조사도구나 방법의 변질을 말한다. 조사과정에서 측정도구가 변질되면 측정도구의 효과나 정확성이 떨어지게 된다. 흔히 파블로프의 개로 알려진 고전적 조건화 이론을 검증할 경우 자극인 종을 너무 많이 때려서 파손되면 실험 대상인 개가 이전 종소리와 다르게 인식할 수 있다. 또한 쇠로 만든 쇠막대자는 계절에 따라 자의 길이가 수축 팽창하게 되어 길이를 정확히 측정하지 못하게 되는 현상도 이 문제에 해당한다. 그리고 면접자가 질문항목들을 암기하여 설문지를 보지 않고 면접조사를 실시할 경우 중요한 질문을 빠뜨리거나 질문 순서를 뒤바꿔 물을 수 있는 것도 여기에 해당한다 하겠다.

(5) 통계적 회귀(statistical regression)

모든 유전학적 요인들은 오랜 세월이 지난 뒤에는 평균점을 기준으로 회귀(regression)한다고 한다. 예를 들어 키가 매우 크거나 또는 매우 작은 집안 사람들은 몇 세대 지나면 결국은 전체의 평균키에 가까워지게 된다. 조사에서도 마찬가지다. 어떤 검사에서 매우 높은 점수나 낮은 점수를 얻은 조사대상자들의 점수는 여러 차례 검사하는 동안에 표본이나 모집단(population)의 평균점수로 회귀하는 경향이 있다. 따라서 연구자들은 사전조사에서 얻은 점수가 집단 전체의 평균점수와 크게 차이가 나는 극단치(outlier)들을 주의할 필요가 있다. 최고치의 점수는 내려갈 가능성이 높고, 반대로 최저치의 점수는 올라갈 가능성이 높다는 점을 고려해야 한다.

예를 들어 TV 폭력물이 청소년의 폭력성에 미치는 영향을 1년에 걸쳐 실험한다고 가정해보자. 이 때 폭력성향이 매우 낮거나 또는 매우 높은 청소년들로 피험자집단을 구성하는 경우에는 실험 결과로 나타난 청소년들의 폭력성이 과연 독립변인인 TV폭력물에 의한 영향인지 아니면 통계적 회귀에 의한 결과인지를 알 수 없게 된다. 따라서 이를 방지하기 위하여 폭력물 노출 정도가 고르게 분포될 수 있도록 실험 대상자들을 선정해야 한다.

(6) 조사대상자의 탈락(experimental mortality)

어떤 연구에서나 이런저런 이유로 조사가 실시되는 도중에 조사대상자들이 탈락하게 된다. 특히 장기간에 걸쳐 조사가 실시되는 경우에는 더욱 그렇다. 조사 대상자들이 갑자기 병이 나거나 불의의 사고를 당할 수도 있고, 아니면 다른 지역으로 이사 가거나 학교나 직장을 그만둬 연구대상자 집단에서 탈락할 수 있다. 특히 장기간에 걸쳐 조사해야 하는 패널서베이의 경우 조사대상자들의 중도 탈락률이 높은 편이다. 이러한 조사대상자들의 탈락이나 상실은 연구결과에 영향을 미치게 된다. 따라서 조사에서는 반드시 확보해야 할 표본수보다 더 많은 조사대상자를 선정하는 것이 바람직하다.

(7) 조사대상자 선정상의 편견(sample selection biases)

대부분의 실험조사는 피험자들을 둘 또는 그 이상의 집단으로 나누어 독립변인이 종속변인에 미치는 효과의 차이를 각 집단별로 비교하여 독립변인의 효과크기를 결정한다. 이 때 구성된 집단들이 서로 비슷하지 않으면 집단 간 비교는 어렵게 된다. 예를 들어 국회의원 후보의 외모가 유권자의 후보 선택에 미치는 영향을 연구한다고 할 때, 한 집단에는 정치에 관심이 많은 중년 남성들이 주로 구성되고 다른 집단에는 정치에 무관심한 청년들이 주로 구성된다면 두 집단을 비교하는 것이 의미가 없다. 따라서 집단을 분류할 때는 반드시 무작위로 배치해야만 하고 실험결과가 피험자 집단이 본래부터 갖고 있는 차이에서 기인한 것이 아니라는 점을 분명히 하기 위해 피험자 집단들이 동질적인지 여부를 사전에 점검해야만 한다.

(8) 피험자의 의도적 반응특성(demand characteristics)

이것은 실험이나 조사의 목적을 알아차린 피험자나 응답자들이 연구자가 원하는 대로 반응을 보이는 성향을 말한다. 실험에서 피험자들이 실험의 목적을 알게 되면 피험자는 되도록이면 연구자가 좋아할 만한 반응을 보이려고 애쓰는 경향이 있다. 때로는 이와는 정반대로 피험자들이 연구자가 원하는 것과 반대되는 과장된 반응을 보이는 경우도 있는데, 이러한 반응도 피험자의 의도적 반응특성이라 하겠다. 이러한 피험자들의 행위방식이 실험결과에 영향을 미치게 됨은 물론이다. 따라서 조사 대상자들의 반응이 가장된 것인지 아니면 진실인지를 검증하기 위해 같은 질문을 다양한 방식으로 바꾸어 묻는 교차 질문(cross-validating questions)을 잘 활용할 필요가 있다. 또한 조사의 진짜 목적을 숨기는 것도 조사에 도움이 될 것이다.

(9) 연구자 편견(researcher bias)

관찰이나 자료의 기록 또는 수학적 계산이나 결과의 해석 등에서 자신도 모르는 사이에 연구자의 편견이 개입할 수 있다. 의도적이건 아니면 무의식적이건 연구자가 설정한 가설을 뒷받침하고자 하는 바람이 연구과정에 영향을 미치게 된다. 만약 연구자가 연구 용역을 준 고객, 즉 의뢰인이 원하는 바에 편향되게 되면 연구과정 어디에선가 조사자의 편견이 개입될 수 있다. 선거를 앞두고 실시하는 여론조사에서 어느 정당이 조사를 의뢰했느냐에 따라 정당이나 후보 지지도가 다르게 나타나는데, 이러한 현상이 바로 여기에 해당된다 하겠다.

연구자의 편견은 연구의 전 과정에 걸쳐 잠재되어 있는 문제이다. 연구자의 편견이 개입될 가능성을 줄일 수 있는 방법은 다음과 같다. ① 조사대상자에게 조사 지침을 주는 사람이나 조사대상자를 관찰하는 사람에게 연구의 목적을 알려주지 않는다. ② 조사에 관여하는 사람이면 누구든지 피험자가 어느 실험 집단이나 통제집단에 속하는지 알지 못하게 한다. 이것을 이중 불명화 실험(double blind experiment)이라고 부른다. ③ 피험자들에게 통일된 지침을 줄 수 있도록 하기 위해 녹음기 같은 자동화된 장비를 사용한다. ④ 연구자들은 의뢰인에게 원하는 정보 외에 그들의 의도가 무엇인지에 대해 밝히지 말 것을 요구하는 것도 필요하다.

(10) 평가에 대한 우려(evaluation apprehension)

조사대상자들이 연구자나 조사에 동원되는 다른 조사대상자들로부터 긍정적으로 평가받기 원하는 심리에서 일어나는 문제이다. 또한 사람들은 사회규범과 다르게 행동하기를 싫어하며, 자신이 속한 집단의 규범에 따르는 경향이 있다. 그래서 서베이에서 응답자들은 자신의 학력이나 소득을 실제보다 높이는 경향이 있으며, 정치지식을 묻는 질문에서 사실은 잘 모르면서도 잘 안다고 응답하고, 대다수 사람들이 공통적으로 갖고 있는 이른바 모범답안을 제시하는 경향이 있다. 따라서 연구자는 이와 같은 조사대상자들의 수동적 태도를 지양시키기 위해 피조사자들에게 어디까지나 개인의 반응이 중요하지 다른 사람들의 반응과 같아지려고 할 필요가 없다는 점을 일깨워주어야 한다.

평가에 대한 우려는 앞에서 설명한 의도적 반응특성과 유사하다. 그러나 이는 기본적으로 측정이나 검사를 두려워하는 조사대상자들의 심리상태와 관련되어 있다는 데서 의도적 반응특성과는 차이가 있다.

(11) 인과적 시차(causal time order)

닭이 먼저냐 달걀이 먼저냐의 논쟁처럼 독립변인과 종속변인의 시간적 순서가 애매한 데에서 발생하는 문제이다. 예를 들어 정치효능감(political efficacy)과 미디어 뉴스 이용량간의 관계를 연구한다고 하자. 대체로 정치효능감이 높은 사람들이 미디어 뉴스를 많이 이용하는 경향이 있지만 반대로 미디어 뉴스를 많이 이용하기 때문에 개인의 정치효능감이 높아질 수도 있다. 바로 이처럼 연구를 하다보면 무엇이 독립변인이고, 종속변인지를 구별하기가 어려운 경우가 일어나기 때문에 변인간의 인과성에 관한 결론을 내릴 때는 많은 주의를 기울여야 한다.

(12) 실험처치방법 확산과 모방(diffusion or imitation of treatment)

피험자들이 며칠에 걸쳐서 조사에 참여하거나 교대로 연구에 참여할 때 피험자들끼리 실험에 대한 정보나 의견을 교환할 가능성이 높다. 바로 이러한 피험자간의 소통이 연구에 영향을 미치게 된다. 특히 실험집단과 통제집단으로 나누어 실시하는 실험에서 실험집단에만 가해지는 실험처치에 관한 정보가 통제집단에 전해지게 되면 실험결과에 영향을 미치게 된다. 따라서 연구자는 피험자들 간에 실험에 관한 정보나 의견교환이 일어나지 않도록 주의를 기울여야 한다.

(13) 보상(compensation)

통제집단(실험처치를 받지 않는 집단)을 담당하는 연구자나 연구보조원이 무심코 피험자들을 다르게 대하는 경우가 있다. 이는 통제집단 피험자들이 아무런 실험처치를 받고 있지 않다는 것을 의식하게 만들기 때문에 결과적으로 통제집단의 정당성을 손상시킬 수 있다.

(14) 보상적 경쟁(compensatory rivalry)

때로 피험자들이 실험집단과의 비교를 위해 구성된 통제집단에 속해 있다는 것을 눈치 채고 실험집단과의 경쟁 속에서 다르게 행동하거나 과장된 행위를 나타내기도 한다. 예를 들어 청소년들을 대상으로 학습교재의 효과를 측정하기 위해 실험집단과 통제집단으로 나누어 실험을 한다고 할 때, 통제집단 피험자들이 자신들은 실험집단에 비해 특별한 대우를 받지 못하는 것을 의식하여 실험집단 성원들 보다 더 나은 성적을 올리기 위해 평소보다 더 많은 학습을 하게 된다면 실험 결과에 영향을 미치게 된다. 따라서 피험자들이 자신이 실험집단이나 통제집단 중 어느 집단에 속하는지를 모르게 하는 것이 바람직하다.

(15) 사기저하(demoralization)

통제집단에 속한 사람들의 경우 그들에게는 실험 처치가 주어지지 않기 때문에 흥미를 잃기 쉽다. 이들은 실험을 중도에 포기하거나 정상적인 행위를 보여주지 않는 경향이 있다. 이들은 그들이 실험집단에 속하지 않았다는 사실로 인해 사기가 저하되거나 평소와는 다른 행동을 하고, 때로는 화를 내기도 한다.

2) 외적 타당도

외적타당도는 연구결과를 다른 상황에 적용했을 때 동일한 결과를 얻을 수 있느냐의 문제이다. 즉 연구결과를 일반화시킬 수 있는지에 초점을 맞추고 있다. 독립변인과 종속변인의 관계가 다양한 시기(time frames), 장소(places), 표본(samples)에서 성립된다면 이러한 관계는 외적타당도가 매우 높기 때문에 연구결과의 현실적용 가능성이 매우 높아진다(신민철, 2007). 연구의 외적 타당도는 조사 대상자의 선정, 측정도구, 실험조건 등의 영향을 받을 수 있다(Campbell & Stanley, 1963: Wimmer & Dominick, 1994, 재인용). 외적 타당도가 결여되면 연구결과를 다른 상황에 적용할 수 없기 때문에 연구결과는 단지 연구가 수행된 표본 집단에만 유효하게 된다.

외적 타당도는 표본 추출과 밀접한 관계가 있다. 쿡과 캠벨(Cook & Campbell, 1979)은 연구의 외적 타당도를 높일 수 있는 다음과 같은 세 가지 방안을 제시했으며, 여기에 위머와 도미니크가 한 가지를 추가하였다(Wimmer & Dominick, 1994, p.35).

① 무작위 표본(random samples)을 이용할 것. 먼저 무작위 표본은 표본 선정과정에서 매우 중요하다, 5장에서 자세히 설명하겠지만 무작위는 모집단의 모든 사람들이 표본에 뽑힐 수 있는 동등한 기회를 부여받는 것을 의미한다. 반면 연구자가 쉽게 설문을 받을 수 있는 편의표본이나 가용표본은 임의적으로 선택되기 때문에 표본으로 선정될 수 있는 동등한 기회를 갖지 못한다. 연구자 또는 기존 응답자와 친밀한 관계에 있는 사람들이나 같은 학교 학생 등을 선택할 경

우 표본의 동질성이 매우 높다. 따라서 응답자들의 태도나 의견, 그리고 생활방식이 비슷하다. 이와 같은 이유로 다양한 사람들이 골고루 분포하는 무작위 표본이 편의표본이나 가용표본보다 다양한 정보를 얻을 수 있다.

② 이질적인 표본(heterogeneous samples)을 이용해서 여러 차례 연구를 반복할 것. 연구자들은 다양한 특성을 가진 또 다른 표본을 대상으로 같은 연구를 반복함으로써 연구결과를 좀 더 일반화시킬 수 있다(Wimmer & Dominick, 1994). 반복된 연구에서 같은 결과가 나타났다면 그 결과를 모든 사람들에게 적용할 수 있기 때문에 일반화의 증거가 된다.

③ 연구결과가 일반화될 수 있도록 대표성 있는 집단(representative of group)으로 표본을 선정할 것. 추출된 표본이 모집단을 대표할 수 없다면 연구결과를 일반화시킬 수 없기 때문에 표본의 대표성을 확보하는 것이 중요하다 하겠다.

④ 장기간 연구를 할 것. 독립변인의 효과에 관한 연구에서는 단기간에 그 효과가 나타나지 않거나 식별하기 어려운 경우가 많다. 장기간에 걸쳐 누적적으로 변화되는 효과를 발견하기 위해서라도 연구기간을 늘려야 한다. 대표적인 사례로 광고효과연구를 들 수 있다. 광고효과는 사람들이 광고에 노출됨으로써 상품에 대해 인지하고, 지각함으로써 태도변화가 이루어진다고 가정한다. 하지만 한 번의 노출만으로 태도변화는 거의 이루어지지 않는다. 오랫 동안 여러 번 노출됨으로써 태도변화가 이루어지기 때문에 광고 효과 측정은 몇 주일 또는 몇 달에 걸쳐 이루어지는 것이 바람직하다.

제4장

측정과 척도

Chapter 04
측정과 척도

1. 측정

측정(measurement)은 연구자가 일정한 규칙에 따라 대상, 사건, 또는 속성에 숫자를 부여하는 것이다(Wimmer & Dominick, 1994, p.48). 다시 말해 측정이란 추상세계에 있는 관찰 대상을 숫자를 이용하여 경험세계로 끌어내리는 것을 말한다. 측정의 사례는 무궁무진하다. 나이도 측정의 한 종류이다. 태어난 후 1년 단위의 숫자를 부여함으로써 시간의 흐름으로 노화되어가는 정도를 이해할 수 있다. 관찰자가 똑같은 속성을 두고서 기분 내키는 식으로 숫자를 부여해서는 안 되며, 반드시 일정한 규칙에 따라 사물의 속성에 숫자를 부여하는 것이 중요하다.

1) 측정 수준

측정 수준(level of measurement)이란 사회현상의 속성을 재는 기본적인 척도 유형을 말하는데, 명명척도(nominal scale), 서열척도(ordinal scale), 등간척도(interval scale), 비율척도(ratio scale) 등 4가지 유형이 있다. 실제 우리는 모든 사회현상을 측정할 때 이 네 가지 측정 수준을 사용하며, 설문을 작성할 때도 이것들을 사용하게 된다. 연구자는 측정을 통해 정보를 수집하고자 할 때 자신이 습득하고자하는 정보의 성격이 무엇인지를 파악하고 거기에 적합한 척도 유형을 결정해야 한다.

(1) 명명척도

관찰 대상의 속성에 부여된 숫자가 아무런 의미를 갖지 않고 오직 다른 속성들과의 집단구분을 위해 사용되는 척도를 명명척도라 한다. 우리 일상생활에서도 명명척도의 사례를 많이 찾아볼 수 있는데, 대표적으로 시내버스 노선번호, 아파트 동번호, 차량번호 등을 들 수 있다. 여기서 숫자는 그야말로 다른 것들과 구별하기 위한 목적 이외에는 아무런 의미가 없다. 명명척도는 네 가지 측정유형 가운데 가장 하위 수준의 척도이다.

일반 설문조사에서도 명명척도를 많이 사용하는데, 가장 대표적인 사례가 성별이다. 보통 남성은 1, 여성은 2의 수치를 부여하지만 이들 숫자는 단지 남녀를 구별하기 위해 사용될 뿐이다. 1과 2는 어느 집단에 속하는지 만을 의미하는 것이기 때문에 5, 7 등 다른 수를 사용하는 것도 가능하다. 따라서 사회현상을 명명척도로 측정하는 경우에는 가감승제(+−×÷)의 사칙연산을 사용할 수 없기 때문에 통계분석에서 사용할 수 있는 통계기법이 제한적이다.

(2) 서열척도

서열척도는 변인의 속성들 간의 집단 구분뿐만 아니라 순위를 의미하는 척도를 말한다. 서열척도를 통해 속성들 간의 크고 작고, 많고 적고를 알 수 있다. 대표적인 서열척도는 등수이다. 예를 들어 영어시험 결과 1등은 철수, 2등은 영희, 3등은 길동과 같이 순위가 결정된다. 그러나 1위와 2위 간의 간격과 2위와 3위 간의 간격은 서로 같지가 않기 때문에 크기를 직접 비교할 수 없다. 예를 들어 1등 철수는 100점, 2등 영희는 90점으로 1등과 2등 간에는 10점 차이가 나지만, 3등 길동이 85점이라면 2등과 3등 간에는 5점 차이가 나게 된다. 그래서 서열척도에서 측정된 값을 나타내는 숫자는 크고 작음만을 나타내는 부등호(5〈6, 3〉2)만 통용될 뿐 사칙연산이 적용되지 않는다.

실제 연구에서 서열척도가 많이 사용되는데, 예를 들어 응답자의 TV시청시간을 '상, 중, 하'로 나누고 '하'에 1, '중'에 2, '상'에 3을 배정할 수 있다. 숫자가 높아질수록 TV시청시간이 많아짐을 의미한다. 우리 일상생활에서도 서열척도를 많이 사용하고 있는데, 군대나 직장의 계급, 운동경기에서 금, 은, 동메달, 인기가요 순위 등이 대표적이다.

(3) 등간척도

등간척도는 속성들 간의 구분, 그리고 순위에 그치지 않고 각 변수 간의 거리가 같은 동일간격(equal interval)인 척도를 말한다. 예를 들어 대통령에 대한 지지도를 0점부터 10점까지로 측정하였다면 이들 숫자간의 간격은 같기 때문에 덧셈과 뺄셈의 연산이 가능하다. 다시 말해 대통령 지지도에 있어서 8−6=6−4의 등식이 성립하는 것이다.

일상생활에서 찾아볼 수 있는 등간척도의 예로는 온도, IQ 점수, 시험성적 등이 있다. 온도에서 20도−10도=30도−20도의 등식이 성립된다. 하지만 등간척도에서는 "A가 B보다 몇 배 크거나 작다"라고 말할 수 없다는 점에 주의해야 한다 왜냐하면 등간척도는 절대영점(absolute zero)이 아닌 임의영점(arbitrary zero)을 가졌기 때문이다. 절대영점과 임의영점에 대해 쉽게 설명을 하자면 속성의 값이 실제로 존재하지 않는 상태를 0점으로 하는 경우를 절대영점이라고 하고, 속성의 값이 존재하고 있음에도 불구하고 측정의 편의를 위해 0점으로 부여하는 경우를 임의영점이라고 한다.

예를 들어 우리가 많이 사용하는 섭씨(Celsius) 온도에서 0도는 물이 얼게 되는 온도이지 실제 온도가 존재하지 않는 상태를 나타내는 것은 아니다. 섭씨 0도는 화씨(Farenheit) 32도에 해당되고, 섭씨 온도가 영하 온도(−5도) 등이 있듯이 섭씨 0도는 절대영점이 아니라 우리가 온도 측정의 편의를 위해 임의로 0점을 부여한 것에 불과한 것이다.[7] 따라서 절대영점을 갖지 않는 등간척도에서는 +−의 연산만 가능하지만 절대영점을 갖는 비율척도에서는 가감승제(+−×÷)의 사칙연산을 할 수 있다. 임의영점을 갖는 등간척도에서는 A가 B보다 2배 많다−적다(또는 크다−작다, 빠르다−느리다)라고 말할 수 없으나 절대영점을 갖는 비율척도에서는 이러한 표현이 가능하다.

(4) 비율척도

비율척도는 등간척도와 비슷한 성격을 갖고 있으면서 동시에 절대영점을 갖

7) 켈빈(Kelvin)온도 척도는 절대 0점을 갖는데, 0도는 열이 전혀 없는 상태를 의미한다.

고 있기 때문에 가장 많은 정보량을 갖고 있는 척도이다. 비율척도는 집단 구분과 순위, 동일간격, 그리고 절대영점을 포함하고 있다. 따라서 비율척도로 측정된 관찰결과는 2배 빠르다, 3배 크다 등과 같은 비율적 판단이 가능하다.

속도, 무게, 길이, 시간, 소득, 매출액, 이자율, 시청률 등이 비율척도이다. 비율척도는 사칙연산이 가능하다. 그래서 비율척도로 비교하는 것은 ① 그것들이 다르거나 같다는 점, ② 한 속성이 다른 속성보다 더 많거나 적다는 점, ③ 얼마나 다른지, ④ 둘 간의 비율이 어떤지를 결정할 수 있게 해준다(Babbie, Earl, 2007, 고성호 등 역, 2007, 194쪽). 예를 들어 ① 시속 100km는 시속 50km와 속도가 다르며 ② 시속 100km는 시속 50km보다 빠르고, ③ 이들 간의 속도 차이는 시속 80km와 30km간의 차이(50km)만큼 나며, ④ 시속 100km는 시속 50km보다 2배 빠르다고 말할 수 있다.

〈표 4-1〉 측정 수준의 특징

구분		특성				예
		집단 구분	순위	동일 간격	절대 영점	
범주형	명명척도	○	×	×	×	성별, 직업, 지역 등
	서열척도	○	○	×	×	등수(학습, 경기), 선호도 순위, 계급 등
연속형	등간척도	○	○	○	×	온도, IQ, 성적 등
	비율척도	○	○	○	○	연령, 속도, 무게, 시간, 매출액, 시청률 등

출처: 이명천, 김요한 (2014), 『SPSS를 이용한 사회과학통계』, 18쪽 재구성.

2) 측정수준과 통계분석

〈표 4-2〉 척도수준별 대표 값 및 사용 통계기법

구분	대표 값	사용 통계기법
명명척도	최빈치	비모수통계 (빈도분석, 교차분석)
서열척도	중앙값	비모수통계 (빈도분석, 교차분석, 서열상관분석)
등간척도 비율척도	평균	모수통계 (판별분석, 요인분석, 회귀분석, 통로분석, 구조방정식모형 등)

지금까지 4가지 측정 수준을 살펴보았다. 그런데 이들 4가지 측정수준이 전달해주는 정보의 내용이 다르기 때문에 어떤 측정수준으로 측정했는지에 따라 사용될 통계분석기법이 결정된다. 따라서 연구자는 측정하기 전에 자신이 필요한 측정수준이 무엇인가를 결정해야한다. 예를 들어 어떤 변인들을 명명척도로 측정하였다면 최빈치(mode), 백분율(%), 그리고 χ^2(카이 스퀘어) 등 비모수 통계방법을 사용할 수밖에 없으며, 기타 다른 통계기법이나 고등통계기법을 사용할 수 없다.

따라서 가능한 많은 정보량을 가진 척도(등간척도나 비율척도)로 변인들을 측정하는 것이 바람직하다. 그 이유는 두 가지가 있는데 첫째는 그래야만 연구자가 원하는 다양한 통계분석을 할 수 있기 때문이다. 또 다른 이유는 측정수준이 높은 수준의 척도를 측정수준이 낮은 척도로 변환(scale transformation)할 수 있지만 그 반대는 불가능하기 때문이다. 일반적으로 비율척도가 측정의 가장 높은 수준이고, 이어서 등간척도, 서열척도, 명명척도 순으로 수준이 낮아진다. 예를 들어 연령을 측정할 때 비율척도로 측정("당신의 연령은?" 만____세)하였다면 통계분석에서 SPSS의 '코딩변경'(recode)이라는 명령어를 통해 고연령층, 중연령층, 저연령층 등 서열척도로 재분류하거나, 아니면 1987년 민주화세대를 분류기준으로 하여 민주화 세대와 이전 세대라는 명명척도로 재분류하기는 매우 쉽다. 그러나 처음부터 '① 20대 이하, ② 30대, ③ 40대, ④ 50대, ⑤ 60대 이상'으로 하는 서열척도로 측정한다면 나중에 측정수준이 높은 척도로 전환이 불가능하며, 필요한 고등통계분석을 사용할 수 없게 된다.

그러나 반드시 측정수준이 높은 등간이나 비율척도로만 측정해야만 하는 것은 아니며 연구자의 목적에 따라, 그리고 측정하고자 하는 대상의 특성에 따라서는 오직 명명척도나 서열척도로만 측정해야 경우가 있다. 예를 들어 선호정당을 측정할 때 〈표 4-3〉에 제시한 것처럼 명명척도가 가장 정확하게 측정할 수 있기 때문에 명명척도를 사용하여야 한다. 그런데 이걸 굳이 고등척도로 측정하기 위해 〈표 4-4〉처럼 등간척도로 물어본다면 그 결과는 조금 달라질 뿐만 아니라 정당 지지도에서 큰 차이가 나지 않기 때문에 해석하기가 어려워진다. 물론 고등통계를 써야만 하는 연구문제를 가졌다면 〈표 4-4〉처럼 등간척도로 측정하여야 할 것이다. 따라서 연구자의 연구목적에 따라 측정수준을 결정하는 것이 바람직한 것이다.

〈표 4-3〉 명명척도로 측정한 정당지지도

다가오는 국회의원선거에서 만약 출마한 모든 후보들의 능력이나 됨됨이가 똑같은 조건이라면 선생님은 어느 정당의 후보를 지지하시겠습니까? ① 새누리당　② 새정치민주연합　③ 정의당　④ 기타 정당 ⑤ 지지할 만한 정당이 없다　⑥ 잘 모르겠다

〈표 4-4〉 등간척도로 측정한 정당지지도

다음 각 정당에 대한 선생님의 지지점수를 각 해당란에 점수를 직접 적어 주십시오. 여기서 100점은 절대적으로 지지하는 정도를, 50점은 중간수준의 지지정도를, 0점은 전혀 지지할 수 없는 정도를 나타내는 점수입니다.

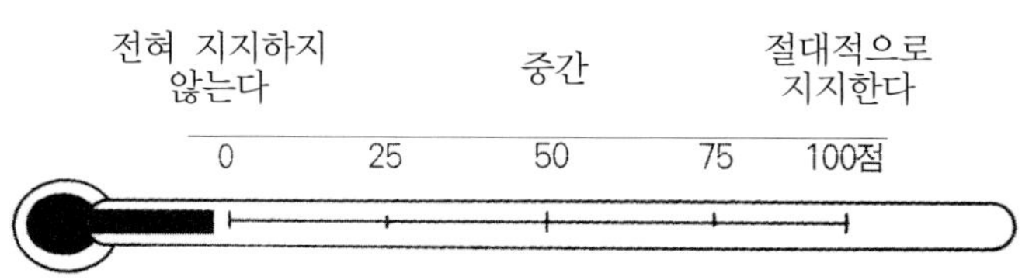

새 누 리 당 ________점
새정치민주연합 ________점
정　의　당 ________점

초보 연구자들이 설문을 구성할 때 가장 어려움을 겪는 부분이 측정수준에 따른 통계기법의 결정이다. 연구자들은 모수통계 분석을 염두에 둔 연구가설을 설정하고서도 실제 설문에서 명명척도나 서열척도와 같은 낮은 측정수준으로 측정하는 오류를 종종 범한다. 예를 들어 "연령은 정치적 보수화에 정적(+) 영향을 미칠 것이다"로 가설을 설정하고서 실제 측정에서 연령의 측정을 '(1) 20대 이하

(2) 30대 (3) 40대 (4) 50대 (5) 50대 이상'과 같이 서열척도로 묻는 경우이다. 이 같은 오류를 피하기 위해서는 독립변인과 종속변인의 측정 수준에 따라 사용 가능한 통계기법을 제대로 이해해야 한다.

변인의 측정수준에 따라 사용할 수 있는 통계기법이 결정되기 때문에 연구목적에 맞는 측정수준을 제대로 결정해야 한다. 예를 들면, 독립변인과 종속변인 모두 명명척도로 측정하였다면, 사용할 수 있는 통계기법은 교차분석(χ^2) 밖에 없다. 또 독립변인을 명명척도나 서열척도, 그리고 종속변인을 등간척도나 비율척도로 측정하였다면 t검증(t-Test)이나 변량분석(ANOVA analysis)만을 사용할 수 있다. 이와 같은 통계기법은 집단 간 차이만을 검증할 수 있다. 만약 변인 간의 인과관계 또는 상관관계를 밝혀내려 한다면 독립변인과 종속변인 모두를 등간척도나 비율척도로 측정해야만 회귀분석(regression analysis) 또는 상관관계분석(correlation analysis)을 사용할 수 있다. 이처럼 각 변인들의 측정수준에 따라 사용되는 통계기법이 결정되기 때문에 연구자는 연구설계 단계부터 어떻게 측정할 것인지를 잘 결정해야 한다. 최현철(2013)은 측정수준에 따른 사용 가능한 통계기법을 〈표 4-5〉와 같이 제시했다.

〈표 4-5〉 측정 수준에 따른 통계기법

		독립변인	
		명명척도	등간/비율척도 (서열척도도 가능)
종속변인	명명척도	문항 간 교차분석(χ^2) (비모수 통계방법)	판별분석 (모수 통계방법)
	등간/비율척도 (서열척도도 가능)	t 검증 ANOVA 가변인 회귀분석 (모수 통계방법)	회귀분석 통로분석 구조방정식 모형 (모수 통계방법)

출처: 최현철 (2013), 사회과학 통계분석, 121쪽.

3) 측정의 신뢰도

우리가 일상생활에서도 언행이 일치하지 않는 사람을 신뢰할 수 없는 사람이라고 평가하듯이 측정도구 역시 똑같은 대상을 측정할 때 마다 다른 값이 나온다면 신뢰할 수 없을 것이다. 측정의 신뢰도(reliability)란 연구자가 사용하는 측정도구가 얼마나 일관성을 갖고 있느냐의 문제를 말한다. 다시 말해 신뢰도는 같은 대상에 대해 반복적으로 측정한 척도가 매번 같은 결과를 도출하는지의 문제이다(Babbie, 1998, p.129). 따라서 신뢰도를 척도의 일관성(consistency of measurement)이라 지칭한다.

실제로 몸무게를 재기 위해 저울에 올라갔을 때 첫 번째는 70kg, 두 번째는 72kg, 세 번째는 68kg이 나온다면 이 저울은 신뢰도가 떨어지는 측정도구이다. 서베이에서 설문지라는 측정도구를 만들어 연구자가 알고자 하는 현상을 측정하는데, 이 설문지 역시 신뢰도를 가져야 함은 당연하다.

신뢰도는 측정오류(measurement error)와 밀접한 관련이 있다(신민철, 2007). 측정도구가 불완전하거나 측정환경이 바뀌었을 경우, 측정결과가 다르게 나타날 수 있다. 예를 들어 지능을 측정하는 IQ측정 도구의 난이도 조절이 실패하여 특정 조사자에게 저난이도 또는 고난이도 질문이 몰린다면 측정결과를 신뢰할 수 없다. 더불어 IQ는 조사 대상의 신체적, 정신적 상태에 따라 다르게 나타날 수 있다. 그러면 측정도구의 신뢰도를 어떻게 평가할 수 있는가? 신뢰도를 평가하고 판단하는 방법은 다음과 같은 방법들이 있다.

(1) 반복 검사법

반복 검사법(test-retest method)은 동일한 사람을 대상으로 시간 간격을 두고서 동일한 측정을 반복하여 측정한 값 간의 상관관계를 분석함으로써 측정도구의 일관성이 높은지를 판단하는 방법이다. 이 방법은 간단한 방법이기는 하지만 동일한 사람을 대상으로 동일한 측정을 반복하기 때문에 연구 대상자들이 측정에 대해 학습을 하게 되어 신뢰도 측정에 영향을 줄 수 있다는 문제점이 있다. 예를 들어 똑같은 학생들을 대상으로 똑같은 IQ테스트 용지를 가지고 반복 측정한다면 문제와 답을 외워서 응답할 가능성이 있기 때문에 정확한 신뢰도를 계산하기 어려워진다. 따라서 반복 검사법을 사용할 경우에는 측정의 시간적 간격을 적절히 갖는 것이 중요한데, 측정 간격이 너무 짧으면 문항을 외우는 학습

효과가 작용하고, 반대로 측정 간격이 너무 길게 되면 시간 간격사이에 발생하는 성숙효과가 발생할 위험성이 있다. 예를 들어 초등학생들을 대상으로 6개월이나 1년 간격으로 IQ 테스를 하게 되면 이들 초등학생들의 지적능력수준이 전반적으로 성숙하게 되어 신뢰도 측정에 영향을 미치게 된다. 일반적으로 반복검사의 시간 간격은 2~3주 정도가 바람직한 것으로 알려져 있다.

(2) 대안 검사법

대안 검사법(alternative method)은 반복 검사법과 비슷하지만 상이한 두 개의 측정도구를 동일한 사람을 대상으로 측정하여 측정값 간의 상관관계를 통해 신뢰도를 판단하는 방법이다. 대안 검사법과 반복 검사법은 동일한 사람을 대상으로 시간 간격을 두고서 측정한 값의 상관관계로 판단한다는 점에서는 같다. 하지만 매 측정에서 같은 측정도구(반복 검사법) 아니면 다른 측정도구(대안 검사법) 등 측정도구의 반복사용 측면에서 다르다.

예를 들어 학생들의 수학실력을 측정하기 위해 똑같은 수학시험문제들을 만들어 측정하는 것을 들 수가 있다. 대안 검사법은 앞에서 설명한 반복 검사법이 갖고 있는 학습효과 문제를 해결할 수 있다. 하지만 난이도가 비슷하면서도 상이한 두 개의 측정도구를 개발하기가 쉽지 않다는 단점이 있다.

(3) 반분 검사법

반분 검사법(split-half method)은 측정을 위해 만든 문항들을 반으로 나누어 이들 간의 상관관계를 통해 신뢰도를 판단하는 방법이다. 예를 들어 측정을 위해 만든 10개 문항의 설문을 5개 문항씩 두 세트의 측정도구로 나누어(짝수 홀수, 또는 무작위로 나눔) 두 세트 간의 상관관계를 통해 신뢰도 수준을 판단한다. 만약 두 세트 측정값 간의 상관관계가 없다면 측정 도구의 내적 일관성(internal consistency)에 문제가 있다.

반분 검사법에서 상관관계는 전체의 반에서 측정한 값으로 계산하기 때문에 다음과 같은 공식으로 수정해줘야 한다. 여기서 r_{oe}는 두 세트 사이의 상관관계이다.

$$r_{xy} = \frac{2(r_{oe})}{1 + r_{oe}}$$

반복 검사법과 대안 검사법, 반분 검사법에서 측정도구의 신뢰도는 각 문항들의 상관관계(correlation coefficient, 약어 r_{xy})를 통해 알 수 있다. 상관관계는 두 변인 사이의 관계의 강도에 따라 +1.00에서 −1.00 사이에 위치한다. 상관관계가 1.00에 가까울수록 관계의 강도가 강하기 때문에 1.00에서 두 변인의 변화의 변화는 완벽히 일치한다. 여기에서 +는 정관계(positive relationship)를 나타내고 −는 역관계(negative relationship)를 의미한다.

(4) 내적일관성 방법

내적일관성 방법(internal consistency method)이란 측정도구를 구성하는 문항들이 서로 일관성 있게 동일 현상을 측정하는지를 판단해 주는 방법으로서 개발자의 이름을 따서 크론바흐 알파(Cronbach's alpha)라고도 부른다. 특정한 질문들을 통해 하나의 현상을 측정하고자 할 때 각 질문들은 유사한 방향과 값을 가져야 한다.

예를 들어 정치냉소주의(political cynicism)를 측정하기 위해 이와 관련된 8개 문항들을 5점 척도로 측정하였다면, 과연 이들 8개문항들이 정치냉소주의를 측정하는 데 있어서 유사한 값과 방향을 갖고 있는지를 판단하게 된다. 그래서 다른 문항들과 일관되지 않는 문항들은 내적 일관성이 낮기 때문에 실제 분석에서 제거함으로써 전체적인 신뢰도를 높이게 된다. 이 방법은 최근에 가장 많이 사용되는 신뢰도 측정방법이며, 뒤에서 소개할 SPSS를 통해 크로바흐 알파를 쉽게 알 수 있지만 이를 계산하는 공식은 아래와 같다.

$$\alpha = (\frac{k}{k-1})(1 - \frac{\sum_{i=1}^{k}\sigma_i^2}{\sigma_t^2}) \text{ 혹은 } \frac{k\bar{r}}{1+\bar{r}(k-1)}$$

단 k = 측정문항의 수

σ_i^2 = 문항의 분산

σ_t^2 = 전체문항의 분산

$\bar{r}$ = 문항 간 평균상관계수

결론적으로 내적일관성 방법은 측정결과의 내적 일관성을 저해하는 항목을 찾아, 이를 제거함으로써 신뢰도를 높이는 방법이다. 사회과학에서 크론바흐 알파값은 1에 가까울수록 신뢰도가 높은 우수한 측정도구이며, 그 값이 최소한 0.6이상일 때 신뢰할 수 있다고 평가한다(김구, 2011, 344쪽).

(5) 신뢰도 제고방안

대부분의 사회과학 연구에서 측정은 설문지를 통해 이루어진다. 따라서 측정도구의 신뢰도 확보는 결국 설문문항의 신뢰도라 하겠다. 김구(2011, 345~346쪽)는 설문문항의 신뢰도를 확보하기 위해 다음 여섯 가지를 고려해야 한다고 밝혔다.

첫째, 설문문항을 분명하게 작성하며 모호하게 작성된 문항은 제거시킨다. 설문문항의 내용이 모호하면 응답자마다 다르게 해석할 수 있기 때문에 측정오차가 커져 결국 신뢰도를 떨어뜨리게 된다.

둘째, 설문문항 수를 늘린다. 설문문항이 많아지면 측정값의 평균치가 측정하고자 하는 속성의 실제 값에 가까워지기 때문이다. 이는 표본수를 늘리면 측정값이 평균을 중심으로 정규분포를 이루는 것과 같은 원리이다. 또한 추상적 개념은 복합적인 요소들로 구성되기 때문에 문항 수를 늘리면 복합적인 요소를 포함시킬 가능성이 높아진다.

셋째, 조사과정에서 측정의 일관성을 보장해야 한다. 면접자가 조사과정의 일관성을 유지하지 못하면 동일한 문항에 대한 응답자의 반응이 달라져 측정오차가 발생한다. 연구자는 측정문항을 구성하기 이전에 선행연구를 통해서 신뢰도가 검증된 측정문항이 무엇인지를 탐색해 보아야 한다. 만약 선행연구 탐색에서 신뢰도가 검증된 측정도구를 찾을 수 있으면 그 도구를 사용하는 것이 바람직하다.

넷째, 응답자가 잘 모르거나 전혀 관심이 없는 내용은 측정하지 않는 것이 좋다. 모르거나 관심이 없는 경우에는 무성의하게 답변하거나 전혀 다른 결과를 나타낼 가능성이 있기 때문이다.

다섯째, 동일한 질문이나 유사한 질문을 2회 이상 하는 방법이다. 2가지의 동일한 질문에 대한 응답을 조사하여 응답자의 일관성 있는 응답을 유도할 수 있다.

여섯째, 예비조사 및 사전조사를 실시한다. 설문문항이 작성되면 실제 조사에 들어가기 전에 우선 예비조사(pilot study)를 통하여 설문문항에 대한 사전조사(pretest)를 해 보아야 한다. 사전조사는 현지에 나가서 대체로 20~50명 정도의 응답자를 대상으로 하게 된다. 이 조사를 통하여 각 설문문항이 명확하게 서술되었는지, 설문문항의 해석상에 계층별 차이는 없는지, 응답자가 대답하기 곤란해 하는 설문문항이 없는지, 문항은 조사하기 편리한 지 등의 문제를 알아보아 잘못된 점이나 개선할 점을 보완・수정한다.

4) 측정의 타당도

타당도(validity)란 측정도구가 측정하고자 하는 현상을 제대로 측정하는 지를 말한다. 그래서 타당도가 높은 측정도구는 연구자가 측정하고자 하는 목적에 맞게 그 현상을 제대로 측정한다. 반대로 타당도가 낮은 측정도구는 연구자의 의도와는 달리 엉뚱한 현상을 측정하게 된다. 예를 들어 몸무게를 측정하기 위해 무게를 잴 수 있는 저울이라는 측정도구를 동원한다면 이는 타당하다. 그러나 엉뚱하게도 줄자를 가지고서 몸무게를 측정하려 하거나, 육안으로 측정하려 한다면 이는 타당성이 떨어진다 하겠다.

타당도는 조작적 정의와 개념적 또는 구성적 정의 간의 일치 정도에 따라 결정되기 때문에 일정 부분 연구자의 판단이 요구된다(Wimmer & Dominick, 1994, p.58). 문제는 우리가 측정하고자 하는 현상의 실제 값을 모르는 경우가 대부분인 상황에서 과연 우리가 사용하고 있는 측정도구가 타당도가 높은 것인지 또는 낮은 것인지를 판단하기 어렵다는 점이다. 일반적으로 타당도를 판단하는 데는 다음과 같은 방법들이 사용된다.

(1) 명목 타당도

명목 타당도(face validity)는 내용 타당도(content validity)라고도 불리는데, 이는 조작적 정의가 연구하고자하는 사회현상의 개념이나 속성을 정확히 반영하고 있는지에 대한 질적인 판단이다. 즉, 명목 타당도는 측정하고자 하는 현상을 측정도구가 표면적으로 제대로 측정하는가에 대한 문제이다. 예를 들어 기독교 신자 개인의 종교 충성도를 알아보기 위해 한 달에 교회에 나가는 횟수를 측정한다면 명목 타당도가 있다고 할 수 있지만, 교회 출석횟수로 흡연과 음주의 절제 정도를 측정하려 한다면 이는 명목 타당도가 낮다고 할 수 있겠다.

명목 타당도의 판단 기준은 연구대상 개념의 개념적, 조작적 정의 및 측정도구(설문 문항)가 일반적으로 받아들여지고 있는 해당 개념의 사전적 정의, 기존의 관련 연구에서의 정의 등과 일관성이 있는지, 그리고 설문문항들이 개념에 대한 대표성이 있는지에 의해 결정된다(신민철, 2007, 159쪽). 명목타당도를 판단하는 데는 평가자의 주관성이 많이 개입될 수밖에 없다. 따라서 이를 극복하기 위해서는 전문가들에게 측정도구의 타당도를 판단토록 하는 것이 바람직하다.

(2) 예측 타당도

예측 타당도(predictive validity)는 기준관련 타당도(criterion-related validity)라고도 불리는데, 측정이 나중에 나타날 결과를 얼마나 잘 예측하느냐와 관련이 있다. 예측타당도를 평가하는 방법은 측정도구를 적용하여 얻은 값과 기준 변인을 적용하여 얻은 측정값의 상관관계를 통해 알 수 있다(김구, 2011). 예를 들어 다른 사람과의 대면 접촉이 많은 영업직 종사자들을 평가할 때 수줍음 척도로 업무능력을 예측한다면 예측 타당도가 높다고 말할 수 있다. 또한 운전면허 주행시험 점수가 필기시험 점수보다 면허 취득 후 실제 운전능력을 더 정확히 예측할 수 있다면 이것 역시 예측 타당도가 높다고 할 수 있다.

(3) 구성 타당도

구성 타당도(construct validity)는 측정이 이론적 관계의 틀 속에서 다른 변인들과 관련된 정도를 말한다. 즉, 연구자가 기존 이론에 의해 밝혀진 관계를 변인 측정으로 검증해낸다면 구성 타당도를 충족하는 것이다. 바비(Babbie, 1998, p.134)는 결혼만족도의 원인과 결과를 통해 구성타당도를 설명했다. 구체적으로 결혼생활에 대해 만족하는 부부들이 그렇지 못한 부부들보다 배우자들을 덜 속일 것이라고 가정하는 것은 합리적인 것으로 보인다. 만약 결혼만족도 척도가 예상한 방식으로 결혼 충실도와 연관되어 있으면 그것이 그 측정치의 구성 타당도를 충족한다. 하지만 만족하는 부부들과 불만족하는 부부들이 똑같이 배우자들을 속이는 것으로 나타난다면, 그것은 측정의 타당성에 문제가 있는 것이다.

구성 타당도는 수렴 타당도(convergent validity)와 판별 타당도(discriminant validity)로 구성되어 있다. 수렴 타당도란 서로가 다른 측정도구로 동일 구성 개념을 각각 측정한 경우 그 측정값들의 상관관계의 문제이다. 즉, 두 가지 측정도구로 같은 구성 개념을 측정한 결과 값이 서로 비슷하다면 수렴 타당도가 높다고 판단할 수 있다. 이와 반대로 판별 타당도는 서로가 다른 측정도구로 상이한 개념을 측정하여 그 값의 상관관계가 낮아야만 타당도가 높다고 할 수 있다.

구성 타당도를 이용한 통계기법이 요인분석(factor analysis)이다. 요인분석은 상관관계가 높은 항목들을 묶어 공통요인을 추출하는 것이다. 요인분석에서 하나의 요인으로 묶인 측정항목들은 동일한 개념을 측정하는 것으로 간주된다(김구, 2011, 351쪽).

5) 신뢰도와 타당도간의 관계

사회과학 연구에서 신뢰도와 타당도 문제는 매우 중요하다. 신뢰도와 타당도의 관계는 결코 독립적이지 않다. 어떤 측정도구가 신뢰도가 높다고 해서 타당도가 높아지는 것은 아니지만 반대로 타당도가 높으면 신뢰도 역시 높아진다. 그래서 신뢰도는 타당도의 필요조건이지 충분조건이 되지 못한다.

〈그림 4-1〉을 보면 신뢰도와 타당도의 관계를 잘 알 수 있는데, 그림 A는 표적판의 중심에서 벗어나 있기 때문에 비록 신뢰할 수는 있지만 타당도가 없다. 그림 B는 타당도는 어느 정도 충족 하지만 신뢰하기 어렵고, 그림 C는 신뢰도와 타당도를 모두 갖고 있다. 결국 측정에서 신뢰도가 낮다는 것은 측정도구가 갖고 있는 문제로 인해 발생하는 무작위 오차(random error)의 문제이고, 타당도가 낮다는 것은 조작적 정의의 문제로 인한 체계적 오차(systematic error)의 문제라 하겠다.

〈그림 4-1〉 신뢰도와 타당도의 관계

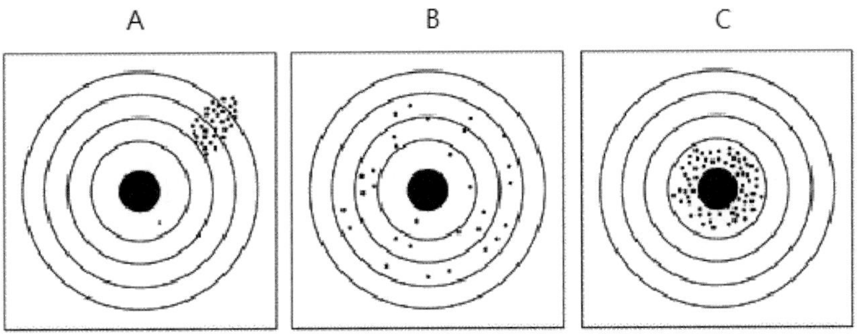

출처: Babbie, 1998, 『Practice of social research』, 8th ed. p.135.

2. 척도

1) 지수와 척도

사회현상과 그것을 나타내는 개념은 매우 복잡한 구조를 갖고 있다. 따라서 단일 문항을 통해 특정 현상을 파악하기 어려운 경우가 많다. 예를 들어 성별이라는 개념은 남녀로 구성된 단순한 구조이기 때문에 단일 문항을 통해서도 그 개념을 정확히 파악할 수 있다. 그러나 편견, 태도, 정치냉소주의, 권위주의 등의 개념은 복잡하기 때문에 단일 문항을 통해 그 개념을 파악하기가 불충분할 뿐만 아니라 부정확하다. 이런 경우는 사회현상이나 개념과 관련된 여러 문항들을 같이 물어본다면 제대로 파악할 수 있는데, 이를 복합측정(composite measures)이라고 한다. 복합측정에는 지수(index)와 척도(scale)가 있다.

지수와 척도는 사회조사에서 많이 사용된다. 그러나 이들은 때로 혼동되어 사용되고 있는데, 이는 잘못된 것이다. 지금까지 사회조사에서 개발된 많은 척도들이 실제로는 지수의 성격에 가까운 경우가 많다. 지수와 척도는 공통된 특징이 있지만 구별되어야 한다. 바비(Babbie, 1998, p.168)는 지수와 척도의 공통점을 '서열측정'과 '복합측정'으로 설명했다. 첫째, 이들은 모든 변수를 서열측정(ordinal measures)한다는 점에서 공통점을 갖고 있다. 예를 들어 복합측정의 결과로 나온 개인의 정치효능감 지수나 척도 점수를 통해 개인들 간의 상대적인 정치효능감 정도를 비교해 볼 수 있다. 둘째, 지수와 척도는 모두 복합측정(composite measures)으로 두 개 이상의 문항을 사용하여 측정한다. 예를 들어 개인의 IQ점수는 수많은 검사문항에 대한 응답을 통해 만들어진다.

지수와 척도가 이러한 공통점을 갖고 있지만 지수는 개별적인 속성에 부여한 점수를 단순히 합산해서 얻는 값인데 반해, 척도는 특정 문항의 정도를 상대적으로 더 약하게, 다른 문항은 좀 더 강하게 나타낸다는 사실을 인식한 가운데 응답의 유형에 점수를 부여하여 값을 얻는다는 점에서 차이가 있다.(Babbie, 1998. p.168). 즉, 지수는 여러 가지로 물은 질문에 대한 단순한 합계이고, 척도는 어느 정도 동의하는지 정도의 차이를 측정하는 것이다.

예를 들어 개인의 정치효능감(political efficacy)을 측정하고자 한다고 하자. 일반적으로 정치효능감은 개인의 정치적 행동이 정치과정에 영향을 미칠 수 있다는 느낌을 말한다. 정치효능감을 측정하기 위해 〈표 4-6〉에서와 같은 8개 문항을 준비하였다. 먼저 지수는 8문항에 대해 각기 '그렇다'(1점) '아니다'(0점)의 2점 척도로 측정할 수 있다. 반면 척도는 '전혀 동의하지 않는다'(1점)부터 '중립적'(3점) '매우 동의한다'(5점)에 이르는 5점 척도로 측정할 수 있다. 이 때 문항 2, 3, 4, 7, 8은 역으로 계산하는데, 지수의 경우 '그렇다'를 0점, '아니다'를 1점으로 계산하고, 척도는 '매우 동의한다'를 1점, '중립적'을 3점, '전혀 동의하지 않는다'를 5점으로 계산한다. 그래서 2점 척도로 측정한 경우 8개 항목 중 '그렇다'(역코딩 문항은 '아니다')에 체크한 문항에 각기 1점씩을 부여하여 점수를 합산하면 개인의 정치효능감 지수가 되는데, 최하 0점에서 최고 8점까지 분포하게 된다. 이에 비해 5점 척도로 측정한 정치효능감 척도는 최하 8점에서 최고 40점까지 분포하게 된다.

〈표 4-6〉 정치 효능감 관련 문항

1. 선거에서 내 한 표는 중요한 영향력을 미친다
2. 정치와 관련된 사항은 복잡하여 이해하기 힘들다(역코딩)
3. 선거에서 한 표를 행사하는 것은 유일한 의사표시 방법이다(역코딩)
4. 정부가 무슨 일을 하고 있는지 나는 잘 모른다(역코딩)
5. 정부나 정당에 내 의견을 제시 할 수 있다
6. 국민이 힘을 합치면 잘못된 정치를 바로 잡을 수 있다.
7. 정부가 하는 일에 대해 말해봤자 소용없다(역코딩)
8. 정치인들은 일반시민이 무슨 생각을 하는지 신경 쓰지 않는다(역코딩)

2) 척도 유형

앞에서 살펴본 바와 같이 지수는 변인들을 나타내는 지표들이 중요성 측면에서 같다고 보기 때문에 지표들의 점수들을 더해주면 된다. 그러나 척도는 지표들 간의 강도의 차이에 따라 점수를 부여하기 때문에 점수화 방법이 비교적 복잡하다. 여기서는 일반적으로 사회조사에서 가장 많이 사용되는 5가지 척도 구성 절차에 대해 살펴보도록 하겠다.

(1) 서스톤 척도

서스톤 척도(Thurstone Scale)는 동일간격 등간척도(scale of equal appearing intervals)라고도 하는데, 미국의 심리학자 서스톤(Louis Leon Thurstone)이 척도 개발을 위해 고안한 기술이기 때문에 그의 이름이 붙여졌다. 서스톤 척도는 응답자들이 특정대상에 대해 판단할 수 있는 가능한 많은 진술문들을 제시한 후 응답자들이 주로 동의하는 진술문을 찾아서 대상을 측정하는 척도이다.

서스톤 척도는 주로 특정 대상에 대한 태도를 측정하는데 많이 사용된다. 서스톤 척도를 구성하기 위해서는 (1) 먼저 측정할 개념이나 구성체와 관련된 문항들을 수집해야 하는데, 최소 100개 이상의 문항이 권장된다. (2) 이어서 평가단(judges)으로 하여금 각 문항에 대한 호감도에 따라 전체 문항들을 11개 등급으로 판정하도록 한다. (3) 각 문항들을 판정할 때 배정한 점수의 평균값이나 중앙값에 따라 문항들 간에 서열을 매긴다. 평균값이나 중앙값을 이용하여 태도의 한 극단에서 다른 극단에 이르기까지 고르게 분포하는 20~30개 문항을 골라 질문지를 만든다. 점수분포가 지나치게 분산되어 있는 문항은 태도가 불분명하므로 채택에서 제외되며, 각 진술문은 응답자가 동의 혹은 반대를 표시할 수 있도록 작성된다. (4) 응답자들 중 표본을 뽑아 그들이 동의한 항목들의 평균값이나 중앙값을 점수로 계산한다. 이 때 응답자가 동의하지 않는 모든 문항들은 영점으로 처리한다.

서스톤 척도는 등간척도라는 점이 장점이지만, 척도를 만드는 데 시간과 노력이 너무 많이 소요된다는 점이 문제이다. 또한 평가자의 성격에 따라 척도가 달라질 수 있으며, 변인을 나타내는 문항들이 시간의 흐름에 따라 변하기 때문에 문항이 갖고 있는 가중치 역시 변하게 된다. 따라서 서스톤 척도는 주기적으로 갱신될 필요가 있다.

서스톤 척도의 적용사례를 살펴보면 나이스트롬(Nystrom, 1933: 홍두승, 2005, 134~135쪽에서 재인용)의 필리핀 유학생의 미국생활 태도를 측정한 연구가 있다. 그는 문헌검토를 통해 113개의 진술문을 작성한 후 무작위로 선정한 필리핀 유학생 50명에게 전체 진술문을 11개 묶음으로 분류하게 했다. 최종 진술문의 선정에서 평가자들의 견해차가 크거나 미국생활과 무관한 질문은 제외시켰다. 각 진술의 척도점수는 평가자 진술의 누적 비율이 50%를 초과하는 지점의 점수이다. 만약 어떤 질문에 대해 5명은 첫 번째 묶음, 20명이 두 번째 묶음, 15명은 세 번째 묶음, 10명이 네 번째 묶음에 포함시켰다면 중앙값은 두 번째 묶음이 되며, 따라서 척도값은 2점이다. 나이스트롬은 척도의 각 점수 간격을 동일하도록 선정한 다음 다른 필리핀 유학생 100명을 측정하였다. 그 결과 미국생활에 가장 비우호적인 견해는 1점, 가장 우호적인 견해는 11점으로 했을 때 전체평균 점수는 6.3점이었고, 응답범위는 2.5부터 8.5까지 나타났다.

(2) 거트만 척도

거트만 척도(Guttman Scale)는 일련의 항목들이 일정한 기준에 의해 논리적으로 서열화되어 있고, 이것들이 강도가 가장 낮은 단계부터 가장 높은 단계로 하나의 연속선상에 배열될 수 있다는 점에 근거한다. 그래서 한 항목에 동의한 응답자는 그 항목보다 강도가 낮은 항목들에 동의할 것으로 보며, 이를 통해 개인의 태도를 측정한다. 이런 점에서 거트먼 척도는 누적척도(cumulative scale)이며, 스캘로그램 분석(scalogram analysis)이라고도 부른다.

다음과 같이 4항목으로 구성된 거트만 척도를 가지고 설명하겠다.

① 저질 만화는 사회에 해악을 끼친다.

② 어린이들로 하여금 저질 만화를 보게 해서는 안 된다.

③ 정부는 저질 만화의 유통을 금지시켜야 한다

④ 정부는 저질 만화 유통업자들을 엄하게 처벌해야 한다

여기서 진술문 ④에 동의하는 사람은 진술문 ①, ②, ③에도 동의할 것이다. 진술문 2에 동의한 사람은 진술문 ①에 동의하겠지만 진술문 ③과 ④에는 동의하지 않을 수도 있다. 각 점수별로 응답의 특성이 나타나기 때문에 응답자가 동의한 항목의 숫자가 개인의 거트만 척도 점수가 된다.

연구자가 만든 척도와 거트만 척도가 완벽하게 일치하는 정도, 즉 단일차원성과 누적성의 가정이 얼마나 부합하는가를 검증하기 위해서 재생계수(coefficient of reproducibility)를 통하여 그 정도를 파악해야 한다. 재생계수가 1일 때 완벽한 척도구성가능성(scalability)을 가지며, 보통 재생계수가 0.90 이상일 때 바람직한 거트만 척도로 인식한다. 즉, 100명 중 10명 이상의 오차가 생기면 안 된다(김구, 2011, 223쪽).

거트만 척도는 척도를 구성하는데 많은 시간과 노력이 요구되며, 복잡한 태도를 측정하는 데 있어서 다차원이 아닌 단일 차원으로 구성되어 있는 것으로 가정하는 것이 문제로 지적되고 있다.

(3) 리커트 척도

일반적으로 사회조사에서 가장 보편적으로 이용되는 척도가 바로 리커트 척도(Likert Scale)이다. 이 척도는 특정 주제와 관련된 진술문들을 많이 만들어 응답자들로 하여금 각 진술문에 대해 서열적 성격을 갖는 5점 유목(매우 찬성,

찬성, 중립, 반대, 매우 반대) 중에서 하나를 선택하게 한다. 때론 7점 유목으로 측정하기도 하고, 광고업계에서는 중간 값(중립이나 보통 등)을 제거하고 강제적으로 한쪽 의견을 묻는 4점 유목을 사용하기도 한다. 개별 응답항목에 점수가 부여되고 응답자의 각 항목에 대한 응답점수들이 합산되는데, 이 점수를 통해 대상에 대한 개인의 태도를 파악하게 된다. 이런 면에서 리커트 척도는 서열척도이며, 합산 평가 방식(summated rating approach)이라 한다.

리커트 척도를 개발하는 기본적인 절차는 다음과 같다.

첫 번째, 특정 주제와 관련된 수많은 진술을 수집하거나 만든다. 진술의 일부는 긍정문으로, 일부는 부정문으로 서술토록 한다. 예를 들어 특정 지역민들의 의식이나 기질을 평가하는 조사를 한다고 할 때, 이와 관련된 8개 문항을 수집하거나 만든다.

① 보수적이다.

② 신용을 잘 지킨다.

③ 단결력이 강하다.

④ 온건하고 유순하다

⑤ 남을 비방하고 잘 헐뜯는다

⑥ 타지역 사람을 배척한다

⑦ 인심이 좋다.

⑧ 실리보다 체면을 더 중요시 한다.

두 번째, 각 문항을 유목화 하여 각 유목에 가중치를 준다. 가중치는 가장 비우호적인 것에서 가장 우호적인 것에 이르는 순서대로 1점에서 5점까지 부여한다. 예를 들어 가장 비우호적인 유목인 '전혀 그렇지 않다'는 1점, '그렇지 않은 편이다'는 2점, '보통'(또는 '중립')은 3점, '그런 편이다'는 4점, 가장 우호적인 유목인 '매우 그렇다'는 5점을 부여한다. 그러나 위 문항에서 부정적으로 진술한 1, 5, 6, 8번 문항은 역으로 가중치를 주어야 하는데, 전혀 그렇지 않다를 5점, 매우 그렇다를 1점으로 부여한다.

세 번째, 무작위로 선정한 응답자들을 대상으로 척도를 적용시켜 각 문항에 응답토록 하고, 응답자별로 총점을 계산한다. 응답자의 총점은 각 문항에 응답한 평점의 총합을 말하는데, 위의 예에서는 8개 문항이므로 최저 8점에서 최고 40점까지 분포하게 된다.

네 번째, 문항분석(item analysis)을 한다. 문항분석이란 문항끼리 얼마나 일관성이 있고, 동시에 각 문항과 총점과의 일관성이 있는지를 판단한다. 그래서 문항분석을 통해 각 문항이 높은 점수의 응답자와 낮은 점수의 응답자들을 일관되게 판별하는지를 판단할 수 있다. 문항분석 결과 응답자들을 일관성 있게 잘 판별해주는 문항들만을 고르게 된다.

예를 들어 60명의 응답자들을 무작위로 선정하여 이들이 각 문항에 응답한 평점들을 합산하여 산출한 개인의 총점(최고 40점에서 최저 8점까지)을 기준으로 응답자 60명을 4등분 한다. 이어서 상위 0%에서 25%에 해당되는 최상위집단과 75%–100%에 해당되는 최하위집단의 8개 문항에 대한 각각의 평균점수를 산출한다. 그 결과 〈표 4–7〉에 제시한 바와 같이 나왔다고 하면, 상위집단과 하위집단의 평균점수의 차이(A–B)가 각 문항의 판별력지수가 되는 것이다. 판별력지수가 클수록 그 문항이 사람들을 잘 판별하는 것이므로 좋은 문항이다. 따라서 판별력이 큰 문항들을 필요한 숫자만큼 골라 최종적인 척도로 사용하면 된다. 그런데 5점 척도의 경우는 판별력지수가 가능하면 1.0이상의 문항을 사용하는 것이 좋으며, 0.5이하는 사용하지 않는 것이 좋다.

〈표 4–7〉 리커트 척도 8문항의 분석 결과

문항 번호	총점의 상위 25% 응답자 집단의 평균점수(A)	총점의 하위 25% 응답자 집단의 평균점수(B)	판별력 지수(A–B)
1	3.6	2.8	0.8
2	4.2	1.8	2.4
3	4.0	3.2	0.8
4	3.8	2.5	1.3
5	4.1	2.7	1.4
6	3.5	2.6	0.9
7	3.3	2.6	0.7
8	3.7	1.9	1.8

위의 예에서는 문항분석 결과 판별력이 좋은 2, 4, 5, 8번 문항을 선택하여 척도로 사용할 수 있겠다. 서열척도로 만들어진 4개의 문항을 묶어서 하나의 척도로 사용할 경우 최저 4점에서 최고 20점까지 총점이 분포(또는 총점을 문항수로 나누어 1점에서 5점까지 분포하는 평균점수)하게 된다.

리커트 척도는 서스톤 척도에 비해 척도구성이 상대적으로 쉬운 편이며, 신뢰도가 높은 편이라는 장점을 갖고 있다. 리커트 척도는 어느 정도 등간격의 성격이 있으므로 등간척도로 볼 수 있지 않느냐는 논쟁(채구묵, 2005)도 있지만, 엄격한 의미에서 서열척도의 한계를 벗어나지 못하기 때문에 등간척도로 보기 어렵다는 의견이 많다. 그리고 리커트 척도가 제시하는 개인의 총점이 개념적으로 뜻하는 것이 무엇인지가 분명치 않다는 점이 약점으로 지적되고 있다.

(4) 의미분별척도

오스굿, 수시, 탄넨바움(Osgood, Suci & Tannenbaum, 1957)에 의해 개발된 의미분별척도(semantic differential scales)는 특정 대상에 대해 개인이 느끼는 의미를 측정하는 척도이다. 이 척도는 특정 대상에 대한 느낌이나 태도를 측정하는데 있어서 낱말이나 개념 등에 대한 개인의 반응을 양극단(bipolar) 형용사로 구성된 연속선상에서 평가하도록 한다는 점에서 양극평가척도(bipolar rating scales)라고도 한다.

이 척도는 보통 양극단화된 태도를 나타내는 일련의 7점 척도를 통해 응답자의 태도를 측정한다. 〈표 4-8〉은 방송사에 대한 태도를 측정하기 위해 마련된 의미분별척도의 한 예이다. 연구자에 따라서는 5점 척도로 측정할 수 도 있고, 3-2-1-0-1-2-3이라는 유목의 숫자 대신에 '매우 그렇다' '대체로 그런 편이다' '약간 그런 편이다' '중립' 등의 수식어를 붙여줄 수도 있다.

이 척도의 특성은 특정 개념의 의미를 활동성(activity), 역동성(potency), 평가성(evaluation) 등의 세 가지 차원에서 측정할 수 있다는 점이다. 그러나 양극단에 해당되는 정확한 형용사를 찾거나 만들기가 쉽지 않다는 점이 약점이다.

〈표 4-8〉 의미분별척도의 예

	A방송사 3　2　1　0　1　2　3	
새롭다	— : — : — : — : — : — : — :	낡았다
믿을 만하다	— : — : — : — : — : — : — :	믿을 수 없다
재미있다	— : — : — : — : — : — : — :	지루하다
친근하다	— : — : — : — : — : — : — :	낯설다
편파적이다	— : — : — : — : — : — : — :	공정하다.
용기있다	— : — : — : — : — : — : — :	비굴하다
신속하다	— : — : — : — : — : — : — :	느리다
적극적이다	— : — : — : — : — : — : — :	소극적이다

(5) 보거더스 사회적 거리척도

보거더스 사회적 거리 척도(Bogardus Social Distance Scale)는 주로 인종이나 민족, 지역주민, 사회계급에 대한 사회 심리적 거리를 측정하는데 많이 사용되는 척도이다. 이 척도는 문항들 사이에 강도의 차이가 있는 논리적 구조가 존재한다고 본다.

실제로 보거더스는 미국 내 소수민족에 대한 미국인의 태도를 측정하기 위해 〈표 4-9〉에 제시한 바와 같은 척도를 사용한 적이 있다. 〈표 4-9〉에서 보듯이 어떤 사람이 특정 민족에 대해 1번 문항을 선택하였다면 나머지 문항에 대해서는 모두 동의할 것임을 알 수 있다.

이 척도를 사용하여 인종이나 민족에 대한 거리계수(Racial Distance Quotient, RDQ)를 계산할 수 있는데, 예를 들어 100명을 대상으로 한 조사에서 응답자들이 〈표 4-9〉에서 영국민족에 대해 1번 문항에 80명, 2번 문항에 20명이 응답을 하였다면 영국인에 대한 RDQ는 1.20이 된다.

$$RDQ = \frac{(1\times80)+(2\times20)}{100} = 1.20$$

〈표 4-9〉 보거더스 사회적 거리척도 보기

	가나인	영국인	폴랜드인	중국인
1. 결혼해서 가족이 될 수 있다				
2. 친구나 클럽의 회원이 될 수 있다				
3. 이웃으로 같은 동네에 살 수 있다				
4. 같은 직장에서 일할 수 있다				
5. 우리나라 국민이 될 수 있다				
6. 우리나라를 방문할 수 있다				
7. 우리나라에 못 들어오게 한다				

제5장

표본추출

Chapter 05

표본추출

1. 전수조사와 표본조사

사회조사를 하는 연구자는 연구대상이 되는 사람이나 조직, 또는 사회적 산출물 모두를 대상으로 조사할 것인지, 아니면 전체 대상 중 일부만을 조사할 것인지를 결정하여야 한다. 전체 연구대상을 모두 조사하는 것이 가장 정확한 방법이지만 시간과 경비가 많이 드는 등의 현실적인 이유 때문에 이런 조사를 하기가 쉽지 않다. 따라서 사회조사에서는 전체 대상 중에서 일부만을 골라서 이들을 대상으로 조사하는 것이 일반적이다. 전자를 전수조사(census)라 하고, 후자를 표본조사(sample survey)라 하는데, 두 조사에 대해 살펴보기로 하자.

표본추출과 관련된 기본 용어

1. 모집단(population) : 연구의 대상이 되는 전체를 의미한다. 즉, 연구자가 연구하고자 하는 사물 혹은 대상의 전체를 모집단 또는 전집이라고 한다.

2. 표본(sample) : 표본은 모집단을 대표하도록 선정된 모집단의 부분집합이다. 모집단의 특성을 알고 싶지만 시간, 비용, 노력 등 다양한 현실적 한계가 존재한다. 때문에 모집단의 일부인 표본을 조사함으로써 모집단의 특성을 추정한다. 즉, 모집단은 연구자가 추론하고자 하는 전체 대상인 반면 표본은 모집단에 속한 일부 구성원이다.

3. 표본추출 또는 표집(sampling) : 모집단에서 표본을 추출하는 행위이다. 표본을 추출할 때 표집단위(sampling unit)를 명확히 해야 한다. 대통령 선거 여론

조사의 표집단위는 대한민국의 모든 유권자이지만 서울시장 선거 여론조사의 표집단위는 서울시에 주민등록 거주지를 둔 유권자로 한정된다.

4. 모수치(parameter)와 통계치(statistic) : 모수치는 모집단의 특성을 나타내는 수치이고, 통계치는 표본의 특성을 나타내는 수치이다. 표본의 통계치를 바탕으로 모수치를 추정하는 것을 통계적 추론이라고 한다. 만약 대통령 후보 지지도 표본조사에서 A 후보의 지지율 통계치가 40.5%로 나타났다면 이를 근거로 모수치를 추정한다.
5. 표집오차(sampling error) : 표본추출 결과 모집단과 표본 간에 발생하는 차이를 의미한다. 일반적으로 표본의 크기가 클수록 표집오차는 줄어든다.

1) 전수조사

전수조사란 연구대상 전체를 조사하는 방법을 말한다. 대표적으로 세계 각국에서 5년 또는 10년 간격으로 실시하고 있는 인구센서스를 들 수 있다. 전체 대상 중에서 일부를 표본(sample)으로 뽑아 이들만을 대상으로 조사하는 표본조사는 표본을 추출하는 과정에서 반드시 표집오차(sampling error)가 발생하게 된다. 다시 말해 표본의 성격과 모집단(population)의 성격이 같은가의 문제가 일어나는데, 이를 표본의 대표성(representativeness)이라고 한다. 모집단의 성격과 표본의 성격 차이가 바로 표집오차인데, 표본의 성격이 모집단의 성격과 닮을수록 표집오차가 작아진다. 그러나 아무리 정교하게, 그리고 연구자가 사심 없이 표본을 뽑는다 하더라도 표집오차는 발생할 수밖에 없다. 그 이유는 만물의 무작위(randomness) 현상 때문이다. 예를 들어 어느 한쪽으로 치우치지 않은 동전을 던져서 앞면과 뒷면이 나올 확률을 계산한다고 하자. 앞면과 뒷면이 나올 확률은 각각 50%씩이다. 그런데 동전을 10번 또는 100번을 던지면 5:5 또는 50:50이 나오지 않는다. 동전이 찌부러지지도 않고, 연구자가 어떤 의도를 가지고 있지 않았는데도 10번을 던지면 앞면과 뒷면이 5:5로 나오는 경우도 있지만 4:6, 6:4 등의 비율로 나오는 경우가 더 많다. 이것은 바로 만물의 무작위 현상이 작용하였기 때문이다.

같은 이치로 2만 명이 재학 중인 A대학교 학생들을 대상으로 학교생활 만족도 조사를 하기 위해 아무리 정교하게, 그리고 아무런 의도 없이 1,000명을 표본으로 뽑아도 이 과정에는 반드시 표집오차가 발생하게 된다. 따라서 표본조사를 하는 한에 있어서 표집오차를 없앨 수는 없고, 표집오차를 가능한 한 줄이는 노력이 중요하다. 그러기 위해서는 표본의 크기를 어느 정도 크기 이상으로 한다든지, 뒤에서 설명할 확률 표집방법들을 사용해야 한다.

사회과학연구에서 시간과 비용의 문제로 인해 전수조사보다는 표본조사를 더 많이 실시하고 있다. 그러나 조사대상에 따라 전수조사가 표본조사 보다 바람직한 경우도 있다. 연구대상이 누구(또는 무엇)인지에 따라 전수조사가 물리적으로 가능하고 바람직한 방법일 수도 있다. 예를 들어서 루게릭병[8] 환자들의 생활실태를 조사한다면 연구대상이 극소수이기 때문에 요구되는 시간과 비용, 노력이 크지 않다. 따라서 전수조사를 통해 정확히 생활실태를 알아낼 수 있다. 이처럼 모집단의 크기가 작은 경우는 전수조사가 바람직하다. 또한 연구가 모집단의 모든 개인이나 대상으로부터 측정해야 한다면 전수조사를 실시해야 한다. 예를 들어 한 대학교에 재학 중인 외국인 학생의 국적을 조사할 경우, 모든 학과를 대상으로 한 조사가 바람직하다. 출신 국가의 특성에 따라 특정 학과에 특정 국가학생이 더 많이 있을 수 있기 때문에 각 학과별 외국인의 국적 편차가 심할 수 있다.

2) 표본조사

연구자는 반드시 전수조사를 통해서만 모집단의 성격을 파악할 필요는 없다. 어느 정도의 오차한계를 안고서 표본조사를 통해 모집단의 성격을 정확하게 추론(inference)할 수 있다. 표본조사는 표본을 구성하는 개개인 자체에 관심을 두는 게 아니라 모집단의 성격에 관심을 갖는다. 언론사에서 자주 실시하는 여론조사가 대표적인데, A언론사가 대통령선거를 앞두고 후보 지지도 조사를 한다고 하자. 1,000명의 표본을 뽑아 표본조사를 하는 목적은 단지 표본으로 뽑힌 사람들의 후보에 대한 지지도를 알려고 하는 것이 아니다. 이 조사의 최종적인

8) 근육이 서서히 위축되는 질병

목적은 표본조사에서 나타난 후보의 지지도 결과(통계치)를 가지고서 유권자 전체의 후보들에 대한 지지도(모수치)를 파악하고자 하는 것이다.

일반적으로 사회과학연구에서 표본조사가 전수조사보다 압도적으로 많이 사용된다. 그 이유는 조사의 효과 대비 비용이 현저하게 저렴하기 때문이다. 조사의 효과측면에서 모집단의 성격을 가장 잘 반영하는 표본을 선정할 수 있다면 적은 조사비용으로도 전수조사와 같은 연구결과를 얻을 수 있다. 이때 가장 중요한 포인트는 표본을 어떻게 선정하고 추출하느냐이다. 즉, 모집단의 성격과 가장 유사한 성격을 갖는 표본을 추출할 때 우리는 비로소 모집단의 성격을 제대로 추론할 수 있게 된다. 이와 같이 표본이 모집단의 성격을 어느 정도 대표할 수 있느냐의 문제가 바로 표본의 대표성(representativeness) 문제라고 한다.

전수조사는 표본을 추출하지 않고 전체 대상을 조사하기 때문에 표집오차가 없다는 장점이 있다. 그래서 전수조사가 표본조사 보다 정확하다고 말할 수 있지만 반드시 그렇지도 않다. 왜냐하면 많은 자료를 수집할 때 비표집오차(non-sampling error)가 많이 발생하기 때문이다. 사회조사 과정에서 일어나는 전체오차는 표집오차와 비표집오차로 구성된다. 비표집 오차는 측정오차와 자료분석 오차 등 모든 조사과정에서 발생하는 오차이다. 대표적인 비표집 오차는 설문을 받는 과정에서 발생하는 측정오차이다. 전수조사는 표집오차가 전혀 없는 대신 측정오차 등의 비표집오차가 많을 수밖에 없다. 반대로 표본조사는 표집오차가 발생하지만 전수조사에 비해 비표집 오차가 작다. 예를 들어 1만 명으로 구성된 모집단에서 100명의 표본을 뽑아 조사한다면 표본추출 과정에서 표집오차가 발생하지만 측정오차 등의 비표집 오차 발생확률은 전수조사에 비해 100분의 1로 감소된다. 따라서 표집오차를 줄일 수만 있다면 표본조사가 전수조사보다 더 정확한 값을 얻을 수 있다. 더 중요한 것은 표집오차는 계산할 수 있어서 그 크기를 알 수 있지만 비표집 오차는 그 크기를 정확히 알 수 없다는 점이 문제이다.

더불어 대상의 파괴(destruction of object)를 전제로 하는 전수조사는 모든 것을 파괴해야만 한다. 예를 들어 일본산 수산물에 대한 방사능 공포로 모든 수입 생선을 전수조사한다면 수입된 모든 생선을 갈아서 방사능 검사기에 넣어야 한다. 또한 우리가 병원에서 몸의 건강상태를 체크하기 위해 피검사를 하는데 온 몸의 피를 뽑아 검사할 수는 없는 일이다. 이와 같은 경우 전수조사가 불가능하기 때문에 표본조사를 선택해야만 한다.

〈그림 5-1〉 표본 추출 원리

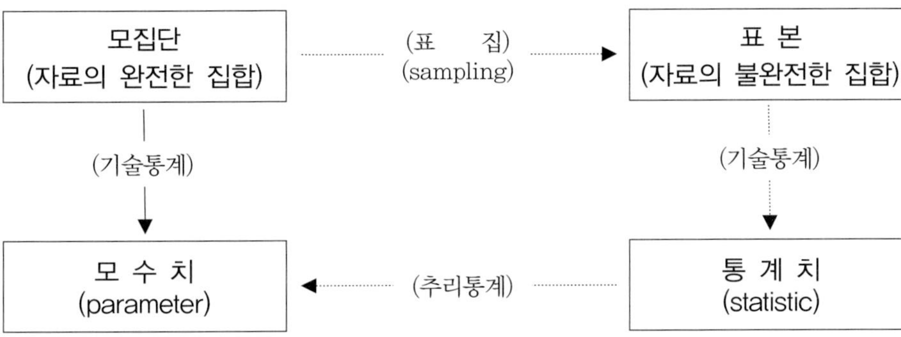

출처: 차배근 (1983). 『사회통계방법』. 311쪽.

2. 표본추출 방법

1) 표본추출의 논리

표본추출 또는 표집(sampling)은 관찰대상을 선택하는 과정이다(Babbie, 1998, p.192). 즉, 전체 조사대상 가운데에서 일부를 추출하는 것이다. 표본을 추출하는 방식은 크게 확률 표집방법(probability sampling)과 비확률 표집방법(non-probability sampling)으로 구분된다. 확률 표집방법은 각 단위가 표본으로 선택될 확률을 알 수 있는 수학적 지침을 따르는 반면 비확률 표집은 수학적 확률 지침을 따르지 않는다는 점에서 큰 차이가 있다(Wimmer & Dominick, 1994).

사회과학에서 표본추출은 선거여론 조사와 함께 발달되었다고 해도 과언이 아니다. 선거여론 조사의 정확성은 선거 당일 개표결과를 통해 확인되기 때문에 여론조사가들은 선거 당일에 벌거숭이로 남게 된다. 선거여론조사가 발달된 미국의 경우 2억 명이 넘는 미국 유권자 중에서 불과 2,000명에 지나지 않는 표본을 통해 1~2% 포인트 오차 범위 내에서 선거결과를 정확히 예측하고 있다. 이와 같이 과학적 절차에 따른 표본추출은 극히 일부분의 표본으로도 거대한 모집단을 정확히 추론할 수 있게 해준다.

과학적 여론조사의 선구자인 조지 갤럽(George Gallup)은 표본을 통한 모집단 추론의 논리를 소위 '국물론'을 가지고서 설명했다. 그의 설명에 의하면 우리가 된장국(또는 스프) 등의 국을 끓일 때 냄비 안에 있는 전체 내용물을 모두 마시지 않고서도 냄비에서 단지 한 스푼만을 떠서 간을 봄으로써 냄비 안의 전체 내용물 성격을 파악하는데, 이것이 바로 표본조사의 원리라는 것이다. 또한 우리가 병원에서 우리 몸 안에 있는 모든 피나 소변을 빼내지 않고서 오직 소량의 피나 소변만을 빼내어 몸의 건강성을 확인하는 것도 같은 이치라 하겠다. 문제는 국물, 피, 소변처럼 모집단의 성격을 꼭 닮은 표본을 어떻게 확보하느냐이다. 사회과학에서 표본조사가 실패하는 대부분의 원인은 모집단의 성격을 정확히 대표하는 이른바 대표표본을 확보하지 못하기 때문이다.

2) 표본추출 과정

표본추출 과정에서 가장 먼저 해야 할 일은 모집단의 결정이다. 사회과학에서 현상을 관찰할 수 있는 모든 것은 모집단이 될 수 있다. 모집단이 결정되면 정보가 수집되는 표집단위(sampling unit)를 정해야 한다. 대통령선거 여론조사에서 모집단은 대한민국 유권자 전체이며 표집단위는 유권자 개개인이다. 이어서 관찰단위와 분석단위를 결정해야 한다. 관찰단위는 정보를 수집하는 단위이고, 분석단위는 자료를 분석하는 단위이다. 일반적으로 관찰단위와 분석단위는 일치하지만 때때로 개인으로 획득한 정보(관찰정보)를 가정이나 조직 등에 적용(분석단위)해 분석하는 경우가 있다.

본격적인 표본추출을 위해서는 표집틀(sampling frame)이 필요하다. 표집틀이란 모집단을 구성하는 요소의 전체 목록이다. 표집틀에서 누락되면 표본으로 뽑힐 가능성이 원천적으로 배제되기 때문에 모든 표본추출 대상이 빠짐없이 포함되어야 한다. 예를 들어 학교의 학생부, 선거관리위원회가 갖고 있는 선거인 명부, 회사의 전체 사원 명부 등이 표집틀이다. 표집틀이 준비되었다면 표본의 크기(smaple size)를 결정해야 한다. 일반적으로 표본의 크기가 클수록 비용과 시간이 많이 소요되고 표본이 작을수록 표집오차가 커져 정확한 결과를 기대하기 어렵다. 사회과학에서 일반적으로 요구하는 표본의 최소수는 200에서 300명 정도로 알려져 있다. 마지막으로 표본추출 방법을 결정해야 한다. 확률 표집과 비확률 표집 가운데 연구목적에 적합한 표본추출 방법을 정한다.

3) 표본추출 방법

표본 추출 방법은 크게 두 가지, 확률 표집(probability sampling)과 비확률 표집(non-probability sampling)으로 구별된다. 확률 표집은 모집단의 모든 구성요소(element)가 표본(sample)으로 뽑힐 동일한 가능성(equal chance)을 부여받는 무선 원칙(principle of random)에 의한 표본추출 방법이다. 비확률 표집은 모집단의 모든 구성요소가 표본으로 뽑힐 가능성이 동일하지 않은 조건에서 표본을 추출하는 방법이다. 즉, 연구자의 인위적 선택에 의해 표집이 이루어진다.

〈그림 5-2〉 표본추출 방법

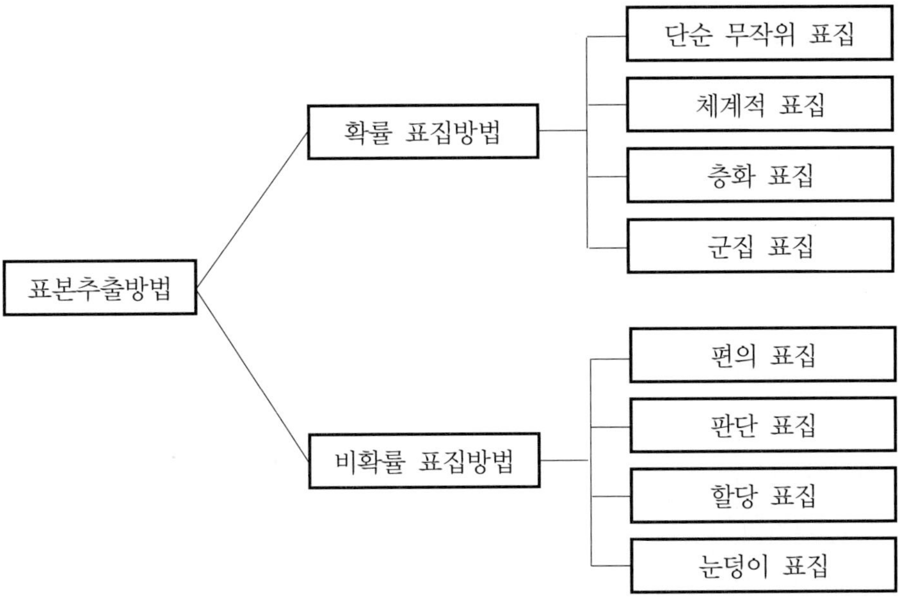

출처: 신민철 (2007). 『사회연구방법의 기초』, 118쪽.

확률 표집은 모집단과 표본의 차이인 표집오차를 계산할 수 있기 때문에 그걸 가지고서 모집단의 특성을 추론할 수 있다. 따라서 가능하면 확률표집방법을 사용하는 것이 바람직하다. 하지만 확률 표집이 언제나 가능한 것은 아니다. 연구 상황과 목적에 따라 비확률 표집을 사용할 수밖에 없는 경우가 있다. 연구자에 의해 인위적으로 표본을 선정하는 비확률 표집은 모집단의 특성을 반영할 수 없기 때문에 연구결과를 일반화시킬 수 없다. 그러나 비용과 시간측면에서 비확률 표집이 확률 표집보다 상대적으로 더 적은 비용과 시간을 필요로 한다는 장점을 갖고 있다.

4) 확률 표집

(1) 단순 무작위 표집

모집단의 모든 구성요소가 표본으로 추출될 동일한 확률을 의미하는 확률 표집을 가장 잘 구현하고 있는 표본추출방법이 단순 무작위 표집(SRS, Simple Random Sampling)이다. 단순 무작위 표집은 연구자에 의한 아무런 의도나 조작 없이 표본을 추출하는 방법이다. 단순 무작위 표집에서는 모집단의 모든 요소가 표본으로 뽑힐 동등한 가능성을 갖도록 하는 것이 중요하다.

단순 무작위 표집의 절차는 다음과 같다. ① 모집단의 모든 요소(조사대상)에게 일련번호를 부여한 목록(list)을 만든다. ② 연구목적과 모집단의 특성을 고려하여 표본의 크기를 결정한다. ③ 제비뽑기와 같이 무작위(random)를 실행할 수 있는 방법으로 표본을 선택한다. 이 경우 〈부록 1〉에 있는 난수표(table of random numbers)를 이용하면 편리하게 표본을 추출할 수 있다. 난수표 이용은 매우 쉬운데, 난수표에서 첫 번째 난수(random number, 무작위로 뽑힌 숫자)를 임의로 선택한 후 상하좌우로 마음대로 움직이면서 해당되는 숫자들을 연속으로 선택하면 된다.

단순 무작위 표집의 장점과 단점은 다음과 같다(채구묵, 2006, 210~211쪽). 먼저 장점으로는 첫째, 모든 요소가 동등하게 추출될 확률을 가지므로 편견이 개입될 가능성이 희박하다. 둘째, 모집단에 대한 사전지식을 필요로 하지 않는다. 셋째, 표집오차의 계산이 용이하다. 넷째, 뒤에서 설명할 층화표집에서 계층 분류를 위한 변인의 잘못 선정으로 인해 일어나는 오류의 가능성이 발생하지 않는다. 하지만 단점으로는 첫째, 조사자가 가지고 있는 모집단의 지식을 활용할 수 없다. 둘째, 동일한 크기의 표본일 경우 층화표집보다 표집오차가 크다. 셋째, 표본의 규모가 충분히 크지 않으면 모집단에서 소수에 불과한 요소가 표본으로 추출될 가능성이 낮다. 넷째, 모집단의 목록을 만들고 번호를 부여하는 작업 등 현실적으로 많은 노력이 필요하다.

단순 무작위 표집은 손쉬운 표본추출 방법이지만 실제로는 자주 사용되지 않는다. 그 이유는 모집단의 완벽한 명부를 작성하는 것 자체가 어렵고, 다른 표본추출방법에 비해 표집오차가 크기 때문이다.

(2) 체계적 표집

체계적 표집(systematic sampling)은 목록에서 첫 번째 요소를 무작위로 선택한 후 이를 기준으로 매 k번째 간격에 있는 요소를 표본으로 선택하는 방법이다. 예를 들어서 전교생이 2,000명인 학교에서 200명의 표본을 추출한다고 가정하자. 이 때 모집단과 표본의 표집 비율(sample rate)은 1/10이 된다. 그래서 10이 곧 표본추출 간격(sampling interval)이 된다. 표본추출 간격 안에서 첫 번째 요소를 뽑아야 하는데, 난수표 등을 이용하여 표본추출 간격인 1에서 10 안에서 무작위로 첫 번째 숫자를 뽑는다. 만약에 7이라는 숫자를 뽑았다면, 7, 17, 27, 37 … 1987, 1997번 등 200명을 표본으로 선택하게 된다. 대표적인 체계적 표집의 사례가 전화번호부를 이용한 표본추출 방법인데, 전화번호부에서 일정한 간격으로 표본을 추출할 때 사용된다.

체계적 표집은 단순 무작위 표집보다 비용과 시간, 그리고 노력이 절약된다. 하지만 주기성(periodicity)의 문제가 존재할 수 있다. 주기성이란 목록이 일정한 주기에 따라 배열되어 있는 것을 말하는데, 이러한 경우 특정 성향을 가진 요소들만이 표본으로 추출될 위험성이 있다. 예를 들어 TV 지상파 3사의 메인 저녁뉴스를 분석하는 연구에서 조사날짜를 체계적 표집으로 선정하는데, 공교롭게도 7이라는 표본추출구간이 걸리게 되면 모두 특정 요일만 표본으로 걸리게 되는 주기성에 빠지게 된다. 그런데 문제는 목록이 어떤 주기성을 띠고 있는지를 알 수 없다는 점이다. 따라서 체계적 표집을 사용할 때 목록을 무작위로 뒤섞어서 사용하거나 표본추출 간격으로 사용할 숫자를 하나가 아닌 두 개 이상을 뽑아 번갈아 가며 사용하는 것이 바람직하다. 예를 들어 앞의 예에서 표본추출 간격 숫자를 7을 뽑았지만 또 하나를 추가로 뽑는데, 만약에 2를 뽑았다고 하면, 7, 12, 27, 32 … 1987, 1992 등과 같이 7과 2를 번갈아가면서 표본을 뽑으면 된다.

체계적 표집의 장점을 보면 첫째, 다른 표본추출방법들에 비해 표본추출이 쉽다. 둘째, 단순무작위 표집보다 표본 선정이 더 정확할 수 있다. 셋째, 다른 방법들에 비해 표본추출 비용이 적게 든다는 점이다. 그러나 단점으로는 모집단에 대한 완전한 명부를 가져야만 하고, 주기성이 일어날 위험성이 있다는 점이다.

(3) 층화 표집

층화 표집(stratified sampling)은 모집단을 동질성(homogeneity)이 높은 집단 또는 계층으로 나누고 이를 바탕으로 각 집단 또는 계층에서 SRS(단순 무작위 표집) 또는 체계적 표집으로 표본을 추출하는 방법이다. 따라서 앞의 두 가지 표집방법보다 표본의 대표성이 높다. 층화(stratification)는 동질적인 하위집단의 구분을 의미한다. 일반적으로 여론조사에서 모집단의 층화를 위한 층화변인으로는 성별과 연령, 교육수준, 거주지역, 소득수준 등이 많이 사용된다.

층화 표집의 사례로 선거여론조사에서 성별과 연령, 지역에 따른 표집을 들 수 있는데, 먼저 유권자의 지역별 인구비례에 맞춰 표본 수를 할당한다. 이어서 각 지역의 성별과 연령비율에 따라 할당된 표본 수를 다시 세부적으로 재할당한다. 마지막으로 지역–성–연령별 비율이 모두 반영된 각 하위집단 내에서 무작위로 표본을 추출한다. 이와 같은 과정을 거쳐 모집단의 성격이 보다 정확히 반영된 표본을 선정할 수 있다. 그래서 층화표집은 다른 표본추출방법보다 훨씬 더 정확한 방법이라 하겠다.

표본오차 또는 표집오차(sampling error)는 표본의 크기와 모집단의 동질성으로부터 영향을 많이 받는다. 구체적으로 표본의 크기가 커질수록 표집오차는 줄어들고, 모집단이 동질적일수록 표집오차가 감소된다. 층화표집은 모집단의 동질성을 바탕으로 표본의 대표성을 높이는 표본추출방법이다. 즉, 모집단을 동질성이 높은 하위집단으로 구분한 후 각 하위집단의 비율에 따라 적절한 수의 표본을 추출함으로써 모집단과 표본의 동질성을 높일 수 있다.

층화표집은 다시 비례층화표집(proportionate stratified sampling)과 비비례 층화표집(disproportionate stratified sampling)으로 나누어진다. 비례층화표집은 흔히 사용되는 방법으로서 하위집단을 나눌 때 모집단의 인구비율에 맞추어 하는 방법이다. 비례 층화표집을 사용하면 모집단에서 소수에 불과한 집단은 표본으로 추출될 가능성이 낮아지는 문제가 생길 수 있다. 이러한 문제를 해결하기 위해 비비례 층화표집을 사용한다. 이는 모집단의 인구비율에 맞추어 하위집단의 표본수를 정하는 것이 아니라 모집단의 소수 집단이나 계층에게 실제 보다 더 많은 표본수를 할당하는 방법이다. 예를 들어 이성애자와 동성애자 간에 결혼관과 자녀관에 있어서 어떤 차이가 있는지를 조사한다고 할 때 이성애자와 동성애자의 모집단 비율이 각각 90%, 10%를 차지한다고 하자. 표본의 크기를 500명으로 하고 일반적인 비례 층화표집으로 하게 되면 이성애자는 450명, 동성애자는 50명의 표본수를 할당받게 된다. 이렇게 되면 동성애자 50명의 표본은 너무 적어 표본으로 뽑힌 50명 응답자의 의견이 전체 동성애자의 의견을 대표한다고 보기는 어렵다. 그래서 동성애자의 표본크기를 200명 정도로 크게 하여 조사한다면 그 결과는 전체 동성애자들의 의견에 보다 가깝게 된다.

층화표집은 다른 표집방법들에 비해 표집오차가 작다는 큰 장점에도 불구하고 층화 표집은 몇 가지 단점이 있다(Wimmer & Dominick, 1994, p.72). 첫째, 표본 추출에 앞서 모집단에 대한 지식이 필요하다. 둘째, 절차상 비용과 시간이 많이 필요하다. 셋째, 모집단에서 소수에 불과한 집단의 요소가 표본으로 추출될 가능성이 낮다. 넷째, 층화변인을 잘못 선택하면 오히려 표집오차가 더 클 위험성이 있다.

(4) 군집 표집

단순 무작위 표집과 체계적 표집, 층화 표집은 모집단에 대한 완벽한 명부가 필요하다. 하지만 현실에서 명부가 존재하는 경우는 많지 않다. 이와 같은 문제를 해결하기 위해 집단이나 군락을 단위로 표본 추출하는 방법이 군집 표집(cluster sampling)이다. 구체적으로 군집 표집은 모집단을 집단으로 분류하여 표집의 대상이 될 집단을 무작위로 추출한 후 추출된 집단 내에서 최종 표본을 선정하는 방법이다. 공장, 학교, 행정구역 등이 군집으로 많이 사용된다.

예를 들어서 기독교인에 대한 조사를 실시하는 경우, 기독교인은 교회에 다니는 사람으로 쉽게 정의된다. 교회 목록은 존재하지만 전체 기독교인의 명부는 존재하지 않는다. 하지만 개별 교회 단위로 소속 교인의 명부는 존재한다. 이 경우 먼저 교회 목록에서 무작위로 교회를 추출한 후 그 교회의 교인 명부에 있는 모든 사람을 최종 표본으로 선정한다.

군집 표집은 최종 표본 선정 방식에 따라 1단계 군집 표집(one-stage cluster sampling)과 다단계 군집 표집(multi-stage cluster sampling)으로 나뉜다. 1단계 군집 표집은 무작위로 뽑힌 집단 내의 모든 요소를 표본으로 선정하는 방식이다. 즉, 선택된 집단 내 모두를 전수조사한다. 반면 다단계 군집 표집은 2단계 이상의 무작위 표집을 거친 후 마지막 표집단위에서 개별 요소를 무작위로 추출하거나 전부를 선택하는 방식이다.

예를 들어 전국의 고등학생을 모집단으로 하는 경우, 모든 고등학생을 총망라하는 명부를 확보하기 어렵다. 이런 경우 전체 고등학교의 명부에서 학교를 추출하고, 추출된 학교의 고등학생 명부를 구해 최종 조사대상을 선정할 수 있다. 선정된 고등학교 전체를 조사하면 1단계 군집 표집이고 선정된 고등학교를 학년별로 나눈 후 무작위로 최종 학생을 선택하면 다단계 군집 표집이다.

군집 표집은 다른 확률 표집 방법에 비해 상대적으로 표본의 대표성이 떨어진다. 예컨대 행정구역을 기준으로 동을 군집으로 추출한 경우 선택된 동의 특성에 따라 거주민들의 경제 수준이 매우 높거나 낮아지는 등 편향된 정보를 획득할 가능성이 높다. 이를 해결하기 위해서는 군집 내 요소들의 수는 최소로 줄이고, 추출할 군집의 수를 최대로 늘려야 한다. 즉 표집대상 동을 여러 개로 늘리고, 동 내에서 응답자의 수는 가급적 줄여야 한다.

군집표집의 장점은 무엇보다도 군집(cluster)을 잘 활용하면 비용과 시간이 절감된다. 또한 조사원들의 활동을 감독하기가 편리하다. 단점으로는 다른 표집 방법들에 비해 표집오차가 큰 편이며, 군집이 모집단을 대표하지 못하는 경우가 많다는 점이다.

〈표 5-1〉 확률 표본추출방법들의 장단점 비교

	장점	단점
단순 무작위 표집	1. 모집단에 대한 지식이 불필요하다 2. 모든 요소가 동등하게 추출될 확률을 가지므로 편견이 개입될 가능성이 희박하다 3. 표집오차의 계산이 용이하다. 4. 분류에 따른 오류의 가능성이 없다.	1. 모집단 명부를 만들어야만 한다. 2. 조사자가 가지고 있는 모집단의 지식을 활용할 수 없다 3. 다른 표본추출방법과 비교해 볼 때 표집오차가 큰 편이다. 4. 표본의 규모가 충분히 크지 않으면 모집단에서 소수에 불과한 요소가 표본으로 추출될 가능성이 낮다.
체계적 표집	1. 표본선정이 쉽다. 2. 단순무작위 표본보다 표본선정이 더 정확할 수 있다. 3. 일반적으로 표본추출 비용이 덜 든다.	1. 모집단에 대한 완전한 명부를 얻어야만 한다. 2. 주기성이 일어날 수 있다.
층화 표집	1. 표집오차가 작다	1. 표본추출 전에 모집단에 대한 지식이 필요하다. 2. 표본추출과정에서 비용이나 시간이 많이 들 수 있다. 3. 모집단에서 소수에 불과한 요소가 표본으로 추출될 가능성이 낮다 4. 층화변인을 잘못 선택하면 오히려 표집오차가 더 클 위험성이 있다.
군집 표집	1. 군집을 잘 규정하면 비용과 시간이 절감된다. 2. 조사원 활동을 감독하기 쉽다	1. 표집오차가 큰 편이다. 2. 군집이 모집단을 대표하지 못할 수 있다.

5) 비확률 표집

많은 사회현상에서 모집단의 목록이 없거나 이를 만들 수 없기 때문에 확률 표집이 불가능한 경우가 많다. 예를 들어 결혼 이주여성의 경우 출입국관리소에 신고된 명단을 기준으로 목록을 작성할 수 있다. 이에 반해 외국인 불법체류자의 경우 목록을 만들기도 어렵기 때문에 확률 표집이 어려울 뿐만 아니라 신고된 거주지가 없어 조사 자체가 불가능하다. 이처럼 확률 표집이 불가능한 상황에서 사용되는 방법이 비확률 표집방법(non-probability sampling)이다.

하지만 비확률 표집방법은 연구자에 의해 임의적으로 표본이 선정되기 때문에 표본의 대표성을 확보할 수 없다. 더불어 표집오차도 구할 수 없다. 따라서 비확률 표집은 표본의 대표성을 확보하는 외적 타당도를 지니지 못하기 때문에 조사결과를 전체 모집단으로 일반화시킬 수 없다.

(1) 편의 표집

먼저 편의 표본(convenience sampling)은 연구자가 이용 가능한 대상자들을 표본으로 선정하는 비확률 표집방법이다. 학생들을 대상으로 설문조사를 진행하는 경우가 많은데, 이는 연구자가 학생들을 쉽게 동원할 수 있기 때문이다. 아니면 쇼핑센터 등 사람들이 많이 몰리는 장소에서 조사를 진행하기도 한다.

편의표집은 조사가 쉽고, 시간과 비용이 적게 든다는 장점을 가지고 있다. 따라서 본격적인 조사를 앞두고 사전조사 등을 목적으로 한 예비 조사 또는 특정 표본에 한정된 탐색적 연구에 유용하게 이용된다.

(2) 의도적 표집

모집단에 대한 충분한 지식을 가지고 있는 연구자가 연구목적이나 자신의 주관적 판단에 따라 의도적으로 표본을 추출하는 것을 의도적 표집(purposive sampling)이라 하는데, 연구자의 판단에 따라 표본을 선정한다는 점에서 판단 표집(judgment sampling)이라고도 한다. 예를 들어 청소년들의 게임 중독에 대해 연구 할 때 대체로 가정환경이 좋지 않은 청소년이 쉽게 게임 중독에 빠진다는 점을 알고서 가정환경이 좋지 않은 청소년들을 의도적으로 표본으로 선정하는 경우가 이에 해당된다.

앞의 편의표집은 모집단의 특성에 대한 지식 없이 조사의 편의에 의해 표본을 추출하는데 반해 의도적 표집은 모집단의 특성에 대한 사전 지식을 바탕으로 표본을 추출한다는 점에서 다르다. 의도적 표집 역시 표본의 대표성을 확보하기 어렵고 연구자 마다 판단 기준이 다를 수 있다는 한계를 지니고 있다.

(3) 할당 표집

할당 표집(quota sampling)은 모집단을 일정한 유목이나 집단으로 나눈 후 이들 유목(집단)에서 표본을 인위적으로 추출하는 방법이다. 할당 표본은 층화 표집과 상당히 유사하지만 마지막 단계에서 근본적 차이가 있다. 최종 단계에서 층화표집은 명부를 근거로 무작위 추출이 이루어지지만, 할당표집은 연구자의 의도에 따라 임의로 표본이 추출된다. 이처럼 할당 표집은 마지막 단계에서 무작위 표본 추출이 이루어지지 않기 때문에 확률 표집이라 할 수 없다.

(4) 눈덩이 표집

마지막으로 특정 사례들이 공개되지 않아 응답자를 찾기 어렵지만 사례들끼리 서로 연결되어 있는 경우에 사용되는 눈덩이 표집(snowball sampling)이 있다. 눈덩이 표집은 연구자가 접촉 가능한 응답자를 접촉한 후 이들로부터 연구와 관련된 응답자들을 소개받아 눈덩이를 굴리듯이 표본 크기를 점점 늘려가는 방법이다 예를 들어, 성적 소수자 등과 같이 모집단의 구성원들을 찾기 어려울 때 유용하게 사용될 수 있다. 대부분의 성적 소수자들은 자신의 성 정체성을 감추고 자신들만의 공동체 내에서 활동한다. 또한 유언비어 연구에서도 눈덩이 표집이 유용하게 사용될 수 있는데, "이 유언비어를 누구에게서 들었습니까?"라고 물어 해당되는 사람들을 연속적으로 물어 최초의 유언비어 발설자 까지를 표본으로 선정할 수 있다.

3. 표집오차

앞에서 표본추출방법을 배웠다면 이제는 표본으로부터 얻은 측정치(통계치)를 가지고 모집단의 성격인 모수치를 추론하는 과정에 대해 알아보도록 하자. 연구자가 아무리 모집단의 성격을 꼭 닮은 대표표본을 확보하였다 하더라도 모든 조사과정에는 오차가 일어나기 때문에 통계치와 모수치는 항시 일치하지 않는다. 조사과정에서 일어나는 오차는 크게 세 가지 인데, 측정과정에서 일어나는 측정오차(mesurement error), 표본추출과정에서 일어나는 표집오차(sampling error), 그리고 만물의 무작위 현상으로 일어나는 것으로서 연구자의 통제 밖에 있는 무작위 오차(random error)이다.

표집오차는 곧 모수치와 통계치의 차이를 말한다. 통계학에서는 모집단에서 얻은 평균값을 μ('뮤'로 발음)라고 하고 표본에서 얻은 평균값을 $\overline{X}$('엑스 바'라고 발음)라고 하는데, 표집오차 $e = M - \overline{X}$가 된다. 그래서 우리가 표본을 통해 얻은 값(통계치)과 표집오차를 알 수 있다면 굳이 전수조사를 하지 않아도 모집단의 값(모수치)을 얼마든지 추론할 수 있는 것이다. 그래서 표집오차 개념이 중요한데, 표집오차를 제대로 알기 위해서는 표준편차(standard deviation), 표준오차(standard error) 등의 개념부터 알아야 한다.

1) 표준오차

현실적으로 모집단의 사례수가 너무 커서 모수치를 측정하기 어렵기 때문에 대체로 표본으로부터 측정된 통계치를 통해 모수치를 추정한다. 만약 우리가 모수치를 알고 있다면 굳이 통계치를 알아볼 필요가 없을 것이다.

표준오차를 알기 위해서는 먼저 분산 또는 변량(variance) 및 표준편차(standard deviation)에 대한 이해가 있어야 한다.

(1) 분산, 표준편차

분산과 표준편차는 거의 같은 개념인데, 이것들은 측정치가 평균으로부터 떨어져있는 정도를 수학적으로 표현한 것이다. 예를 들어 어느 고등학교 3학년 A반과 B반의 모의고사 평균점수가 86점으로 똑같지만 표준편차가 A반은 30이고 B반이 12라고 하자. 그러면 표준편차를 통해 A반 학생들은 B반에 비해 성적이 좋은 학생과 나쁜 학생들이 상대적으로 많은 반면, B반 학생들은 상대적으로 성적이 골고루 분포되어 있음을 알 수 있다.

분산(변량)과 표준편차가 작을수록 점수들이 평균에 가까이 모여 있음을 의미하는데, 아래의 공식에서 보듯이 표준편차(S)는 측정치와 평균의 간격을 제곱한 것들의 평균에 대한 제곱근이다. 그리고 분산(σ^2)은 측정치와 평균의 간격을 제곱한 것들의 평균이다. 즉 표준편차는 분산의 제곱근이며, 분산은 표준편차의 제곱이다. 표준편차의 공식은 다음과 같다.

$$S = \sqrt{\frac{\sum(X-\overline{X})^2}{N}}$$

S = 표준편차
X = 각 사례의 관찰값
$\overline{X}$ = 평균
N = 사례수

예를 들어 600점 만점인 양궁경기에서 5명의 선수가 획득한 점수가 각각 430점, 300점, 600점, 470점, 170점이라면 이 선수들의 점수 평균과 분산, 표준편차를 구하면 다음과 같다.

$$\overline{X}(\text{평균}) = \frac{430+300+600+470+170}{5} = 394$$

σ^2(분산)=

$$\frac{(430-394)^2+(300-394)^2+(600-394)^2+(470-394)^2+(170-394)^2}{5}$$

$$= 21.704$$

S(표준편차)=

$$\sqrt{\frac{\sum(430-394)^2+(300-394)^2+(600-394)^2+(470-394)^2+(170-394)^2}{5}}$$

$$= 147.32$$

(2) 중앙한계정리와 정규분포곡선

표준오차 개념을 알기 전에 중앙한계정리와 정규분포곡선 개념도 알아야 한다.

A대학교에 2만 명의 학생들이 재학하고 있는데, 전체 학생들의 평균 키를 알아보기 위해 2만 명의 모집단에서 500명의 표본을 뽑아 측정한다고 하자. 처음

500명의 표본을 대상으로 측정해보니 평균 170.5cm였다. 표본으로 뽑힌 500명을 모집단에 다시 집어 놓고 또 다시 500명의 표본을 뽑아 키를 측정해보니 이번에는 평균 168.7cm였다. 다시 세 번째로 500명의 표본을 뽑아 평균키를 측정해보니 172.5cm였다. 이렇게 표본을 연속적으로 뽑아서 학생들의 키를 측정해서 나온 표본 평균값들을 모으면 이것 역시 하나의 분포를 형성할 수 있는데, 이렇게 얻은 분포를 평균의 표집분포(sampling distribution of a mean)라 한다.

그런데 이러한 평균의 표집분포는 몇 가지 중요한 특성을 갖고 있는데, 그것은 중앙집중한계의 정리(central limit theorem)와 많은 사례수의 법칙(law of large numbers)이다. 먼저 중앙집중한계의 정리란 만약 일정한 사례수 N을 갖는 표본(예를 들어 500명의 표본)을 무선적으로 반복해서 전집(모집단)으로부터 연속적으로 추출하여 그 결과로 얻어지는 평균값의 표집분포는 정규분포에 가까워지며(비록 전집이 정규분포가 아니더라도 표본 평균값의 표집분포는 정규분포에 가깝다), 또한 평균의 표집분포의 평균값은 모집단의 평균값에 가까워진다는 원리이다. 그리고 많은 사례수의 법칙은 전집에서 일정한 사례수 N을 갖는 표본들을 추출할 때, N이 클수록 표본 평균과 모집단의 평균 간의 차이가 줄어든다는 원리이다.

정규분포(normal distribution)는 〈그림 5-3〉에서 보듯이 종 모양(bell-shaped)으로 중앙을 정점으로 양쪽에 같은 모양의 꼬리를 가진 분포로서 독일의 수학자이자 천문학자인 가우스(Karl F. Gauss)의 이름을 따서 가우스 분포라고도 부른다. 그런데 정규분포곡선은 이론적인 분포이며, 실제로 정규분포에 꼭 맞는 표본 분포나 모집단 분포는 없다. 그렇지만 우리가 모집단이 정규분포를 취한다고 가정을 한다 하더라도 큰 문제가 되지 않는 것은 실제로 그것은 정규분포와 크게 다르지 않기 때문이다. 그래서 어떤 모집단이 정규분포를 이룬다고 가정하면 그 모집단으로부터 무작위 추출한 표본 역시 정규분포를 이룬다고 가정할 수 있다.

정규분포 곡선은 〈그림 5-3〉에서 보는 바와 같이 편차부분으로 나눌 수 있는데, 이들 각각의 편차부분은 곡선내의 전체 면적 중에서 차지하는 각각의 면적을 나타낸다. 앞에서 배운 표준편차 개념을 살려서 평균(μ)과 $+1\sigma$(표준편차,

'시그마'로 발음) 사이에 발생할 확률은 .3413, 평균(μ)과 -1σ 사이에 발생할 확률 역시 .3413이다. 따라서 -1σ과 $+1\sigma$ 사이에 발생할 확률은 .6826이 된다. 그리고 -2σ와 $+2\sigma$ 사이에 발생할 확률은 .9544이다. 앞에서 든 예를 계속 사용하여 A대학교 전체 학생들의 키를 측정했더니 평균이 172cm이고, 표준편차가 10이라면, $172 \pm 1\sigma(10)$인 162cm에서 182cm 사이에 전교생의 68.3%가 분포하게 되며, $172 \pm 2\sigma(20)$인 152cm에서 192cm 사이에는 전교생의 95.4%가 분포하게 된다. 뒤에서 다시 설명하겠지만 이처럼 정규분포곡선을 이용해서 통계치를 가지고 모수치를 추정하게 된다.

〈그림 5-3〉 정규분포 곡선

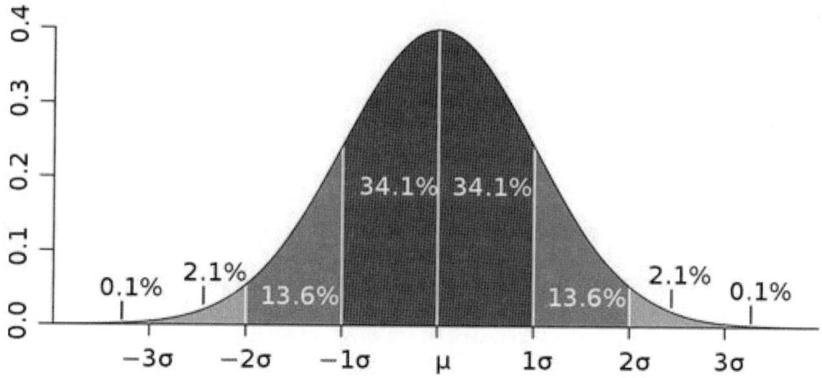

출처: http://www.seehint.com/word.asp?no=12352

(3) 표준오차 개념 및 계산

앞의 A대학교 학생들의 평균키 측정 예로 다시 돌아가서 2만 명의 전체 학생에서 500명의 표본을 뽑아 평균키를 측정하는 행위를 연속적으로 한다면 각 표본의 평균값들이 모여 표집분포를 이룬다고 하였다. 그런데 통계학자들은 이러한 평균의 표집분포에서 평균값은 모집단의 평균값과 같아진다는 중요한 사실을 알아내어 다음과 같은 공식을 유도해냈다.

$$\mu X(\text{모집단 평균값}) = \mu\overline{X}(\text{평균의 표집분포에서의 평균값})$$

평균의 표집분포에서도 표준편차가 있을 수밖에 없는데 이것을 평균의 표준오차(standard error of the mean)라고 한다. 표준오차는 앞에서 배운 표준편차와 똑같은 개념이나 다만 '평균의 표집분포에서의 표준편차'를 줄여서 '표준오차'라고 부르는 것이다. 결국 표본 평균들의 표준편차인 표준오차는 모집단 평균으로부터 표본평균들이 얼마나 떨어져 있는가를 의미한다. 평균의 표준오차 ($\sigma_{\overline{X}}$)는 모집단의 표준편차를 표본수의 제곱근으로 나눈 값으로서 그 수식은 아래와 같다.

$$\sigma_{\overline{X}} = \frac{\sigma}{\sqrt{N}}$$

$\sigma_{\overline{X}}$ = 표준오차(표본 평균의 표준편차)
σ = 모집단의 표준편차
N = 표본수

위의 수식을 통해 중요한 두 가지 정보를 알 수 있다(Hayes, 2005, 류성진 역, 2011, 189쪽). 첫째, 표준오차의 크기는 표본의 크기로부터 영향을 받기 때문에 표본크기가 커질수록 표준오차는 작아진다. 따라서 큰 표본이 작은 표본보다 좀 더 모수치에 가까운 추정치를 얻을 수 있다. 둘째, 모집단의 표준편차가 커질수록 표준오차도 커진다. 모집단의 구성이 다양할수록 모집단 평균과 표본 평균의 차이가 커진다. 이는 모집단의 구성이 이질적일수록 모집단의 평균에 가까운 표본의 평균을 구하기 어려워짐을 의미한다. 이를 해결하기 위해서는 표본의 크기를 충분하게 키워야 한다.

지금까지는 모집단의 표준편차를 알고 있다고 가정하였지만, 실제로는 모집단에 대한 전수조사를 실행하지 않은 상황에서 모집단의 표준편차(σ)를 알 수 없다. 현실적으로 무수히 많은 표본구성 경우의 수를 전부 조사해서 표준편차를 구하는 것은 불가능하다. 때문에 한 번의 표본추출에서 구한 표준편차(S)를 모집단의 표준편차로 사용하여 표준오차를 구하게 된다. 이때 표본의 수가 120이하일 경우 분모를 '표본수의 제곱근'($\sqrt{n}$)이 아닌 '자유도의 제곱근'($\sqrt{n-1}$)을 사용해야 한다. 자유도는 모집단에서 사용되는 표본을 뺀 것을 의미한다. 결론적으로 모집단의 표준편차를 모르는 상황에서 표준오차는 다음 공식에 의해 구하게 된다.

$$\sigma_{\overline{X}} = \frac{S}{\sqrt{n}} \quad \text{또는} \quad \frac{S}{\sqrt{n-1}}$$

$\sigma_{\overline{X}}$ = 표준오차
S = 표본의 표준편차
$\sqrt{n}$ = 사례수가 120 이상인 표본
$\sqrt{n-1}$ = 사례수가 120 이하인 표본

지금까지 등간척도나 비율척도로 측정된 연속 변인의 표준오차를 구하는 방법에 대해 알아보았다. 이제부터는 예, 아니요 등 명명척도나 서열척도로 측정한 불연속 변인에서 표준오차를 구하는 방법에 대해 알아보겠다. 불연속 변인의 경우 표본의 평균을 측정할 수 없기 때문에 백분율(%)인 '비율의 표준오차'(standard error of proportion)를 이용한다.

불연속 변인의 표준오차[9]를 구하는 공식은 아래와 같다.

$$\sigma_{\overline{X}} = \sqrt{\frac{P(100-P)}{n}}$$

$\sigma_{\overline{X}}$ = 비율의 표준오차
P = 표본에서 얻은 비율
n = 표본 수

예를 들어 표본 200명의 학생을 대상으로 학교에 대한 만족도를 조사한 결과 60%의 만족도가 나왔다면 이에 대한 표준오차를 계산하면 다음과 같다.

$$\sigma_{\overline{X}}(\text{비율의 표준오차}) = \sqrt{\frac{60(100-60)}{200}} = 3.46$$

9) 본래 표준오차 계산공식은 $\sqrt{\frac{P(100-P)}{n}}\sqrt{\frac{N-n}{N}}$ 이다. 여기서 N은 모집단 사례수, n은 표본 사례수이다. 모집단과 표본의 사례수가 큰 차이가 나지 않는 경우를 제외하고는 $\sqrt{\frac{N-n}{N}}$ 의 값이 거의 1이 되기 때문에 통상적으로 생략된다. 그러나 만약 모집단과 표본의 사례수 차이가 크지 않을 경우(예를 들어 1000명의 전집에서 500명의 표본을 뽑는 경우 등)는 이 공식을 사용하면 표준오차 값이 작아진다.

2) 표집오차와 모수치 추정

(1) 연속변인의 모수치 추정

앞에서도 설명한 바와 같이 모집단의 평균과 표본의 평균은 정확히 일치하지 않고 차이가 발생한다. 이러한 차이를 표집오차라고 한다. 하지만 통계에서 표집오차는 일정한 신뢰수준(confidence level, 흔히 95% 또는 99%)에서 표본의 평균값을 가지고 모집단의 평균값을 추론할 수 있는 신뢰구간(confidence interval)을 의미한다. 신뢰수준은 표본으로 모집단을 추론할 때 어느 정도 믿을 수 있는지를 나타내는 정도이다. 신뢰구간은 모수치와 통계치가 어느 구간 내에 위치하는지를 나타내는 간격의 지수이다. 쉽게 설명하면 신뢰구간은 통계적으로 인정할 수 있는 신뢰수준에서 표본의 평균과 모집단의 평균, 둘의 차이가 어느 정도인지를 나타내는 구간이다. 따라서 표집오차의 신뢰구간은 표본의 측정치를 기준으로 모집단의 실제 값이 위치할 수 있는 최대치와 최소치를 제공해준다.

통계학에서 신뢰수준은 95%와 99%의 두 가지 수준을 사용하고 있다. 95%신뢰수준이란 모수치 추정이 95%는 맞고 5%가 틀리다는 것을, 99%신뢰수준은 99%는 맞고 1%가 틀리다는 것을 의미한다. 연구자가 신뢰수준을 결정하고 나서 정규분포곡선의 면적 비율을 알면 모집단의 평균이 위치하는 신뢰구간을 구할 수 있다. 앞의 〈그림 5-3〉에서 보았듯이 정규분포곡선의 중앙을 중심으로 좌우 양쪽으로 95%, 99%의 면적비율이 되는 구간을 표준편차의 단위로 나눠볼 수 있다. 〈그림 5-3〉에서 보듯이 표본 평균값을 중심으로 양쪽으로 1표준편차 단위 안(즉 $\overline{X} \pm 1\sigma$)에 모집단 평균값(모수치)이 위치할 확률이 68.26%이고, 2표준편차 단위 안(즉 $\overline{X} \pm 2\sigma$)에 모집단 평균값이 위치할 확률이 95.45%이다. 그래서 2표준편차 단위($\pm 2\sigma$) 면적은 95%를 초과하기 때문에 95%의 신뢰수준에 정확히 맞는 표준점수 또는 z점수(z-score)[10]를 〈부록 2〉에서 찾아보면 1.96

10) 표준점수는 두 가지 용도로 사용된다. 하나는 어떤 점수가 분포 내에서 차지하는 상대적인 위치를 파악하고자 하는 경우, 다른 하나는 분포가 다른 두 점수들을 비교하기 위해서다. 표준점수 계산은 점수에서 평균을 뺀 값을 표준편차로 나누면 된다.

$$z = \frac{X - \overline{X}}{S}$$

이 나온다. 그래서 통상적으로 평균의 표준오차를 가지고서 95%신뢰수준으로 모수치를 추정할 때에 맞는 신뢰구간은 $\overline{X} \pm 1.96\sigma_{\overline{X}}$(표준오차)을 사용하고, 99%신뢰수준으로 모수치를 추정할 때는 $\overline{X} \pm 2.58\sigma_{\overline{X}}$을 사용한다. 이를 정리하면 아래와 같다.

$$95\% \text{ 신뢰수준에서의 신뢰구간: } \overline{X} \pm 1.96 \times \frac{\sigma}{\sqrt{N}}$$

$$99\% \text{ 신뢰수준에서의 신뢰구간: } \overline{X} \pm 2.58 \times \frac{\sigma}{\sqrt{N}}$$

그러면 실제 앞에서의 예를 다시 들어보자. A대학교 전체 학생들의 평균키를 추정하기 위해 500명의 표본조사를 하였더니 평균값이 170cm이고, 표준편차가 10일 경우에 모수치를 추정해 보자. 이 때 제일 먼저 해야 될 일은 표본 평균의 표준오차를 구해야 하는데, 앞의 공식에 따라,

$$\sigma_{\overline{X}} = \frac{S}{\sqrt{n}} = \frac{10}{\sqrt{500}} = 4.48$$

이렇게 표준오차 값을 얻었다면 각 신뢰수준별로 모수치를 추정해야 하는데, 이것 역시 앞에서 배운 공식에 따라,

$$95\% \text{ 신뢰수준 : } \overline{X} \pm 1.96 \times \frac{\sigma}{\sqrt{N}} = 170 \pm 1.96 \times 4.48 = 170 \pm 8.78$$

$$\text{따라서 } 161.22\text{cm} < \mu < 178.78\text{cm}$$

$$99\% \text{ 신뢰수준 : } \overline{X} \pm 2.58 \times \frac{\sigma}{\sqrt{N}} = 170 \pm 2.58 \times 4.48 = 170 \pm 11.56$$

$$\text{따라서 } 158.44\text{cm} < \mu < 181.56\text{cm}$$

결론적으로 A대학교 전체 학생들의 평균키는 161.22cm에서 178.78cm 사이에 있을 확률은 95%이고, 모수치가 이 범위를 벗어날 확률(오차)은 5%이다. 그

S = 표준편차 X = 관찰 값 $\overline{X}$ = 평균

리고 158.44cm에서 181.56cm사이에 있을 확률은 99%이고, 이 범위를 벗어날 확률은 1%이다. 여기서 보듯이 신뢰수준을 엄격히 해서 99%수준으로 높이면 추정된 모수치가 틀릴 확률은 줄어드나 그 대신 모수치의 추정범위가 넓어져서 추정의 의미가 떨어지는 문제가 생긴다. 보통 사회과학에서는 특별한 경우가 아니면 95%신뢰수준을 많이 사용하고 있다. 다시 말해 5%의 오차는 인정하자는 것이다.

(2) 불연속변인의 모수치 추정

이번에는 명명척도, 서열척도로 측정한 불연속변인의 모수치 추정에 대해 알아보자.

이것 역시 앞에서 들었던 예를 다시 들어보자. 표본 200명의 학생을 대상으로 학교에 대한 만족도를 조사한 결과 60%의 만족도가 나왔다고 했을 때 모수치를 추정해 보자. 앞에서 배운 대로 공식에 따라,

95% 신뢰수준 : $p \pm 1.96 \times \sqrt{\frac{P(100-P)}{n}} = 60 \pm 1.96 \times \sqrt{\frac{60(100-60)}{200}}$

$= 60 \pm 1.96 \times 3.46 = 60 \pm 6.78$

따라서 $53.22\% < \mu < 66.78\%$

99% 신뢰수준 : $p \pm 2.58 \times \sqrt{\frac{P(100-P)}{n}} = 60 \pm 2.58 \times \sqrt{\frac{60(100-60)}{200}}$

$= 60 \pm 2.58 \times 3.46 = 60 \pm 8.93$

따라서 $51.07\% < \mu < 68.93\%$

결론적으로 전체 학생들의 학교에 대한 만족도는 53.22%에서 66.78% 사이에 있을 확률이 95%이고, 모수치가 이 범위를 벗어날 확률(오차)은 5%이다. 그리고 51.07%에서 68.93% 사이에 있을 확률이 99%이고, 이 범위를 벗어날 확률은 1%이다.

또 다른 예를 들어보자. 대통령선거를 며칠 앞두고 1,000명의 유권자들을 대상으로 여론조사를 하였더니 홍길동 후보가 52%, 장길산 후보가 48%가 나왔다고 했을 때 홍길동 후보의 당선이 확실하다고 말할 수 있는지를 95% 신뢰수준에서 추정해보자.[11] 공식에 따라,

$$\text{홍길동 후보 : } p \pm 1.96 \times \sqrt{\frac{P(100-P)}{n}} = 52 \pm 1.96 \times \sqrt{\frac{52(100-52)}{1000}}$$

$$= 52 \pm 1.96 \times 1.58 = 52 \pm 3.10. \quad \text{따라서} \quad 48.9\% < \mu < 55.1\%$$

$$\text{장길산 후보 : } p \pm 1.96 \times \sqrt{\frac{P(100-P)}{n}} = 48 \pm 1.96 \times \sqrt{\frac{48(100-48)}{1000}}$$

$$= 48 \pm 1.96 \times 1.58 = 48 \pm 3.10. \quad \text{따라서} \quad 44.9\% < \mu < 51.1\%$$

결론적으로 홍길동 후보의 당선이 확실하다고 말할 수 없다. 왜냐하면 홍길동 후보의 하한한계(lower limit)가 48.9%이고 장길산 후보의 상한한계(upper limit)가 51.1%이기 때문에 선거결과가 얼마든지 뒤집어질 수 있다. 따라서 두 후보 간의 승패가 확실하다고 예측하기 위해서는 두 후보 간의 예측된 신뢰구간이 겹치지 않아야 하는데, 그러기 위해서는 두 후보 간의 지지율 차이가 $1.96 \times \sqrt{\frac{P(100-P)}{n}}$ 값보다 두 배(이 경우는 3.10×2=6.2%포인트) 이상이어야 한다.

4. 표본의 크기

지금까지 표본추출방법과 모수치를 추정하는 방법에 대해 알아보았다. 그러면 표본조사에서 표본의 크기를 어느 정도로 하는 것이 좋은지가 궁금해진다. 그러나 이러한 궁금증을 풀어줄 명확한 해답은 없다. 다만 소표본 보다는 대표본이 좋으며, 어차피 소표본이나 대표본 모두 엄청난 규모의 모집단을 대표할

11) 언론사가 이 여론조사를 보도한다면 통상적으로 다음과 같이 한다. "본 여론조사는 전체 유권자를 모집단으로 하여 1,000명의 표본을 대상으로 조사하였으며 표본오차는 95% 신뢰수준에서 ±3.1%포인트이다".

수 있는 표본이 없기 때문에 표본이 무조건 크다고 해서 반드시 좋은 것은 아니라는 점은 분명하다.

대체로 표본의 크기는 다음 요인들에 의해 결정된다(Wimmer & Dominick, 1994. pp.100~101). 먼저 가장 중요한 요인은 역시 조사비용과 시간이다. 아무리 표본의 크기를 크게 하고 싶어도 비용과 시간이 허용하지 않는다면 표본의 크기를 줄일 수밖에 없다.

둘째, 조사방법에 따라 표본의 크기가 달라진다. 8장에서 배우게 될 포커스 그룹 인터뷰(FGI)를 한다면 6-12명 정도가 적당하다. 또한 측정도구를 사전검사 한다든지 예비조사(pilot study) 등을 할 경우에는 20-50명이면 충분하다. 왜냐하면 이들 조사들은 어차피 연구결과를 일반화하고자 하는 것이 목적이 아니기 때문이다.

세 번째 요인은 분석에서 사용될 유목(cell) 수에 따라 결정된다. 예를 들어 조사에서 연령 변인이 중요하여 표본의 집단을 20대, 30대, 40대, 50대 이상으로 나눈다면 각 집단마다 100명씩으로 하여 최소 400명의 표본이 적절하다 하겠다. 그러나 이 집단들을 남녀 성별로 다시 나누어야 한다면 집단의 수가 8개가 되어 800명의 표본이 적절하게 된다.

네 번째 요인은 연구의 성격이 다변량 연구(multivariate studies)냐 단일변량 연구(univariate studies)냐에 따라 달라지는데, 아무래도 고등통계를 많이 사용하는 다변량 연구가 보다 큰 표본을 요구한다. 다변량 연구에서 권장되고 있는 표본의 크기는, 50=매우 불충분, 100=불충분, 200=보통, 300=많은 편, 500 이상=매우 많은 편이라는 지침이 있다.

다섯 번째 요인으로는 조사기간 중 피조사자들의 탈락률을 고려해야 한다. 앞에서 설명한 바와 같이 패널조사 같은 연구는 장기간에 걸쳐서 조사가 이루어지기 때문에 탈락률이 10~25% 정도가 된다. 따라서 연구자는 이를 감안하여 표본의 크기를 실제보다 크게 잡을 필요가 있다.

여섯 번째, 기존의 발표된 연구를 통해 표본의 크기에 대한 지식을 얻을 수 있다. 예를 들어 자신의 연구주제와 비슷한 기존 연구에서 400명의 표본으로 신뢰할만한 연구결과를 얻었다면 400명 이상의 표본은 불필요하게 된다.

일곱 번째, 표본이 추출될 모집단의 동질성 여부에 따라 달라진다. 모집단을 이루는 구성원들의 성격이 비슷하다면 표본의 크기가 굳이 크지 않아도 되지만, 반대로 이질성이 높다면 표본의 크기를 크게 하는 것이 좋다.

일반적으로 큰 표본을 사용할수록 바람직하다. 그러나 표본수가 무조건 크다고 해서 좋은 것은 아니다. 비확률 표본추출방법으로 확보된 표본은 아무리 크다고 하더라도 별다른 의미가 없다. 앞에서 살펴본 바와 같이 표준오차는 표본의 크기와 직접적으로 관련이 있다. 표본의 크기가 클수록 표준오차가 줄어들고, 이에 따라 표집오차가 줄어든다. 그러나 표본의 크기와 표집오차의 감소가 정비례하지는 않는다. 아래 〈표 5-2〉에서 보는 바와 같이 표집오차를 절반으로 줄이기 위해서는 표본의 크기를 4배로 늘려야 한다. 예를 들어 〈표 5-2〉에서 오른쪽 맨 끝에 있는 양쪽의 의견이 50% 대 50%로 분포되어있는 경우를 보면 500명의 표본일 때 표집오차는 4.5%포인트이다. 만약 4.5%포인트의 표집오차가 너무 크게 느껴져 이를 절반으로 줄이고 싶다면 표본의 크기는 2배가 아닌 4배로 늘려야만 절반인 2.2%포인트의 표집오차를 얻을 수 있다.

〈표 5-2〉 95% 신뢰수준에서 각 표본수와 양쪽의 비율분포에 따른 표집오차

조사결과 / 표본	1% 혹은 99%	5% 혹은 95%	10% 혹은 90%	15% 혹은 85%	20% 혹은 80%	25% 혹은 75%	30% 혹은 70%	35% 혹은 65%	40% 혹은 60%	45% 혹은 55%	50%
25	4.0	8.7	12.0	14.3	16.0	17.3	18.3	19.1	19.6	19.8	20.0
50	2.8	6.2	8.5	10.1	11.4	12.3	13.0	13.5	13.9	14.1	14.2
75	2.3	5.0	6.9	8.2	9.2	10.0	10.5	11.0	11.3	11.4	11.5
100	2.0	4.4	6.0	7.1	8.0	8.7	9.2	9.5	9.8	9.9	10.0
150	1.6	3.6	4.9	5.9	6.6	7.1	7.5	7.8	8.0	8.1	8.2
200	1.4	3.1	4.3	5.1	5.7	6.1	6.5	6.8	7.0	7.0	7.1
300	1.1	2.5	3.5	4.1	4.6	5.0	5.3	5.5	5.7	5.8	5.8
400	.99	2.2	3.0	3.6	4.0	4.3	4.6	4.8	4.9	5.0	5.0
500	.89	2.0	2.7	3.2	3.6	3.9	4.1	4.3	4.4	4.5	4.5
600	.81	1.8	2.5	2.9	3.3	3.6	3.8	3.9	4.0	4.1	4.1
800	.69	1.5	2.1	2.5	2.8	3.0	3.2	3.3	3.4	3.5	3.5
1,000	.63	1.4	1.9	2.3	2.6	2.8	2.9	3.1	3.1	3.2	3.2
2,000	.44	.96	1.3	1.6	1.8	1.9	2.0	2.1	2.2	2.2	2.2
5,000	.28	.62	.8 5	1.0	1.1	1.2	1.3	1.4	1.4	1.4	1.4

출처: Wimmer, Domineck, 1994, p.105.

그래서 일반적인 여론조사에서 모집단의 크기에 관계없이 표본수를 1,000명 내외로 하고 있다. 이는 조사경비와 시간 대비 얻을 수 있는 표집오차 크기를 반영한 것으로서 더 이상 표본수를 크게 하더라도 표집오차는 크게 줄어들지 않기 때문이다. 따라서 표본수가 무조건 크다고 해서 반드시 좋은 것은 아니라는 점을 알아둘 필요가 있다.

제6장
서 베 이

Chapter 06

서베이

서베이는 다수의 응답자들에게 연구주제와 관련된 현상을 구조화된 설문지를 이용하여 동일한 방법으로 측정하는 자료수집방법이다. 서베이는 공개적 방법과 비공개적 방법 모두 가능하다. 하지만 대부분의 연구에서 연구자는 응답자에게 연구의 목적을 밝히고 공개적 방법으로 조사를 진행한다. 하지만 응답자가 연구 목적을 알고 있는 것만으로도 응답결과에 영향을 미칠 수 있는 경우, 연구목적을 감추거나 다른 연구목적으로 둘러대고 조사를 진행할 수 있다.

현대인들은 살아가면서 수많은 서베이에 응하고 있다. 선거예측조사, 상품이나 서비스 이용 후 만족도 조사, 브랜드 호감도 조사 등 각종 서베이가 이루어지고 있다. 기업 또는 행정기관 등 결정권자 입장에서 실시하는 서베이는 수용자 또는 소비자에 대해 알 수 있는 유용한 수단이다. 서베이는 직접 관찰이 어려운 사회현상에 대한 자료수집이 가능하고, 다양한 통계분석을 이용할 수 있으며, 그리고 연구결과를 일반화할 수 있기 때문에 사회현상 연구에서 널리 사용된다(신민철, 2007). 더불어 설문지는 관찰 불가능한 추상적 사회현상을 측정할 수 있다. 설문지를 이용하면 추상적 자료를 수집할 수 있기에, 관찰 가능한 현상만을 측정할 수 있는 관찰법 보다 상대적 이점을 가지고 있다(신민철, 2007). 즉 관찰법은 연구대상이 관찰 가능한 현상으로 한정되지만 설문지를 통한 서베이는 더 폭넓은 대상을 연구할 수 있다. 그러나 설문지 완성에 적지 않은 시간, 노력, 비용이 필요하고, 특정 사회현상에 대한 깊이 있는 질문 마련이 어렵다는 등의 일반적인 단점도 가지고 있다.

1. 서베이의 장단점

서베이의 장점과 단점에 대해 자세히 알아보자. 위머와 도미니크(Wimmer & Dominick, 1994. pp.108~109)는 서베이의 장・단점을 다음과 같이 설명했다. 서베이의 장점은 첫째, 현실에서 연구문제를 조사할 수 있다. 즉, 인위적 실험실이 아닌 사회현상이 벌어지고 있는 현장에서 연구를 진행한다. 둘째, 수집되는 정보량을 고려하면 서베이 비용이 비싸지 않다. 더구나 연구자는 비용에 따라 면접조사, 전화조사 등 서베이 유형을 선택할 수 있다. 셋째, 다양한 사람들로부터 많은 양의 자료를 쉽게 수집할 수 있다. 현실 세계를 구성하는 다양한 사람들에게서 얻어진 의견 또한 다양하다. 이를 쉽게 획득함과 동시에 다양한 통계기법의 사용도 가능하다. 마지막으로 이미 존재하는 기존 자료(data)가 서베이에 매우 도움이 되는데, 아카이브, 공문서, 인구조사 자료, TV 시청률 조사, 선거인 명부 등 정보를 획득할 수 있는 자료가 많을 뿐만 아니라 2차분석도 가능하다.

이러한 장점에도 불구하고 단점으로는 첫째, 실험연구처럼 독립변인을 조작할 수 없다. 사회현상에 영향을 미치는 수많은 가외변인이 존재하기 때문에 독립변인과 종속변인의 인과성을 입증하기 어렵다. 이러한 문제는 패널서베이 등 시계열 연구(time series study)를 통해 보완해야 한다. 둘째, 설문지 내에서 설문문항의 부적절한 표현이나 배열이 편향된(bias) 결과를 가져올 수 있다. 셋째, 서베이에 잘못된 응답자가 포함될 수 있다. 특히 우편조사나 전화조사, 인터넷조사의 경우 응답자를 통제할 수 없기 때문에 처음에 의도했던 실제 응답자가 직접 응답했는지 알 수 없다. 마지막으로 서베이가 나날이 어려워지고 있다. 특히 전화조사의 경우 거부율이 크게 높아지고 있는 점이 문제이다.

2. 서베이 유형

서베이 유형은 조사 응답자 접촉의 방법에 따라 면접조사, 전화조사, 우편조사, 온라인조사 등으로 구분된다[12].

1) 면접조사

먼저 면접조사 혹은 대인 면접(personal interview)은 훈련받은 조사원(interviewer)이 응답자(interviewee)를 직접 만나 일대일 면접(one-on-one interview)을 통해 조사를 수행하는 방법이다. 설문에 대한 응답은 응답자가 설문을 읽은 후 직접 기입하는 자기기입식 조사(self-administered questionnaire)와 조사원이 설문을 읽어준 후 답변을 기입하는 면접식 조사(interviewing) 방식 모두 가능하다.

면접조사는 설문의 응답뿐만 아니라 추가적인 정보를 획득할 수 있다. 즉 구조화된 면접(structured interview)과 비구조화된 면접(unstructured interview) 등 면접형태에 따라 정보획득의 수준이 다르다. 구조화된 면접은 이미 표준화된 설문 순서에 따라 진행하기 때문에 조사원의 재량권이 적다. 따라서 면접원으로부터 받을 수 있는 영향을 최소화함으로써 비슷한 환경에서 일관된 정보를 획득할 수 있다. 반면 비구조화된 면접은 조사원에게 많은 재량권을 부여함으로써 광범위한 질문이 가능하다. 즉 질문의 순서 및 추가 질문에 대한 재량권을 바탕으로 심층적이고 광범위한 정보를 얻을 수 있다.

면접조사의 장점은 다음과 같다. 첫째, 응답자에게 응답을 받는데 가장 효과적인 수단이다. 응답자들은 조사원과 직접 만난 상황이기 때문에 설문을 쉽게 거절할 수 없을 뿐만 아니라 일단 설문을 시작하면 도중에 그만두기도 쉽지 않다. 둘째, 심도 깊은 설문 등 다양한 정보를 측정할 수 있다. 조사원과 응답자가 대면한 상태이기 때문에 동영상, 오디오 등 멀티미디어를 활용한 다양한 질문을 물어볼 수 있다. 더불어 응답자의 이해를 돕기 위한 적절한 보충 설명이 가능하다. 또한 조사원과 응답자 간의 친밀감을 바탕으로 민감한 질문에도 응답을 받을 수 있다. 셋째, 설문 외 기타 정보를 수집할 수 있다. 설문문항에 포함되지 않은 응답자의 반응 및 응답자의 환경 등 눈으로 확인해야만 알 수 있는 정보를 측정할 수 있다. 마지막으로 응답 대상자의 신원을 확인할 수 있다. 반면에 우편조사의

---

12) 서베이 유형의 구성과 내용은 위머와 도미니크(Wimmer & Dominick, 1994, pp.122~132)의 내용을 수정, 정리하였음.

경우 응답 대상자가 실제 응답에 응했는지 확인할 수 없다. 전화조사 역시 응답자가 나이, 지역, 교육수준 등을 거짓으로 밝힐 경우, 이를 통제할 수가 없다.

면접조사의 가장 큰 단점은 다른 조사방법에 비해 상대적으로 시간과 비용이 많이 소요된다는 것이다. 조사원이 현장에서 응답자를 직접 찾아야하기 때문에 조사기간이 오래 걸릴 뿐만 아니라 교통비 등 부대 경비가 발생한다. 두 번째 단점은 조사원의 편견을 제거하지 못한다. 응답자는 면접원의 외모, 나이, 성별, 복장, 말투 등으로부터 영향을 받는다. 아무리 조사원을 철저히 교육해도 완벽하게 통제할 수 없다. 마지막으로 응답자들이 연구목적을 간파하고 조사원이 원하는 응답을 하거나 사회적으로 바람직한 대답을 할 가능성이 높다. 서로 얼굴을 마주하고 있기에 응답자는 조사원이 자신을 어떻게 생각할지에 대한 평판 관리를 하게 된다.

면접조사의 일반적인 과정은 다음과 같다. ① 정해진 표본추출방법에 의해 표본을 선정한다. ② 면접조사에 맞도록 설문지를 작성한다. 면접조사의 장・단점을 고려하여 가장 효과적인 설문문항 및 질문형식을 선택한다. ③ 조사원용 지침서를 준비한다. 지침서에는 조사현장에서 필요한 모든 정보를 담고 있어야 한다. 지침서에 최종 응답자를 선정하는 기준, 구체적인 면접 방법, 의상 등 외모관리, 자료의 기록 및 보관 등 조사현장에 관한 모든 정보를 포함해야 한다. ④ 지침서에 따라 조사원을 교육한다. 면접조사는 조사원의 역할이 상대적으로 크기 때문에 조사원 교육이 중요하다. 조사원들이 응답자에게 접근하는 방법, 친밀감을 보여주는 방법 등 세세한 사항을 설명해주어야 한다. ⑤ 조사를 실시한다. 면접조사는 시간과 비용이 많이 소요된다. 따라서 짧은 기간 내에 조사를 마치려면 비용과 인원을 집중적으로 투입해야 한다. ⑥ 필요한 경우 재면접을 실시한다. 추가 정보를 획득해야 하는 경우, 최종 조사에 선정된 응답자를 찾아가야 한다. ⑦ 조사과정을 검증한다. 최종 응답자 가운데 일부를 표본으로 선정하여 전화 또는 면접으로 조사과정 전반을 검증해야 한다. ⑧ 코딩 지침서에 따라 자료를 컴퓨터에 입력한다.

조사가 이루어지는 장소에 따라 면접조사는 '가정 내 면접'과 '쇼핑센터 면접', '컴퓨터 대인 면접'으로 구분된다. 먼저 '가정 내 면접'(personal in-home interview)은 조사원이 응답자의 가정에 직접 찾아가서 조사를 진행하는 방법이다. 상대적으로 높은 응답률과 다양한 질문 방법 등이 장점이지만 조사원의 편견으로 같은 문항에 대해 응답자들이 상이하게 응답할 수 있다. 더불어 응답자들은 사회적으로 바람직한 대답을 할 가능성이 높다. 둘째, '쇼핑센터 면접'(mall intercept personal interview)은 응답자 선정과 조사현장이 가정이나 사무실이 아닌 거리이다. 쇼핑센터라는 공간의 특성상 미국의 마케팅 연구에서 발달된 조사방법이다. 기본적으로 쇼핑센터 면접은 편의표본이기 때문에 최종 응답자 선정이 용이하다. 하지만 거리 면접은 연구결과를 일반화할 수 없고, 면접시간이 매우 짧다. 마지막으로, 컴퓨터를 이용해 자기가 직접 기입하는 '컴퓨터 대인 면접'(computer-assisted personal interview: CAPI)의 경우 조사원이 노트북을 가지고 응답자의 가정 또는 직장을 직접 방문하거나, 컴퓨터가 있는 공간으로 응답자를 불러들여 면접을 진행하는 방법이다. 컴퓨터를 이용하기 때문에 복잡하고 다양한 조사가 가능하지만 컴퓨터 사용에 능숙하지 못한 대상자에게는 조사가 불가능하다.

2) 전화조사

전화조사(telephone survey 혹은 telephone interview)는 조사원이 응답자를 직접 만나지 않고 전화로 응답자에게 질문하여 자료를 수집한다. 즉, 조사원이 설문을 읽어준 후 답변을 기입하는 면접방식으로 이루어진다. 이로 인해 응답자는 설문지를 직접 볼 수 없다는 한계를 갖는다. 이는 사진 등 시각적 자료를 사용할 수 없음을 의미한다. 전화조사는 전화번호부를 표본 틀로 이용하여 쉽게 표본을 추출할 수 있다.

조사원은 전화조사나 면접조사에서 매우 중요하다. 조사원은 연구자의 의도를 응답자에게 전달하는 과정에서 응답에 영향을 미칠 수 있다. 예를 들어 조사원이 응답자의 대답에 놀라움이나 실망을 표시하면 이후 응답에서 솔직한 대답을 기대할 수 없다.

미국 방송인협회(National Association of Broadcasters)는 조사원의 편견을 방지하기 위한 최소한의 지침 8가지를 제시했는데(Wimmer & Dominick,

1994, p.125), 이는 전화조사, 면접조사뿐만 아니라 조사원을 활용하는 모든 조사에 적용된다. ① 설문은 문구대로 정확하게 읽을 것. 정확한 순서에 따라 질문한 것. 설문지에 지시가 있을 때만 설문을 생략할 것. ② 절대 답을 제시하거나 질문을 설명하려하지 말 것. 어떤 종류의 대답을 원하는지 암시하지 말 것. 어떠한 방법으로든 부추기지 말 것. ③ 만약 질문을 이해하지 못했다면 '다시 읽겠다'고 말하고 느리고 분명하게 반복할 것. 그래도 이해하지 못하면 '무응답'으로 보고할 것. ④ 응답이나 발언 등 모든 말을 정확하게 보고할 것. 만약 답변이 모호하거나 불완전하면 '좀 더 설명해주시겠습니까' 또는 '무슨 뜻입니까'와 같이 중립적 질문으로 물어볼 것. 때때로 원하는 추가 정보를 말할 때까지 잠시 기다릴 것. ⑤ 응답자의 협조에 주의 깊고 민첩하게 감사를 표현할 것. 하지만 답변에 대해서는 절대 언급하지 말 것. 긍정, 부정 또는 놀라움을 절대 표현하지 말 것. 심지어 '아'라는 반응조차 응답자에게 후속 질문에 대한 응답을 주저하게 만들거나 거부의 원인이 될 수 있음. 응답자에게 너무 크거나 작게 말하지 말 것. ⑥ 조사원이 동의하든 안 하든 지침서에 충실히 따를 것. ⑦ 모든 응답자에게 감사를 표할 것. 후속 면접원을 위해 좋은 인상을 남길 것. ⑧ 의사소통에 문제가 발생하면 즉시 책임 연구자와 상의할 것.

전화조사는 저렴한 비용으로 빠른 시일 안에 조사할 수 있다는 장점을 가지고 있다. 전화조사는 조사원 인건비에 전화료만 추가되기 때문에 면접조사보다 저렴하다. 더불어 조사원이 직접 현장에 가지 않고 지속적으로 전화 통화를 시도하기 때문에 짧은 시간 안에 자료를 수집할 수 있다.

많은 장점에도 불구하고 전화조사는 여러 가지 단점을 가지고 있다. 먼저 전화 마케팅이 활발한 현실에서 응답자가 전화조사를 판매목적으로 오해하고 거절하는 경우가 많다. 실제로 많은 전화조사에서 응답자들이 설명을 듣지 않고 바로 전화를 끊는 사례가 많다. 전화조사는 응답자가 일방적으로 전화를 끊는 것을 통제할 수 없다는 점이 단점이다. 아예 처음부터 전화를 끊거나 조사 도중에 전화를 끊어버릴 수도 있다. 따라서 전화조사는 다른 조사에 비해 응답률이 낮은 것이 단점이다. 또한 사진이나 동영상 등 시각적 정보를 제공할 수 없다는 한계를 가지고 있다. 텔레비전 광고에 대해 전화조사를 실시한다면 광고를 보여

줄 수 없는 결정적 문제점을 가지고 있다.

마지막으로 전화번호부가 완벽하지 않다는 점이다. 현재 우리나라 여론조사회사들은 KT 전화번호부에 등재된 가구를 대상으로 조사하고 있다. 그런데 전화번호부에 등재된 가구의 전화번호들이 우리나라 전체 가구 전화번호의 50%가 되지 않은 데에서 문제가 시작된다. 최근에 인터넷 전화 가입이 급증하고, 전화번호부에 등재하지 않는 가구들이 계속 늘어나고 있기 때문이다. 예를 들어 서울이나 경기 등의 전화번호 등재율은 30% 수준인 반면, 충북과 전북 등과 같은 지역은 60~70% 수준인 것으로 나타났다. 즉 전화번호부를 이용해 전국 전화조사를 하면 서울 지역의 고학력 가구주 등이 체계적으로 제외되는 문제가 발생한다. 전화번호부 비등재가구는 등재가구에 비해 직업면에서 화이트칼라가 더 많고, 학력을 보면 대재 이상, 소득으로 보면 고소득자가 더 많다. 이런 인구학적 특성을 감안했을 때, 전화번호부에 등재되지 않은 가구의 경우에는 등재가구보다 정치적으로 진보적 성향을 보인다고 추론할 수 있다. 실제 RDD(Random Digit Dialing) 방법을 사용해 조사하면 등재된 전화번호가구의 응답과 등재되지 않은 전화번호가구의 응답이 달랐다. TNS가 지난 2010년 지방선거에서 특정 지역에서 수행한 전화 여론조사 결과를 보면 한나라당 후보와 민주당 후보의 지지율이 39% 대 24%였는데, 등재된 전화번호만 가지고 분석을 했을 때에는 44% 대 21%로 나타났다. 즉 RDD를 수행하지 않을 경우 한나라당 후보에게 유리하게 편향된 조사결과를 얻을 수 있다는 가설이 확인되었다(이준웅, 2011).

〈표 6-1〉 학력, 가구소득별 전화번호 등재율 차이(표본 수 15,058가구)

가구주 학력	표본 수	미등재율	가구소득	표본 수	미등재율
초졸	1,959	23.1	150만원 이하	3,783	30.8
중졸	1,138	32.2	150~250	2,319	51.1
고졸	4,133	47.4	250~400	3,479	55.2
대졸	5,687	57.1	400~600	1,916	55.5
석사 이상	727	59.1	600 이상	664	59.3
무응답	1,414	48.7	무응답	2,897	48.8

출처: RDD 이용 TV 기초환경 조사(2008, MBMR): 이준웅 (2011), 24쪽에서 재인용.

또한 전화조사에서 유선전화와 휴대폰 반영 비율을 어느 정도로 하느냐도 조사결과에 중대한 영향을 미친다. 일반적으로 휴대폰 사용자들 중에는 젊은 층의 비율이 높기 때문에 휴대폰 반영률을 높이면 야당 후보에게 유리한 결과가 나오게 된다. 그리고 조사 시점에 따라서도 결과가 다르게 나타나는데, 일반적으로 오전과 주중에 조사할 경우 집에 있을 확률이 높은 고연령 층과 주부들의 응답 비율이 높아진다. 반면 오후나 주말에는 직장인 등 젊은 층의 응답 비율이 상대적으로 높아진다. 또한 학력과 교육수준도 재택률과 상관관계가 있는데, 주말 조사의 경우 고학력, 고소득자의 응답이 더 많이 반영된다(권혁남 2014).

전화조사의 정확성을 떨어뜨리는 또 다른 요인은 응답자들의 응답률이 낮기 때문이다. 우리나라의 경우 전화 여론조사 응답률이 10% 미만에 그치는 경우가 많다. 전화조사 응답률이란 전체 조사에 투입된 전화번호 리스트 가운데 결번이나 비가구번호를 제외한 통화중, 부재중, 조사거절, 설문중단, 통화예약, 대상자 부재 등과 성공한 전화번호 리스트를 분모로 했을 때, 성공한 전화번호의 수를 의미한다. 전화조사 응답률이 낮다는 것도 문제이지만 응답률이 지역이나 개인차에 따라 다르다는 것도 큰 문제이다. 예를 들어 응답률은 서울 및 대도시에서 낮아지고 지역에서 상대적으로 높아지는 등 지리적 차이를 보인다(이준웅, 2011).

$$\text{전호조사 응답률} = \frac{\text{성공한 번호}}{\text{투입된 전화번호(결번+비가구 번호)}}$$

$$= \frac{\text{성공한 번호}}{\text{부재중+통화중+거절+중단+통화예약+대상자 부재+성공}}$$

전화조사의 절차는 다음과 같다. ① 조사할 가구뿐만 아니라 누구를 조사할 것인지를 결정하여 표본을 선정한다. 전화조사는 전화번호부를 통해 조사대상을 선정하므로 조사대상 전화번호에서 20대 여성, 50대 남성 등 최종 응답자를 구체화해야 한다. ② 간결하고 직접적인 질문으로 설문지를 작성한다. 전화는 음성으로만 정보를 제공하기 때문에 커뮤니케이션이 제한적이다. 따라서 5~6개 이상의 보기를 길게 나열하는 경우 응답자가 모두 이해하지 못하거나 너무 많은 질문을 물어보면 응답자가 중간에 전화를 끊을 수 있는 위험성이 있다. ③ 조사원용 지침서를 마련한다. 면접조사와 마찬가지로 전화조사 지침서에는 조사와 관련된 기본적인 내용을 포함해야 된다. 특히 전화할 전화번호와 더불어 가족 구성원 중 누구에게서 응답을 받을지에 관한 분명한 지침을 명시하고 있어야 한다. 예를 들어 가족 중에서 조사당일을 기점으로 하여 생일이 가장 가까운 사람을 응답자로 선정하거나, 아니면 난수표를 이용할 수 있다. ④ 지침서에 따라 조사원을 교육한다. 지침서의 내용뿐만 아니라 설문지의 내용을 모든 조사원이 숙지하도록 철저히 교육시킨다. 전화조사와 유사한 상황을 가정하고 시뮬레이션 과정을 거친다. ⑤ 조사를 실시한다. 지정된 장소에서 조사원들이 조사를 진행한다. 같은 장소에서 조사를 진행하기 때문에 조사과정에서 발생하는 돌발 변수나 문제를 해결하기 용이하다. 조사과정에서 조사원은 조사에 성공한 전화번호와 최종 응답자 등 모든 과정을 기록해야 한다. ⑥ 통화하지 못한 조사대상자에게 다시 재조사를 시도한다. 통화 중이거나 통화에 성공했지만 최종 응답자와 통화하지 못했다면 시간을 두고 다시 통화를 시도해야 한다. ⑦ 조사과정을 검증한다. 최종 응답자 가운데 일부를 표본으로 선정하여 조사과정 전반을 전화로 검증해야 한다. ⑧ 조사가 완료된 후 거절 수와 통화 중 탈락 등을 종합하여 전체적인 응답률을 계산한다.

3) 우편조사

우편조사(mail survey 혹은 mail interview)는 표본으로 선정된 응답자와 연구자가 우편을 이용하여 설문지를 주고받는 방법이다. 연구자가 설문지를 발송할 때 회수용 봉투를 동봉해 응답자가 완성된 설문지를 연구자에게 다시 보낼 수 있도록 한다.

우편조사는 다음과 같은 장점을 가지고 있다. 먼저 우편조사는 저렴한 비용으로 지역에 관계없이 조사할 수 있다. 우편조사는 조사원이 필요 없기 때문에 인건비가 발생하지 않는다. 비용은 설문지 인쇄비와 봉투비, 우편료 등 극히 적게 발생한다. 하지만 우편이 도달할 수 있는 모든 곳을 대상으로 조사를 진행할 수 있기 때문에 넓은 지역에서 연구를 진행할 수 있다. 또한 응답자가 익숙한 환경에서 조사원 없이 응답하기 때문에 솔직하게 답할 수 있다. 즉 조사원의 편견을 제거할 수 있다.

우편조사의 단점 역시 적지 않다. 우편조사의 가장 큰 단점은 낮은 회수율인데, 평균 회수율은 20~40% 정도로 알려져 있다. 그러나 한 조사회사는 고가의 경품을 제공하거나, 일정한 금전적 보상을 통해 회수율을 50%까지 높이기도 하였다고 한다(Wimmer & Dominick, 2004). 응답자가 설문지 응답을 작성하여 연구자에게 다시 보내야하는 번거로움으로 인해 회수율이 낮다. 극히 낮은 회수율은 연구결과의 신뢰도에 영향을 미칠 수 있다. 또한 자료수집에 너무 오랜 기간이 소요된다는 점 역시 단점이다. 우편물 배송 기간을 고려하면 설문지를 처음 보낸 1주일 후부터 설문지들이 회수된다. 하지만 마지막 설문지가 언제 회수될지는 알 수 없다. 연구자는 설문지 회수 마감날짜를 결정하여 이후 도착 분은 분석에서 제외시켜야 한다. 또 다른 문제는 조사가 설문지만으로 한정되기 때문에 문항이 간결하고 간단해야 한다. 즉 복잡하거나 어려운 문항을 포함시켜야하는 연구에서는 우편조사를 사용할 수 없다. 마지막으로 표본으로 선정된 응답자가 직접 설문에 답했는지를 알 수 없다. 예를 들어 국내 상위 100대 기업 최고경영자들을 대상으로 우편조사를 진행할 경우, 최고경영자가 직접 설문에 응하는 것이 원칙이지만 비서가 대신 답했는지 알 수 없다.

우편조사는 다음의 절차에 따라 진행된다. ① 표본으로 선정될 사람들의 이름과 주소가 적혀 있는 명부로부터 표본을 선정한다. ② 아주 쉽고 구체적으로 설문지를 작성한다. 우편조사는 설문 문항을 설명해주는 조사원이 없기 때문에 조사 대상 누구나 알 수 있도록 쉬워야 한다. ③ 수신자 부담 회수용 봉투를 동봉하여 설문지를 응답자에게 보낸다. ④ 회신율을 검토하여 독촉편지를 보낸다. 아직 회신하지 않은 응답자를 대상으로 설문지를 발송한지 2주 간격으로 독촉편지를 1차와 2차에 걸쳐 보낸다. ⑤ 회수된 설문지를 코딩 지침서에 따라 자료를 컴퓨터에 입력한다.

4) 인터넷 조사

인터넷의 발달과 함께 도입된 인터넷 조사(Internet survey) 또는 전자조사(electronic survey)는 조사기관 또는 연구자가 인터넷을 통해 응답자에게 설문 문항을 전송하면 응답자는 인터넷을 통해 응답한 설문을 재전송하는 방식이다. 이메일 설문은 이메일 또는 홈페이지를 활용해서 컴퓨터 자기면접(computer assisted self interview: CASI) 방식으로 응답을 얻는다. 즉, 인터넷 상에서 응답자가 스스로 질문을 읽고 이에 응답을 입력하는 방식이다.

인터넷 조사의 가장 큰 장점은 다른 조사 방법보다 응답자에 대한 접근이 용이하고 자료 처리과정이 통합되어 시간과 비용이 적게 든다는 점이다. 더불어 컴퓨터를 이용하기 때문에 모든 종류의 시청각 자료를 활용할 수 있다. 뿐만 아니라 응답자의 수준에 따라 난이도와 구조를 변형시킬 수 있어 상호작용적 조사가 가능하다.

이와 같은 장점에도 불구하고 인터넷 조사는 표본의 대표성 문제가 가장 큰 단점으로 꼽힌다. 구체적으로 인터넷 조사는 기존에 구축된 패널 명단 또는 조사 홈페이지에 접속한 응답자를 대상으로 조사한다. 이로 인해 컴퓨터를 일상적으로 사용하는 사무직과 젊은 세대 등의 계층이 과대표집될 수 있고, 역으로 컴퓨터를 사용할 수 없거나 컴퓨터 사용이 능숙하지 않은 계층이 과소 표집될 수 있다. 또한 인터넷 조사는 한 응답자가 특정 목적을 가지고 복수로 응답할 가능성을 배제할 수 없다. 즉 한 항목에서 특정 보기의 대답을 높이기 위해 한 응답자가 반복해서 같은 응답을 계속할 가능성이 있다.

3. 설문지 작성

1) 설문지의 의의 및 구성요소

사회과학연구에서 자료수집을 목적으로 가장 빈번하게 이용되는 도구가 설문지이다. 설문지(questionnaire)란 연구에 필요한 정보를 응답자로부터 획득하기 위해 특별히 고안된 문항들을 담고 있는 문서이다. 이들 문항은 일련의 정형화된 질문을 의미하며(신민철, 2007), 사회현상에 대해 개인들의 의견 또는 태도를 알아볼 때 사용한다(이종승, 2009). 결론적으로 설문지는 사회현상 간의 관계에 대한 계량적 자료를 수집하기 위해 고안된 측정도구이다.

설문지를 구성할 때, 연구목적에 부합하는 설문을 구성하는 것이 매우 중요하다. 설문을 잘못 구성함으로써 연구목적을 달성하지 못하는 연구들이 많다. 예를 들어 학생들은 과거에 설문조사에 응답한 많은 경험을 가지고 있는데, 자신의 경험을 바탕으로 설문지를 작성할 경우 작성된 설문이 연구목적에 부합하지 않는 오류를 범하는 경우가 많다. 특히 학위논문을 위한 설문지를 구성할 때, 연구하고자하는 사회현상을 정확히 반영하지 못한 설문지들을 종종 접하게 된다. 이런 경우 연구문제나 가설을 제대로 검증할 수 없다. 또한 사회현상을 정확하게 측정하지 못하는 잘못된 설문을 구성할 경우 연구결과 역시 잘못될 수도 있다.

설문지가 완성된 시점에는 연구목적 뿐만 아니라 연구문제, 가설에 맞는 척도 및 통계분석방법까지 이미 결정된 상태로 볼 수 있다. 양적연구에서 설문지 작성의 완료는 계량적 자료를 이용한 연구의 절반 이상을 마쳤음을 의미한다. 이와 같은 의미에서 양적연구에서 설문지는 계량적 자료의 수집 및 분석의 핵심도구이다. 따라서 만약 설문지의 오류로 인한 잘못된 자료를 수집하였다면 그 자료는 폐기되어야 한다.

이러한 치명적 오류를 방지하기 위해 선행연구 검토를 강조하지 않을 수 없다. 선행연구 검토과정에서 연구대상과 관련된 정보, 척도 및 방법 등 측정도구를 치밀하게 준비함으로써 관련 문항이 설문지에 충분히 반영되어야 한다. 연구자는 선행연구들의 조사결과에만 관심을 두지 말고, 선행연구들이 어떤 측정도구를 가지고 어떠한 통계분석으로 결과를 도출해냈는지 등의 연구과정 전반을 검토해야 한다.

초보 연구자들은 연구대상이나 연구문제와 관계없이 모든 사회현상을 설문지를 통하여 측정할 수 있다고 생각하는 경향이 있다. 그러나 이는 잘못된 생각이다. 설문지를 통해 측정할 수 없는 사회현상도 많다. 대표적인 예가 동물행동학 박사인 제인 구달(Jane Goodall)의 침팬지 연구이다. 인간과 침팬지는 말이나 글로 의사소통을 할 수 없으므로 침팬지 행동에 대한 설문조사 자체가 불가능하며, 오직 현지 관찰(field observation)을 통해서만 이를 알아 볼 수 있다. 설문지를 이용하려면 "설문지를 통해 필요한 정보를 얻을 수 있는가, 응답자가 성실하게 답할 수 있는 내용인가, 설문지 외에 더 타당한 자료수집 방법은 없는가"(이종승, 2009, 237쪽) 등을 충분히 검토해야 한다.

(1) 설문지를 이용하는 이유

설문지를 통한 자료수집이 활발하게 이루어지는 가장 중요한 이유는 모든 응답자에게 동일하게 묻는 표준화된 설문지를 통해 얻어진 자료는 정확성이 높을 뿐만 아니라 비교 가능하기 때문이다(채서일, 2005). 여러 조사원들이 다른 응답자들에게서 자료를 획득했지만 측정 도구인 설문지가 표준화되었다면 수집된 자료의 정확도가 매우 높다. 예를 들어 TV 예능프로그램인 무한도전의 오락성을 측정할 때, 설문지가 표준화되지 않았다면 어떤 응답자에게는 '① 전혀 재미없다 ② 재미없다 ③ 보통이다 ④ 재미있다 ⑤ 매우 재미있다'와 같이 5점 리커트 척도로 측정하고, 다른 응답자에게는 '전혀 재미없다 −3 −2 −1 0 1 2 3 매우 재미있다'와 같이 7점 의미분별척도로 측정할 수 있다. 이 경우 두 응답의 숫자들이 가지는 의미가 서로 다르기 때문에 응답들을 서로 비교할 수가 없다.

제시된 보기뿐만 아니라 질문도 서로 다를 수 있다. "귀하가 **가장 최근**에 시청하신 무한도전은 얼마나 재미있었습니까?"라고 물을 수 있고, 아니면 "귀하는 **평소** 무한도전을 시청하시면서 재미를 얼마나 느끼십니까?"라고 질문할 수도 있다. 앞의 질문은 최근 시청한 무한도전의 오락성을 측정하고 있지만 뒤의 질문은 전반적인 무한도전의 오락성을 묻고 있다.

(2) 설문지의 구성 요소

사회과학에서 표준화된 설문지는 측정도구의 신뢰도와 타당도를 확보할 수 있다. 설문지는 연구대상 현상을 구체적인 질문 형태로 측정해야 한다. 질문지의 오류는 잘못된 연구결과와 연결되기 때문에 반드시 체계적이고 정확한 설문지를 작성해야 한다. 설문조사 과정의 오류를 방지하고 필요한 부분을 획득하기 위한 표준화된 설문지는 다음과 같이 다섯 가지 요소로 구성된다.

첫 번째 요소, 응답자에 대한 협조를 요청하는 진술문을 반드시 포함해야 한다. 일반적으로 협조요청 요소는 인사말과 함께 설문지의 맨 앞에 제시된다. 이 부분에서 조사의 주제 및 목적, 조사기관의 소개, 응답자의 비밀보장에 대한 익명성, 표본추출 방법 등을 분명히 밝혀야 한다. 이와 같은 내용을 포함시킴으로써 조사의 응답률을 높이고 성실한 답변을 유도할 수 있다. 그리고 성실한 답변을 부탁하는 간곡한 부탁도 진술되어야 한다.

〈표 6-2〉 설문 인사말 보기

안녕하십니까. 이번에 저희 00**연구소**에서는 전체 국민들의 의식을 조사하게 되었습니다. 이번 조사는 우리나라 국민들의 정치, 경제, 사회, 문화, 그리고 지역생활 등에 관한 전반적인 의식을 알아보기 위한 것입니다. 선생님은 전체 국민 가운데서 무작위로 뽑은 1,000명 중의 한 분으로서 선생님의 응답은 전체 국민의 의견을 대표하는 것입니다. 바쁘시더라도 잠시 시간을 내시어 선생님의 솔직한 의견을 들려주시면 저희 조사에 큰 도움이 되겠습니다. 선생님의 협조에 감사하는 뜻에서 약소한 사례품을 마련했습니다. 부족하지만 받아주시면 감사하겠습니다. 혹시 조사원의 언행에 불쾌감을 느끼시거나 설문내용에 의문사항이 있으시면 저희 00연구소(☎: 02-1234-5678)로 바로 연락을 주시기 바랍니다. 끝으로 선생님의 이름이나 주소를 밝힐 필요가 없으며 응답하신 내용은 오직 통계목적에만 사용되고 비밀이 절대 보장됩니다. 선생님의 협조에 깊이 감사드립니다. 2015. 3. 00연구소

두 번째 요소, 질문에 답변하는 방법에 대한 지시나 설명문을 포함해야 한다. 각 질문에 답하는데 필요한 설명 또는 지시를 명확하게 제시해야 한다. 아래 〈표 6-3〉에 제시한 것과 같이 질문에 대한 설명과 함께 응답 방법을 구체적으로 명시해야 한다.

〈표 6-3〉 지시 및 설명문 보기

● 다음은 우리사회의 정치인, 정당, 정부와 관련하여 사람들이 평가한 내용들입니다. 귀하는 다음 내용에 대해 어느 정도 동의하시는지를 체크(√)해 주십시오.

	전혀 동의하지 않음	동의하지 않는 편	중립	동의 하는 편	매우 동의함
정치인들은 정치적 소신보다는 개인적인 이익과 이해관계를 위해 행동한다					
정당 및 정치인들은 유권자의 표에만 관심이 있으며, 표를 얻기 위해 행동한다					
정치인들은 나름대로 국가이익을 생각하고 있다					
정치인들은 국민의 복지와 안위를 생각하고 있다					

세 번째 요소, 연구목적에 적합한 정보를 수집하는 질문이 포함되어야 한다. 연구목적과 관련된 대다수의 자료를 수집하는 부분이다. 가급적 이 부분에서 필요한 정보만을 물어야 한다. 만약 연구목적과 관련 없는 질문이 포함되면 질문의 양만 늘어나고, 응답자들에게 혼란을 줄 수 있다.

네 번째 요소, 응답자 분류를 위한 인적사항을 묻는 질문이 포함되어야 한다. 사회현상에서 가장 기본적인 변인인 응답자의 인구통계학적 특성(성, 연령, 교육수준, 거주 지역, 종교, 소득수준 등)을 조사해야 한다. 이 부분에서 응답자의 인격이나 사생활이 침해되지 않도록 연구목적과 관련된 최소한의 정보만을 수집해야 한다. 응답자들은 자신의 신상과 관련된 질문에 답하기 꺼려하는 경향이 있기 때문에 이것들은 설문지의 마지막 부분에 배치하는 것이 좋다. 하지만 할당표본과 같이 특정한 조건(성별 또는 연령 등)에 대한 정보가 필요한 경우 필요한 질문을 설문지의 첫 부분에 배치할 수도 있다.

마지막 요소, 설문지를 식별(identification data)하기 위한 일련 번호 등 설문지에 대한 정보가 포함되어야 한다. 표준화된 설문지는 모든 내용이 똑같다. 하지만 코딩오류 수정이나 추가 질문을 위해 설문지들을 서로 구별해야 한다. 따라서 개별 설문지에 일련번호를 부여하여 구별하고 조사원의 이름과 조사 일시 및 장소, 전화조사의 경우 전화번호 등 조사와 관련된 정보를 표시해야 한다.

〈표 6-4〉 면접조사용 설문 식별 보기

설문지 일련번호:____________________
조사원 이름 : ____________________
조사 일시: _____월 _____일 오전, 후 _____시
조사 지역 : ________시도 _______ 시, 군, 구 _______ 동, 읍, 면
조사 방법 : ____ 면접 ____ 유치기입

2) 설문지 작성과정

〈그림 6-1〉은 설문지를 작성하는 일반적인 과정이다. 그러나 설문지 작성과정은 반드시 아래 절차에 따라 진행되어야 하는 것은 아니다. 각 단계는 이전 또는 이후 단계와 연결되어 있으므로 설문지를 수정할 경우 관련된 부분을 고려해야 한다.

〈그림 6-1〉 설문지 작성의 절차

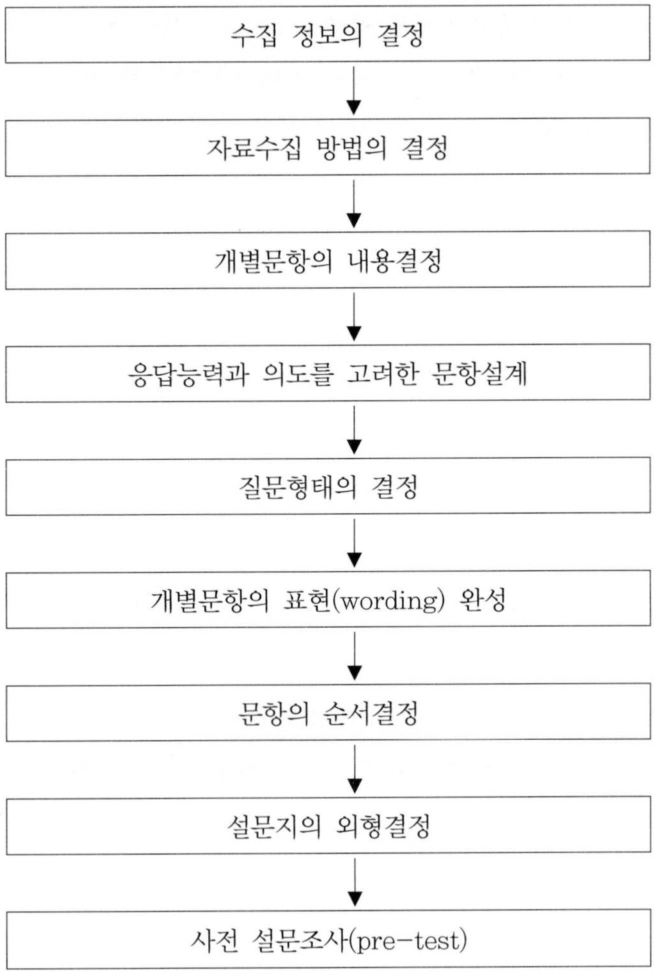

출처: Malhotra (2012). 「Basic marketing research」. p.301.

(1) 수집정보의 결정

설문지 작성에서 첫 단계는 설문지를 통해 어떠한 정보를 수집할 것인지를 결정하는 것이다. 사회과학에서 연구자는 사회현상에 대한 관심이 생기면 관련 개념들을 검토한 후 변인들 간의 관계를 파악하려 한다. 변인들 간의 관계는 연구문제와 가설로 진술된다. 추상적인 개념들은 조작적 정의 과정을 거쳐 측정 가능한 형태로 설문지에서 질문으로 구현된다. 따라서 설문지 작성의 첫 번째 단계는 연구문제와 가설 검증을 바탕으로 설문조사를 통해 측정할 개념을 결정하고, 이들 개념을 어떻게 측정해서 어떻게 분석할 것인지를 결정해야 한다.

예를 들어 학력이 텔레비전 뉴스 이용에 미치는 영향을 연구하는 경우, 학력과 텔레비전 뉴스 이용에 대한 조작적 정의를 내려야 하고, 이들을 어떻게 측정할 것인지를 결정해야 한다. 더불어 어떠한 통계방법으로 이들 간의 관계를 분석할지도 결정해야 한다. 구체적으로 교육수준을 '정규학력'으로 조작적 정의한다면, '초등학교, 중학교, 고등학교, 대학교, 대학원'으로 구분하여 명명 또는 서열척도로 측정할 수 있다. 아니면 '교육받은 기간'으로 조작적 정의한다면 '6년(초등학교), 9년(중학교까지), 12년(고등학교까지), 16년(대학교까지)'으로 1년 단위로 물어 비율척도로 측정할 수 있다.

또 다른 예를 들자면 텔레비전 뉴스 이용을 '이용 빈도'로 조작적 정의한다면 '① 전혀 안 본다 ② 어쩌다 한번 본다 ③ 거의 매일 본다 ④ 매일 본다'와 같이 4점 리커트 척도로 측정할 수 있다. 아니면 '이용 시간'으로 조작적 정의하여 '하루 평균 ___시간 ___분'으로 물을 수도 있다. 독립변인과 종속변인 모두 등간 또는 비율척도를 조건으로 하는 회귀분석을 통계분석방법으로 선택하였다면 이를 고려하여 측정수준을 결정해야 한다. 결론적으로 연구목적을 달성하기 위해 필요한 정보뿐만 아니라 통계분석이 가능한 측정수준까지 결정해야 한다.

(2) 자료수집방법의 결정

설문지 작성의 두 번째 단계는 연구목적과 시간, 비용을 고려하여 가장 적합한 조사를 선택하는 조사 방법의 결정이다. 앞에서 살펴본 바와 같이 응답자의 접촉방법에 따라 면접조사, 전화조사, 우편조사, 온라인조사 등의 여러 자료수집방법이 있다. 각 자료수집방법들은 수집할 수 있는 정보의 양과 질문방식, 설문지의 형태 등이 다르기 때문에 수료수집방법을 잘못 택하면 연구목적을 달성하지 못할 수 있다.

따라서 자료수집방법을 선택할 때 각 조사 방법의 특성을 잘 고려해야 한다. 면접조사는 조사원이 응답자와 함께 있으므로 응답자가 민감하거나 개인적 질문에 답하기 불편할 수 있다는 점을 고려해야 한다. 그리고 전화조사는 전화의 특성상 시간이 오래 걸리는 조사에 사용하기 어렵다는 점, 우편조사는 질문에 대해 설명할 수 없으므로 질문내용이 이해하기 쉬워야 한다는 점, 온라인조사는 표본이 모집단을 대표할 수 있는지를 고려해야 한다.

(3) 개별문항의 내용결정

필요한 정보가 무엇이고, 그 정보를 어떻게 수집할지가 결정되었다면 이제 자료를 얻기 위한 구체적인 개별 질문들을 구성해야 한다. 즉, 조작적 정의를 구현할 수 있는 개별 문항을 결정해야 한다. 이때 중요한 점은 연구자 입장이 아닌 응답자 입장에서 가장 쉽게 응답할 수 있도록 질문 내용을 결정해야 하다.

개별문항의 내용을 결정하기 위해서는 다음 네 가지를 고려해야 한다(채서일, 2005, 200~201쪽). 첫째, 꼭 필요한 질문인가? 많은 연구에서 연구목적과 관련 없는 내용을 습관처럼 묻는 경우가 있다. 각 문항별로 연구목적과의 관련성을 따져보고, 관련 없다면 과감히 제외시켜야 한다. 둘째, 응답자가 설문문항과 관련된 정보를 알고 있는가? 응답자가 연구와 관련된 정보를 갖고 있지 못할 수 있다. 예를 들어 현직 지방자치단체장의 업무 능력을 평가하려할 때, 응답자는 단체장이 누구인지 모르고, 관심이 전혀 없을 수 있다. 셋째, 응답자가 그 정보를 제공해 줄 수 있는가? 응답자가 가지고 있는 정보를 모두 설문지에 답할 수 있는 것은 아니다. 이와 관련된 대표적인 문항이 소득과 학력이다. 소득이나 학력이 낮은 경우 대부분의 사람들은 이를 숨기려하는 경향이 있다. 마지막으로 한 문항으로 충분한가? 하나의 질문으로 하나의 개념을 측정하지 못하거나 두 개 이상의 개념이 포함되는 응답이 가능한 경우 질문의 수를 복수로 늘려야 한다. 예를 들어 "귀하는 하루 평균 텔레비전을 얼마나 보십니까?"라고 물었을 때, 평일과 휴일의 시청량이 다르다. 따라서 이를 "귀하는 평일 하루 평균 텔레비전을 얼마나 보십니까?"와 "귀하는 휴일 하루 평균 텔레비전을 얼마나 보십니까"로 구분해서 물어야 한다.

(4) 질문형태의 결정

설문지에 들어갈 내용까지 결정됐다면 각 항목별로 어떠한 형태로 질문할 것인지를 결정해야 한다. 필요한 개별문항들의 내용을 결정한 다음에는 각 항목별로 질문/응답의 형태를 결정해야 한다. 질문 형태는 가장 기본적으로 개방형 질문(open-ended questions)과 폐쇄형 질문(closed-ended questions)으로 구분된다. 개방형 질문을 자유 응답형 질문(unstructured)이라고 하고, 폐쇄형 질문을 선택형 질문(structured)이라고도 한다. 폐쇄형 질문은 다지 선택형(multiple-choice questions)과 양자 택일형(dichotomous questions), 복수응답형, 연명부식, 의미분별척도식, 순위매기기식, 여과식 등으로 다시 구분할 수 있다. 질문 및 응답의 형태는 수집되는 자료의 측정수준과 깊은 관련이 있고, 분석단계에서 사용가능한 통계분석기법에 큰 영향을 미치기 때문에 신중하게 결정해야 한다.

① 개방형 질문

개방형 질문은 보기를 제시하지 않음으로써 응답자의 대답을 제한하지 않고 자유롭게 답하도록 하는 형태이다. 수집하고자하는 정보에 대해 질문하고 대답을 적을 공백을 제공하여 준다. 경우의 수가 너무 많아 보기를 제시할 수 없거나, 심층적 내용을 측정할 때 주로 사용된다. 일반적으로 개방형 질문은 〈표 6-5〉와 같이 작성된다.

〈표 6-5〉 개방형 질문 보기

- 대한민국하면 가장 먼저 떠오르는 것이 무엇입니까? 한 가지만 직접 적어주십시오.
  (   )
- 귀하의 연령은 어떻게 되십니까?
  만 ______세

개방형 질문은 응답자가 생각하고 있는 것을 자유롭게 답할 수 있으므로 다양한 내용을 얻을 수 있다. 더 나아가 "그 같이 답하신 이유는 무엇입니까?"와 같이 추가질문을 통해 심층적 내용을 얻을 수 도 있다. 개방형 질문을 통해 연구자가 예상하지 못했던 정보를 발견할 수도 있다. 따라서 개방형 질문은 예비조사나 탐색적 연구에서 유용하게 사용될 수 있다. 예비조사에서 응답자에게 자유롭게 응답하게 한 후 많이 언급된 대답들을 모아 실제조사에서 사용할 폐쇄형 질문의 보기로 활용할 수 있다.

하지만 개방형 질문은 분석단계에서 응답을 정리하고 구분하는데 많은 시간이 소요된다. 매우 다양한 답변을 비슷한 것끼리 묶어 유목화하여야 하는데, 이 과정은 매우 많은 시간과 노력이 요구된다. 더불어 연구자는 유목화 과정에서 응답의 의미를 해석해야 하는데, 이는 연구자의 편견이 개입될 가능성이 존재한다.

② 폐쇄형 질문

폐쇄형 질문은 응답자에게 연구자가 제시한 보기 가운데 하나를 선택하도록 하는 형태이다. 폐쇄형 질문은 응답의 통일성을 제공해주고, 쉽게 수량화할 수 있기 때문에 서베이에서 많이 사용된다. 폐쇄형 질문의 일반적 형태는 연구자가 답변 가능한 보기(응답범주)를 제시하고 응답자가 이들 가운데에서 자신에게 맞는 답을 선택하도록 하는 방법이다.

폐쇄형 질문의 보기는 답변 가능한 모든 응답을 포괄하여야하고, 각 범주들은 상호 배타적이어야 한다. 즉, 응답자가 답할 수 있는 모든 것이 보기에 포함되어야 한다. 또한 각 보기들은 서로 중첩되어서는 안 된다. 보기를 제시할 때, 응답될 빈도가 매우 낮거나 예상치 못한 응답이 누락될 수 있다. 이럴 때 '기타'를 제시해주면 이런 문제를 해결할 수 있다. '기타'는 응답자에게 보기에 제시되지 않은 의견을 표현할 수 있는 기회를 제공해준다. 만약 '기타'에서 연구자가 생각하지 못했던 주요한 응답이 나왔다면 추후조사에서 보기에 추가시켜야 한다.

폐쇄형 질문은 여러 유형이 있는데, 서로 상반되는 두 개의 보기에서 하나를 선택하는 양자 택일형과 세 개 이상의 보기에서 응답을 선택하는 다지 선택형 질문이 대표적이다. 예를 들어 양자 택일형은 "귀하는 현재 살고 계시는 곳(시, 군, 구)에 대해 만족하십니까?"라고 묻고 '그렇다/아니다'로 답하게 한다. 양자 택일형 질문은 다지 선택형 질문보다 응답이 쉽고, 통계분석이 용이하다. 하지만 중간 값없이 양극단의 답만을 요구하므로 현실을 적절히 반영하지 못할 수 있다.

다지 선택형 질문의 사례로 "귀하는 현재 살고 계시는 곳(시, 군, 구)에 대해 어느 정도 만족하십니까?"라고 묻고 '매우 만족한다, 만족하는 편이다, 보통이다, 불만족인 편이다, 매우 불만족한다'의 보기를 제시하는 것을 들 수 있다.

이밖에도 두 개 이상의 답을 요구하는 복수 응답형(multiple choice question), 해당되는 모든 것을 고르게 하는 연명부식(checklist), 양극단으로 나누어져 있는 의견이나 태도에 7점 척도로 대답토록 하는 의미분별척도형(semantic differential), 보기들에 순서를 정하는 순위매기기식(rank ordering), 그리고 해당되는 응답자들만을 고르는 여과 질문(filter question)들이 있다.

〈표 6-6〉 양자 택일형 질문 보기

● 선생님은 다음 의견에 대해 어떻게 생각하십니까? 선생님의 느낌이나 생각을 해당란에 V표 해주십시오.

	그렇다	아니다	잘모르겠다
나는 대한민국 사람인 것이 자랑스럽다			
나는 대한민국의 역사에 대해 자랑스럽게 생각한다			
대한민국을 위해서라면 나 자신을 희생할 수 있다			
나는 다시 태어나도 대한민국 사람으로 태어나고 싶다			

〈표 6-7〉 다지 선택형 질문 보기

● 선생님은 주로 무엇을 통해 세상 돌아가는 소식을 알고 있습니까?

____신문 ____텔레비전 ____라디오 ____잡지
____케이블TV ____인터넷 ____트위터 등 SNS
____사람들과의 대화, 소문 ____기타________

● 선생님의 최종 학력은 어떻게 되십니까?

___중졸이하 ____고졸 ____대졸 이상

〈표 6-8〉 복수응답 질문 보기

● 선생님은 주로 무엇을 통해 세상 돌아가는 소식을 알고 있습니까? 가장 많은 정보를 획득하는 매체 두 가지를 체크(√)해 주십시오.

____신문 ____텔레비전 ____라디오 ____잡지
___케이블TV ____인터넷 ____트위터 등 SNS
____사람들과의 대화, 소문 ____기타________

〈표 6-9〉 연명부식 질문 보기

● 귀하는 지난 1년 동안 다음과 같은 정치활동에 참여하신 적이 있습니까? 해당되는 사항에 모두 체크(√)해 주십시오.

____정당이나 후보 자원봉사
____정치후원금 납부
____정치집회 참여
____주변사람에게 정당이나 후보지지

〈표 6-10〉 의미분별척도 질문 보기

● 귀하는 KBS방송에 대해 어떻게 생각하십니까? 각 항목별로 해당되는 곳에 √표 해주십시오.

	3	2	1	0	1	2	3	
새롭다	— :	— :	— :	— :	— :	— :	— :	낡았다
믿을 만하다	— :	— :	— :	— :	— :	— :	— :	믿을 수 없다
재미있다	— :	— :	— :	— :	— :	— :	— :	지루하다
친근하다	— :	— :	— :	— :	— :	— :	— :	낯설다
편파적이다	— :	— :	— :	— :	— :	— :	— :	공정하다.
용기있다	— :	— :	— :	— :	— :	— :	— :	비굴하다
신속하다	— :	— :	— :	— :	— :	— :	— :	느리다
적극적이다	— :	— :	— :	— :	— :	— :	— :	소극적이다

〈표 6-11〉 순위 매기기 질문 보기

- 선생님은 인생을 살아가는데 있어서 가장 중요한 것은 무엇이라고 생각하십니까? 순서대로 순위를 매겨주십시오.

① 건강	② 가정의 행복	③ 자신의 능력개발	④ 경제적 풍요
⑤ 사회적 성공	⑥ 정신적인 성숙	⑦ 취미생활, 여가	⑧ 지식, 학식
⑨ 이성과의 사랑	⑩ 좋은 인간관계	⑪ 기타	

〈표 6-12〉 여과식 질문 보기

- 현재 살고 있는 지역을 떠나 다른 지역으로 옮기실 생각이 있습니까?
  ① 옮기고 싶지 않다 **(☞ 바로 3번으로)**
  ② 기회가 주어지면 옮기겠다
  ③ 언젠가 반드시 옮기겠다

- ('옮기겠다'에 응답한 분만) 현재 살고 있는 지역을 떠나 다른 지역으로 옮기신다면 어느 지역으로 옮기고 싶습니까?

(5) 개별문항의 완성 및 질문 작성 요령

이제 개별문항을 구체적으로 진술(wording)하여 완성시켜야 한다. 같은 내용을 묻는 질문도 사용되는 단어와 표현 양식에 따라 의미가 달라질 수 있다. 따라서 연구목적에 필요한 정보를 획득하기 위해서는 신중하게 질문을 완성시켜야 한다. 설문 문항을 만들 때 다음 사항들을 고려하여 작성해야 한다.

① 질문은 쉽고 명확하게 서술해야 한다. 연구대상에 대해 많은 지식을 가지고 있는 연구자는 자신의 기준에서 문항을 기술하는 경향이 있다. 연구자는 무의식중에 자신이 이해하는 단어나 용어를 모든 응답자들도 이해하고 있을 것으로 생각하기 쉽다. 이 경우 배경지식이 부족한 응답자는 질문을 이해하지 못하거나 잘못 해석할 수도 있다. 따라서 어려운 단어나 특정 계층이 사용하는 전문용어, 첫 글자만으로 만든 약어 등의 사용을 피해야 한다. 결국 연구자는 응답자

의 입장에서 최소한의 지적 수준을 기준으로 쉽게 문항을 작성해야 한다. 텔레비전 뉴스나 신문 등 대중 매체에서 주로 사용되는 어휘 수준이 적합하다.

많은 서베이에서 흔히 범하는 실수 중의 하나가 질문의 시점을 명확히 하지 않아 응답자들에게 혼동을 주는 경우이다. 예를 들어 "귀하는 최근에 영화를 몇 편이나 보셨습니까?"라고 물어보면 시점이 애매해지기 때문에 문제가 된다. 이런 경우는 "귀하는 올 한 해 동안(또는 이번 달 들어) 영화를 몇 편이나 보셨습니까?" 와 같이 시점을 명확히 정해주어야 한다.

또한 어려운 전문용어를 사용하는 경우도 문제가 된다. 예를 들어 "귀하는 IPTV[13] PPV[14]에 가입하시겠습니까?"라는 질문에서 응답자들은 IPTV가 무엇인지, PPV가 무엇인지 모를 수 있다. 응답자의 이해를 돕기 위해 IPTV의 구체적인 서비스를 나열하고, PPV는 풀어서 설명해줘야 한다. 따라서 위 질문은 "귀하는 olleh TV와 BTV, U+tvG(IPTV)를 통해 귀하가 시청한 만큼만 요금을 지불하는 서비스(PPV)에 가입하시겠습니까?"로 고쳐야 한다.

그리고 질문에서 뜻을 명확하게 전달하기 위해 단어가 이중적 의미를 가지거나 다른 의미를 포함하면 안 된다. 예를 들면, "귀하는 텔레비전 드라마가 약간 선정적이라고 생각하십니까?"라고 물었을 때 '약간'이라는 단어의 뜻이 불분명하다. 이는 "귀하는 텔레비전 드라마가 어느 정도 선정적이라고 생각하십니까?"로 수정되어야 한다.

② 질문은 짧아야 한다. 질문을 정확하게 만들려고 풀어서 진술하다 보면 질문이 길어지는 경우가 있다. 응답자들은 질문을 꼼꼼하게 읽지 않고, 서둘러 답하려는 경향이 있다. 다시 말해 응답자들이 충분한 시간을 들여 정확하게 질문을 읽은 후 연구자의 의도를 정확하게 파악하려 하지 않는다. 따라서 응답자가 많은 시간을 들이지 않고 빠르게 질문 의도를 파악할 수 있도록 짧게 진술해야 한다.

③ 하나의 질문에 두 개 이상의 답변이 포함되는 이중질문(double-barreled

13) internet protocol television의 약자로 인터넷을 이용한 텔레비전 방송 서비스이다.

14) pay per view의 약자로 시청한 프로그램 수나 시간에 따라 요금을 지불하는 유료서비스 한 종류이다.

question)을 피해야 한다. 많은 경우 하나의 질문에서 두 개 이상의 대답을 요구하는 질문들을 접하게 된다. 예를 들어 "귀하는 KBS 뉴스가 신뢰할 수 있고 심층적이라고 생각하십니까?"와 같은 질문은 신뢰성과 심층성을 동시에 묻고 있는 이중질문이다. 응답자들은 신뢰성에 대해서는 동의하지만 심층성에 대해서는 동의하지 않을 수도 있다. 따라서 이와 같은 질문은 두 개로 나눠 각각 측정해야 한다.

④ 편견이 개입될 수 있는 단어를 배제해야 한다. 질문에서 특정 단어는 응답자에게 영향을 미칠 수 있다. 예를 들어 "귀하는 주말에 문화생활을 즐기십니까, 아니면 그냥 인터넷 게임을 하십니까?"라고 물었을 경우, '그냥'이라는 단어가 인터넷 게임을 바람직하지 못한 행위로 암시할 수 있다. 또한 "귀하의 댁은 아직도 연탄을 때십니까?"라고 물어봐서도 안 된다. 따라서 '그냥, 종종, 자주, 아직도' 등의 단어의 사용을 삼가야 한다.

⑤ 유도질문(leading of biasing question)을 금지해야 한다. 유도질문은 특정 단어나 맥락을 사용하여 특정한 방향으로 대답하도록 부추기는 속성을 가지고 있다. 예를 들어 "최근 서울시가 청렴도조사에서 전국 1위를 차지했습니다. 귀하는 서울시장이 시정을 잘 수행하고 있다고 생각하십니까?"라고 물으면 서울시의 성과를 제시함으로써 긍정적 답변을 유도하고 있다. 또는 "귀하는 대부분의 국민처럼 투표에 참여하십니까?"라는 물음도 '대부분'을 사용함으로써 투표 참여를 당연한 것으로 표현하고 있다.

⑥ 응답자가 답변하기 곤란한 질문은 피해야 한다. 응답자들은 다른 사람에게 비난받을 수 있는 사회 규범과 관련된 질문을 회피하는 경향이 있다. 성 생활이나 마약 복용, 폭력, 신용상태, 이혼 및 별거 등의 결혼생활 등과 관련된 질문에서 응답자는 사회적으로 바람직한 방향으로 응답하거나 응답을 기피할 수 있다. 응답하기 곤란한 질문은 가급적 제외시켜야 하고, 꼭 포함시켜야만 한다면 답변에 대한 익명성 보장을 강조하고 진실한 답변을 부탁해야 한다.

(6) 문항의 순서 결정

연구자가 원하는 정보를 효과적으로 획득하기 위해서는 질문 순서나 배열 또한 중요하다. 질문들은 논리적으로 일관되어야하며, 질문항목이 전체적으로 통일되도록 배열되어야 한다. 채서일(2005)은 질문순서의 원칙을 다음과 같이 제시했다.

첫째, 첫 번째 질문은 응답자에게 흥미를 유발하며 가급적 쉽게 응답할 수 있는 것이 바람직하다. 처음부터 매우 난해한 질문을 물으면 응답자들이 어렵다고 느껴서 응답을 포기할 가능성이 높아진다.

둘째, 인적사항과 관련된 응답자 분류질문은 가급적 뒷부분에서 물어야 한다. 앞에서 설명한 바와 같이 응답자들은 자신의 신상에 관련된 질문을 꺼려하는 경향이 있다. 인구통계학적 변인이나 사회경제적 변인을 앞부분에서 물으면 응답을 거부할 가능성이 높아진다. 연구목적과 관련된 질문을 앞부분에 배치한 후 인적사항을 뒷부분에 배치하는 것이 바람직하다.

셋째, 질문 항목 간의 관계를 고려해야 한다. 앞의 질문이 연상 작용을 일으켜 다음 질문에 영향을 미칠 수 있는 경우 두 질문의 간격을 멀리해야 한다. 예를 들어 과격 진보단체나 종북주의 문제에 대해 여러 질문을 물어 본 다음에 바로 이어서 "현재 우리나라가 안고 있는 중요한 문제는 무엇이라고 보십니까?" 라고 물어보고서 응답보기로 '경제문제' '외교문제' '실업문제' '종북주의 문제' 등의 보기를 제시하면 '종북주의 문제'를 선택하는 비율이 높아질 수밖에 없다.

또한 유사한 질문이 이어지는 경우 이들을 앞뒤로 배치해 연속적으로 응답하게 해야 한다. 더불어 새로운 질문들이 시작될 때, "다음은 ○○○에 관련된 질문들입니다"와 같이 이어지는 내용을 설명해주어야 한다.

넷째, 응답자가 심사숙고해서 답할 질문의 위치선정에 주의해야 한다. 응답자가 답변하는데 노력이 많이 드는 질문들은 분산시켜야 한다. 이와 같은 질문은 평범하거나 쉬운 질문들 사이에 삽입하거나 뒷부분에 배치하는 것이 좋다.

마지막으로 내용의 범위는 상위 개념에서 하위 개념으로 점차 좁혀지도록 질문을 배치해야 한다. 즉, 포괄적인 질문으로 시작하여 조금씩 질문의 범위를 좁혀 들어가는 깔때기 기법(funnel technique)으로 접근해야 한다. 넓은 개념에서 좁은 개념으로 묻는 것이 응답자가 생각을 정리하는데 효과적이고, 다음 질문에 응답할 준비를 할 수 있기 때문이다.

(7) 설문지의 외형결정

설문지의 인쇄나 겉모양도 중요한 요소이다. 동일한 질문이 똑같이 배치된 설문지라도 설문지의 외형에 따라 응답이 달라질 수 있다. 설문지의 크기와 페이지 수, 글자의 크기도 응답자에게 영향을 줄 수 있다. 처음 설문지를 받았을 때 너무 두꺼우면 응답자가 지레 질려 조사를 거부할 확률이 높다. 또한 어르신들을 대상으로 한 설문에서 글자 크기가 너무 작으면 설문지를 읽는데 어려움을 겪을 수도 있다.

한 장에 수십 개의 질문을 빽빽하게 배치한 설문지는 응답자에게 설문에 응할 의욕을 상실하게 할 것이다. 따라서 각 질문 간의 간격을 적절히 배치해 보기 좋게 해야 한다. 많은 설문에서 유사한 질문을 측정하기 위해 표를 활용해서 연속적으로 묻는다. 이 경우 줄 간격이 너무 촘촘하면 다른 질문에 답하는 실수를 할 수 있다. 따라서 시각적인 효과를 고려하여 여백을 넓게 하는 것이 바람직하다.

서열척도 등의 연속적 성격을 가진 보기를 수평으로 배치할 경우, 배열에서 이미 많고 적음, 강약 등 응답의 강도를 내포하게 된다. 예를 들면,

● 귀하는 텔레비전 광고가 많다고 생각하십니까?

___절대 동의하지 않는다 ___동의하지 않는다 ___보통이다 ___동의한다 ___매우 동의한다

위와 같이 보기들을 수평으로 배치하면 오른쪽으로 갈수록 동의의 강도가 강해짐을 의미한다. 따라서 이와 같은 질문은 아래와 같이 수직으로 배치해야 한다.

● 귀하는 텔레비전 광고가 많다고 생각하십니까?

___절대 동의하지 않는다
___동의하지 않는다
___보통이다
___동의한다
___매우 동의한다

많은 설문지들이 보기에 숫자를 부여한다. 예를 들어, 위의 보기를 '①절대 동의하지 않는다 ②동의하지 않는다 ③보통이다 ④동의한다 ⑤매우 동의한다'로 표현하기도 한다. 하지만 ①부터 ⑤까지 제시된 숫자 또한 서열을 의미할 수 있기 때문에 삼가야 한다. 따라서 바로 위의 보기에서 보는 것처럼 숫자를 빼고 밑줄 친 빈 칸에 표시하는 것(___보통이다 ___동의한다 __매우 동의한다)이 바람직하다.

(8) 사전 조사

설문지 초안이 완성됐다면 사전조사(pre-test)를 통해 연구자가 의도한대로 작성되었는지를 확인해 보아야 한다. 왜냐하면 연구자가 의도하지 않은 방향으로 응답자가 해석할 수 있기 때문이다. 사전조사는 적은 표본을 가지고 연구 방법의 적합성과 설문지의 문제점을 알아보는 것이다. 즉, 사전조사를 통해 설문지 작성에서 예상하지 못했던 상황과 질문의 문제점을 점검할 수 있다.

사전조사는 20~50명을 대상으로 실시하는 것이 바람직하다. 이때 특정 계층에만 한정하지 말고 모집단에 포함된 다양한 계층을 대상으로 조사하는 것이 좋다. 사전조사에서 연구자는 문항에 대해 구체적으로 묻고 응답자들이 연구자의 의도를 제대로 이해했는지, 대답하기 쉬웠는지 등을 확인해야 한다.

4. 자료수집 및 정리

1) 자료수집

대규모로 자료를 수집하는 본 조사(main test)의 실사(field work)는 연구자가 직접 수행할 수도 있으나, 조사회사에 위탁하거나 조사원을 고용할 수 도 있다. 연구목적과 절차 등 연구에 대해 가장 정확히 알고 있는 연구자가 서베이를 직접 수행하는 것이 가장 이상적이다. 하지만 연구자 혼자 대규모 서베이를 수행하는 것은 현실적으로 쉽지 않다. 따라서 서베이를 전문적으로 수행하는 조사회사나 조사원을 고용하는 것이 현실적인 방법이다. 이 경우 이들에게 연구목적과 절차, 설문지의 내용에 대한 충분한 교육이 반드시 필요하다.

자료를 수집하고 처리하는 과정에서도 오차가 발생한다. 앞의 5장에서 설명한 바와 같이 이를 비표집 오차(non-sampling error)라고 한다. 비표집 오차는 표본추출 과정에서 발생하는 오차를 제외한 모든 오차를 의미한다. 구체적으로 무응답, 잘못된 자료 입력과 자료 분석, 측정오차, 조사 진행상황의 영향, 연구자나 조사원의 영향 등 연구에 잘못된 영향을 미칠 수 있는 모든 것이 비표집 오차이다. 비표집 오차도 연구의 신뢰성과 타당성에 중요한 영향을 미치므로 오차를 최소화해야 한다.

가장 대표적인 비표집 오차는 응답을 회피하는 무응답 편향(non-response bias)이다. 확률표본추출에 의해 대표 표본을 추출하였다 하더라도 응답자들이 대답을 회피한다면 조사결과의 타당성이 심각하게 훼손된다. 따라서 조사에 응하지 않은 응답자에게 2차, 3차에 걸쳐 조사를 시도하여 응답률을 높이면 무응답 편향을 감소시킬 수 있다. 이에 더해 금전적 또는 물질적 보상을 하면 어느 정도 응답률을 높일 수 있다. 그러나 보상의 수준이 너무 높으면 응답자는 연구자가 원하는 방향으로 답하려는 경향이 있다는 점을 주의해야 한다.

2) 수집자료의 정리

조사를 마치면 수집된 자료를 검토해야 한다. 구체적으로 개방형 질문의 답을 읽을 수 있는지, 일부 문항에 누락된 곳은 없는지, 하나의 응답을 요구하는 질문에 복수로 응답했는지, 아니면 복수의 응답을 요구하는 질문에 하나만 응답했는지, 응답들 간의 모순(예를 들어 텔레비전을 시청하지 않는다고 응답해놓고서 시청량 물음에 답한 경우)은 없는지 등을 살펴봐야 한다.

수집된 자료를 검토하는 가장 좋은 방법은 조사를 마친 후 바로 설문지를 검토하는 것이다. 자기기입식 조사의 경우 응답자가 의식적으로, 아니면 무의식적으로 몇몇 설문을 빠뜨리는 경우가 종종 발생한다. 그리고 응답자가 개인적으로 예민한 질문이나 애매한 질문에 응답하지 않을 수 있다. 조사원은 조사를 마친 후 설문지를 전반적으로 훑어보고 누락된 질문에 대한 재응답을 요청해야 한다. 전화조사나 면접조사에서도 특정 질문에 대해 응답자가 대답을 거부하거나 머뭇거릴 수 있다. 이 때 조사자는 재차 응답을 요청해야 한다.

자료 검토 결과 대부분의 질문이나 주요 질문에 답하지 않은 설문지 또는 거의 모든 질문에 보통이다 등 특정 응답으로만 답한 불성실한 설문지를 발견할 수 있다. 불성실한 설문지가 발견되면, 자료를 보완하거나 아니면 이를 제외시켜야 한다. 먼저 불성실한 설문 비율이 표본의 10% 이상일 경우, 최초에 응답한 동일 응답자를 대상으로 2차, 3차 조사를 재실시해야 한다. 만약 동일한 응답자를 알지 못하거나 찾지 못하면 최초 응답자와 같은 특성을 가진 응답자를 찾아 조사를 실시해야 한다. 이어서 불성실한 설문의 비율이 표본의 10% 미만인 경우는 불성실한 설문지 모두를 폐기해야 한다. 즉, 불성실한 응답을 제외시키고 유효한 설문지만을 분석해야 한다. 만약 소수의 질문만 누락된 경우, 누락된 응답을 결측값(missing value)으로 처리하고 분석 자료로 포함시킬 수 있다. 통계분석 과정에서 결측값만 제외되기 때문에 전반적인 연구결과에 큰 영향을 미치지 않는다.

자료의 검토가 끝나면 코딩(coding) 과정을 거쳐 자료를 컴퓨터에 입력해야 한다. 자료의 코딩은 각 질문의 보기에 수를 부여하는 원칙을 의미한다. 즉 각 질문의 보기마다 어떠한 숫자를 부여할지 미리 결정한 코딩 북(coding book)에 의해 개별 숫자를 부여한다.

5. 조사의 윤리

사회조사를 하면서 조사응답자의 사생활이나 명예를 해치는 일이 있어서는 안 되며, 응답을 강요한다든지, 그들을 괴롭혀서도 안 된다. 여기서는 조사과정에서 지켜야 할 조사윤리에 대해 살펴보기로 하자(Babbie, 1998).

첫째, 사회조사의 기초적인 윤리규칙은 참여가 자발적이어야 한다는 점이다. 사람들에게 실험이나 서베이에 참여하도록 강제해서는 안 된다. 또한 사람들을 방에 가둬 놓고 설문지를 작성하도록 강요한다거나 불이익을 받을 것이라고 위협하여 조사를 하는 경우라면 이것은 비윤리적이다. 질적인 연구도 마찬가지인데, 학생들이 학내에서 데모하는 것을 공식적으로 관찰할 때 모든 참여 학생들에게 허가를 구하지 않으면 안 된다. 또한 연구자가 특정 종파 연구를 하기 위해 그 종파에 가입한 것처럼 가장할 경우, 관찰대상이 되는 신도들은 그 연구에 자발적으로 참여한 것이 아니기 때문에 윤리적으로 문제가 된다.

둘째, 사회조사의 기본적인 윤리 규칙은 조사대상자에게 아무런 해를 입히지 않는 것이다. 예를 들어 사회에서 여성의 처우에 대한 조사를 할 때 그 조사에 참여하는 일부 여성들로 하여금 자신들의 직업과 결혼에 대해 불만족을 느끼도록 해서는 안 된다.

셋째, 조사대상의 프라이버시를 존중해야 한다. 조사자는 조사를 통해 응답자의 개인적 삶의 세세한 부분을 알게 되는데, 알게 된 비밀을 지켜야 한다. 익명으로 조사하는 경우라도 신원이 노출되지 않도록 조심해야 한다. 조사를 통해 응답자들은 개인의 가정생활, 수입, 학력 등 개인 정보를 노출하게 된다. 때로는 무상급식을 받는지, 기초생활비 지원을 받는지, 심지어 과거의 일탈행위, 동성애, 성생활, 범죄 피해 등을 노출하게 되는데 이에 대한 비밀을 지켜야 한다. 비밀을 지키는 가장 확실한 방법은 응답자들의 신원정보가 더 이상 필요 없을 때 관련 정보를 파기하는 것이다.

넷째, 조사대상자를 속이는 경우가 있는데, 피치 못할 경우를 제외하고는 속임수를 써서는 안 된다. 예를 들어 응답자의 종교의식을 알아본다고 하면서 그들의 이념과 정치성향을 조사한다면 이는 기만적인 행위라 하겠다. 조사목적에 대해 거짓말을 하는 것은 실험실 상황에서 보편적이다. 물론 이것은 때로 필요한 경우가 있다. 예를 들어 고전적인 애쉬(Asch) 실험에서 선을 보여주는 실험이 그렇다. 크기가 다른 3개의 선(A B C)을 보여주면서 4번째 선(D)과 길이가 같은 선을 고르라고 한다. 정답은 B이다. 그럼에도 사전에 지시받은 참여자들이 A라고 말할 때, 이사실을 모르는 피험자가 과연 집단의 동의에 따르는지를 알아보는 실험이다. 이렇게 특별한 경우를 빼놓고는 조사대상자를 속여선 안된다. 이와 관련된 좋은 방법은 실험 후 대상자들에게 결과를 알려주는 것이다. 사후에 조사의 진짜목적을 알려줌으로써 처음에 어쩔 수 없이 속인 것을 보상해줄 수 있다.

마지막으로 연구자 공동체에 대해서도 윤리적 의무를 지켜야 한다. 조사에서 나타난 실수, 한계, 기타 결점 등을 밝히는 것은 물론 결과를 충분히 그리고 정확하게 보고해야 한다.

제7장 실험연구

Chapter 07

실험연구

사회과학에서 실험연구(experimental research)는 자연과학의 실험실 연구를 빌려 변인들 간의 인과관계를 밝히기 위해 고안되었다. 즉, 실험연구는 가외변인들을 엄격하게 통제한 상황에서 독립변인의 인위적 조작(manipulation)이 종속변인에 미치는 영향을 밝혀내는 방법이다. 구체적으로 실험집단에게 X라는 자극 또는 처치를 주고 통제집단에는 주지 않거나, 두 실험집단에 정도의 차이를 둔 자극이나 처치를 준 결과로 나타나는 실험집단과 통제집단의 변화 크기를 비교하여 독립변인과 종속변인 간의 인과관계를 밝혀내게 된다.

1. 실험연구의 장점과 단점

사회과학 연구에서 실험연구를 선택하는 데는 다음과 같은 장점이 있기 때문이다.

첫째, 변인 간의 인과 관계를 명확하게 밝힐 수 있다. 사회과학연구에서 두 변인 간의 인과관계를 밝히는 것이 과연 가능한지에 대해 의문을 제기하는 사람들이 많았으나 실험연구가 이러한 의문을 해소시켜주었다. 실험연구는 가외변인을 통제함으로써 독립변인과 종속변인 간의 관계를 명확히 밝혀낼 수 있다. 서로 연관성이 높은 변인들 간의 관계에서 연구자는 시간상으로 선행하는 변인을 인위적으로 조작함으로써 후행하는 변인의 변화를 알 수 있다. 즉 원인과 결과를 검증할 수 있다.

둘째, 변인들에 대한 통제가 용이하다. 실험연구에서 연구자는 변인과 연구상황, 피험자를 통제할 수 있다. 독립변인과 종속변인의 수와 유형을 선택할 수 있을 뿐만 아니라 그 변인들이 인위적으로 조작되는 방법까지도 통제 가능하다. 더불어 피험자를 선정하고, 이들을 실험 또는 통제집단에 배치하는 데 있어서도 피험자들을 통제할 수 있다. 게다가 실험실의 분위기 등 연구상황의 통제도 가능하다. 이와 같은 통제 가능성은 독립변인과 종속변인의 영향을 제외한 다른 변인들의 영향을 제거함으로써 연구의 내적 타당도를 높여준다.

셋째, 반복조사가 가능하다. 연구과정과 상황이 명확하면 다른 연구자들이 같은 실험을 반복할 수 있다. 반복된 실험연구에서 같은 결과를 얻는다면 일반화의 가능성이 높아진다.

넷째, 다른 조사방법에 비해 비용이 저렴하다. 설계가 매우 복잡하고 대규모의 피험자를 요구하는 특수한 실험연구를 제외하고 일반적인 실험연구는 적은 수의 피험자로도 인과관계를 밝혀낼 수 있기 때문에 적은 비용으로 연구할 수 있다.

위와 같은 장점에도 불구하고 실험연구는 인위성과 실험자의 편견이라는 단점을 가지고 있다.

첫째. 실험상황이 인위적이다. 실험실 상황은 인위적으로 통제되었으므로 현실 세계와 다르다. 조작된 상황에서 얻어진 연구결과를 현실에 적용할 수 있느냐는 의문을 피할 수 없다. 실험상황에서 발생한 결과가 현실 세계에서 발생하지 않을 수도 있다. 현실 세계에서 사람들은 수많은 자극을 받고 있지만 실험실의 피험자는 특정 자극에만 노출된다. 현실세계에서 자극들이 복합적으로 작용한다는 점을 고려하면 소수의 특정 자극에 의한 실험연구 결과를 현실 세계에 적용하기가 어렵다. 이와 같은 인위성의 문제점을 극복하기 위해 많은 연구자들은 현장실험연구를 채택한다. 그러나 현장실험연구는 현실세계에서 연구가 이루어지므로 인위성을 제거한 것처럼 보이지만 사실은 실험처치라는 점에서 인위적 통제는 불가피하며 실험실 내 연구의 한계를 완벽하게 극복하기 어렵다 하겠다.

둘째, 연구과정에서 실험자의 편견이 개입될 수 있다. 대체로 구체적인 연구결과를 기대하는 연구들이 기대하지 않은 연구들보다 연구결과가 기대와 더 일치하는 경향이 있다. 더불어 실험의 목적을 알고 있는 피험자들은 연구목적에 부합하려는 경향이 있다. 이러한 문제점을 해결하기 위하여 이중 불명화 기법

(double−blind technique)을 사용한다. 4장에서 설명한 바와 같이 이중 불명화 기법이란 피험자에게는 물론이고 연구자에게도 피험자가 실험집단과 통제집단 중 어느 곳에 속하는지를 알지 못하게 하는 것을 말한다.

2. 실험연구의 절차

실험연구는 크게 변인의 조작과 현상의 관찰 두 부분으로 나누어진다. 연구목적에 따라 조금씩 차이가 있지만 대부분의 실험연구는 아래의 8단계를 거친다(Wimmer & Dominick, 1994, pp.87~89).

〈그림 7−1〉 실험연구의 절차

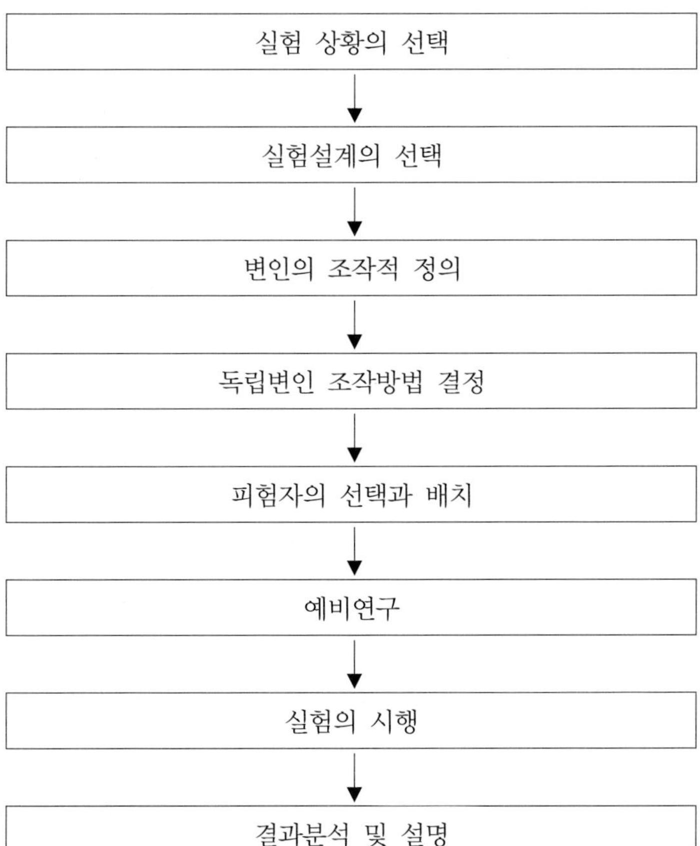

출처: Wimmer & Dominick (1994), 『Mass media research』, pp.87~89 재구성.

첫째, 실험 상황을 선택해야 한다. 실험실에서 연구를 수행할 것인지 아니면 현장실험을 실시할 것인지를 결정해야 한다. 실험실 연구는 연구자가 환경을 통제할 수 있어 분명한 인과관계를 밝힐 수 있는 반면 현장실험은 자연스러운 환경에서 실시된다. 둘째, 실험설계를 선택한다. 실험을 설계할 때 연구문제와 가설의 성격, 변인의 유형, 이용 가능한 자원, 피험자의 특성 등을 고려해야 한다. 셋째, 변인을 조작적으로 정의한다. 실험연구에서 독립변인은 조작, 즉 인위적 변경과 관련되어 정의된다. 반면 종속변인은 관찰할 수 있는 척도와 연결되어 정의된다. 넷째, 독립변인을 조작할 자극이나 처치를 결정해야 한다. 피험자에게 가해질 특정한 자극이나 처치 등이 개발되어야 한다. 다섯째, 피험자를 선택하고 실험에 배치한다. 피험자를 선택할 때 외적 타당도를 확보하기 위해 모집단으로부터 무작위로 추출하는 것이 바람직하다. 여섯째, 예비연구(pilot study)를 실시한다. 예비연구는 본 실험에 앞서 소수의 피험자를 대상으로 실험하는 것이다. 예비연구를 통해 독립변인이 의도한대로 조작되었는지 등의 문제점을 점검할 수 있다. 일곱째, 실험을 실시한다. 피험자에게 자극을 주고 결과를 측정한다. 여덟째, 결과를 분석하고 해석한다. 독립변인에 의한 종속변인의 변화를 분석하고, 이 변화가 내포하고 있는 의미를 해석하는데, 결과의 해석이 가장 힘들고 어려운 일이다.

3. 피험자의 선정

앞에서 설명한 바와 같이 실험연구는 연구결과에 영향을 미칠 수 있는 가외변인을 통제함으로써 독립변인과 종속변인 간의 관계를 명확히 밝혀낼 수 있다. 하지만 피험자 각각의 특성 또한 연구결과에 영향을 미칠 수 있다. 정치광고 효과연구를 하고자 하는데, 만약 특정 정당 또는 후보에게 충성도가 높은 사람들이 피험자로 선정된다면 실험처치 효과가 미미할 것이다. 이와 같은 피험자의 특성에 따른 오류를 제거하는 두 가지 방법에 대해 알아보자.

1) 무작위화

실험연구에서 가외변인을 통제할 수 있는 가장 기본적이고 강력한 방법은 무작위화(randomization)이다. 무작위화는 모집단에서 피험자를 무작위로 선정하는 무작위 표집과 선정된 피험자를 실험조건에 무작위로 배치하는 무작위 배치가 있다. 결론적으로 무작위화를 통해 개별 참가자는 피험자로 뽑힐 기회와 실험 또는 통제 집단에 배정받을 기회를 동등하게 부여받는다. 무작위 표집(random sampling)은 모집단과 표본의 동질성을 확보하기 위한 방법이고, 무작위 배치(random assignment)는 집단들 간의 유사성을 높여주기 위한 방법이다(이종승, 2009).

하지만 대규모 모집단에서 소수의 피험자를 무작위로 선정하는 것이 어려운 현실에서 무작위 표집보다 무작위 배치가 더 중요하다. 따라서 실험연구에서 무작위 표집은 필수조건이 아니지만 무작위 배치는 필수조건이다(이종승, 2009). 예를 들어, 대학 강의실에서 새로운 교재의 교육효과에 대한 실험을 실시하는데, 앞자리 학생에게는 새로운 교재를 노출시키고(실험집단), 뒷자리 학생에게는 노출시키지 않았다(통제집단)면 문제가 된다. 왜냐하면 일반적으로 강의실에서 앞에 앉아 있는 학생들이 뒷자리 학생들보다 학습에 대한 열의나 지식이 더 높기 때문이다. 이러한 특성은 교육효과에 영향을 미칠 수 있기 때문에 앞자리 학생과 뒷자리 학생을 무작위로 배치해주면 이러한 문제를 막을 수 있다.

무작위 배치방법에는 여러 가지가 있다. 만일 실험에 두 집단만 필요하다면 단순하게 동전던지기를 이용하여 실험집단과 통제집단에 배치할 수 있다. 아니면 난수표를 이용할 수도 있다. 만약 90명의 피험자들을 실험 자극의 강도에 따라 상·중·하 세 집단으로 구분한다면, 1부터 90까지 숫자를 피험자에게 무작위로 부여하고 30번째 단위로 각 집단에 배치하면 된다.

그러나 무작위화 방법을 너무 맹신해서는 안 된다. 무작위화를 이용하더라도 우연에 의한 배치를 막을 수 없기 때문이다. 특히, 표본의 크기가 작을수록 우연에 의해 이질성이 늘어나기 때문에 가능하면 표본의 크기를 크게 하는 것이 좋다.

2) 변인의 결합

피험자에 의한 오류를 통제하는 또 다른 방법은 변인의 결합(Matching)이다. 변인의 결합은 종속변인에 영향을 미치는 특성과 종속변인을 결합시키는 방법이다. 무작위화가 집단 간의 모든 변인을 동등하게 맞추는데 반해 변인의 결합은 몇몇 변인만을 동등하게 맞추는 방법이다.

결합의 방법에는 일관성에 의한 결합(matching by constancy)과 짝짓기(matching by pairing) 두 가지 방법이 있다. 먼저 일관성에 의한 결합은 모든 집단에서 종속변인과 관련된 변인을 하나로 통일시키는 방법이다. 이와 같은 방법은 변인이 하나이기 때문에 모든 집단이 동일한 조건으로 통제된다. 예를 들어 광고모델의 외모에 따른 선호도 차이를 알아보는 실험에서 피험자의 성별이 매우 중요한 변인이기 때문에 연구대상을 남성이나 여성 중 한 성별로만 제한하면 성별에 의한 효과가 통제된다.

또 다른 결합의 방법은 짝짓기이다. 짝짓기는 종속변인과 관련된 특성이 비슷한 피험자끼리 짝을 지어 각각의 집단에 배치하는 방법이다. 즉, 성별, 연령, 지능 등 종속변인과 밀접한 영향이 있을 것으로 예상되는 변인들을 기준으로 하여 집단 수만큼 짝지어 놓은 후 각 집단에 배치하면 된다. 짝지을 변인은 선행연구를 검토하여 검증된 변인으로 선정해야 한다.

하지만 변인의 결합도 각각의 단점을 갖고 있다. 일관성에 의한 결합은 한쪽으로 치우친 표본을 대상으로 결과를 도출했기 때문에 일반화할 수 없다는 한계가 있다. 반면에 짝짓기는 피험자에 대한 사전조사 노력이 요구되고, 아울러 사전조사를 통해 짝지을 변인들을 선정했다 하더라도 그 변인들을 기준으로 각 집단에 배치하는 것이 쉽지만은 않다. 특히 두 가지 이상의 기준을 선택했다면, 그 기준들을 충족하는 유사한 피험자를 찾는 일이 여간 어려운 일이 아니다.

4. 실험설계

실험연구에서 실험설계는 실험연구의 과정에 대한 계획이나 구조를 의미한다. 즉, 실험설계는 실험연구의 방법을 선택하거나 계획을 수립하는 것이다. 각 실험연구마다 실험조건 및 환경이 다르다. 따라서 환경에 따라 실험설계도 달라져야 한다. 연구자는 자신이 원하는 정보를 측정하기 위해 효과적인 실험방법을 설계해야 한다. 실험을 설계할 때 고려해야 할 사항은 다음과 같다(Wimmer &

Dominick, 1994, p.92).

① 연구 목적은 무엇인가?
② 측정하고 검증할 것은 무엇인가?
③ 얼마나 많은 요인들(독립변인)이 관련되어 있는가?
④ 얼마나 많은 요인들의 수준(독립변인의 변화 정도)이 관련되어 있는가?
⑤ 어떠한 유형의 자료가 요구되는가?
⑥ 자료를 수집하는 데 가장 간편하고 능률적인 방법은 무엇인가?
⑦ 어떤 유형의 통계분석이 자료분석에 적합한가?
⑧ 연구비용은 얼마인가?
⑨ 어떻게 연구비용을 절감할 수 있는가?
⑩ 연구를 수행하는데 사용할 수 있는 시설은 무엇인가?
⑪ 같은 분야에서 실시되었던 연구 유형은 무엇인가?
⑫ 연구결과로부터 얻어지는 이익은 무엇인가?

〈표 7-1〉 실험설계 기호

실험설계에서 간단하게 표현하기 위해 다음과 같은 기호들을 사용한다 (Campbell & Stanley, 1966, p.6; Wimmer & Dominick, 1994. pp.91~92).

R : 무작위 표본(random sample) 또는 무작위 배치(random assignment)를 상징한다.
X : 다른 변인들이 종속변인에 미치는 영향을 측정하기 위하여 독립변인을 처치하거나 조작하는 것을 나타낸다.
O : 관찰 또는 측정의 과정을 가리킨다. O의 아래에 쓴 숫자는 관찰의 숫자를 나타낸다 (O_1 = 관찰 1).

위 기호들은 실험 순서에 따라 왼쪽에서 오른쪽으로 나열된다. 즉, 왼쪽일수록 시간적으로 선행한다. 아래 연구설계 기호는 피험자를 무작위로 추출・배치하고 (R), 첫 번째 측정(O_1)후 실험처치(X)했음을 의미한다. 이어서 두 번째 측정(O_2)을 했음을 나타낸다.

R O_1 X O_2

아래의 설계는 두 개의 집단을 대상으로 구분하여 실험설계가 이루어졌음을 나타낸다. 첫 번째 집단은 실험처지가 이루어졌지만 두 번째 집단은 실험처치가 이루어지지 않았다. 결론적으로 첫 번째 집단은 실험집단, 두 번째 집단은 통제집단이다.

$$\begin{array}{llll} R & O_1 & X & O_2 \\ R & O_1 & & O_2 \end{array}$$

1) 전(前) 실험설계

캠벨과 스탠리(Campbell & Stanley, 1966)는 과학적 기준을 충족시키지 못하는 전 실험설계(pre-experimental research)의 세 가지 방안을 제시했다. 여기에서 전 실험은 과학적 요건을 갖추지 못했음을 의미하므로 의사 설험설계 또는 준실험설계라 할 수 있다. 하지만 사회과학은 자연과학과 같이 완벽한 요건을 갖춘 실험이 불가능한 경우가 있기 때문에 실험 설계가 이용되기도 한다(채구묵, 2006).

첫 번째 전 실험설계는 단일집단 사후조사(one-shot case study)이다. 이는 실험집단을 대상으로 실험처치 후 종속변인을 측정하는 방법이다. 예를 들어, 청소년들에게 폭력만화를 보여준 후 폭력성을 측정한 결과, 폭력성이 높았다고 가정해보자. 이 경우 피험자들이 이미 폭력성이 높았거나 설문지가 폭력성을 정확히 측정하지 못했을 수도 있기 때문에 폭력물이 폭력성을 증가시킨다고 결론내릴 수 없다.

두 번째 전 실험설계는 앞의 설계에 사전조사를 추가한 단일집단 사전사후 조사설계(one-group pretest-posttest design)이다. 이 방법은 사전조사와 사후조사의 차이를 근거로 실험처치 효과를 검증한다. 하지만 사후조사의 변화가 실험처치에 의한 것인지 아니면 다른 변인에 의한 것인지를 확인할 수 없다.

마지막은 실험집단과 통제집단을 비교하지만 사전조사를 실시하지 않는 무처치 집단비교(static-group comparison)이다. 이 방법은 실험집단의 측정값과 통제집단의 측정값 차이를 통해 실험처치의 효과를 검증한다. 하지만 피험자를 무작위화하지 않았다면 이러한 차이가 본래 집단 내에 존재했을 수 도 있기 때문에 실험집단과 통제집단의 차이가 실험처치의 결과라고 결론내릴 수 없다.

〈표 7-2〉 전 실험설계

실험설계	기호
단일집단 사후조사	X O_1
단일집단 사전사후 조사설계	O_1 X O_2
무처치 집단비교	X O_1 O_2

2) 순수 실험설계

캠벨과 스탠리(Campbell & Stanley, 1966)는 과학적 기준을 충족시키는 세 가지 순수 실험설계(true experimental design)를 제시했다.

(1) 사전사후 통제집단 설계

모든 실험연구에서 사전사후 통제집단 설계(pretest-posttest control group design)가 가장 기본적으로 사용되는 방법이다. 사전사후 통제집단 설계의 기본 원리는 무작위화된 실험집단과 통제집단의 비교를 통해 실험처치의 효과를 검증하는 것이다. 즉, 실험처치를 제외한 가외변인을 통제한 연구조건에서 발생한 차이를 알아보는 것이다.

〈표 7-3〉은 사전사후 통제집단 설계의 절차를 구체적으로 나타낸 것이다. 먼저 실험집단에 피험자를 무작위(R)로 배치한 후 사전검사(O_1)를 실시한다. 이어 실험처치(X) 후 사후검사(O_2)를 실시한다. 같은 시기에 통제집단을 대상으로 실험처치를 제외한 모든 절차를 동일하게 실시한다. 실험종료 후 실험집단과 통제집단의 사후검사(O_2, O_4)의 유의미한 통계적 차이가 나타난다면 실험처치에 의한 효과로 결론짓는다.

〈표 7-3〉 사전사후 통제집단 설계

집단	기호
실험집단	R O_1 X O_2
통제집단	R O_3 O_4

사전사후 통제집단 설계에서 실험집단과 통제집단 모두에서 동일한 조건에 실험이 이루어지기 때문에 피험자에게 나타날 수 있는 성숙효과(effect of maturation)와 검사(testing), 역사(history) 등 가외변인이 통제된다. 하지만 단점으로는 피험자들이 사전조사의 항목을 기억해 사후조사에 영향을 미칠 수 있는 위험성이 있다.

(2) 사후검사 통제집단

만약 사전검사가 사후검사에 영향을 미쳐 올바른 연구결과를 얻을 수 없다면 〈표 7-4〉에서 제시된 것처럼 사후검사 통제집단(posttest-only control group) 설계를 해야 한다. 사후검사 통제집단은 사전검사 없이 실험집단의 실험처치 후 사후검사와 통제집단의 사후검사를 비교하는 방법이다. 두 집단의 차이가 통계적으로 의미가 있다면 실험처치의 효과를 입증할 수 있다. 만약 피험자의 집단 배치에서 무작위화가 이루어진다면 내적 타당도를 확보할 수 있다. 따라서 통계검증을 위한 조건을 만족시켜 사후검사만으로도 집단 간 비교가 가능하다.

〈표 7-4〉 사후검사 통제집단 설계

집단	기호
실험집단	R X O_1
통제집단	R O_2

(3) 솔로몬 4집단 설계

솔로몬 4집단 설계(Solomon four-group design)는 앞의 두 설계를 결합시킨 형태이다. 이 설계는 실험처치의 효과가 사후검사의 차이인지, 사전검사의 차이인지를 명확하게 밝힐 수 있다. 솔로몬 4집단 설계는 무작위화된 총 4개의 집단이 필요하다. 먼저 실험집단 1에게 사전조사 후 실험처치를 주고 사후검사를 실시한다. 통제집단 1에게는 실험처치 없이 사전조사와 사후검사만을 실시한다. 실험집단 2에겐 사전조사 없이 실험처치 후 사후검사를 실시하고 통제집단 2에겐 사전조사와 실험처치 없이 사후조사만을 시행한다.

〈표 7-5〉 솔로몬 4집단 설계

집단	기호
실험집단 1	R O_1 X O_2
통제집단 1	R O_3 O_4
실험집단 2	R X O_5
통제집단 2	R O_6

위 〈표 7-5〉에서 실험집단 1과 통제집단 1의 사전검사(O_1와 O_3)의 비교를 통해 무작위화의 정도를 알 수 있다. 구체적으로 두 사전검사가 통계적으로 유의미한 차이가 없다면 두 집단은 동질성이 높다고 판단할 수 있다. 이어서 통제집단 1과 2의 사후검사(O_4와 O_6)를 비교하면 검사효과를 검증할 수 있다. 즉, 두 사후검사가 차이가 있다면 실험처치의 효과가 아닌 통제집단 1의 사전검사(O_3)의 영향임을 알 수 있다. 마지막으로 실험집단 1과 2의 사후검사(O_2와 O_5)를 비교하면 실험처치와 검사 효과의 상호작용을 밝혀낼 수 있다. 즉, 두 집단의 사후검사 결과가 차이가 없다면 이는 실험처치의 효과이고, 차이가 있다면 실험집단 1의 사전검사(O_1)가 영향을 미쳤음을 알 수 있다.

솔로몬 4집단 설계에서 실험처치 효과로 결론 내리려면 다음 조건을 충족 시켜야 한다. 첫째 통제집단 1과 2의 사전검사(O_1와 O_3), 통제집단 1과 2의 사후검사(O_4와 O_6) 측정값들이 통계적으로 차이가 없어야 한다. 둘째 실험집단 1과 2의 사후검사(O_2와 O_5) 측정값들이 통계적으로 차이가 없어야 하며, 다른 값(O_1, O_3, O_4, O_6)들과 통계적으로 유의미한 차이가 있어야 한다.

솔로몬 4집단 설계는 실험처치의 효과를 가장 정확하게 밝혀낼 수 있는 설계이지만 4개 집단을 구성해야 하기 때문에 많은 피험자가 필요하고 실험비용이 많이 드는 문제가 있다.

3) 요인설계

요인설계(factorial design)는 둘 이상의 실험처치(독립변인)를 동시에 사용하여 그 영향을 검증하는 연구방법이다. 이 설계는 독립변인들의 상호작용을 검증할 수 있기 때문에 현실세계와 유사한 결론을 도출할 수 있다. 현실세계에서는 둘 이상의 변인들이 상호의존적으로 종속변인에 영향을 미치고 있는데, 이 설계는 복수의 실험을 한 번에 실시함으로써 시간과 비용을 절약할 수 있는 이점이 있다.

요인설계에서는 독립변인을 요인(factor)이라고 하는데, 독립변인의 수에 따라 이원 요인설계(two-factorial design) 또는 삼원 요인설계(three-factorial design) 등으로 표현한다. 이원은 두 개의 독립변인 조작, 삼원은 세 개 독립변인의 조작을 의미한다. 각 요인들(독립변인들)은 두 개 이상의 수준을 갖는데, 수준이란 독립변인을 이루는 값 또는 집단을 말한다. 예를 들어 남, 여와 같은 경우 2개의 수준이고, 어린이와 청소년, 성인은 세 개 수준이다. 2×2 요인설계는 두 개의 독립변인이 각각 두 개의 수준을 갖는다. 3×3 요인설계는 세 개의 수준을 가진 두 개의 독립변인을 의미한다. 2×2×3 요인설계는 세 개의 독립변인으로 구성되고, 첫째와 둘째 독립변인은 각각 두 개의 수준, 셋째 독립변인은 3개의 수준을 의미한다.

위머와 도미니크(Wimmer & Dominick, 1994, pp.94~95)는 TV 방송국의 영화시리즈 홍보의 예를 들어 요인설계를 설명하였다. TV 방송국이 새로운 주말 영화시리즈에 관한 신문과 라디오 홍보 캠페인을 실험연구하였다. 〈표 7-6〉

은 2×2 요인설계이다. 이와 같은 방법으로 라디오의 노출 여부와 신문의 노출 여부로 구성된 두 독립변인을 검증할 수 있다. 2×2 요인설계는 4개 집단이 관계되어 있다. Ⅰ은 신문 광고와 라디오 광고에 모두 노출된 집단이다. Ⅱ는 신문 광고에만 노출된 집단이고, Ⅲ은 라디오 광고에만 노출된 집단이다. 마지막으로 Ⅳ는 라디오나 신문 광고 모두에 노출되지 않은 통제집단이다. 각 집단들에 실험처치를 실시한 후에 실시한 설문조사를 분석함으로써 어떻게 홍보하는 것이 가장 효과적인지를 밝혀낼 수 있다.

〈표 7-6〉 2×2 요인설계

	•라디오에 노출됨	•라디오에 노출되지 않음
•신문에 노출됨	Ⅰ	Ⅱ
•신문에 노출되지 않음	Ⅲ	Ⅳ

2×3 요인설계는 두 번째 독립변인이 3개 수준으로 구분된 것이다. 〈표 7-7〉과 같이 신문광고 유무뿐만 아니라 신문광고 유형을 컬러광고와 흑백광고로 구분하여 세분화하였다. 이 설계에서 라디오 광고에 대한 노출효과를 측정할 수 있으며, 동시에 신문 컬러광고가 효과적인지, 흑백광고가 효과적인지 상대적인 효과를 측정할 수 있다.

〈표 7-7〉 2×3 요인설계

	•라디오에 노출됨	•라디오에 노출되지 않음
•신문 컬러광고에 노출됨	Ⅰ	Ⅱ
•신문 흑백광고에 노출됨	Ⅲ	Ⅳ
•신문에 노출되지 않음	Ⅴ	Ⅵ

만약 신문과 라디오에 더해 TV 광고효과까지 알고 싶다면 2×2×2로 설계할 수 있다. 이 경우 8개 집단으로 세분화 된다. 집단 Ⅰ은 신문, 라디오, TV방송

모든 광고에 노출되는 반면 집단 Ⅷ는 세 개의 광고에 전혀 노출되지 않는다. 2×2×2 요인설계 검증절차도 앞의 요인설계와 같이 8개 집단 간의 차이가 통계적으로 유의미한지를 검증하면 된다.

〈표 7-8〉 2×2×2 요인 설계

	라디오에 노출됨		라디오에 노출 안 됨	
	TV에 노출됨	TV에 노출되지 않음	TV에 노출됨	TV에 노출되지 않음
신문에 노출됨	Ⅰ	Ⅱ	Ⅲ	Ⅳ
신문에 노출되지 않음	Ⅴ	Ⅵ	Ⅶ	Ⅷ

요인설계는 독립변인들이 각각 종속변인에 미치는 주효과(main effect)와 독립변인들간의 상효작용이 종속변인에 미치는 상호작용효과(interaction effect)를 알 수 있다는 점이 큰 장점이다. 위의 예를 가지고 설명하자면 라디오광고 노출유무, TV광고 노출유무, 신문광고 노출유무 등 3개의 독립변인들이 미치는 각각의 주효과와 이들 독립변인들 간 4개의 상호작용 조합(라디오 × TV, 라디오 × 신문, TV × 신문, 라디오 × TV × 신문)에 의한 상호작용효과를 밝힐 수 있다.

4) 반복측정설계, 라틴 사각형 설계

위에서 소개한 실험설계 이외에도 수없이 많은 실험설계들이 있는데, 여기서 두 가지만 추가로 소개하겠다. 하나는 반복측정설계(repeated-measures design)인데, 이는 동일집단에 대해 여러 차례 측정하는 방안이다. 이 설계는 서로 다른 집단이나 사람들을 서로 다른 조작이나 처치를 하는 대신 같은 피험자를 대상으로 다양한 조작이나 처치를 하게 된다. 이 설계는 피험자들을 많이 요구하지 않는다는 점이 가장 큰 장점이이지만, 한 조작의 여파가 그 다음 조작이 이루어지고 있을 때도 나타나는 잔여효과(carryover effect)를 보인다는 약점이 있다. 또한 이 설계는 피험자가 여러 차례 다양한 조작이나 처치를 경험하면서 연구자의 의도를 쉽게 눈치 채고 그 의도에 반응을 보일 수 있다는 점이 약점이라 하겠다.

이러한 약점들을 극복할 수 있는 실험설계로는 라틴 사각형 설계(Latin square design)를 들 수 있다. 〈그림 7-9〉은 4개의 피험대상(A B C D)을 상대로 반복 측정할 수 있는 라틴 사각형 설계를 나타내고 있다. 모든 피험자는 개별 실험조건에 노출되고 각 실험조건은 오와 열(row and column)에서 한 번씩만 나타나도록 꾸며져 있다. 이 실험설계는 반복측정이 개별적인 피험자보다는 독립집단을 대상으로 이루어진 경우에도 이용될 수 있다(Wimmer & Dominick, 1994, p.123). 예를 들면 어느 영농회사가 새로운 비료들을 개발하여 이를 실험한다고 하자. 그런데 농작물은 강우량과 일조량이 중요한 요인으로 작용하는데, 이는 각 지역에 따라 다르다. 그래서 강우량과 일조량이 모두 다른 4개의 경작지(A B C D)를 선정하여 이들을 대상으로 4년에 걸쳐 새로 개발된 비료들(1 2 3 4)을 연도별로 다르게 배치하여 실험을 하게 되면 새로운 비료들의 효과를 정확히 측정할 수 있다. 이럴 때 라틴 사각형 설계가 유용하게 사용될 수 있다.

〈표 7-9〉 라틴 사각형 설계

피험자(경작지)	실험 조건(비료)			
A	1	2	3	4
B	2	3	4	1
C	3	4	1	2
D	4	1	2	3

실험실 내 연구의 실례

캔터와 비너스(Cantor & Venus, 1980)는 라디오 광고에서 유머가 그 광고를 기억하게 하는데 갖는 효과를 알아내기 위해 실험을 하였는데, 이 연구의 실례를 들어 연구설계와 실험실 내 방법의 여러 측면을 설명 하도록 하겠다(Wimmer & Dominick, 1994, pp.123~124에서 재인용). 이 연구문제를 가지고 서베이나 현지실험(field experiment)을 실시할 수 있었으나 연구자들은 면밀하게 통제된 실험조건하에서 이 문제를 조사해 보기로 하였다. 이들은 유머나 광고와 관련된 기존의 연구문헌들이 모호하다는데 불만을 갖고, 보다 광범위한 연구문제를 이용하여 조사해 보기로 결정했다. 다시 말해 그들은 현실세계와 유사한 환경에서 라디오 광고를 잘 들을 수 있도록 엄격하게 실험조작하고 나서 그 라디오 광고에 대한 기억력과 설득력에 유머가 미치는 효과를 검증해 보기로 결정했다.

그들이 설정한 실험연구 단계는 다음과 같다.

〈표 7-10〉 캔터와 비너스의 연구설계

	• 진지한 광고		• 유머적인 광고	
	• 진지하게 시작	• 유머있게 시작	• 진지하게 시작	• 유머있게 시작
• 남학생				
• 여학생				

1) 제1단계 : 실험상황의 설정

캔터와 비너스는 실험실 상황을 선택하였고 될 수 있는 대로 자연스러운 청취상황을 도모하도록 노력하였다.

2) 제2단계 : 실험설계의 선정

해당분야의 문헌들을 검토하고 그 연구문제를 정의한 후에 그들은 〈표 7-10〉과 같은 2×2×2 요인설계를 계획했다.

3) 제3단계 : 변인들의 조작정의

첫 번째 종속변인인 기억정도는 광고 안에 포함된 정보들을 대상으로 구성된 10개의 설문항목으로 측정되었고, 두 번째 종속변인인 상품에 대한 인상은 −10(매우 비호의적)에서 +10(매우 호의적)까지의 평가척도로 측정되었다.

4) 제4단계 : 독립변인의 조작

여기서 진지한 광고란 ≪뉴스라인≫(News Line)이라는 가공의 잡지를 놓고 두 사람의 남녀가 등장하여 점잖게 이야기하는 광고를 말한다. 반면 유머러스한 광고에서는 여자가 그 잡지기사를 열심히 읽는 동안 남자는 기사들을 발기발기 찢어내고 있는 장면을 담고 있다. 광고를 진지하게 시작하는 것은 국가들 간에 포로를 교환하는 문제에 대한 뉴스보도를 내보내는 것을 말하며, 유머스럽게 광고를 시작하는 것은 스티브 마틴(Steve Martin)의 음반 중에서 〈Let's Get Small〉을 틀어 주는 것을 말한다.

5) 제5단계 : 피험자의 배당

두 연구자는 위스콘신 대학의 학생들을 피험자로 삼았는데 59명의 남학생과 58명의 여학생을 뽑아 성별에 따라 네 가지 서로 다른 실험처치 집단에 무작위로 할당하였다.

6) 제6단계 : 예비 연구

이 연구논문에서는 지면 상의 문제로 자신들의 예비 연구에 관해서 언급하지는 않았지만 파일럿 연구를 한 것처럼 보인다. 조작에 관한 점검이 분명 마지막 실험에 추가되어 행해진 것 같다.

7) 제7단계 : 실험실시

연구자들은 피험자들을 라디오를 들을 수 있는 작은 방으로 안내하여 듣게 한 다음, 실험처치를 받을 수 있도록 다른 방으로 안내하였다. 실험처치 후 피험자들은 다시 작은 방으로 안내되어 광고에 대한 기억과 설득력에 대한 질문에 대하여 대답하였다.

8) 제8단계 : 결과분석과 해석

연구자들은 변량분석을 가장 적절한 통계방법으로 확정지었다. 그런 다음 그들은 "광고인들은 주의를 끌기 위해서 재미를 사용하는 데 좀 더 신중해야 하고 재미요소가 포함된 광고가 상품의 평가에 영향을 미치지 못한다"고 결론을 지었다.

5. 의사 실험설계

실험을 하다 보면 피험자들을 실험집단과 통제집단에 무작위로 배치하는 것이 어려운 경우가 발생한다. 이같이 연구자가 피험자들을 무작위로 배치하기 어려울 때 실시하는 실험설계가 바로 의사실험설계(quasi-experimental design)이다. 의사실험설계는 피험자들을 실험집단과 통제집단에 무작위로 배치하지 못했기 때문에 실험결과가 과연 독립변인의 영향(실험처치)으로 일어난 것인지 아니면 두 집단 간의 본질적인 차이에서 일어난 것인지를 알 수 없다. 따라서 내적타당도가 상대적으로 낮은 반면에 자연적으로 형성된 집단을 실험집단과 통제집단으로 사용했기 때문에 외적타당도는 비교적 높은 편이라 하겠다.

의사실험의 예를 들어 보자면 한 연구자가 그가 사는 지역의 라디오 방송국이 팔린다는 소식을 듣고 난 후 소유권 이전이 방송국 종사자들의 사기에 미치는 영향을 알고 싶어 한다고 가정해보자. 그 연구자는 소유권 변화 이전/이후 직원들의 사기를 측정할 것이다. 동시에 같은 지역에 있는 비슷한 규모의 방송국 직원들의 사기도 측정할 것이다. 이 설계는 앞에서 설명한 사전/사후 통제집단 설계와 매우 비슷하지만 피험자를 실험집단에 무작위로 배치하지 않는다는 점에서 다르다(Wimmer & Dominick, 1994, p.124). 따라서 의사실험은 실험결과를 해석하는 데 있어서 신중해야만 한다.

많이 사용되고 있는 의사실험설계로는 사전사후 비등가 통제집단설계(pretest-posttest nonequivalent control group design)와 단절된 시계열 설계(interrupted time series design)가 있다. 이에 대해 알아보자.

1) 사전 사후 비등가 통제집단 설계

〈표 7-11〉에서 보는 바와 같이 이 설계에서는 한 집단은 실험조작에 노출되고, 그런 다음 실험조작에 노출되지 않은 비슷한 집단과 비교된다. 사전 사후의 차이는 실험 조건이 과연 효과가 있는지 여부를 결정하는 데 사용된다. 위의 예에서 직원들의 사기에 대한 사전 검사 결과 두 방송국 직원들이 비슷한 정도의 사기를 보였다고 결론지었다고 하자. 그런데 사후 검사 결과 팔린 방송국 직원들의 사기가 현저히 떨어지고 다른 방송국의 경우 그대로 현상태를 유지하고 있었다는 연구결과가 나왔다고 하자. 이것은 방송국 소유권의 변화가 사기에 영향을 미친다는 것을 보여주고 있는 것이다. 그러나 두 집단이 사전검사 때 다른 변인들에서 차이를 보였기 때문에 일어난 것일 수도 있다는 점에 주의해야 한다(Wimmer & Dominick, 1994, p.125).

〈표 7-11〉 사전사후 비등가 통제집단설계

O_1	×	O_2
O_3		O_4

2) 단절된 시계열 설계

이 설계는 통제집단을 두지 않을 뿐만 아니라 피험자들을 무작위 추출하지 않지만, 동일 집단을 대상으로 주기적으로 측정한다는 점에서 일종의 패널조사와 비슷하다. 〈표 7-12〉에서 보는 바와 같이 일련의 측정은 실험처치에 의해 단절되었다가 다시 계속된다. 이 설계는 내적 타당도를 해치는 몇 가지 불안요소를 제거할 수 있다. 만약 O_5와 O_6사이에 차이가 있다면 조작 전에 다른 측정들 간의 차이를 조사하여 비교하고 성숙요인을 제거해 버릴 수 있다. 다시 말해서 성숙요소가 있다면 실험처치가 없는 O_1와 O_2 사이 그리고 O_2와 O_3 사이 등에 차이가 나타날 것이다. 만약 차이가 O_5와 O_6 사이에서만 나타난다면 성숙요소가 없는 것으로 단정지을 수 있다. 마찬가지 방법으로 피험자가 조사의 내용을 알아버림으로써 나타나는 검사요인도 제거할 수 있다. 이 설계에서 가장 문제가 되는 것은 '역사성'이다. 즉, 실험처치 이후에 나타나는 변화가 다른 사건으로 인해서 발생할 수도 있다는 사실을 배제할 수가 없기 때문이다(Wimmer & Dominick, 1994, p.125).

〈표 7-12〉 단절된 시계열 설계

O_1 O_2 O_3 O_4 O_5 O_6 O_7 O_8 O_9 O_{10}

6. 현지 실험

실험실 내 실험은 자연스러운 환경이 아닌 연구자에 의해 통제된 조건에서 실험이 이뤄지기 때문에 내적 타당도는 높을 수 있지만 문제는 외적 타당도가 낮다는 점이다. 이러한 점에서 현지실험(field experiment)은 통제되지 않은 자연스러운 환경 속에서 피험자들이 실험을 받는다는 사실을 의식하지 못한 채 실험이 이뤄진다는 점에서 외적 타당도가 높은 실험설계이다. 실험실 내 실험과 현지실험 간의 정확한 차이점에 대해 웨슬리(Westley, 1981)는 "실험실 내 실험은 실험자 자신의 실험영역에서 실시된다. 즉, 피험자가 실험실로 오기 때문이다. 그러나 현지실험에서는 실험자가 피험자가 있는 영역으로 들어간다. 일반적으로 실험실에서는 현지(field)에서보다 물리적 통제를 더욱 강화할 수 있다. 이러한 이유로 인하여 때때로 통계적 통제(statistical controls)를 통하여 현지에서의 물리적 통제(physical controls)를 대신할 수 있다"고 하였다(Wimmer & Dominick, 1994, p.126에서 재인용).

이 두 가지 접근법은 실험조건을 통제하는 규칙이나 절차가 있느냐 없느냐 하는 점과 피험자 자신이 피험자가 되었다는 사실을 의식하느냐 못하느냐는 점에서도 구별될 수 있다. 만약 연구자가 피험자의 행동에 대한 통제를 엄격하게 유지하고 피험자들이 그들의 일상생활과 아주 다른 상황에 있다고 인식한다면 그 상황은 실험실 내 실험이라고 하는 편이 나을 것이다. 반면에 피험자가 조사자의 간섭이나 환경의 조작 없이 일상적으로 사회적 역할을 수행해 간다면 이 같은 상황은 아마도 현지실험에 보다 가까울 것이다. 위머와 도미니크는 현지실험의 장단점에 대해 다음과 같이 설명하였다(Wimmer & Dominick, 1994, pp.126~127).

1) 현지실험의 장점

현지실험은 연구조건이 일상적인 현실과 거의 유사하고, 피험자들은 대개 자신들의 평상시 활동과 가까운 행동을 보여주며 실험이라는 상황에 영향을 받지 않는다. 이런 면에서 현지실험의 가장 큰 장점은 외적 타당도에 있다하겠다. 예를 들어 TV광고를 두 개의 다른 형태로 만들어 그 광고효과를 검증하도록 설계된 실험실 내 연구를 한다고 하자. 한 집단에는 A형을 보여주고 다른 집단에게는 B형을 보여준 다음 두 집단에 모두 광고상품에 대한 구매의사를 측정한다. 측정 결과를 토대로 B형이 상품판매에 더욱 더 효과적이라는 결론을 내린다면,

이것이 비록 사실일지 모르나 이 실험결과는 타당도 측면에서 문제가 된다. 왜냐하면 피험자들은 자신들이 연구대상이 되고 있다는 점을 의식하고 있을 수 있기 때문이다. 예를 들어 피험자들은 그 광고가 끔찍한 것이라고 여기면서도 연구자의 비위를 맞추려고 상품을 구매하겠다고 하였을지도 모른다(3장의 피험자 반응특성을 참조). 또한 설문지에 답하는 것과 실제로 상품을 구매하는 것은 반드시 일치하지 않는다는 점이다. 더욱이 실험상황 속에서 광고를 보는 것은 시청을 방해하는 여러 가지 다른 자극(어린아이가 운다든지 전화벨이 울린다든지 하는 등)이 있기 쉬운 일상적인 시청환경과는 다른 것이다.

이 같은 연구를 현지실험을 통해 실시한다면 어느 한 시장에서 사람들에게 A형을 보여주고 이와 비슷한 다른 시장에서는 B형을 보여준다. 그런 다음 각각의 시장에서 그 상품에 대한 실제 판매고를 조사, 비교함으로써 어느 광고가 시청자들로 하여금 상품을 구매하도록 설득하는 데 더 성공적이었는지를 알아낼 수 있다. 현지실험의 결과는 좀 더 현실에 가깝지만 실험과 관련된 통제의 정도는 실험실 내 실험보다 현저하게 낮다.

또한 현지실험은 반작용 효과가 없다는 이점이 있다. 반작용성(reactivity)이란 자신이 관찰되거나 측정되고 있다는 피험자의 의식이 다시 그들의 행동에 주는 영향을 말한다. 실험실 내 피험자들은 대부분 자신이 측정되고 있음을 의식한다. 현지실험에서도 이러한 경우가 없지 않으나 피험자가 그 실험에 참가하고 있다는 사실을 모르게 하고 실험을 하는 경우가 많다.

그리고 현지실험은 비용이 적게 들 수 있다. 대부분의 연구가 특별한 장비나 시설을 필요로 하지 않는다. 그렇지만 연구의 규모나 범위에 따라 연구비용이 급속하게 늘어나기도 한다. 마지막으로 현지실험은 연구자가 선택할 수 있는 유일한 연구방법인 경우도 있다. 한 연구자가 TV 방송국의 경영진이 바뀌기 이전과 바뀐 후의 커뮤니케이션 패턴을 알아보는 데 관심이 있다고 할 때 실험실 내 연구를 통해 이 문제를 유추해 내는 것이 불가능하지는 않겠지만 실로 이는 매우 어려운 문제이다. 현실적으로 현지, 즉 방송국에서 연구를 실시하는 것이 그 연구자들이 선택할 수 있는 유일한 연구방법인 것이다.

2) 현지실험의 단점

연구에 따라서는 윤리적인 문제로 현지실험연구가 불가능한 경우가 있다. 예를 들어 TV 프로그램의 폭력이 청소년에게 미치는 영향에 대해 연구를 한다고 하자. 이 경우 가장 유익한 연구는 한 집단의 어린이에게 폭력적인 TV 프로그램만을 보여주고 비슷한 다른 집단의 어린이에게는 폭력이 전혀 없는 프로그램만을 보여주는 현지실험이 될 것이다. 그러나 이 두 집단을 수년 동안 관찰하기 위해 한 집단에 폭력적 프로그램만을 지속적으로 보여준다면 윤리적인 면에서 커다란 문제가 될 수 있다.

또한 현지실험이 이루어질수록 예상하지 못한 외부적인 제약을 받게 된다. 그 예로써 연구자가 수 주일에 걸쳐 실시될 여름 캠프기간을 활용하여 학생들의 미디어 이용을 조작하는 연구를 하려 할 때 캠프 지도자나 몇몇 부모들이 아이들을 몰모트와 같은 실험용으로 쓰려는 데 반대한다면 그 연구계획을 포기할 수밖에 없게 되는 경우를 들 수 있다. 또 현지실험을 시작하기 전에 연구자들은 사람들과 사귀고 협조를 구하며 필요로 하는 허가를 얻기 위해 시간을 보내야 한다. 많은 경우 이와 같은 연구과정에 필요한 조건형성을 끝마치려면 몇 주일 또는 몇 달씩 걸릴 수도 있다.

마지막으로 현지실험의 큰 문제점은 연구자가 모든 가외변인을 통제할 수 없다는 점인데, 이 문제가 실험의 정확성과 실험결과에 대한 신뢰에 좋지 않은 영향을 미치게 된다. 아울러 현지실험에서는 연구자가 피험자를 무작위로 배치할 수 없기 때문에 많은 현지실험 연구들이 의사실험 연구로 분류되기도 한다.

3) 현지실험의 종류

위머와 도미니크(Wimmer & Dominick, 1994, p.128)는 현지실험을 두 가지로 구분하였다. 그것은 연구자가 독립변인을 조작하는 것, 그리고 독립변인의 조작이 다른 환경의 결과로서 자연스럽게 이루어지는 경우이다. 첫 번째 경우를 설명하자면, 가령 스마트폰을 사용할 수 없게 되면 어떠한 결과가 나타날 것인지를 연구한다고 하자. 이 때 연구자는 비교 가능한 두 개의 표본을 선택해서

한 집단은 오랫동안 스마트폰을 사용할 수 없게 하고, 다른 집단(통제집단)은 평상시와 똑같이 스마트폰을 사용토록 하는 방식으로 실험을 할 수 있다. 그런 다음 스마트폰을 사용하지 않는 것이 대인 커뮤니케이션과 같은 다른 영역에 어떠한 영향을 미치는가를 알아낼 수 있다.

현지실험의 두 번째 형태는 독립변인의 조작이 자연스럽게 되는 경우이다. 예를 들어 전기시설이 없는 A지역에 조만간에 전기시설이 들어가 각 가정들이 TV를 시청할 수 있게 된다고 하자. 연구자는 A지역민들이 TV방송을 시청하기 전의 일상생활과 TV가 도입된 지 몇 달이 지난 후의 일상생활을 비교함으로써 TV가 일상생활에 미치는 영향을 분석할 수가 있다. 이러한 경우 연구자가 독립변인(TV시청)을 직접적으로 통제하지 않고서도 기존의 환경을 이용하여 독립변인을 통제한 셈이 된다.

제8장

질적 연구와 내용분석

Chapter 08

질적 연구와 내용분석

1. 질적 연구방법

질적 연구방법(qualitative research)은 자연스러운 일상생활 속에서 인간행동이나 사건에 대한 의미를 부여하고 해석함으로써 사회현상을 이해하는 연구방법이다. 양적 연구방법(quantitative research)이 수량적 정보를 수집하고 분석하여 행동의 일반적 법칙을 밝혀내려 한다면 질적 연구방법은 관찰을 통해 연구대상의 특성을 기록하고 해석하려 한다. 인위적 환경에서 실험이나 설문조사를 통해 이루어지는 양적 연구와 달리 질적 연구는 자연스러운 상황에서 관찰하고 이해할 수 있는 주제에 적합한 연구방법이다. 위머와 도미니크(Wimmer & Dominick, 1994, pp.140~141)는 양적 연구는 넓이를 추구하는 반면 질적 연구는 깊이를 추구한다며 두 연구방법의 실질적인 차이를 아래 다섯 가지로 제시했다.

① 연구자의 역할 : 양적 연구자는 객관성을 유지하고 자료로부터 일정한 거리를 두려고 노력한다. 질적 연구자는 자료에서 없어서는 안 될 존재이며, 연구자의 능동적 참여가 없으면 자료도 없다.

② 연구설계 : 양적 연구자는 연구를 시작하기 전에 이미 연구의 설계를 결정한다. 질적 연구자는 조사과정에서 연구설계를 발전시키고 진행과정에서 연구설계를 조절하거나 바꾼다.

③ 연구 상황 : 양적 연구자는 통제할 수 있는 상황에서 연구를 수행함으로써 결과를 오염시키거나 혼돈 시키는 변인을 제한하려 노력한다. 질적 연구자

는 자연스러운 환경 아래 현장에서 연구를 수행하며 가외변인의 통제 없이 사건들의 평범한 흐름을 관찰하려 한다.

④ 측정도구 : 양적연구에서 측정도구는 연구자와 별도로 존재하며, 연구자의 부재시 다른 연구자가 그 측정도구로 자료를 수집한다. 질적 연구에서는 연구자가 측정도구이기 때문에 다른 사람이 연구자를 대신할 수 없다.

⑤ 이론 구축 : 양적 연구자는 연구를 검증하거나 지지, 반박하는데 이론을 이용한다. 질적 연구자들은 연구를 진행하며 이론을 발전시키기 때문에 이론은 기반 자료나 연구과정의 한 부분으로 간주된다.

1) 질적 연구의 자료수집

질적연구에서 자료를 수집하는 방법은 크게 의사소통법(communication method)과 관찰법(observation method) 두 가지로 구분할 수 있다. 의사소통법은 직접 응답자에게 소통을 통하여(즉, 질문을 하여) 자료를 얻는다(신민철, 2007, 176쪽). 반면 관찰법은 관심을 두고 있는 현상에 대한 정보를 갖고 있는 사람이나 피험자 그리고 사건의 행동 패턴을 체계적 방식으로 기록한다(Malhotra, 2012, p.201).

다음 〈표 8-1〉은 질적 연구에서 자료를 수집하는 방법을 구체적으로 나타내고 있다. 질적 연구방법에서 의사소통법은 심층 면접과 포커스 그룹 면접, 투사법 등이 있으며 관찰법은 참여관찰이 있다.

〈표 8-1〉 질적 연구방법에서 의사소통법과 관찰법

	의사소통법	관찰법
질적 자료	심층 면접 포커스 그룹 면접	참여관찰

출처: 신민철 (2007), 사회 연구방법의 기초, 174쪽 재구성.

2) 의사소통법

(1) 심층면접

심층면접(depth interview: DI)은 면접원과 응답자 간의 상호작용에 의해 자료를 수집한다. 심층면접은 구조화되지 않은 즉, 구체적인 질문 내용과 순서가 정해지지 않은 주제에 대해 면접원과 응답자가 일대일(one-on-one basis)로 대화하는 과정에서 정보를 획득한다. 심층면접 과정에서 핵심은 응답자로 하여금 감정과 신념 등 자신의 이야기를 진솔하고 자유롭게 표현할 수 있도록 유도하는 것이다(신민철, 2007). 질문이 구조화되지 않았기 때문에 면접자는 자유로운 질문을 통해 심도 있는 응답을 이끌어낼 수 있다. 때로는 면접과정에서 연구자가 예상하지 못했던 아이디어가 도출되기도 한다.

심층면접에서는 같은 내용도 질문방식에 따라 응답내용이 달라지기 때문에 면접원의 역할이 매우 중요하다. 면접원은 응답에 경청하고 그 응답의 의미를 해석하여 그 주제를 이어갈 것인지 아니면 다른 주제로 전환할 것인지를 판단해야 한다. 따라서 면접원에게는 세심한 주의와 숙련된 기술이 요구된다.

아래 〈표 8-2〉는 가상의 심층면접 사례이다. 모바일 메신저 어플리케이션인 카카오톡이 커뮤니케이션을 증진시킬 뿐만 아니라 오히려 대인관계의 불안감을 증대시키는 것으로 조사됐다. 이처럼 심층면접은 양적연구를 통해 알아낼 수 없는 내재된 현상을 측정할 수 있는 방법이다.

〈표 8-2〉 심층면접의 예

면접원	카카오톡에 대해 어떤 느낌을 가지고 있나요?
응답자	한시도 손에서 뗄 수 없는 존재입니다. 가끔 스마트 폰을 놓고 와서 카카오톡에 접속하지 못하면 매우 불안합니다.
면접원	무엇이 불안하죠?
응답자	카카오톡 단체방에서 많은 친구들끼리 많은 이야기를 주고받는데 나만 모르고 있으면 왕따된 기분입니다.
면접원	카카오톡 상에서 왕따가 중요한가요?
응답자	가끔 단체톡에 들어와 있지 않은 친구의 험담을 할 때가 있습니다. 혹시 내가 그 대상이 되지 않을까, 친구들이 내 욕을 하지 않을까 두렵습니다. 그래서 스마트 폰을 손에서 놓지 못하고 수시로 들어가 확인합니다.

이와 같은 장점에도 불구하고 심층면접은 결과를 일반화할 수 없다는 치명적 단점을 지니고 있다. 심층면접은 적은 수의 표본을 임의 표본으로 선정하기 때문에 한정된 사례를 이해할 수 있지만 이를 일반적 법칙으로 단정할 수는 없다. 더불어 면접과정과 자료해석 과정에서 면접원이나 연구자의 능력과 주관적 판단이 개입되므로 결과의 객관성도 확보할 수 없다. 더욱이 많은 비용과 시간이 요구된다. 심층면접은 면접원의 능력에 따라 연구결과가 달라지기 때문에 면접원 교육을 충실히 해야 하며, 아울러 보통 1시간 가량 소요되는 면접시간을 고려하면 자료수집에 많은 시간과 노력을 투자해야 한다.

(2) 포커스 그룹 면접

일대일 면접이 아닌 소수 집단을 대상으로 다양한 의견을 청취하는 포커스 그룹 면접(focus group interview : FGI)이 있다. 포커스 그룹 면접은 한 명의 진행자(moderator)가 5명에서 15명 내외로 구성된 집단을 특정 장소에 모아 놓고, 주제에 대한 자유로운 토론을 통해 필요한 정보를 획득하는 연구방법이다. 심층면접 같이 구조화된 질문을 사용하지 않는다.

포커스 그룹 면접은 탐색적 성격이 강하기 때문에 양적 연구를 위한 예비조사에 주로 사용된다. 포커스 그룹 면접은 계량적 검증을 위한 가설 설정이나 설문지 작성을 위한 정보획득에 유용하다(이주열, 이정환, 신승배, 2013). 연구주제와 관련된 대상자들로 집단을 구성해 다양한 의견을 청취하기 때문에 심층 정보를 획득하는데 효율적이다.

또한 토론과정에서 응답자들 간의 상호작용으로 새로운 아이디어를 획득할 수도 있다. 다른 응답자가 답한 것을 듣고 이후 다른 응답자가 이를 발전시켜 나가는 눈덩이 효과(snowball effect)를 기대할 수 있다. 소수로 구성된 집단을 이용하기 때문에 비용과 시간이 절약된다.

FGI는 진행자의 역할이 매우 중요하다. 진행자가 응답자들의 심도 있는 응답을 이끌어내야 하기 때문에 주제에 대한 풍부한 지식과 진행 능력을 갖추고 있어야 한다. 한 사람이 다수의 응답자를 동시에 상대하므로 심층면접보다 응답자 통제가 어렵다. 따라서 진행자는 면접 진행과정에서 주장이 강하거나 지식이 많은 응답자의 의견에 동조되는 집단사고(groupthink) 현상을 방지해야 한다. 또한 집단 내에서 특정 응답자가 대화를 독점하면 다른 응답자들이 불쾌해져서 참여를 기피할 수 있기 때문에 진행자는 모든 응답자들이 대화에 스스럼없이 참여하도록 유도해야 한다. 마지막으로 포커스 그룹 면접도 모집단을 대표하지 못하므로 결과를 일반화할 수 없는 단점이 있다.

위머와 도미니크(Wimmer & Dominick, 1994, pp.150~151)는 포커스 그룹 면접의 7단계를 제시하였는데, 첫째 연구문제를 확인해야 한다. 모든 과학적 연구와 마찬가지로 기존의 연구를 바탕으로 더 알고자하는 연구문제를 정립해야 한다. 둘째, 표본을 선정한다. 표본의 구성은 연구의 목적에 따라 주제와 관련된 대상을 선정한다. 셋째, 필요한 표본 수를 결정한다. 연구목적을 달성하기 위해 동일한 주제와 관련된 복수의 집단을 구성해야 한다. 이론적으로 만족할만한 정보를 수집할 때까지 면접을 반복해야하지만 이를 예측하기는 불가능하다. 따라서 예산과 시간을 고려해서 결정한다. 넷째, 면접 기술을 준비한다. 기술적 측면은 응답자의 모집과 필요한 장비 준비, 녹취 방법 등을 정한다. 더불어 응답자에게 제공할 사례비 또는 답례품을 결정해야 한다. 다섯째, 질문지를 준비한다. 연구문제와 관련된 질문 목록을 만들고 진행자를 선정하고 교육한다. 여섯째, 면접 장소를 섭외한다. 대부분 전문적인 회의실을 이용하지만 응답자들이 인근에 거주하지 않으면 호텔을 이용하기도 한다. 마지막으로 자료를 분석하고 요약본을 작성한다. 연구자는 비슷한 응답을 묶어 유목화하고 요약 보고서를 작성한다.

3) 관찰법

앞에서 설명한 것처럼 관찰법은 의사소통 없이 감각기관을 이용하여 연구대상을 관찰, 기록하는 정보 수집방법이다. 관찰법은 단순히 대상을 바라보고 기록하기 때문에 측정도구를 사용하지 않는 방법으로 정의할 수 있다(이종승, 2009). 도구를 이용할 경우 도구는 관찰 대상자에게 직접적으로 의견을 묻지 않는 도구이다.

관찰법은 응답자들이 정직하게 응답하지 않거나 응답을 회피할 가능성이 높은 사회현상을 측정하는데 적합하다. 더불어 유아처럼 자신의 의견을 표현할 능력이 없는 대상을 측정하는데 사용된다. 관찰법은 단독으로 사용하는 것보다 의사소통법과 병행할 경우 더 큰 힘을 발휘할 수 있다(신민철, 2007).

(1) 인적 관찰과 기계적 관찰

관찰법은 도구 사용 여부에 다라 인적 관찰(personal observation)과 기계적 관찰(mechanical observation)로 구분된다. 인적 관찰은 관찰자가 직접 실제 환경에서 현상을 관찰하는 방법이다. 인적 관찰의 가장 큰 장점은 현장의 중심에 관찰자가 있다는 점이다. 관찰자가 현장에 함께하기 때문에 현상에 대한 풍부하고 정확한 기록이 가능하다. 하지만 연구자가 현장에서 융통성을 발휘하기 때문에 자신이 의도한 것만을 수집하는 관찰오류(observation bias)와 의도한 대로 해석하는 분석오류(analysis bias)의 가능성이 높다.

이에 반해 기계적 관찰은 관찰과정에서 도구를 이용해 시스템적으로 관찰하고 기록하기 때문에 기계적 관찰은 인적 관찰에 비해 관찰오류와 분석오류의 가능성이 적다. 대표적인 기계적 관찰로는 TV시청률을 들 수 있는데, TV시청률은 각 가정에 설치된 피플미터(peoplemeter)에 의해 관찰된 TV 프로그램 시청빈도이다. 또한 우리가 스마트폰에서 애플리케이션을 설치하면 위치정보 수집에 동의할 것을 묻는다. 이는 위치 기반 서비스(Location Based Service)의 기본 정보인 이용자의 이동을 관찰하기 위한 절차이다.

(2) 관찰 정도에 따른 분류

관찰과정에서 관찰자가 상황에 얼마나 개입하느냐에 따라 참여관찰과 비참여관찰, 준참여관찰로 구분된다. 먼저 참여관찰(participant observation)은 관찰자가 관찰대상 집단 안에 들어가 같이 생활하며 정보를 수집하는 방법이다. 여기에서 관찰자는 관망자가 아닌 집단의 구성원으로서 적극적으로 역할을 수행한다. 조직폭력배나 윤락여성 등 폐쇄적인 집단 안에서 구성원끼리만 느낄 수 있는 고유한 현상을 관찰할 수 있다. 하지만 집단 구성원과 지나치게 친밀해 짐으로 인해 연구의 객관성을 확보하기 어려워 연구결과를 표준화하기 어렵다.

비참여관찰(non-participant observation)은 관찰자가 관망자 입장에서 집단 내에 적극적으로 참여하지 않는 방법이다. 비행 청소년들의 행위를 제삼자의 입장에서 관찰하는 경우 이에 해당된다. 이 방법은 참여관찰과 반대로 연구자의 객관성을 확보할 수 있지만 내부자끼리의 미묘한 감정을 관찰할 수 없다는 한계가 있다. 더불어 관찰 대상자들이 자신들이 관찰되고 있다는 사실을 알고서 거짓된 행동을 할 수 있는 위험성이 있다.

마지막으로 준참여관찰(quasi-participant observation)은 관찰자가 집단생활에 전부 참여하지 않고 일부에만 참여하는 방법이다. 관찰대상자는 자신이 관찰된다는 사실을 알지만 생활이 크게 위축되지 않는다. 대표적인 준참여관찰은 중·고등학교의 교생실습이다. 교생들은 학교생활에 전부 참여하지 않고 일부만을 참여하여 관찰한다.

(3) 관찰의 신뢰도와 타당도

관찰법에서도 개별 집단이나 개인을 관찰해 획득한 정보의 신뢰도와 타당도를 확보해야 한다. 신뢰도란 관찰을 반복했을 때 일관된 결과를 획득하는 정도이고, 타당도는 측정하고자 의도했던 정보를 정확하게 관찰했느냐의 문제이다. 채구묵(2006, 272쪽)은 신뢰도와 타당도를 높이는 방법은 아래와 같이 제시했다.

① 관찰자를 훈련시켜야 한다. 관찰의 타당도와 신뢰도는 관찰자와 밀접한 관계가 있으므로 관찰의 질을 높이기 위해 사전 훈련이 필요하다.

② 하나의 관찰대상을 여러 사람이 동시에 관찰한 후 그 결과를 서로 비교해 편견을 발견함으로서 관찰의 신뢰도를 높일 수 있다. 동일한 문화와 공통된 경험을 가진 관찰자들보다는 문화적 배경이 전혀 다른 관찰자들이 동일한 대상을 관찰하는 것이 바람직하다.

③ 참여관찰의 경우 관찰대상과 친밀해지면 중요한 정보를 놓칠 수 있다. 이를 방지하기 위해 기록을 더욱 철저히 하여 진행과정을 면밀히 검토하거나 제삼자에게 관찰 내용을 정기적으로 검토받는 것도 타당도를 높이는 방법이다.

④ 관찰을 기록할 때에는 사실과 해석을 명백히 구분함으로써 해석의 편견 개입 여부를 검토할 수 있다.

⑤ 관찰의 신뢰도를 높이기 위해 같거나 유사한 형태에 대해서 동일한 언어로 기록 하거나 평가해야 한다.

2. 내용분석

내용분석(Content Analysis)은 커뮤니케이션의 콘텐츠, 즉 내용을 분석하는 양적연구 방법이다. 내용분석은 커뮤니케이션 내용을 규칙에 따라 각 사례들을 체계적으로 특정 범주에 할당하고, 통계적 방법을 사용하여 그러한 범주들 간의 관계를 분석하는 것이다(Riffe, Lacy, & Fico, 1998, 박영률 역, 2002, 15쪽). 이 방법은 방송이나 신문 등 매스미디어를 통한 커뮤니케이션을 분석하는데 효과적인 수단이기 때문에 커뮤니케이션 연구자들에게 널리 이용되고 있다. 일반적으로 내용분석은 다음과 같은 과정에 따라 측정이 이루어진다. 먼저 미디어 콘텐츠를 대표하는 표본을 추출하고, 훈련된 코더들(coders)이 해당 내용을 측정하기 위해 사전에 준비된 코드북(code book)에 따라 코딩한다. 이 때 일관된 코딩을 위해 코더 간 신뢰도를 일치시켜야 한다. 마지막으로 측정된 정보를 분석하고 결과를 도출한다.

현대적 의미의 내용분석은 제2차 세계대전에서 사용되기 시작하였다. 당시 연합군은 유럽의 라디오 방송에서 흘러나오는 음악을 모니터하였다. 구체적으로 독일 방송국 음악과 유럽의 음악을 비교하여 독일군의 이동 경로를 정확히 알아냈다. 또한 태평양 지역에서 일본군의 통신을 분석한 결과, 그 섬에서 통신량이 증가되면 새로운 군사작전이 벌어지고 있다는 사실을 밝혀냈다. 전쟁 종료 이후 내용분석은 매스 미디어 콘텐츠를 분석하는 연구방법으로 자리 잡았다.

1) 내용분석에 대한 정의

홀스티(Holsti, 1969, p.14)는 내용분석에 대해 구체적으로 기술된 메시지의 특성들을 객관적이고도 체계적으로 파악함으로써 추론을 내리는 데 사용되는 기법이라고 정의했다(Riffe, Lacy, & Fico, 1998, 박영률 역, 2002, 41쪽, 재인용). 홀스티의 정의는 '객관적'과 '체계적'을 강조함으로써 과학적 연구방법임을 주장하였다. 먼저 '객관적'은 연구자의 특성이나 편견이 분석에 개입되어서는 안됨을 의미한다. 객관성이 확보되어야 다른 연구자가 연구를 반복해도 같은 결과를 획득할 수 있다. 두 번째, '체계적'은 연구과정이 일관된 절차에 의해 이루어진다는 것이다. 따라서 표본의 선정과 측정, 분석 등 모든 절차가 동일한 방식으로 이루어져야 한다. 여기에 커린저(Kerlinger)는 '계량적' 개념을 추가하였다. 커린저(Kerlinger, 1973. p.525)는 내용분석에 대해 변인들을 측정하기 위해 커뮤니케이션 내용을 체계적이고 객관적이며 계량적인 방식으로 연구 분석하는 방법으로 정의하였다. '계량적'은 변인을 정확히 설명해주는 역할을 한다. 예를 들어 "만족도가 매우 높았다"는 추상적 진술보다 "만족도가 90점으로 매우 높았다"고 구체적인 수치로 진술함으로써 변인에 대한 설명력을 높일 수 있다.

내용분석은 커뮤니케이션의 내용을 기록한 매체에 대한 분석이다(Babbie, 1998, p.309). 즉, 책이나 신문, 잡지, 웹사이트, 연설문, 논문 등 모든 문서뿐만 아니라 영화와 방송, 노래 등 시청각 기록도 포함된다. 결론적으로 커뮤니케이션을 기록한 모든 것이 내용분석의 대상이 될 수 있다.

커뮤니케이션 연구에서 내용분석은 다음과 같이 활용된다(Wimmer & Dominick, 1994, pp.165~167). 첫째, 커뮤니케이션 내용을 기술하고 유형화시키는데 내용분석을 이용한다. 신문기사에 나타난 성폭력의 빈도와 유형을 파악할 수 있다. 둘째, 매체의 특성과 메시지 내용 간의 관계에 대한 가설을 검증하는데 활용된다. 예를 들어 보수적 신문과 진보적 신문에 나타난 동성애에 대한 차이를 검증할 수 있다. 셋째, 매체가 묘사한 내용과 현실세계를 비교할 수 있다. TV에서 묘사한 폭력과 현실의 범죄율을 비교할 수 있다. 넷째, 매체에서 나타난 특정 집단의 이미지를 탐구할 수 있다. 예컨대 TV 드라마 속에서 특정 지역민들의 직업을 분석함으로써 이들에 대한 이미지를 파악할 수 있다. 다섯째, 배양효과이론 또는 계발효과이론(cultivation effect theory), 의제설정 이론(agenda-setting theory) 등 매체 효과를 검증하는 출발점에서 내용분석이 사용된다.

2) 내용분석의 한계

내용분석의 가장 치명적 한계는 내용분석만으로 커뮤니케이션 효과를 검증할 수 없다는 점이다. 다시 말해 커뮤니케이션의 내용을 파악할 수는 있지만 수용자에게 미치는 영향을 알 수 없다. 예를 들어 배양효과(계발효과)이론의 경우, 미디어에서 묘사하는 폭력성의 정도를 내용분석으로 분석할 수 있다. 하지만 수용자가 느끼는 현실의 폭력성 정도는 알아낼 수 없다. 또한 의제설정이론에서 미디어 의제는 내용분석을 통해 알아낼 수 있지만 수용자 의제는 서베이를 통해서만 알 수 있으며, 수용자에 미치는 영향을 알기 위해서는 실험이나 서베이 등의 추가적인 조사가 필요하다.

내용분석은 시간과 노력이 많이 들지만 실제 분석에서 사용할 수 있는 통계기법이 매우 제한적이다. 신문기사나 뉴스 보도를 분석하는 작업은 결코 쉬운 일이 아니다. 모든 기사를 꼼꼼히 읽거나 보고서 그것을 분석틀에 맞춰 측정해야 한다. 가장 기본적인 글자 수나 보도 시간 등을 측정하고, 기사의 논조를 파악하는 등 힘들고 지루한 작업의 연속이다. 많은 시간과 품을 들여 데이터를 만들지만 변인들의 측정수준이 명명척도나 서열척도이기 때문에 대부분의 내용분석은 빈도분석과 교차분석 수준에 그치는 경우가 많다.

마지막으로 연구목적에 부합하는 자료를 수집하기 어렵다. 연구목적에 맞는 자료가 부족하거나 내용이 부실할 수 있다. TV 드라마에 등장하는 결혼이주 여성의 이미지를 분석한다고 가정해보자. 현실에서 결혼이주 여성의 수가 많지만 드라마에 등장하는 경우는 극히 드물다. 따라서 충분한 연구대상의 수를 확보하기가 어렵다.

3) 내용분석의 절차

일반적으로 내용분석은 다음과 같은 단계를 거치지만 반드시 아래 열거된 순서대로 진행할 필요는 없다.

(1) 연구문제의 선정

모든 과학적 연구와 마찬가지로 내용분석 방법에서도 가장 기본인 연구문제를 명확히 설정해야 한다. 연구문제를 명확히 설정함으로써 분석단위를 정확하게 결정할 수 있다. 연구문제가 명확하지 않으면 연구와 관련 없는 불필요한 자료를 모을 수 있다. 관련 분야의 이론과 논문을 읽고서 선행연구와 차별화된 연구문제를 도출해야 한다.

(2) 모집단의 정의

모집단을 정의한다는 것은 분석대상이 될 자료의 전체를 규정한다는 의미이다. 즉, 연구주제와 관련된 자료의 종류와 범위를 결정하는 것이다. 모집단을 결정할 때 연구주제의 영역과 연구대상, 연구 기간을 명시함으로써 연구의 범위를 명확히 밝혀야 한다. 예를 들면 "본 연구는 제18대 대통령선거 공식 선거운동기간인 2012년 11월 27일부터 12월 18일까지의 21일 동안 지상파 방송 3사의 저녁메인뉴스에서 보도된 대통령선거 여론조사 관련 기사를 분석한다"라고 명시함으로써 모집단을 정의할 수 있다.

(3) 표본 선정

모집단을 정의했으면 다음 단계로 실제 분석할 표본을 추출해야 한다. 만약 모집단의 자료 양이 적다면 전수조사를 실시할 수 있다. 하지만 분석대상이 방대한 경우 표본조사를 실시해야 한다. 일반적으로 미디어 분석은 두 단계를 거친다. 첫 단계는 분석대상 매체를 선정하는 것이다. 만약 일간지를 분석한다면 국내에서 발행되는 모든 전국 일간지를 대상으로 할 것인지, 아니면 발행부수가 많은 상위 5개 일간지만 대상으로 할지를 결정해야 한다.

두 번째 단계는 표집 날짜를 결정해야 한다. 표본추출 간격과 현상의 발생빈도는 함수관계이다. 즉, 발생빈도가 낮을수록 더 많은 표본을 선정하기 위해 표집간격을 좁혀야 한다. 신문은 주 6일 발행하고, 방송 뉴스는 주 7일 방송된다. 만약 분석기간이 1년이라면 365일 모든 대상을 분석하는 것은 너무 많은 시간과 노력이 필요하다. 따라서 분석 대상이 되는 날짜를 무작위로 선택하거나 아니면 매주 마다 무작위로 요일을 선택할 수도 있다. 날짜를 결정할 때 요일의 주기성을 반드시 고려해야 한다. 5장에서도 주기성에 대해 설명한 바 있지만, 예를 들어 TV 지상파 3사의 메인 저녁뉴스를 분석하는 연구에서 조사날짜를 체계적 표집으로 선정하는데, 공교롭게도 7이라는 표본추출구간이 걸리게 되면 모두 특정 요일만 표본으로 걸리게 되는 주기성에 빠지게 되는 것이다.

한편 분석기간을 결정할 때 특정 시기를 고려해야 한다. 위에서 예를 든 18대 대선 여론조사 분석 연구는 여론조사 보도의 빈도가 매우 높은 선거운동기간으로 특정해야 연구목적과 부합된다. 하지만 1년 동안 전국 일간지의 야구관련 기사를 분석할 때 10월과 11월 두 달을 최종 표본으로 선정했다면 이는 올바른 표본 선정이 아니다. 왜냐하면 이 시기에 벌어지는 준플레이 오프, 플레이 오프, 코리언 시리즈 등 포스트 시즌의 영향으로 야구 관련 보도량이 급증하기 때문이다.

〈표 8-3〉 매체별 내용분석 계층표집 구간

매체	표본의 속성
일간신문	1년 가운데 주별 추출(모든 요인이 두 번씩 포함되게 무작위로 요일을 추출)
주간신문	1년 가운데 모든 달에서 한호를 무작위 추출
TV 저녁 뉴스	1년 가운데 매달 2일치를 무작위 추출
시사 잡지	1년 가운데 모든 달에서 하나의 발행호를 무작위 추출

출처: Riffe, et al.(1998), 『Analyzing media messages』, 박영률 역(2002), 169쪽.

(4) 분석단위의 선정

분석단위는 실제로 측정되는 최소 단위를 말한다. 내용분석에서 분석단위는 단어나 상징, 개별 기사 또는 전체 신문, 인물, 행동, 첫 번째 기사 또는 전체 기사 중에서 차지하는 순위 등과 같이 실제로 분석되는 항목이다. 분석단위는 간단할 수도 있고 복잡할 수도 있다. 예를 들어 지상파방송의 저녁 메인뉴스의 보도 건수를 측정하는 것은 어렵지 않다. 하지만 추상적 개념을 측정하는 것은 매우 어렵다. 만약 폭력성에 대해 측정한다면 어떤 행위가 폭력적인지 판단하기 힘들다. 때리는 행위부터 폭력이라 할 것인가? 언어폭력도 포함시킬 것인가? 때릴 때마다 매번 폭력인가? 폭력을 포함하고 있으면 전체를 폭력적으로 할 것인가? 등 복잡하다.

내용분석에서 분석단위의 결정은 매우 어려운 작업이다. 예를 들어 전체 내용을 분석단위로 결정하고 하부 유목으로 정치, 경제, 사회, 행정, 문화·예술, 교육, 스포츠, 의료, 기타로 구분할 수 있다. 하지만 이 경우 분석단위가 모호하다. 가령 국회에서 새로운 행정법령을 제정했다면 이는 정치와 행정의 내용 구분이 명확하지 않다. 법 제정 주체로 보면 국회가 중심이기 때문에 정치영역이지만, 제정 내용은 행정과 관련되어 있다. 이러한 혼란을 방지하기 위해 누구나 알 수 있도록 분석단위를 명확하고 쉽게 조작적 정의 해야 한다. 연구자는 준비단계에서 분석단위에 대한 명확한 기준을 정하고, 조작적 정의를 세밀하게 해야 한다.

(5) 분석유목의 구성

내용분석에서 내용을 분석하는 유목체계(category system)가 중요하다. 유목체계는 내용을 체계적이고 명확하게 분류해내야 한다. 설문지의 응답 유목과 마찬가지로 내용분석 유목체계도 상호배타적이어야 하고, 모든 내용을 총망라할 수 있어야 한다. 상호배타적이라는 의미는 하나의 속성은 하나의 유목으로 구분되는 것을 의미한다. 만약 한 유목이 복수의 유목에 겹친다면 그 유목을 다시 정의해야 한다. 예를 들어 외국인 출연 토크쇼의 등장인물을 인종별로 분류한다고 하자. 유목체계를 ①흑인 ②백인 ③아시아 ④아프리카 흑인 ⑤기타 등으로 구분한다면 흑인과 아프리카 흑인의 구분이 명확하지 않다.

모든 내용을 총망라해야한다는 것은 분석 유목이 모든 내용을 포함해야 한다는 것을 의미한다. 즉, 모든 측정된 값은 반드시 어느 유목으로든 구분되어야 한다. 발생 빈도가 낮은 항목을 분류하기 위해 '기타'를 제시하면 된다. 유목체계가 결정되면 소수의 표본을 대상으로 사전검사를 시행해야 한다. 사전검사에서 예상하지 못했던 항목이 발생하면 유목체계를 수정해야 한다.

(6) 측정수준의 결정

내용분석에서 계량화는 측정수준을 결정하는 것이다. 내용분석에서 분석수준은 4장에서 제시했던 네 가지 측정수준(명명, 서열, 등간, 비율척도)을 모두 사용할 수 있지만 명명척도와 서열척도가 주로 사용된다. 명명척도는 단순히 각 유목의 유무와 단위별 발생빈도를 의미한다. 즉, 특정 유목의 출현 여부와 그 유목이 얼마나 자주 나타나는지를 계산한다.

서열척도는 보도 순서를 나타낼 수 있다. 방송 뉴스에서 기사의 가치에 따라 순위가 결정되는 관행을 고려하면 해당 뉴스가 몇 번째 보도됐는지를 분석할 수 있다. 등간척도는 인물이나 상황의 속성을 판단하는데 사용된다. 예를 들어 기사에 묘사된 인물의 이미지를 '호의적 __ __ __ __ __ 비호의적'으로 평가할 수 있다. 하지만 등간척도는 전적으로 코더의 판단에 의존하기 때문에 정교하게 훈련된 코더들이 아니면 일관되게 측정할 수 없다. 비율척도는 주로 시간과 공간을 측정하는데 사용된다. 신문에서 기사 크기 또는 글자 수, 방송에서 방송시간 등이 비율척도이다.

(7) 내용의 코딩

코딩(coding)은 내용을 분석단위의 유목에 맞게 배열하는 것이다. 내용분석에서 코딩을 수행하는 코더(coder)가 중요하다. 코더들이 동일한 기준으로 똑같이 판단해서 코딩해야 한다. 이와 같이 코더들이 똑같이 판단하는 것을 코더 간 신뢰도라고 한다. 만약 코더가 분석단위나 유목체계를 충분히 숙지하지 못해 주관적 판단으로 코딩한다면 분석의 신뢰도를 확보할 수 없다. 연구자는 코더들을 교육시킨 후 실제로 코딩을 시켜 코더 간 일치도를 확인해야 한다. 코딩 훈련이 반복될수록 코더 간 신뢰도가 높아진다.

〈표 8-4〉 중국 3대 언론의 한국관련 기사 분석을 위한 코딩 스킴

1. 언론기관
   (1) CCTV1 (2) 인민일보 (3) 신화사 통신

2. 날짜(예 11월 4일=1104)
   ( )

3. 보도/기사 형식
   (1) 스트레이트 (2) 오피니언(사설, 칼럼) (3) 피처(교양기사)
   (4) 해설 (5) 특집 기획(연재, 인터뷰 등) (6) 기타

4. 보도/기사 내용
   (1) 정치 (2) 경제 (3) 외교안보(국방) (4) 사회1(사건, 사고)
   (5) 사회2(교육, 환경, 지역, 과학 등) (6) 문화, 예술 (7)스포츠
   (8) 방송, 연예 (9) 북한 (10) 기타

5. 보도/기사–논조
   (1) 긍정적/우호적 (2) 중립적 (3) 부정적/비판적

6. 보도/기사–동영상, 사진유무
   (1) 유 (2) 무

7. 주초점 인물
   (1) 정치인 (2) 연예인 (3) 스포츠 스타 (4) 공무원
   (5) 전문가(교수, 의사 등) (6) 일반인 (7) 기타 (8) 없음

8. 보도/기사 면 또는 순서
   인민일보 ( )면
   CCTV1 ( )번째

9. 글자수
   ( )자

출처: 최윤규 (2013), 중국 3대 언론매체의 한국관련 보도 형태 연구, 재구성.

(8) 자료의 분석

자료의 분석은 측정수준과 관련되어 있다. 낮은 단계의 측정수준으로 분류된 항목은 모수통계를 사용할 수 없다. 앞에서 설명한 바와 같이 내용분석은 네 가지 측정수준 가운데 낮은 단계인 명명척도와 서열척도로 측정된 항목이 많다. 따라서 내용분석에서는 카이스케어 검증(chi-square)과 t-검증, ANOVA 검증이 많이 사용된다.

4) 코더 간 신뢰도

내용분석에서 신뢰도(reliability)는 연구의 성공 여부를 판가름하는 매우 중요한 개념이다. 내용분석에서 신뢰도란 내용을 유목화하는데 있어서 코더 간의 일치도를 말한다(Riffe, et al., 1998, 박영률 역, 2002). 신뢰도란 동일한 대상을 반복해서 측정했을 때 비슷한 결과를 얻음을 의미한다. 따라서 내용분석에서 신뢰도는 여러 명의 코더가 같은 대상을 측정해서 비슷한 결과 값을 얻는 것이다.

신뢰도가 결여되었다면 그 원인은 분석단위와 유목체계에 대한 조작적 정의 또는 코딩에 대한 지시 등이 명확하지 않기 때문이다. 내용분석에서 신뢰도의 확보는 유목체계를 상세히 정의하는 것에서부터 시작된다. 유목체계는 코더들이 이해할 수 있도록 쉽고 명확해야 한다. 이어서 코더들을 훈련시키는데, 훈련기간 동안 표본을 가지고 코딩한다. 불일치 항목이 발생하면 토론을 거쳐 이유를 밝혀내고 수정하는 등 일치도를 충분히 확보할 때까지 훈련과 토론을 반복한다. 내용분석에서 코더 간 일치도를 확보하지 못하는 것은 비유하자면 같은 문항에 대해 한 코더는 줄자로, 또 다른 코더는 저울을 가지고 측정하는 것과 같다. 이렇게 측정된 값은 과학적 연구에서 사용될 수 없다. 마지막으로 예비조사를 실시하여 코더 간 신뢰도를 검증한다.

〈표 8-5〉 코더 간 일치도 사례

항목	코더		
	A	B	C
1	①	①	①
2	②	②	①
3	②	④	④
4	④	④	④
5	①	②	③
6	③	③	③
7	③	④	④
8	②	②	②

〈표 8-5〉는 코더 간의 일치도 사례이다. 8개의 항목 가운데 1, 4, 6, 8번 항목에서 코더 3명 모두 일치한다. 나머지 항목에서 코더 A와 B는 2번 항목만 일치하고, B와 C는 3번과 4번에서 일치하며, A와 C는 일치하는 항목이 없다. 3번 항목은 세 코더 모두 일치하지 않았다. 홀스티(Holsti)는 코더 간 신뢰도 계수를 다음과 같이 제시했다.

$$\text{신뢰도} = \frac{2M}{N_1 + N_2}$$

M = 코더 간 일치된 코딩 수
N_1, N_2 = 두 코더가 각각 코딩한 전체 수

홀스티의 코더 간 신뢰도에 따른 위 사례의 신뢰도를 계산하면 다음과 같다.

$$\text{신뢰도} = \frac{3(4)}{8+8+8} = .50$$

홀스티 공식에서 신뢰도가 .90 이상이어야만이 신뢰할 만하다고 판단할 수 있다(Wimmer & Dominick, 1994). 하지만 위의 코더 간 신뢰도는 .50에 불과하다. 이를 해결하기 위해 유목체계에 대해 다시 설명하여 모든 코더들이 유목 개념을 공유할 수 있게 해야 한다. 만약 특정 코더가 지속적으로 일치하지 않아

신뢰도를 하락시키면 그 코더를 분석에서 제외시켜야 한다. 만족할만한 신뢰도를 얻었을 때 비로소 분석을 시작한다.

홀스티 공식은 간단하지만 홀스티의 코더 간 신뢰도는 우연에 의해 발생할 수 있고, 유목의 수를 고려하지 않는다는 한계를 갖는다(Wimmer & Dominick, 1994, p.179). 우연에 의한 발생은 2개의 유목체계에서 50%, 4개의 유목체계에서 25%이다. 이와 같은 확률빈도(probable frequency of use)를 교정해주기 위해 스캇(Scott)은 파이지수(π, pi index)를 개발했다. 스캇의 파이지수를 구하는 공식은 아래와 같다.

$$\pi = \frac{(\text{관찰된 일치도의 }\%) - (\text{기대된 일치도의 }\%)}{1 - (\text{기대된 일치도의 }\%)}$$

하나의 항목에 네 가지 유목 값을 가진 10개의 항목을 코더 두 명이 코딩해 9개가 일치했다고 가정해보자. 이 때 관찰된 일치도는 90%이다. 우연에 의한 기대된 일치도의 %를 계산하면 다음과 같다. 유목 값 ①이 사용된 비율은 40%(유목을 코딩한 결과 20개[15]의 항목 가운데 8개 값이 ①을 선택), 유목 값 ②는 30%, 유목 값, ③은 15%, 유목 값 ④는 15%로 나타났다. 기대된 일치도를 계산하기 위해서 확률의 곱셈법칙을 적용한다. 즉 유목 값 ①이 우연에 의해 사용될 확률은 0.4의 제곱이다. 그 이유는 두 명이 코딩했기 때문에 두 코더가 동일한 항목을 동일한 유목으로 코딩할 확률은 0.4×0.4이다. 이와 같은 방식으로 네 가지 유목 값의 우연에 의한 기대된 일치도를 구하는 식은 {(0.4×0.4) + (0.3×0.3) + (0.15×0.15) + (0.15×0.15)}이다. 따라서 기대된 일치도는 0.29, 즉, 29%이다. 따라서 스캇의 파이지수를 구하면 .859이다.

$$\pi = \frac{.90 - .29}{1 - .29} = .859$$

코더 간 신뢰도에서 스캇의 파이지수의 기준 점수는 .75이상(Wimmer & Dominick, 1994)이기 때문에 위의 두 코더는 신뢰할 수 있다고 판단할 수 있다.

15) 2명 × 10개 항목

제2부 SPSS를 활용한 통계분석

제9장
기초통계 및 SPSS 사용법

Chapter 09

기초통계 및 SPSS 사용법

1. 통계방법의 선정

연구자는 연구목적과 측정된 자료들의 특성(척도)을 고려하여 적절한 통계방법을 사용해야 한다. 통계방법의 선정은 자료수집 이전에 연구문제와 연구가설이 설정되고 측정방법이 결정될 때 이미 결정된다. 각 통계방법의 쓰임새가 서로 다르고, 사용할 수 있는 척도가 이미 정해져 있기 때문이다. 통계방법은 분석의 목적(기술통계, 추리통계)과 분석되는 변인의 수, 그리고 측정된 척도의 유형 등을 기준으로 선정된다.

1) 기술통계와 추리통계

기술(記述)통계(descriptive statistics)는 표본에서 수집된 자료 특성을 요약·기술하여 쉽게 설명하는데 목적을 둔다. 기술통계의 예는 다음과 같다. 응답자들의 스마트폰 사용시간은 하루 평균 어느 정도인가? 스마트폰 사용시간은 개인에 따라 얼마나 차이가 있는가? 응답자의 연령과 스마트폰 사용시간은 어떠한 관계가 있는가?

추리(推理)통계(inferential statistics)는 표본에서 수집된 자료를 바탕으로 모집단의 특성을 추론하는데 목적을 둔다. 즉 표본에서 확인된 변인들 간의 관계가 모집단에도 적용하는 것을 목적으로 한다. 예를 들어 응답자의 연령이 높아질수록 스마트폰 사용시간이 감소하는 관계가 모집단에도 적용 가능한가와 같은 질문에 대한 답이다.

2) 변인의 수

통계방법을 결정하는 첫 번째 기준은 분석대상이 되는 변인의 수이다. 〈그림 9-1〉은 분석대상이 되는 변인의 수에 따라 사용할 수 있는 통계기법을 나타내고 있다. 변인 하나를 분석대상으로 하는 통계방법을 단일변량 분석(univariate statistics)이라 부르고, 두 개의 변인을 분석하는 통계방법을 양변량 분석(bivariate statistics), 두 개 이상의 변인을 분석대상으로 하는 통계방법을 다변량 분석(multivariate statistics)이라 한다.

〈그림 9-1〉 통계분석기법 조감도

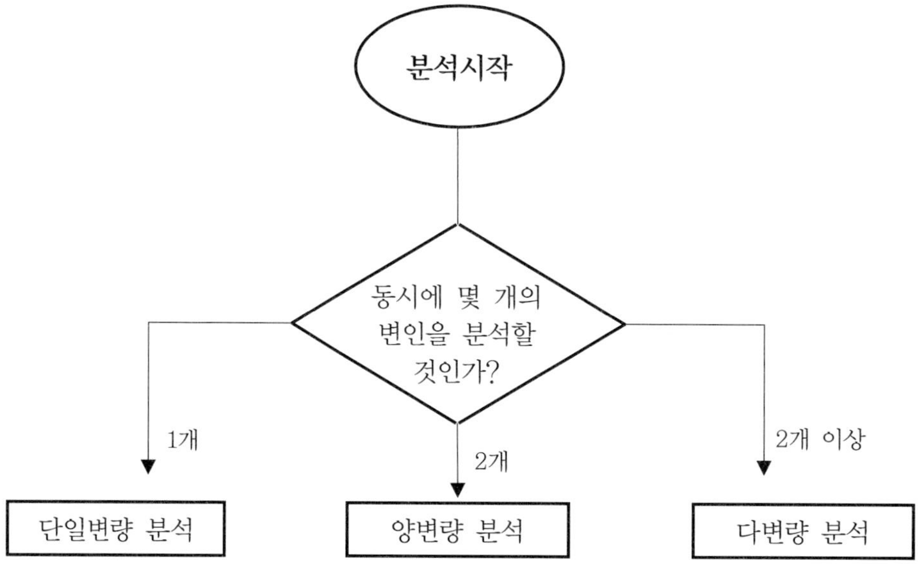

출처: 오택섭 (1990), 『사회과학 데이터 분석법』, 29쪽.

단일변량 분석은 변인의 특성을 파악하는데 이용되는 통계방법이다. 표본의 평균이 모집단의 평균을 잘 반영하고 있는지를 검증하는데 사용된다. 단일변량 분석에서 기술통계는 빈도(frequency)와 백분율(%), 대표 값들(산술평균, 중앙치, 최빈치), 분산도(variation) 등의 통계방법을 중심으로 이루어진다. 추리통계는 t검증과 Z검증, x^2(카이스퀘어) 검증 등의 통계방법이 사용된다.

〈그림 9-2〉 단일변량 분석

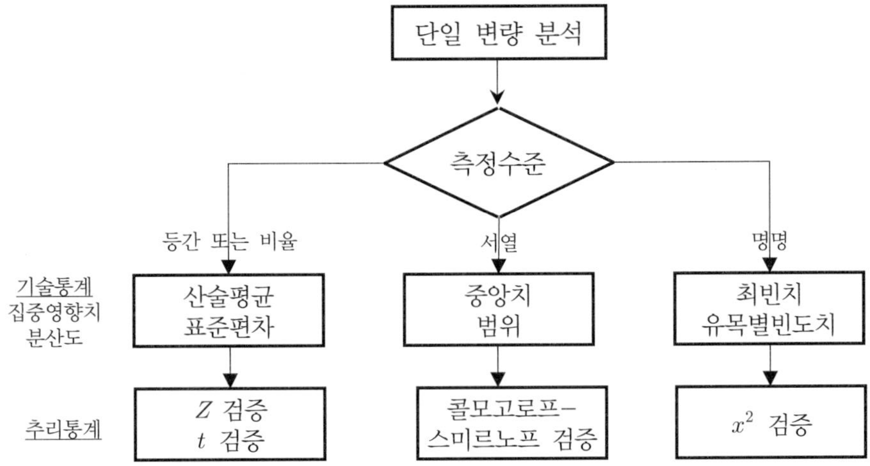

출처: 오택섭 (1990), 『사회과학 데이터 분석법』, 30쪽.

두 개의 변인을 분석하는 양변량 분석은 두 변인 간의 관계를 밝혀내는 통계 방법이 사용된다. 기술통계에서 두 변인의 상관관계를 알아보는 상관관계 분석 (r)과 한 변인이 다른 변인에 미치는 영향을 밝혀주는 단순 회귀분석이 사용된다. 추리통계에서 집단 간 평균의 차이를 검증하는 t검증과 Z검증이 사용된다. 더불어 집단 간 차이를 검증하는 x^2(카이스퀘어) 검증도 이용된다.

〈그림 9-3〉 양변량 분석

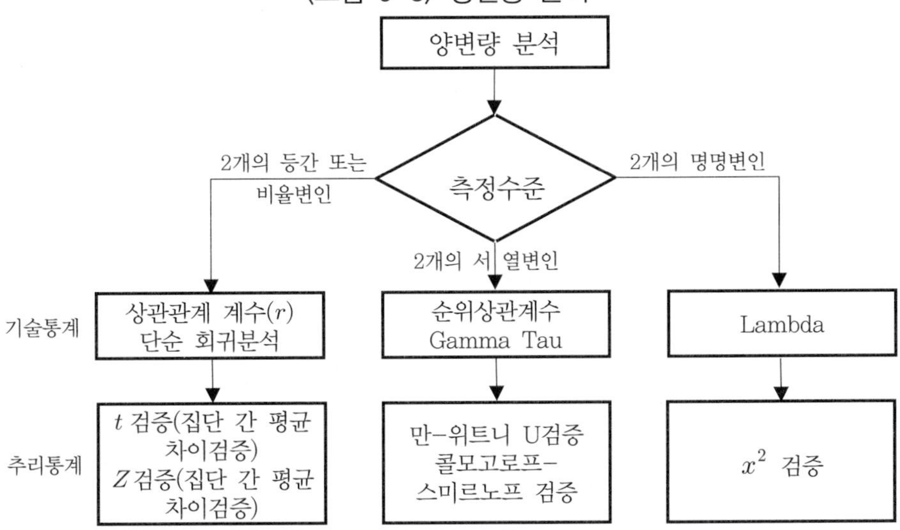

출처: 오택섭 (1990), 『사회과학 데이터 분석법』, 31쪽.

〈그림 9-4〉 다변량 분석

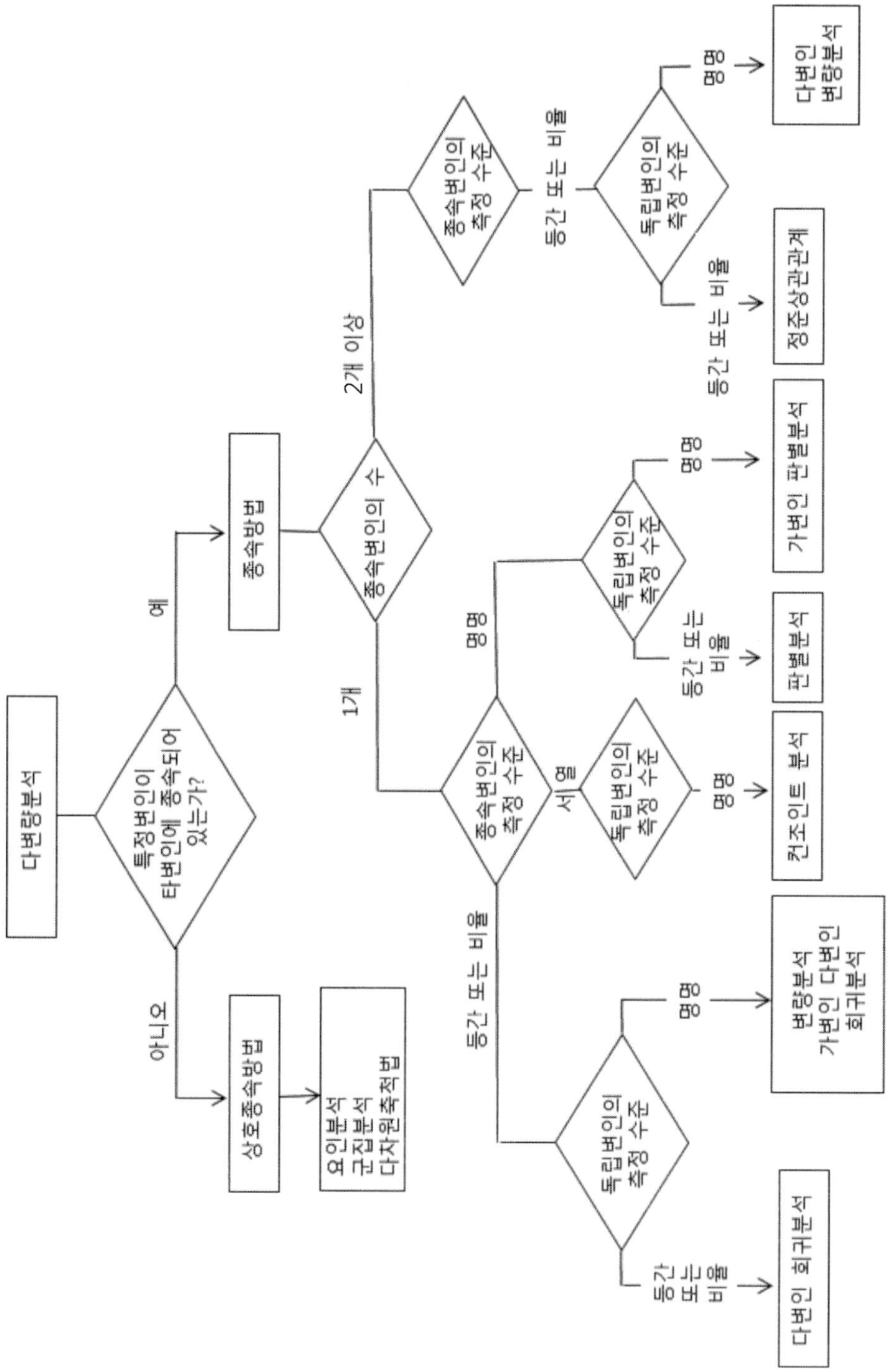

출처: 오택섭 (1990), 『사회과학 데이터 분석법』, 32쪽.

다음 장인 10장에서 설명할 다변량 분석은 종속변인의 지정 여부에 따라 크게 종속 방법(dependence method)과 상호종속 방법(interdependence method) 두 가지로 구별된다. 종속 방법은 두 개 이상의 독립변인들에 의해 예측되고 설명되는 종속변인을 지정하는 방법이다. 상호종속 방법은 변인 간의 인과관계를 전제하지 않고 두 개 이상의 변인들 간의 관계를 밝혀내는 연구에서 사용된다. 위의 〈그림 9-4〉는 다변량 분석의 구분이다.

3) 측정수준

〈표 9-1〉 자료분석에 사용되는 통계방법과 측정수준

번호	연 구 문 제	통계방법	측정수준
1	평균 TV 시청량	평균(M), 중앙치(Mdn), 최빈치(Mo)	등간, 비율 서열 명명
2	성별에 따른 의존매체의 차이	χ^2 검증	명명 명명
3	남녀 두 집단의 신문 열독량의 순위 차이	중앙치 검증, 만-위트니 U검증	명명 서열
4	남녀 두 집단 간의 신문 열독량의 차이	t-검증	명명 등간, 비율
5	교육수준 간의 TV 시청량의 차이	일원 변량분석	명명 등간, 비율
6	성별 및 교육수준에서 본 신문 열독량 차이	이원 변량분석	명명 명명 등간, 비율
7	연령과 신문 열독량 또는 교육수준과 신문 열독량의 상관관계	피어슨 상관계수	등간, 비율 등간, 비율
8	연령과 신문 열독량의 서열순위 간의 관계	스피어만의 rho	등간, 비율 서열
9	연령의 증가에 따른 TV 시청량의 변화	단순 회귀분석	등간, 비율 등간, 비율
10	연령과 교육이 TV 시청량에 미치는 영향	다변인 회귀분석	등간, 비율 등간, 비율 등간, 비율
11	두 변인군 간의 상관관계	정준상관분석	등간, 비율 등간, 비율
12	신문 열독량과 TV 시청량이 교육수준을 구분하는 기능	판별분석	등간, 비율 등간, 비율 명명
13	인물에 대한 인지도의 유형 분석	요인분석	등간, 비율 등간, 비율
14	신문 열독량과 TV 시청량에 따라 몇 개의 집단으로 분류	군집분석	등간, 비율 등간, 비율

출처: 오택섭 (1990), 『사회과학 데이터 분석법』, 33쪽 재구성.

위 〈표 9-1〉에서 연구문제를 분석할 때 주로 사용되는 통계방법의 측정수준을 제시하였다. 통계방법들은 측정수준과 관계되어 있다. 구체적으로 각 통계방법마다 사용할 수 있는 측정수준이 이미 결정되어 있다. 예를 들어 성별의 경우 대표적인 명명척도이고 TV 시청량은 절대 영점이 존재하는 비율척도이다. 〈연구문제 1〉인 평균 TV시청량은 평균(mean)과 중앙치(Mdn), 최빈치(Mo)로 알 수 있다. 시청량을 측정한 척도가 등간척도나 비율척도로 측정한 경우는 평균, 서열척도인 경우는 중앙치, 명명척도인 경우는 최빈치를 제시해줘야 한다. 이들 값은 뒤에서 자세히 설명하겠다.

〈연구문제 2에서 6〉까지는 독립변인에 따른 종속변인의 차이를 알아보는 통계방법이다. 〈연구문제 2〉의 경우 명명척도(성별)에 따른 명명척도(매체)의 차이를 알아보는 χ^2 검증이 사용된다. 〈연구문제 3〉은 명명척도(남녀 두 집단)에 따른 서열척도(열독량 순위)의 차이를 밝혀내기 위해 중앙치 검증이나 만-위트니(Mann-Whitney) U검증이 사용된다. 〈연구문제 4〉는 명명척도(남녀 두 집단)에 따른 등간척도나 비율척도(열독량)의 차이를 t-검증으로 알 수 있다. 〈연구문제 5〉는 명명척도(교육수준[16], 두 집단 이상)에 따른 등간척도나 비율척도(열독량)의 차이를 일원 변량분석(one-way ANOVA)으로 밝혀낼 수 있다. 〈연구문제 6〉의 경우 두 개의 명명척도(성별, 교육수준)에 따른 등간척도나 비율척도(열독량)의 차이를 이원 변량분석(two-way ANOVA)으로 알 수 있다.

〈연구문제 7, 8, 11〉은 독립변인과 종속변인의 상관관계를 알아보는 통계기법이다. 〈연구문제 7〉은 등간척도 또는 비율척도(연령, 교육수준[17])와 등간척도 또는 비율척도(열독량) 간의 상관관계를 피어슨 상관계수(Pearson correlation coefficient)로 검증할 수 있다. 〈연구문제 8〉에서 등간척도 또는 비율척도(연령)와 서열척도(열독량의 순위)의 상관관계를 알아볼 때 스피어만의 rho (Spearman's rho)가 사용된다. 〈연구문제 11〉은 등간척도나 비율척도로 측정된 두 집단(변인군)들 간의 상관관계를 정준상관분석(canonical correlation

16) 초등학교, 중학교, 고등학교, 대학교로 구분하여 측정

17) 초등학교를 1~6년, 중학교 7~9년, 고등학교 10~12년, 대학교 13~16년, 대학원 석사 17~18년, 박사 19~21년으로 측정.

analysis)으로 밝혀낸다.

〈연구문제 9, 10〉은 독립변인이 종속변인에 미치는 영향을 알아보는 통계방법이다. 〈연구문제 9〉는 등간척도 또는 비율척도로 측정된 하나의 독립변인(연령)이 종속변인(시청량)에 미치는 영향을 회귀분석(regression analysis)으로 밝혀낸다. 〈연구문제 10〉은 등간척도 또는 비율척도로 측정된 여러 개의 독립변인(연령, 교육)이 종속변인(시청량)에 미치는 영향을 다변인 회귀분석(multiple regression analysis)으로 알 수 있다.

그 밖에 다양한 통계방법이 활용된다. 〈연구문제 12〉에서 등간척도나 비율척도로 측정된 여러 개의 판별변인(discriminating variable, 열독량, 시청량)으로 명명척도로 측정된 종속변인(교육수준)을 구분할 수 있다. 〈연구문제 13〉은 등간척도나 비율척도로 측정된 여러 개의 변인들(인지도)의 공통인자(유형)를 요인분석(또는 인자분석)으로 찾아낸다. 〈연구문제 14〉는 등간척도나 비율척도로 측정한 두 개 이상의 분류변인(열독량, 시청량)으로 유사한 특징을 가진 집단으로 분류하는 군집분석의 예이다.

2. SPSS 패키지 소개

1) SPSS 프로그램의 이해

사회과학 연구에서 주로 사용하는 통계 프로그램인 SPSS 패키지는 Statistical Package for Social Sciences의 약자이다. 현재 대부분의 대학교와 연구소에서 IBM SPSS Statistics(이하 SPSS)을 사용하고 있다. SPSS 한국지사 사이트(www.spss.co.kr)에서 14일간 사용할 수 있는 평가판을 제공하고 있으니 관심 있는 사용자들은 이를 이용하면 된다[18].

SPSS 22 프로그램의 화면은 데이터 보기와 변수[19] 보기 두 가지 화면으로 나뉘어져 있다. 먼저 데이터 보기 화면은 관찰된 측정치를 제시해주는 화면이

18) SPSS 한국지사는 최신 버전인 IBM SPSS Statistics 22(이하 SPSS 22) 평가판을 14일간 무료로 제공하고 있다. 본 서에서 SPSS 사용법은 22 버전 한글판을 중심으로 설명하였다.

19) SPSS 프로그램에서 변인은 변수로 표현하기 때문에 본 서에서도 SPSS프로그램 설명에 있어서는 변수란 표현을 사용하기로 한다.

다. 엑셀(excel) 프로그램이나 텍스트(.txt) 파일로 저장된 데이터를 입력하면 자동으로 데이터 보기 화면에 제시된다. 변수 보기 화면은 입력된 데이터에 대한 부가적 정보를 제공해준다. 구체적으로 변인의 이름(이름)과 숫자, 날짜 등 측정 값의 유형, 텍스트 파일에서 한 변인의 넓이(너비), 소수점(소수점 이하 자리), 변인에 대한 부가적 설명(레이블), 측정 값과 명명척도로 측정된 유목의 이름(값), 무응답 처리(결측값), 측정 값의 측정 수준(척도) 등을 담고 있다. 처음 SPSS 프로그램을 구동했다면 위의 정보를 사용자가 직접 입력해야 한다. 위 두 화면을 합하여 데이터 편집기(data editor)라 부른다. 데이터 편집기를 통해 자료를 입력, 수정 저장할 뿐만 아니라 분석명령을 선택할 수 있다.

〈그림 9-5〉 IBM SPSS Statistics 22

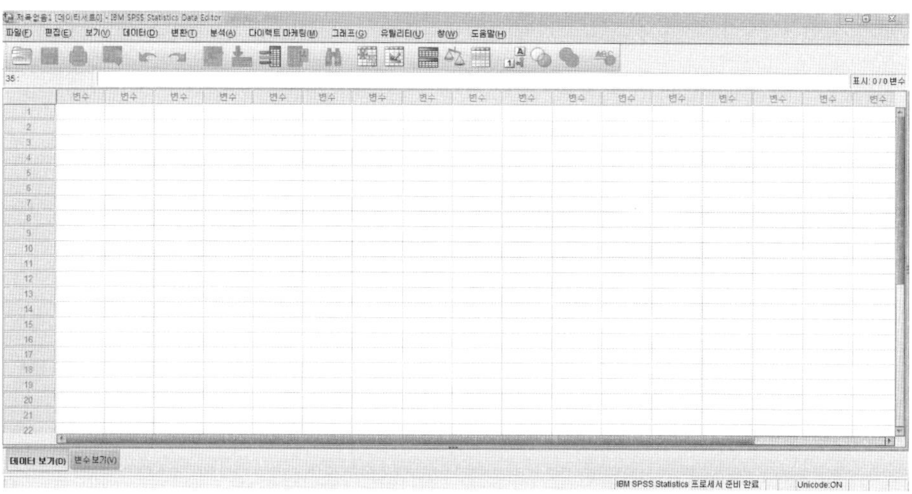

〈그림 9-5〉에 제시한 것처럼 SPSS 프로그램의 주요 기능은 데이터 편집기의 상부에 배치된 주 메뉴를 통해 이루어진다. 각 메뉴의 기능을 설명하면 다음과 같다.

① 파일(F) : 데이터 파일을 새로 만들거나, 불러오고 저장하는 등 파일을 관리하는 메뉴이다. 프로그램을 종료할 수도 있다.

② 편집(E) : 데이터를 복사하기, 오려두기, 붙이기 등 데이터를 관리하는 메뉴이다.

③ 보기(V) : 상태 표시줄이나 데이터 편집기 등 프로그램의 인터페이스를 사용자에 맞춰 조절하도록 관리하는 메뉴이다.

④ 데이터(D) : 데이터나 변수를 추가하거나 케이스를 선택하는 등 데이터를 가공하는데 필요한 기능을 관리하는 메뉴이다.

⑤ 변환(T) : 데이터를 사칙연산하거나 코딩을 변경하는 등 데이터 내에서 원자료를 가공할 때 사용되는 기능을 관리하는 메뉴이다.

⑥ 분석(A) : 빈도분석, t검증, 회귀분석 등 실제 사용되는 통계기법을 선택하여 실행하는 메뉴이다.

⑦ 다이렉트 마케팅(M) : 연락처 등과 같은 데이터를 바탕으로 다이렉트 마케팅을 실행하기 위한 자료를 준비할 수 있는 메뉴이다.

⑧ 그래프(G) : 데이터 또는 분석결과를 다양한 그래프로 제시하는 기능을 관리하는 메뉴이다.

⑨ 유틸리티(U) : 변수와 파일에 대한 정보를 확인하고 메뉴를 편집할 수 있는 기능을 관리하는 메뉴이다.

⑩ 창(W) : 현재 사용 중인 창을 관리할 수 있는 메뉴이다.

⑪ 도움말(H) : SPSS 프로그램에 관련된 궁금증을 해결할 수 있도록 매뉴얼을 제시하는 메뉴이다.

2) 자료 입력

(1) 텍스트 자료 입력

한컴오피스 한글이나 MS 워드 프로그램으로 작성된 자료를 SPSS 프로그램은 인식하지 못한다. 따라서 위 프로그램들로 작성된 데이터를 SPSS에 입력할 수 없으며, 이를 해결하려면 각 프로그램에서 '다른 이름으로 저장'을 선택하여 확장자 명을 반드시 텍스트(txt) 파일로 지정해야 한다. 메모장을 이용한 경우 바로 텍스트 파일로 저장된다.

텍스트 파일을 입력하려면 텍스트 가져오기 마법사가 필요하다. 데이터 편집기에서 '파일 → 열기 → 텍스트 데이터 읽기'를 순차적으로 누르면 아래 〈그림 9-6〉과 같은 '텍스트 가져오기 마법사'가 나타난다. 2단계에서 '고정너비로 배열'을 선택하고 4단계에서 각 변수들이 차지하고 있는 칸을 연구자가 구분해줘야 한다. 만약 아이디가 100번까지 있다면 3개의 숫자를 표시할 수 있도록 3자리가 필요하다. 숫자가 나열되어 있는 상자 안에서 커서로 각 변수를 구분하면 화살표로 표시된다. 참고로 평가판은 고정너비로 배열을 지원하지 않기 때문에 주의해야 한다.

〈그림 9-6〉 텍스트 가져오기 마법사

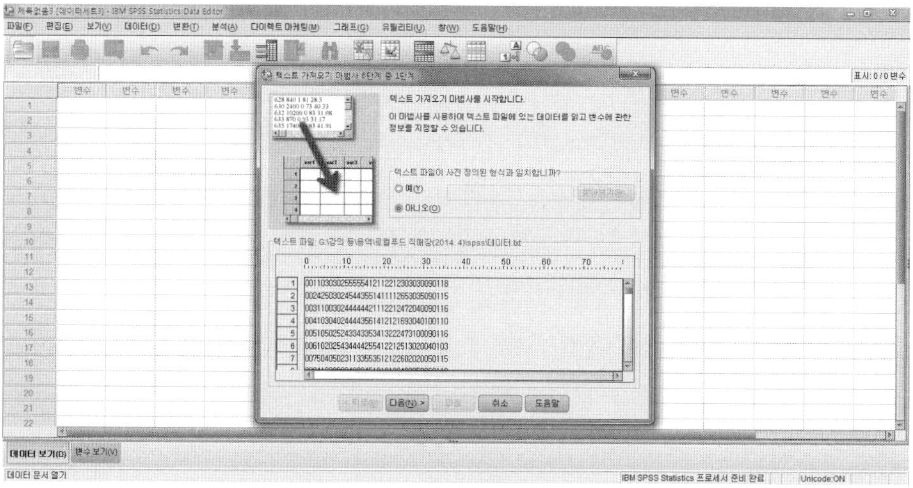

(2) sav, excel 등 데이터 입력

〈그림 9-7〉과 같이 SPSS 프로그램의 데이터 파일인 sav 또는 엑셀과 DBase, Lotus, SAS 프로그램 데이터 파일은 데이터 편집기에서 '파일 → 열기 → 데이터'에서 파일 형식을 선택하면 바로 SPSS 데이터 편집기에 입력된다. 아래 〈그림 9-8〉과 같이 SPSS 첫 화면에서 '다른 파일 열기'에서도 위와 같이 입력할 수 있다. 물론 데이터 편집기 상에서 자료를 직접 입력할 수 도 있다. 만약 확장자명이 텍스트인 파일을 선택하면 바로 텍스트 가져오기 마법사로 연결된다.

〈그림 9-7〉 데이터 입력

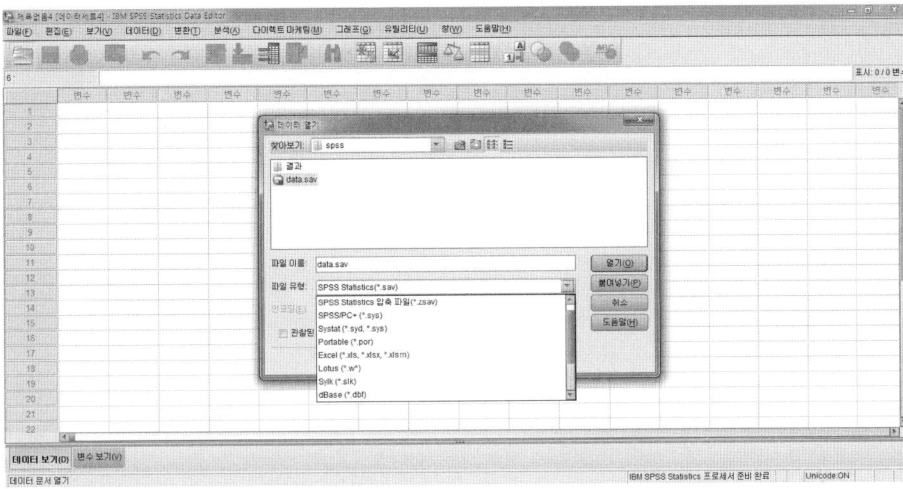

〈그림 9-8〉 IBM SPSS Statistics 22 첫 화면

3) 데이터 정의하기

이상의 과정을 거쳐 입력된 데이터는 단순히 수치들만 나열되어 있을 뿐 각각의 숫자가 가지고 있는 의미가 정의되지 않았다. 따라서 〈그림 9-9〉과 같이 변수 보기를 선택하여 각 변수를 정의해줘야 한다.

〈그림 9-9〉 변수 보기

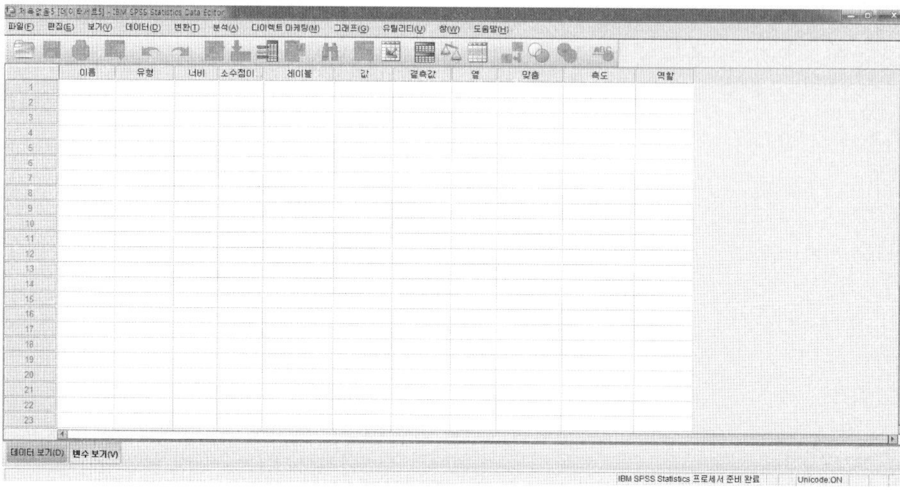

(1) 변수 정의

첫 화면을 보면 각 변수 이름이 지정되지 있지 않고 v1, v2, v3, …로 가상의 이름이 지정된 상태이다. 각 변수는 연구자가 구별할 수 있도록 이름을 명명해야 한다. 이름은 한글과 소문자 영문 모두 가능하지만 특수문자는 입력되지 않는다.

이름 옆의 유형을 클릭하면 변수의 유형을 선택할 수 있다. 일반적으로 변수는 숫자(N)이지만 변수의 특성에 따라 선택할 수 있다. 만약 날짜나 화폐인 경우 이를 선택하면 된다. 너비와 소수점은 각각 8과 2로 기본 설정되어 있다. 연구자의 필요에 따라 이를 조절할 수 있다.

〈그림 9-10〉 변수 정의

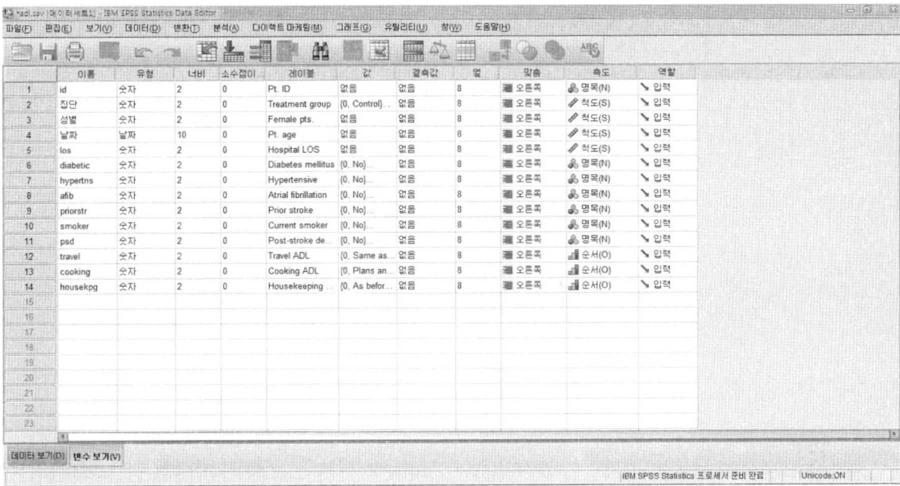

(2) 레이블 및 변수 값 입력

다음으로 변수에 대해 설명하고 변수값의 의미를 정의해야 한다. 레이블은 변수 이름에서 다 설명하지 못한 추가적인 정보를 입력할 수 있다. 다음으로 변수의 숫자가 가지고 있는 의미를 정의해야 한다. 예를 들어 성별 변수에서 1은 남성, 2는 여성으로 측정도구의 유목과 동일하게 정의해야 한다. 입력 방법은 변수별로 해당하는 칸을 클릭하면 변수값 설명 대화상자가 나타난다. 해당 설명을 입력하고 추가나 엔터를 누르고, 모든 유목에 대한 입력이 끝나면 확인을 누른다.

리커트 척도 등 동일한 문항을 반복적으로 측정한 경우가 빈번하게 발생한다. 이런 경우 동일한 변수값을 반복적으로 정의하기 때문에 복사 기능을 이용할 수 있다. 이미 입력된 값의 칸을 선택한 후 마우스의 오른쪽 버튼을 클릭하여 복사한 후 원하는 칸을 모두 선택하여 붙여 넣으면 된다.

〈그림 9-11〉 레이블 및 변수 값 입력

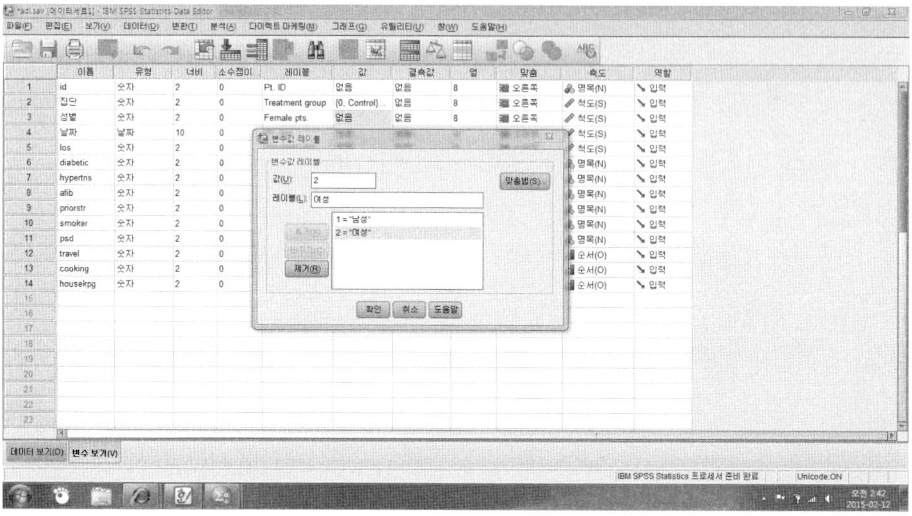

(3) 입력 오류 수정

모든 변수의 정의가 끝나면 자료에 오류가 있는지를 검토해야 한다. 데이터 보기에서 유목의 범주를 벗어난 숫자가 입력되었을 수도 있고 변수 보기에서 변수값을 잘못 지정할 수도 있다. 이를 확인하기 위해 각 변수별로 빈도분석에서 빈도표(frequency table)를 출력하여 검토해야 하다. 빈도표를 출력하는 방법은 메뉴에서 '분석 → 기술통계량 → 빈도분석'을 차례로 누른 후 왼쪽의 모든 변수를 선택하여 오른쪽으로 이동시킨 후 '빈도표 표시'를 체크하고 확인을 누른다.

만약 성별에서 연구자가 지정했던 1과 2가 아닌 3이나 4가 도출되었다면 코딩 오류이다. 이를 바로 잡기 위해서는 해당 설문지를 찾아서 설문지와 코딩이 일치하는지 확인해야 한다. 참고로 엑셀의 단축키를 SPSS에서도 사용할 수 있다. 따라서 해당 열을 선택한 후 Ctrl과 F를 동시에 누르고 대화 상자에 해당 숫자를 입력한 후 '다음 찾기'를 누르면 쉽게 찾을 수 있다. 더불어 빈도표에서 2로 정의한 여성이 숫자로 출력되지 않았다면 변수값을 잘못 지정한 경우이다. 이 경우 변수 보기에서 해당 오류를 수정하면 된다.

이와 같은 일련의 과정을 통해서도 오류를 수정하지 못했다면 잘못된 자료를 결측(missing) 처리해야 한다. 결측이란 무응답이나 잘못된 자료를 입력하지 않는 것으로 통계분석에서 제외된다. 결측값을 최극단의 수로 변환할 수도 있지만 이는 주의해서 사용해야 한다. 상관관계를 바탕으로 하는 통계기법들은 극단치에 민감하기 때문에 이에 대한 판단을 선행해야 한다.

〈그림 9-12〉 빈도표 출력

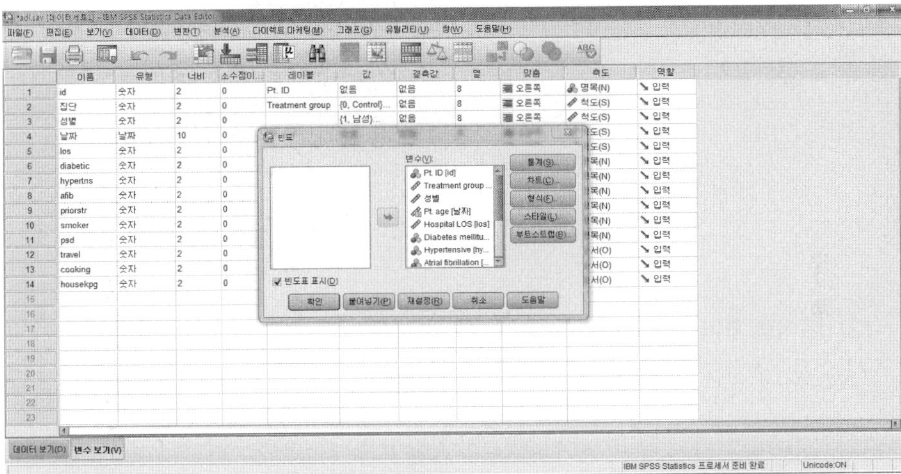

모든 과정을 거쳐 변수들이 완전히 입력되었다면 '파일 → 다른 이름으로 저장'을 선택하여 데이터를 저장한다. 이때 SPSS 프로그램의 데이터 확장자명인 '.sav'로 저장된다.

4) SPSS 화면의 종류

(1) 통계방법 명령을 위한 대화상자(dialog box)

데이터 편집기의 파일은 다양한 통계방법을 관리는 메뉴이다. 메뉴에다 통계방법을 선택하면 〈그림 9-13〉과 같은 대화상자가 나타난다. 기본적으로 SPSS 프로그램의 통계방법 대화상자는 현재 데이터 상에 존재하는 모든 변수를 왼쪽 상자로 보여주고, 이 가운데 연구자가 분석에 필요한 변인을 오른쪽 상자로 이동시키면 선택된다. 각 분석의 옵션에 필요한 부분도 제시되어 있다. 독립변인과 종속변인이 구분된 통계기법은 오른쪽 상자가 이에 맞춰 제시되며 연구자는 해당하는 변인을 옮겨주면 된다.

〈그림 9-13〉 대화상자 사례

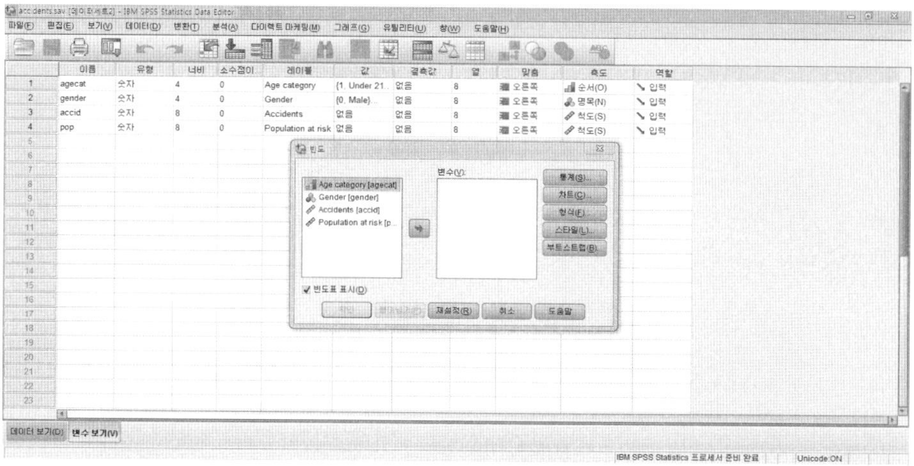

(2) 분석명령어 편집기(Syntax Editor)

위 〈그림 9-13〉에서 변수를 오른쪽 상자로 옮기면 하단의 '붙여넣기'가 활성화된다. 붙여넣기를 선택하면 필요한 통계방법을 메뉴에서 선택하지 않고 DOS 버전처럼 직접 명령어를 입력할 수 있는 분석명령어 편집기가 나타난다. 아래 〈그림 9-14〉와 같이 분석명령어 편집기는 명령어를 직접 입력할 수 있기 때문에 같은 작업을 반복하는 경우 등 다양하게 활용될 수 있다.

〈그림 9-14〉 분석명령어 편집기

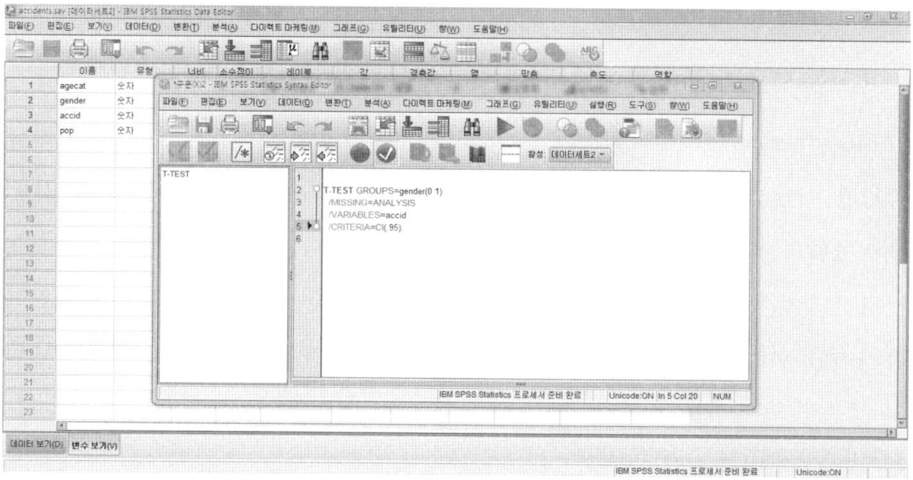

5) 데이터 변환하기

설문지와 동일한 데이터를 완성했지만 데이터를 변환해야 하는 경우가 빈번하게 발생한다. 예를 들어 학력수준은 1)중졸 이하, 2)고졸, 3)대졸, 4)대학원 이상으로 측정했지만 실제 데이터 상에 중졸 이하와 대학원 이상이 극소수만 나타났다면 이를 고졸 이하와 대학 이상으로 변환해야 한다. 분석과정에서 데이터를 변화하는 방법을 살펴보겠다.

(1) 코딩변경(Recode)

기존 변수값을 새로운 값으로 단순하게 변경하는 방법에는 '같은 변수로 코딩 변경'과 '다른 변수로 코딩 변경' 두 가지 방법이 있다. 먼저 같은 변수로 코딩 변경은 데이터 편집기에서 '변환 → 같은 변수로 코딩 변경'을 누르면 아래 〈그림 9-15〉에서 왼쪽에 위치한 상자가 나타나고 변경할 변수를 선택한 후 '기존 값 및 새로운 값'을 누르면 오른쪽의 상자가 나타난다. 오른쪽 상자에서 변경 전 데이터 값을 왼쪽 기존 값에 입력하고 변경 후 값을 오른쪽 '새로운 값'에 입력하고 '추가'를 누르면 하나씩 입력된다. 변경을 원하는 값의 입력을 마쳤다면 오른쪽 상자의 계속을 누르면 왼쪽 상자가 다시 활성화되고 확인을 누르면 변경이 완료된다. 같은 변수로 코딩 변경을 할 때 주의할 점은 원 데이터 값을 변경하는 것이기 때문에 복구가 불가능할 수도 있다는 점이다.

〈그림 9-15〉 같은 변수로 코딩 변경

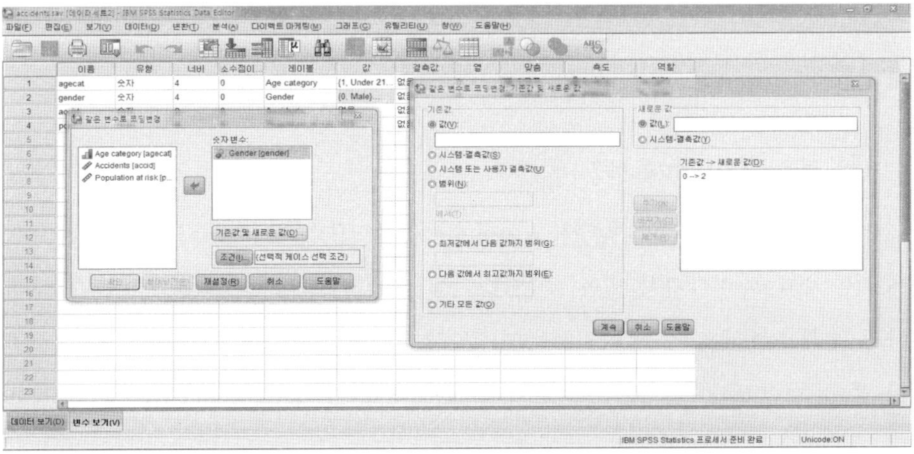

위와 같은 문제를 보완하기 위해 변경된 데이터 값을 새로운 변수로 추가할 수 있다. 다른 변수로 코딩 변경방법은 데이터 편집기에서 '변환 → 다른 변수로 코딩 변경'을 누르면 아래 〈그림 9-16〉에서 왼쪽에 위치한 상자가 나타난다. 변경할 변수를 선택한 후 추가될 새로운 변수의 이름을 결과변수에 입력하고 바꾸기를 눌러야 한다. 같은 변수 코딩 변경과 마찬가지로 '기존 값 및 새로운 값'을 누르면 오른쪽의 상자가 나타나고, 동일한 방법으로 데이터 값을 변경하면 된다. 이 때 주의할 점은 변경하지 않고 그대로 사용하는 값을 지정해주지 않으면 새로운 변수로 옮겨지지 않는다. 따라서 변경하지 않는 값을 기존 값에 입력하고 새로운 값에서 기존 값 복사를 추가시켜야 한다. 만약 특정 값을 결측 처리하고 싶다면 새로운 값에서 시스템-결측값을 선택하면 된다.

〈그림 9-16〉 다른 변수로 코딩 변경

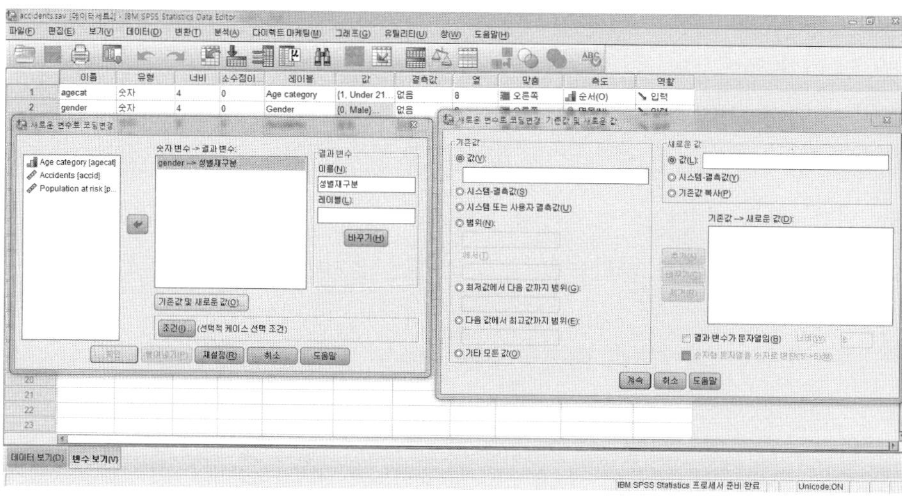

(2) 변수계산(Compute)

변수계산을 이용하면 단순한 데이터 값의 변환뿐만 아니라 사칙연산 등 계산식으로 새로운 변수값을 만들 수 있다. 대상변수에 새로운 변수의 이름을 부여하고 숫자표현식에 계산식을 만들면 그 식에 의한 새로운 변수가 추가된다. 예를 들어 중간고사 성적과 기말고사 성적을 합하여 학기 평균을 만들고 싶다면 대상변수에 학기평균이라고 입력하고 숫자표현식에 (중간고사 + 기말고사)/2를 입력한 후 확인을 누르면 된다.

〈그림 9-17〉 변수계산

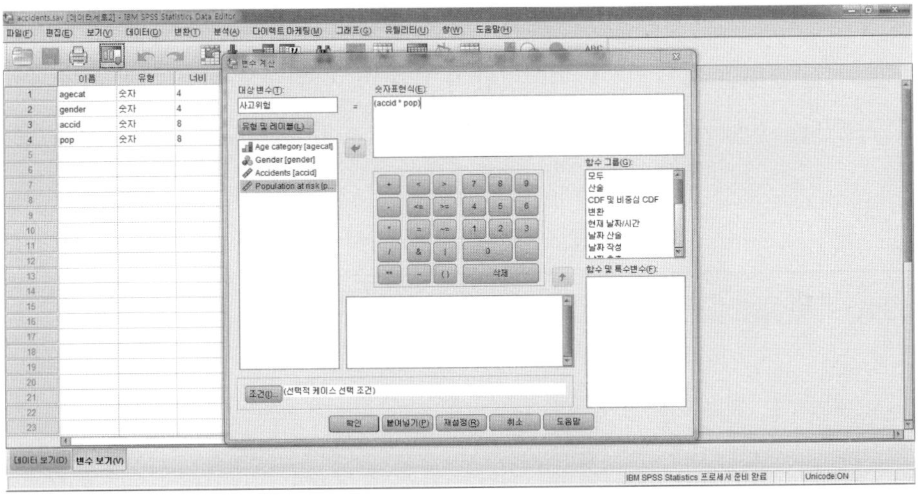

3. 통계의 기초

1) 기술통계

기술통계는 수로 측정된 자료의 특성을 요약·기술하여 쉽게 설명하는 역할을 한다. 가령 한 고등학교의 수학 수준을 알고 싶은 경우 개별 학생의 수학점수를 일일이 확인하기 보다는 그 학교의 평균 수학점수를 확인한다면 학생들의 수학 수준을 손쉽게 파악할 수 있다. 기술통계는 빈도분포와 집중경향, 분산 등이 있다.

(1) 빈도분포

빈도는 각 유목에 속한 사례 수이고, 백분율은 빈도가 전체 사례 수에서 차지하는 비율이다. 빈도분포는 측정된 값을 크기의 순서대로 나열한 다음 각 측정치에 해당하는 응답 수를 빈도로 나타낸 것이다. 아래 〈표 9-2〉는 빈도분포의 사례를 나타낸 것이다. 빈도분포로 정리하면 응답의 패턴을 파악할 수 있다. 일반적으로 빈도분포표는 세 개의 열로 제시된다. 왼쪽 열은 변인의 값을 표시하고, 다음 열은 각 변인의 발생 빈도를 제시한다. 마지막으로 오른쪽 열은 빈도의 백분율을 제시해준다. 백분율은 빈도들을 비교할 수 있게 해준다. 명명척도의 경우 유목에 따라 빈도를 제시하고, 서열척도 이상의 경우 일정한 구간으로 묶어 집단으로 제시할 수 있다. 대표적인 집단분류가 상, 중, 하 등 정도에 따른 구분이다. 연령의 경우 1년 단위이지만 이를 10년 단위로 묶어 세대별로 제시할 수도 있다.

〈표 9-2〉 빈도분포 사례

구 분		빈도(N)	%
성별	남성	237	58.7
	여성	167	41.3
연령	20~29세	147	36.4
	30~39세	143	35.4
	40세 이상	114	28.2
월 소득	200만 원 이하	76	18.8
	201~300만 원	86	21.3
	301~400만 원	53	13.1
	401~500만 원	92	22.8
	501만 원 이상	97	24.0
전 체		404	100.0

(2) 집중경향

집중경향(central tendency)은 전체 분포를 대표하는 값으로 변인의 특징을 요약해 준다. 대표 값은 측정된 척도의 유형에 따라 평균과 중앙치, 최빈치 등 3가지로 구분된다. 일반적으로 평균(mean)이라 하면 산술평균을 지칭한다. 평균은 한 분포 내에서 모든 측정값들을 합한 후 전체 사례수로 나눈 값이다. 등간척도나 비율척도로 측정된 경우 평균을 대푯값으로 제시한다. 평균을 나타내는 기호는 개별 점수(X)와 구분하는 경우 $\overline{X}$('엑스 바'로 읽음)로 표시하고, 구분하지 않을 때는 일반적으로 M으로 표시하며, 모집단의 평균은 μ(mu, '뮤'로 발음)로 표시한다. 개별 점수로부터 평균 값을 뺀 값을 모두 합하면 0이 된다. 즉, 편차의 총합은 0이다. 이를 수식으로 나타내면 $\Sigma(X-M)=0$으로 표현된다. 또한 평균은 극단치(extreme scores)에 매우 민감하다. 평균은 각 수치들의 무게중심으로 균형점 역할을 수행하는데 다른 값들보다 상대적으로 멀리 떨어져 있는 수치가 있을 경우 균형 값이 크게 이동 이동하게 된다. 예를 들어 네 사람으로 구성된 집단성원의 키가 각각 178cm, 175cm, 173cm, 181cm일 경우의 평균값은 176.75cm이다. 그러나 이 집단에 205cm인 농구선수가 들어오면 평균값은 182.4cm로 크게 오르고, 반대로 150cm의 단신이 들어오게 되면 평균값은 171.4cm로 크게 줄어들고 만다. 이처럼 소수의 극단치가 존재하는 겨우 평균값은 크게 왜곡되기 때문에 분포를 대표하기가 어렵다. 마지막으로 평균을 기준으로 얻은 편차의 자승합 즉, 편차를 모두 합한 후 자승한 $\Sigma(X-M)^2$은 다른 점수를 기준으로 얻은 편차의 자승합보다 항상 적다.

중앙치(median)는 분포 내에서 전체 사례(N)를 양분하는 가운데 값이다. 즉, 값들이 순서대로 나열되어 있는 경우 제일 가운데에 해당되는 값이다. 따라서 서열척도의 경우 중앙치가 대푯값이다. 중앙치를 나타내는 기호는 Mdn이다. 중앙치가 31일 경우 Mdn=31로 표현한다.

최빈치(mode)는 한 분포 내에서 빈도가 가장 높은 즉, 가장 많이 측정된 값이다. 명명척도로 측정된 경우 최빈치가 분포의 특성을 나타내주는 대표 값이다. 명명척도는 응답자가 어떤 유목에 속하는지만을 표현한다. 따라서 최빈치는 어떠한 유목에 가장 많은 응답자가 포함되는지를 알려준다. 기호로 나타내면 Mo이고 만약 최빈치가 25라면 Mo=25라고 적는다.

(3) 분산도

마지막 기술통계 유형은 분산도(dispersion)이다. 집중경향이 분포를 대표하는 점수를 의미한다면 분산도는 점수들이 대표 값을 중심으로 퍼져있는 정도를 의미한다. 즉, 중심 값을 기준으로 넓게 퍼져있는지 아니면 밀집되어 있는지를 알려준다.

분산도는 범위(range)와 분산 또는 변량(variance) 및 표준편차(standard deviation)가 있다. 분산도를 나타내는 값 가운데 범위가 가장 간단하다. 범위는 최대 값과 최소 값을 뺀 값이다. 예를 들어 최대 값이 120이고, 최소값이 50이라면 범위는 70이 된다. 범위는 최대값과 최소값의 거리만 제시할 뿐 그 사이에 위치한 값들의 거리를 알려주지 않는다.

5장에서 설명한 바와 같이 분산(변량)은 평균 값으로 부터 개별 값들이 퍼져있는 정도를 의미한다. 분산 값이 작을수록 동질적 집단이고, 분산 값이 클수록 이질적 집단이다. 분산을 구하려면 우선 평균에서 개별 점수를 빼야 한다. 이를 합하여 분산을 계산하게 된다. 하지만 평균과 개별 점수 차의 합은 항상 0이기 때문에 집단의 동질성 정도를 확인할 수 없을 뿐만 아니라 집단 간 비교가 불가능하다. 이를 해결하기 위해 평균과 개별 측정치의 차이를 제곱한 후 이를 모두 더한다. 이를 제곱의 합이라 부른다. 분산을 구하기 위해 다시 제곱 합의 평균을 구한다. 이를 평균 제곱의 합(mean square)라 한다. 즉 분산과 평균 제곱의 합은 같은 의미이다.

표준편차는 분산을 제곱근 한 값이다. 위에서 분산을 계산할 때, 평균과 개별 측정치의 차이에 제곱해서 계산했기 때문에 이를 원 점수로 환원하기 위해서는 제곱근($\sqrt{\ }$)을 씌워야 한다. 이와 같은 표준편차를 통하여 집단의 동질성 정도를 계산할 수 있고, 집단 간 차이를 비교할 수 있다. 편차 및 표준편차의 계산방식 등에 대해서는 앞의 5장에서 이미 자세히 설명했다. 이를 참고하기 바란다.

표준편차를 이해했다면 표준점수(Z Score)를 알아둘 필요가 있다. 몸무게 1,000㎏의 코끼리와 70㎏의 사람이 있다고 하자. 이 둘 가운데 누가 더 무거운가에 대한 답을 해보자. 둘을 단순 비교하면 당연히 코끼리가 사람보다 930㎏ 더 무겁다고 답할 것이다. 하지만 코끼리 집단과 사람 집단의 평균 몸무게가 서로 다르다. 따라서 이 둘을 비교하기 위해서는 표준편차를 사용해야 한다. 코끼리와 사람을 비교할 경우, 이질적 대상이기 때문에 표준화된 측정도구(표준편차)를 사용하여 표준점수를 계산해야 한다. 표준점수는 집단의 평균을 0으로 하고 표준편차를 1로 하는 분포를 의미한다. 쉽게 설명하면 개별 측정치가 평균으로부터 떨어진 정도를 표준편차의 단위로 변환하는 것이다. 표준점수의 값을 구하는 공식은 다음과 같다.

$$z = \frac{X - \overline{X}}{S}$$

z = 신뢰수준에 해당하는 z값(표준점수)
S = 표준편차
X = 원 측정치
$\overline{X}$ = 평균

2) 빈도분석 SPSS 실행방법

데이터 편집기에서 '메뉴 → 기술통계 → 빈도'를 누른다.

〈그림 9-18〉 빈도분석 실행 1

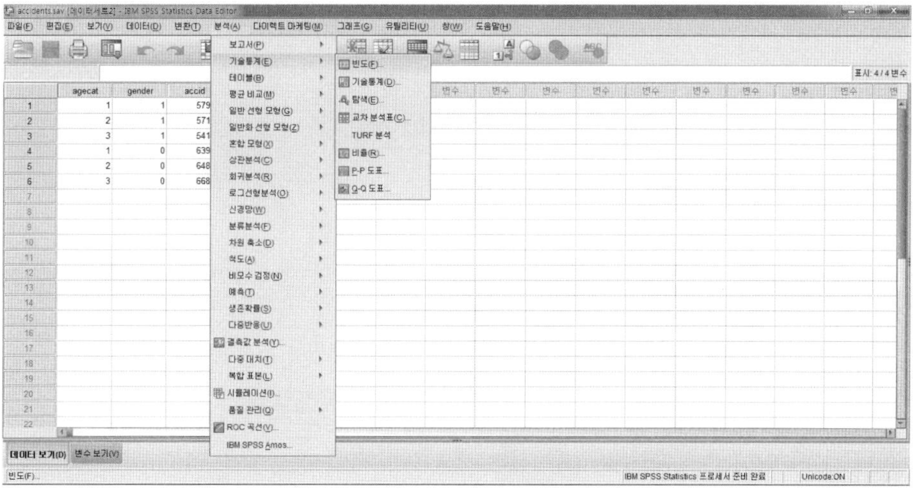

대화상자에서 분석할 변수를 왼쪽에서 오른쪽 상자로 옮긴다.

〈그림 9-19〉 빈도분석 실행 2

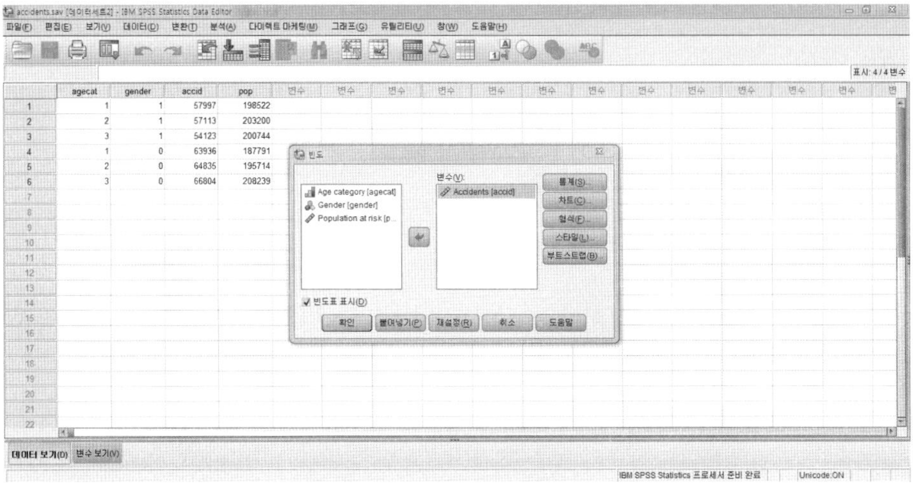

통계를 누른 후 '평균', '중위수', '표준편차', '외도', '첨도' 등 분석에 필요한 값을 체크한다. 계속을 누르면 전 단계로 돌아간다. 만약 도표가 필요하면 차트를 누른 후 필요한 유형에 체크하고 계속을 누른다.

〈그림 9-20〉 빈도분석 실행 3

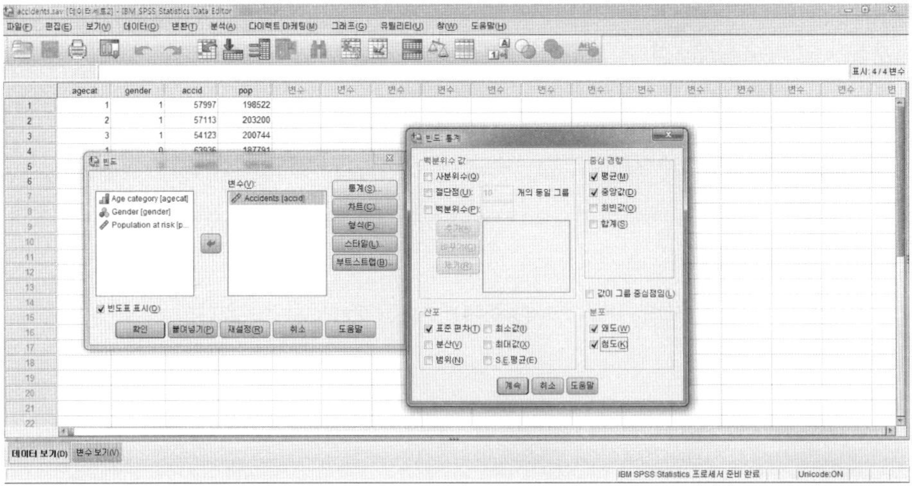

마지막으로 대화상자에서 확인을 누르면 분석결과가 새로운 창으로 나타난다.

〈그림 9-21〉 빈도분석 결과

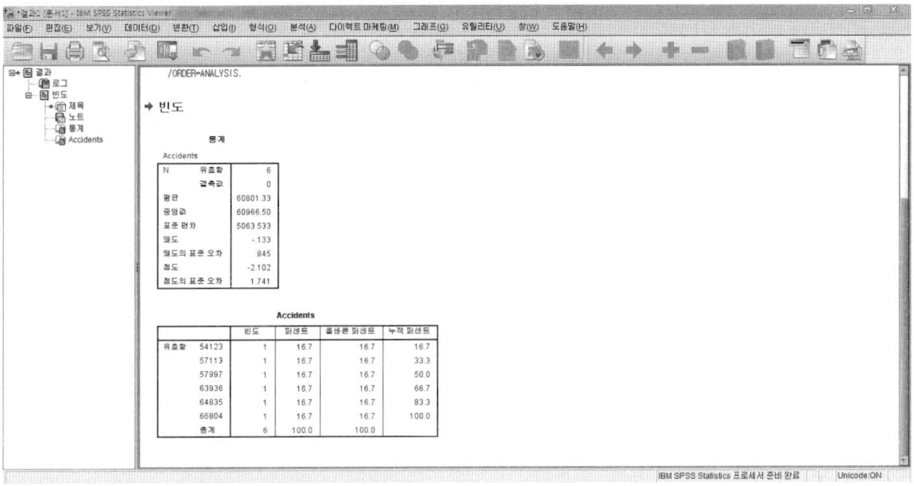

3) 비모수 통계와 모수 통계

통계방법은 변인을 측정한 척도수준과 모집단에 대한 정보수준에 따라 비모수 통계(non parametric statistics)와 모수 통계(parametric statistics)로 나뉜다. 비모수 통계는 모집단의 정보와 분포형태가 충분하지 않고, 측정된 척도수준이 명명척도나 서열척도인 자료를 분석하는 통계방법이다. 모수 통계는 모집단의 정보와 분포형태가 충분하고, 등간척도와 비율척도로 변인을 측정한 자료를 분석하는 통계방법이다. 비모수 통계는 모집단에 대한 정보가 부족하기 때문에 유보적 결론을 도출하기 때문에 그 결과를 일반화시킬 수 없는 한계를 지니고 있다. 모집단의 분포형태에 대해 비모수 통계는 정규분포를 가정하지 않지만, 모수 통계는 정규분포를 가정한다. 비모수 통계의 한계에도 불구하고 사회과학연구에서 모집단에 대한 충분한 정보를 획득하기 어렵고, 등간, 비율척도로 측정하기 어려운 현실 때문에 비모수 통계가 자주 사용된다.

4. χ^2 검증(chi-square)

1) χ^2 검증 원리

사회과학 연구에서 문항 간 교차비교를 통해 독립변인과 종속변인의 차이를 검증하는 경우가 많다. 일반적으로 이를 알아보는 방법이 χ^2 검증이다. χ^2 검증은 명명척도로 측정된 독립변인과 역시 명명척도로 측정된 독립변인의 관찰빈도(observed frequency)와 기대빈도(expected frequency)를 비교하여 가설을 검증한다. 서열척도 이상의 척도도 χ^2검증을 사용할 수 있지만 더 적합한 다른 통계방법들을 사용하는 것이 바람직하다.

〈표 9-3〉 χ^2검증 사용조건

	변인 수	측정수준
독립변인	1개	명명척도(서열척도도 가능)
종속변인	1개	명명척도(서열척도도 가능)

〈표 9-4〉 χ^2검증의 연구문제들

- 성별(남 녀)에 따라 주정보원(신문, TV, 라디오, 인터넷, SNS)은 차이가 있는가?
- 지역별(서울, 경기, 충청, 전라, 경상, 강원) 지지정당(새누리당, 새정치민주연합, 진보정당, 기타)은 차이가 있는가?
- 세대별(10대, 20대, 30대, 40대, 50대 이상) 선호하는 음식(한식, 중식, 일식, 양식, 기타)은 차이가 있는가?

χ^2 검증의 기본 원리는 관찰빈도와 기대빈도의 차이를 바탕으로 가설을 검증한다. 예를 들어 표본 200명을 대상으로 개헌에 대한 찬반 의견을 물었을 경우, 기대빈도는 찬성 100명, 반대 100명이다. 그런데 조사결과 관찰빈도는 찬성 150명, 반대 50명으로 나타났다면 두 값을 비교하여 이러한 차이가 지니고 있는 의미를 해석하면 된다.

한 집단 내 유목 간의 빈도 차이를 검증할 때 단일표본의 χ^2 검증이 사용되고, 둘 이상의 집단에서 유목 간의 빈도 차이를 검증하는데는 분할표(contingency table) χ^2 검증이 사용된다. 단일 표본의 χ^2 검증은 차이를 검증하므로 카이자승 적합도(chi-square goodness of fit) 검증이라도 부른다. χ^2 검증의 계산 공식은 다음과 같다.

$$x^2 = \sum \frac{(O_i - E_i)^2}{E_i}$$

O_i=관찰빈도
E_i=기대빈도

χ^2 값을 알면 적합도 검증을 거쳐 이 값의 통계적 유의도를 판단해야 한다. 관찰빈도와 기대빈도의 차이가 커질수록 χ^2 값도 커진다. 반면 χ^2 값이 커질수록 유의확률은 작아진다. 따라서 χ^2 값이 커질수록 유의확률은 0.05보다 작아지므로 영가설이 기각되고 연구가설이 지지된다.

χ^2 값을 해석할 때 자유도(degree of freedom, df)를 함께 사용해야 한다. 자유도란 전체 표본 가운데 개별 정보를 가진 사례 수가 몇 개인지를 보여주는 값이다. 예를 들어 10명의 표본에서 각자 개별 정보를 가지고 있다면 자유도는 10이 아니고 9이다. 그 이유는 10명 가운데 9명의 정보를 알고 있다면 나머지 1명의 정보는 자연스럽게 알 수 있기 때문이다. 자유도를 다른 말로 정의하면 일정한 조건에 따라 자유롭게 변하는 점수이다. 만약 A와 B의 스마트폰 이용시간을 측정하였다면 2명이 개별 정보를 가지기 때문에 자유도는 2이다. 하지만 둘의 합이 4시간이 되도록 일정한 조건으로 제한하면 둘 중 한명의 값을 알면 나머지 한명의 값을 자연스럽게 알 수 있다. 이를 종합하면 표본의 측정치 총합과 평균을 알고 있다면 마지막 한명의 값은 다른 사례들의 값에 따라 이미 결정되어 있다. 따라서 자유도는 전체 사례 수에서 1을 뺀다. 이를 수학적으로 표현하면 $df = N - 1$이다. 만약 분석대상이 두 집단이라면 각 집단의 유목마다 셀(cell)로 나뉘기 때문에 자유도는 $(N_1 - 1) \times (N_2 - 1)$ 가 된다.

자유도의 개념을 이해했다면 실제 χ^2를 활용해 보자. 어느 학생이 기말고사 결과 10등을 했다고 가정해보자. 그런데 그 학생이 500명 중 가운데 10등을 했다면 상위권 성적이겠지만, 20명 가운데 10등이면 중위권에 불과하다. 이와 같이 특정 값의 의미를 판단하려면 전체 사례 수를 알아야 한다. 마찬가지로 χ^2 값의 의미를 파악하려면 정보를 가지고 있는 사례 수, 즉 자유도를 알아야 한다. χ^2 분석에서는 자유도와 유의수준에 따라 χ^2 값의 의미가 달라진다. 만약 유의확률을 0.05(p=.05)로 결정했고, 자유도가 1이라면 χ^2값은 3.841보다 커야 영가설이 기각되고 연구가설이 지지된다(부록 3 참조). 위와 같은 통계적 활용을 종합하면 표본의 크기인 자유도에 따라서 유의확률의 지표가 달라진다.

그런데 χ^2 검증을 이용할 때 유의해야 할 점이 있다. 먼저 셀의 수가 많아질수록 또는 사례수가 적을수록 χ^2 값이 커진다. 셀의 수가 많아질수록 기대빈도가 낮아지기 때문에 관찰빈도와의 차이는 벌어진다. 따라서 각 셀의 기대빈도가 5이상이어야 한다. 만약 기대빈도가 5 미만인 칸이 전체 셀의 20% 이상인 경우, χ^2 값을 신뢰할 수 없다. 따라서 이를 해결하기 위해 특정 셀의 빈도가 낮은 경우 유사한 셀과 합하던지 아니면 분석에서 제외해야 한다. 더불어 표본 수를 늘려 충분한 응답을 확보해야 한다. 만약 표본의 수가 충분하지 않아 5 미만인 셀이 20%가 넘는다면 Fisher의 정확확률 검증(Fisher's exact probability test)을 사용해야 한다.

2) χ^2 검증 SPSS 실행방법

데이터 편집기에서 '메뉴 → 기술통계 → 교차 분석표'를 누른다.

〈그림 9-22〉 χ^2 검증 실행 1

대화상자에서 독립변인을 열로, 종속변인을 행으로 옮긴다.

〈그림 9-23〉 χ^2 검증 실행 2

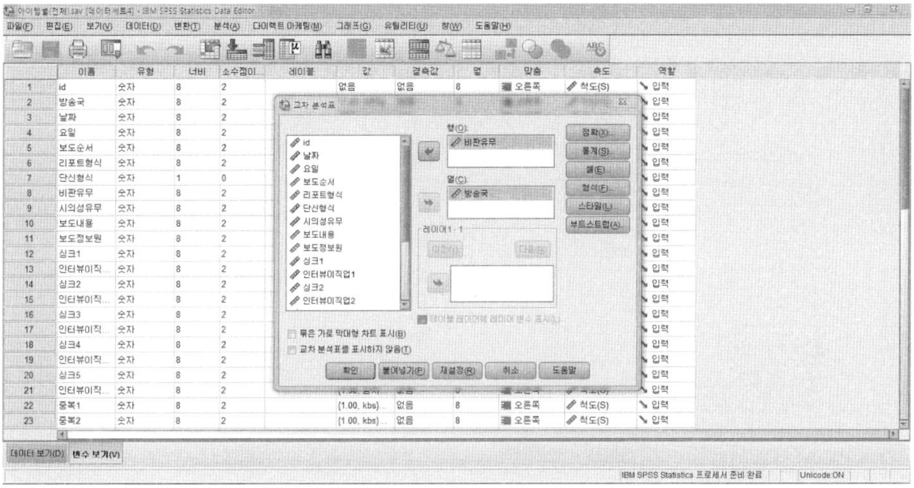

통계량을 선택하여 '카이제곱'과 '람다' 등 필요한 통계량을 체크한 후 계속을 눌러 전단계로 돌아간다.

〈그림 9-24〉 χ^2 검증 실행 3

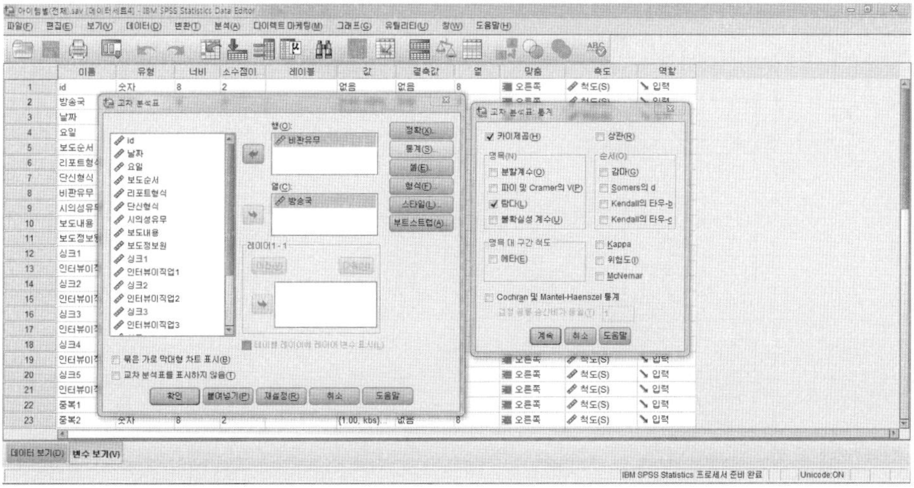

셀을 선택한 후 '관찰빈도'와 '열'을 체크한 후 계속을 눌러 전단계로 돌아간다.

〈그림 9-25〉 χ^2 검증 실행 4

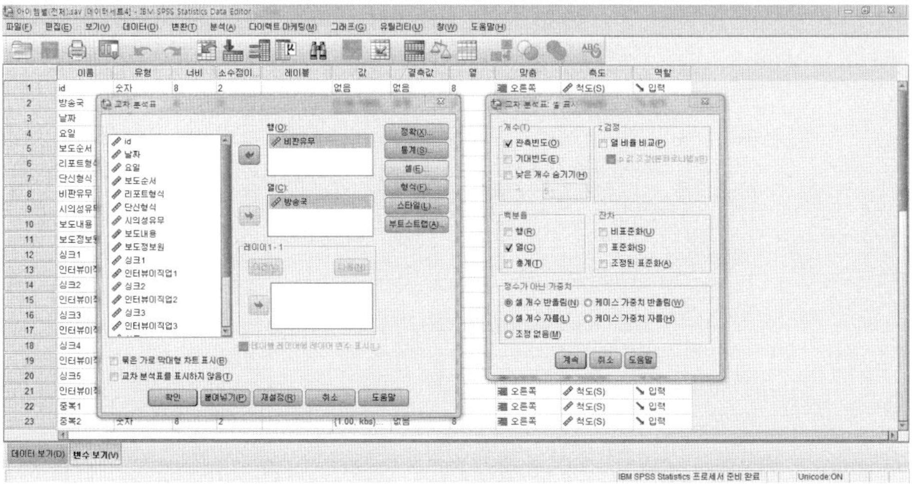

대화상자에서 확인을 누르면 χ^2 검증 결과가 제시된다.

〈그림 9-26〉 χ^2 검증 결과

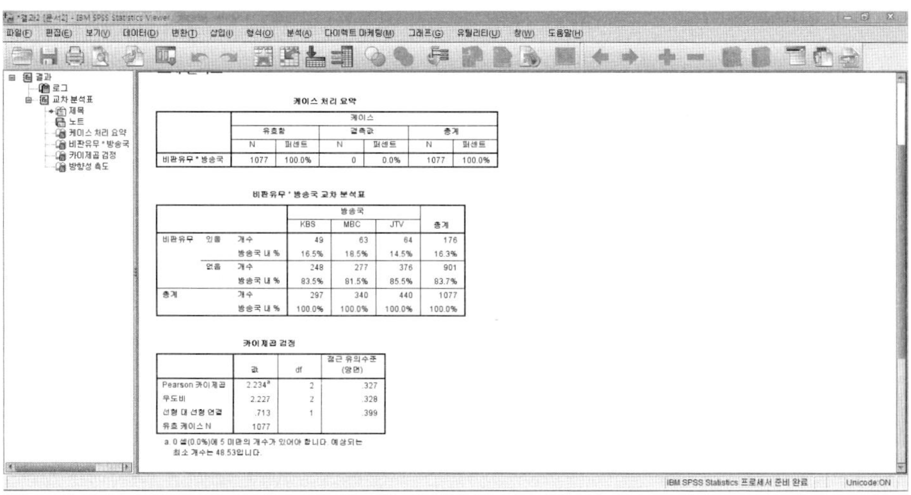

5. t검증($t-test$)

1) t검증 원리

t검증은 명명척도로 측정된 유목이 2개인 독립변인과 등간척도 또는 비율척도로 측정된 종속변인 간의 관계를 분석하는 통계방법이다. 구체적으로 두 집단 간 평균의 차이를 검증한다. t 검증은 반드시 두 집단 간의 차이만을 검증할 수 있다. 예를 들어 남과 여, 실험집단과 통제집단, 자극 처치 전과 후 등 독립변인이 두 집단이다. t 값을 구하는 공식은 다음과 같다.

$$t = \frac{M_1 - M_2}{S_{diff}}$$

M_1과 M_2 = 표본 평균
S_{diff} = 평균 간 표준오차

표본 점수의 분산도(variation)가 커질수록 분모인 평균 간 표준오차는 커지고 t 값은 작아진다. 평균 간 표준오차가 표본 변량의 영향을 받기 때문에 t 검증에서도 자유도는 중요한 개념이다. t 검증은 두 집단의 평균을 비교하기 때문에 자유도는 $(N_1 - 1) + (N_2 - 1)$, 즉, $N_1 + N_2 - 2$ 이다. 만약 자유도가 20이고 t 값이 1.85라면, 이는 t분포에서 자유도 20의 유의확률 0.05(t=1.725)에서 0.025(t=2.086) 사이에 위치한다(부록 참조). 이는 $0.025 < p < 0.05$를 의미하고 $p < 0.05$로 표현한다. 즉, t 값 1.85는 유의확률 0.05보다 작기 때문에 영가설이 기각되고 연구가설이 지지된다.

t 분포는 표본의 수가 30 이상이면 정규분포 곡선을 이루는 것으로 가정한다. 집단의 표본의 크기가 30이상이면 표본 평균의 표본분포는 모집단의 평균과 분산에 따르기 때문에 정규분포와 비슷하게 된다. 아울러 5장에서 설명한 바와 같이 중앙집중한계의 정리(central limit theorem)[20]에 따르면 모집단이 정규본

---

20) 중앙집중한계의 정리란 만약 일정한 사례수 N을 갖는 표본(예를 들어 500명의 표본)을 무선적으로 반복해서 전집(모집단)으로부터 연속적으로 추출하여 그 결과로 얻어지는 평균값의 표집분포는 정규분포에 가까워지며(비록 전집이 정규분포가 아니더라도 표본 평균값의 표집분포는 정규분포에 가깝다), 또한 평균의 표집분포의 평균값은 모집단의 평균값에 가까워진다는 원리이다.

포를 이루고 있지 않지만 표본의 수가 충분히 크다면 표집분포는 정규분포를 따른다. t 분포에서는 표본의 수가 적을수록 t 값이 커지며, 역으로 표본의 수가 많을수록 t 값이 작아도 t 분포를 만족시킬 수 있다.

t검증의 특성을 요약하면 다음과 같다(오택섭, 1990, 155쪽). 첫째, 집단 간 평균의 차이가 커질수록 t 값도 커진다. 둘째, t 값이 커질수록 t분포 상 확률값(p)은 작아진다. 마지막으로 표본의 분산도(variability)가 커질수록 t 값은 작아진다. 결국 p 값이 요구하는 t값이 커져서 유의수준을 만족시키기 어려워진다.

〈표 9-5〉 독립표본 t검증 사용조건

	변인 수	측정수준
독립변인	1개	명명척도(유목이 2개이어야 함)
종속변인	1개	등간, 비율척도

기본적으로 t 검증은 양방향(two tail) 검증을 실시한다. 일반적으로 t 검증이 사용되는 연구가설은 방향성을 제시하지 않고 "집단 간 차이가 있을 것이다"로 진술한다. 즉, 두 집단 간의 차이를 검증하므로 양방향 검증이다. 만약 한 집단에 대한 방향성을 제시하면 일방향(one tail) 검증된다. 가설 "성별에 따라 드라마 시청 시간은 차이가 있을 것이다"는 양방향 검증이고, "여성이 남성보다 드라마를 더 많이 시청할 것이다"는 일방향 검증이다. 일방향 검증 값은 t 검증결과의 확률 값을 2로 나누면 된다.

t검증의 종류는 표본의 할당방법을 기준으로 일표본 t 검증(one sample t-test), 대응표본 t 검증(paired sample t-test), 독립표본 t 검증(independent sample t-test)의 세 가지로 나뉜다. 기본적으로 t 검증은 두 집단의 평균을 비교해야 하지만, 한 집단에 대해서는 이미 조사된 결과가 있을 때는 그 기존결과를 이용하고 나머지 한 집단만을 대상으로 측정하여 일표본 t검증을 사용한다.

〈표 9-6〉 일표본 t검증의 연구문제들

- 한국과 일본 대학생들의 피설득성향이 다른가?
(일본의 경우 기존연구결과가 있기 때문에 한국에서만 조사하여 한국과 일본 대학생들의 평균값을 비교분석)
- 남북한 초등학생들의 평균 신장에 차이가 있는가?
(북한 초등학생들의 평균 신장 값을 갖고 있을 경우 남한 초등학생들만을 조사하여 평균값을 비교분석)

대응표본 t 검증은 동일한 응답자를 대상으로 두 시점에서 측정한 값을 비교하는 방법이다. 실험연구가 대표적인 대응표본 t 검증의 사례이다. 구체적으로 연구자는 실험처치 전후의 사전검사와 사후검사를 짝으로 평균차이를 알아봄으로써 실험처치 효과를 검증할 수 있다.

〈표 9-7〉 대응표본 t검증의 연구문제들

- 청소년들이 스마트폰을 사용한 전후로 학업성적이 달라지는가?
- 금연교육을 받은 전후로 흡연에 대한 인식에 차이가 있는가?
- 자율야구 도입 전후로 프로구단의 성적이 달라지는가?
- 유학 전후로 중국 유학생들의 한국에 대한 호감도가 달라지는가?

독립표본 t 검증은 서로 배타적으로 소속된 두 집단의 평균을 비교하는 방법이다. 대표적으로 실험집단과 통제집단을 비교할 때 독립표본 t 검증을 사용한다. 뿐만 아니라 남성과 여성의 차이, 중학생과 고등학생의 차이 등 서로 중복되지 않는 두 집단 간 차이를 검증할 수 있다. 독립표본 t 검증의 경우, 먼저 각 집단이 동일한 집단인지를 검증해야 한다. 각 집단이 정규분포를 이루는 동일한 집단인지를 알아보는 방법이 레빈의 검증(Levene's test)이다. 레빈의 검증은 등분산의 영가설을 검증한다. 따라서 가설은 "두 집단의 모집단이 다르고 등분산되지 않았다"이고, 영가설은 "두 집단의 모집단이 같고 등분산 되었다"이다.

레빈의 검증 결과, 유의확률이 0.05 이하로 유의미하면 연구가설을 받아들여 〈등분산이 가정되지 않음〉의 t 값을 제시하고, 유의하지 않으면 영가설을 받아들여 〈등분산이 가정됨〉의 t 값을 제시한다.

〈표 9-8〉 독립표본 t검증의 연구문제들

- 성별(남 녀)에 따라 TV시청시간이 다른가?
- 교육수준별(고졸이하, 대학 이상) SNS이용시간이 다른가?
- 한국과 미국 청소년들의 IQ는 차이가 있는가?

2) t 검증 SPSS 실행방법

(1) 독립표본 t검증 실행방법

데이터 편집기에서 '메뉴 → 평균 비교 → 독립표본 $\underline{T}$ 검증'을 누른다.

〈그림 9-27〉 독립표본 t검증 실행 1

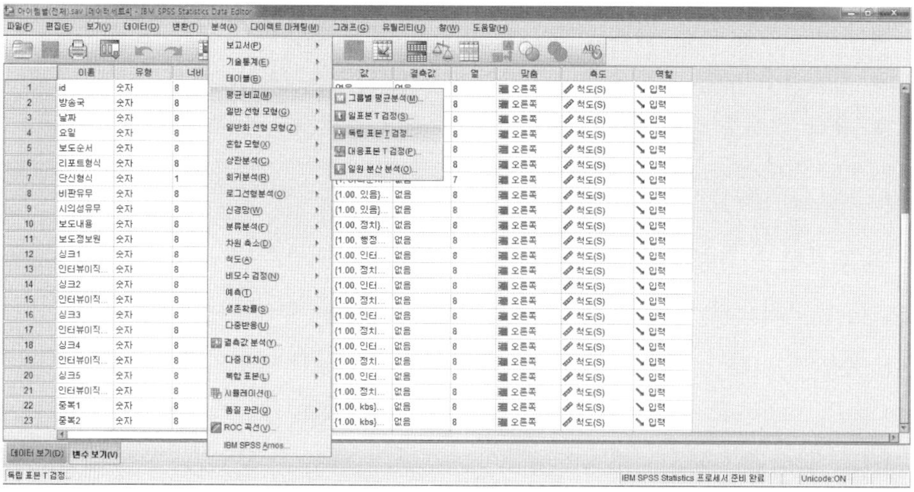

대화상자가 나타나면 독립변인을 '그룹화 변수'로, 종속변인을 '검정변수'로 이동한다. 그룹화변수 값을 선택하면 활성화된 그룹정의를 누른다.

〈그림 9-28〉 독립표본 t검증 실행 2

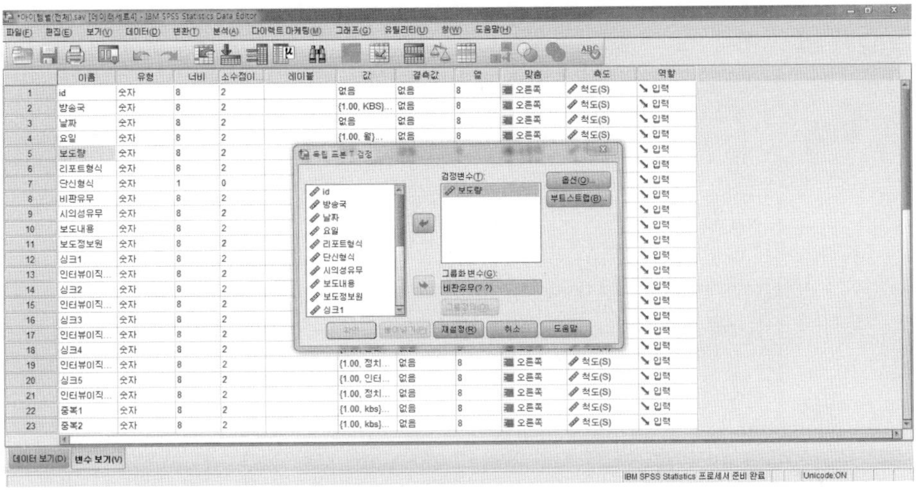

그룹정의 대화상자에서 두 집단에 부여된 수를 집단1과 집단2에 각각 입력한 후 계속을 누른다.

〈그림 9-29〉 독립표본 t검증 실행 3

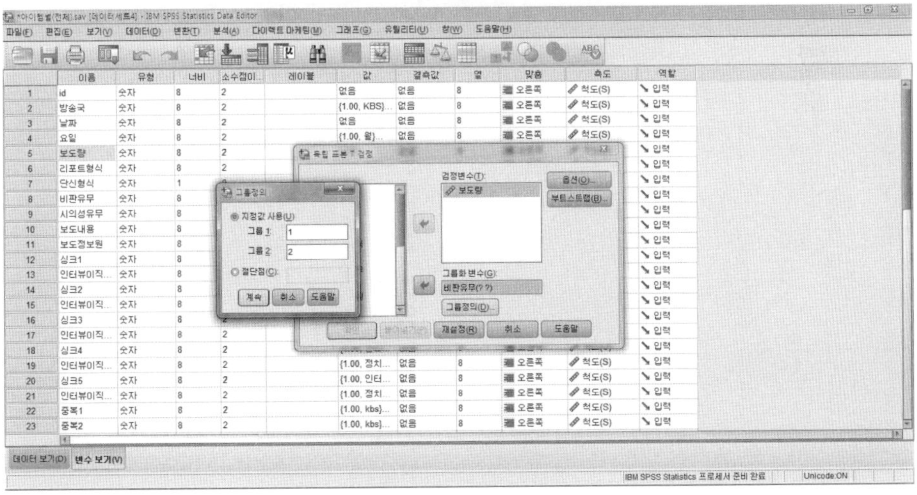

대화상자에서 확인을 누르면 독립표본 t검증 결과가 나타난다.

〈그림 9-30〉 독립표본 t검증 결과

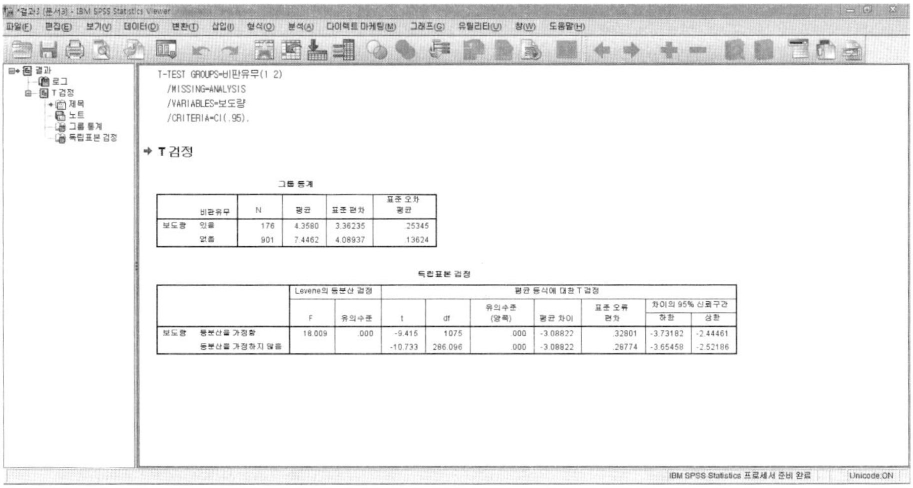

(2) 대응표본 t 검증 실행방법

데이터 편집기에서 '메뉴 → 평균 비교 → 대응표본 T 검증'을 누른다.

〈그림 9-31〉 대응표본 t검증 실행 1

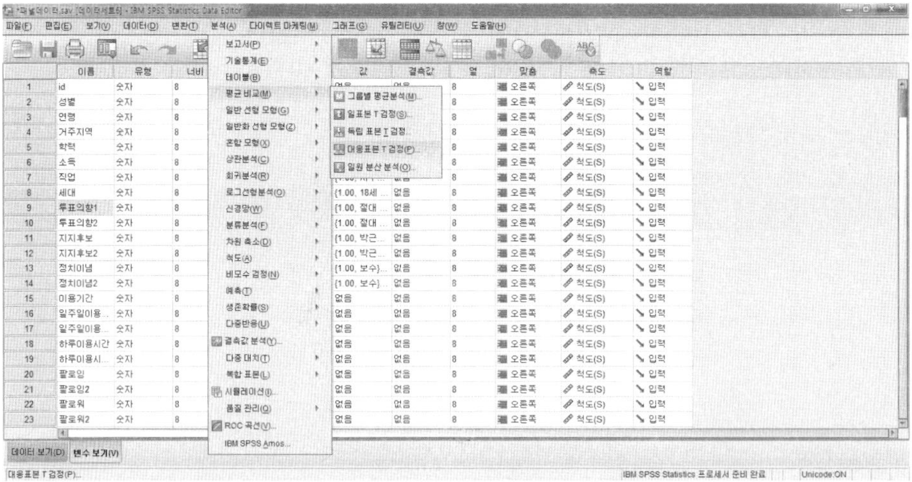

분석할 변인들을 '대응변수'의 변수1과 변수2에 각각 이동시킨다. 이후 확인을 누르면 대응표본 t검증 결과가 제시된다.

〈그림 9-32〉 대응표본 t검증 실행 2

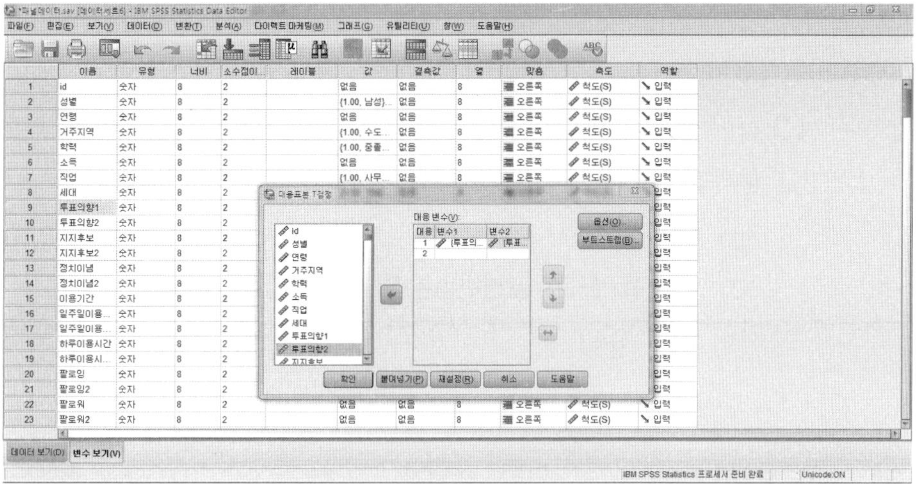

〈그림 9-33〉 대응표본 t검증 결과

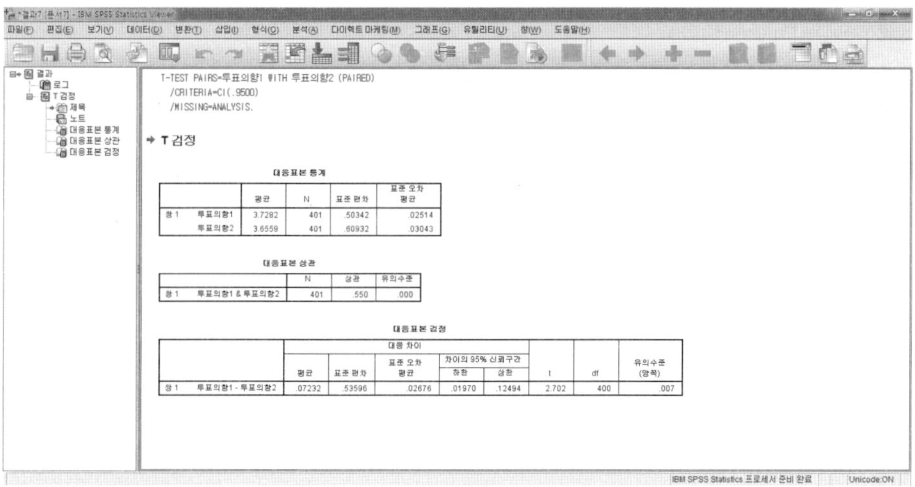

6. 일원변량분석(analysis of variance, ANOVA)

1) 일원변량분석 원리

앞의 t 검증은 두 집단의 평균 차이를 검증하는 방법이다. 세 집단 이상의 평균 차이를 검증하는 경우 변량분석을 사용해야 한다. 변량분석에서 통계적 차이

검증을 위해 F 분포를 사용하기 때문에 F 검증이라고 부르기도 한다. 변량분석에서 독립변인을 요인(factor)[21]이라고 부른다. 따라서 일원변량분석은 하나의 독립변인(단일요인, single factor)의 유목들 간의 평균 차이를 검증하는 통계방법이다. 예를 들어 중졸 이하, 고졸, 대졸 이상 등 교육수준에 따른 소득의 차이가 있는지를 분석할 경우에 활용될 수 있다.

〈표 9-9〉 일원변량분석 사용조건

	변인 수	측정수준
독립변인	1개	명명척도(유목이 2개 이상)
종속변인	1개	등간, 비율척도

〈표 9-10〉 일원변량분석의 연구문제들

- 지상파 3사 메인뉴스의 야당 대통령 후보에 대한 보도량은 차이가 있는가?
- 교육수준별(고졸이하, 대학 이상) SNS이용시간이 다른가?
- 한중일 청소년들의 IQ는 차이가 있는가?

이론적으로 변량분석은 평균을 중심으로 퍼져있는 정도인 분산도(variability)를 이용하여 집단 간 차이를 검증한다. 세 집단의 차이가 커질수록 개별 집단의 평균의 분산도 커진다. 각 집단의 평균이 전체 평균(grand mean)으로부터 분산되어 있는 정도를 나타내는 '집단 간 변량'(between-groups variance)과 각 집단 내에서 개별 측정치가 집단 평균으로부터 분산되어 있는 정도를 나타내는 '집단 내 변량'(within-groups variance)을 비교하는 통계방법이다. F 값을 구하는 공식은 다음과 같다.

21) 변량분석에서 요인은 요인분석(factor analysis)의 요인과 다른 개념이다. 변량분석에서 요인은 각각의 독립변인을 의미하지만, 요인분석에서 요인은 여러 개의 유목들이 공유하는 개념을 구체화 시킨 구성체(construct)이다.

$$F = \frac{\text{집단 간 변량}}{\text{집단 내 변량}} = \frac{\text{집단 간 평균제곱}}{\text{집단 내 평균제곱}} = \frac{\frac{\text{집단 간 제곱합}}{\text{집단 간 자유도}}}{\frac{\text{집단 내 제곱합}}{\text{집단 내 자유도}}}$$

집단 간 변량은 연구하고자 하는 변인에 의해 집단 간 평균을 변화시키는 체계적 변량(systematic variance)이다. 반면 집단 내 변량은 우연에 의해 수치가 변하는 오차 변량(error variance)이다. 따라서 F 검증은 두 개 이상의 집단에서 얻어진 평균 값의 차이가 모집단의 차이에서 기인했는지 아니면 표본에 따른 우연의 차이인지를 검증하는 연구방법이다(김영석, 2000).

집단 간 평균의 차이가 커질수록 집단 간 변량이 커지고 F 값은 증가한다. 집단 내 분산이 작아질수록 집단 내 변량이 작아지고 F 값은 증가한다. 따라서 F 값이 크다는 의미는 집단 간 평균의 간격이 멀고, 집단 내 측정치들이 평균에 가깝다는 것이다. F 값은 집단 내 변량과 집단 간 변량의 자유도로부터 많은 영향을 받는다. 분모인 집단 내 변량에서 자유도가 높아질수록 확률수준에서 유의미한 F 값은 감소된다. 하지만 감소폭은 급격하게 줄어든다. 더불어 분자인 집단 간 변량에서도 자유도가 높아질수록 유의미한 F 값은 감소된다. 자유도의 증가에 따른 집단 간 변량의 감소폭은 집단 내 변량의 감소에 비해 크지 않다.

F검증은 여러 개의 집단을 독립변인으로 설정하기 때문에 이들 집단이 동일한 모집단에서 추출되었는지를 알기 위해 동질성 검사를 해야 한다. F 검증도 t 검증과 마찬가지로 "집단들이 동일하다"를 영가설로 설정한 레빈의 검증(Levene's test)을 통해 알아볼 수 있다. 일반적으로 유의도 수준을 0.05로 설정하여 유의도가 이보다 높으면(p값이 .05 이하이면) 연구가설을, 낮으면 영가설을 채택한다. 레빈의 검증 결과, 같은 모집단에서 추출된 것으로 나타나면 F검증을 사용할 수 있다. 반면 다른 모집단에서 개별 집단이 추출되었다면 표본 수의 동일성에 따라 F 검증 여부가 달라진다. 만일 각 집단을 구성하고 있는 표본의 수가 같다면 F 검증을 사용할 수 있다. 하지만 표본의 수가 각기 다르다면 F 검증을 사용할 수 없고, 비모수 통계방법(χ^2)을 통해 차이를 검증해야 한다.

F값은 연구가설에 대한 전체적 결론만을 도출할 수 있다. 즉 집단 평균 값들

간의 전체적인 차이만을 알 수 있고 개별 집단 간의 평균 값 차이는 알 수 없다. 세부적인 집단 간 차이를 검증하기 위해서는 사후검사(post hoc)를 실시해야 한다. 사후검사에 주로 사용되는 방법은 세피의 방법(Scheffe's method)과 던칸의 방법(Duncan's method), 투키의 방법(Tukey's method) 등이 있다.

세피의 방법과 던칸의 방법을 간단히 살펴보면, 세피의 방법은 모든 집단 간 비교에서 하나의 범위 값만을 사용한다. 따라서 가장 보수적인 방법으로 집단 간 유의미한 차이를 결론내리기 위해 큰 값이 요구된다. 세피의 방법은 크기가 다른 집단을 분석할 때 매우 유용하다. 반면 던칸의 방법은 평균 값이 가장 큰 집단과 가장 작은 집단을 먼저 비교한 후 평균의 차이에 따라 단계별로 집단들을 비교한다. 만약 첫 번째 단계에서 유의미한 차이가 없다면 이하 단계에서도 유의미한 차이는 없을 것이다. 단계별로 서로 다른 범위의 값이 사용되고 하위 단계로 갈수록 요구되는 평균 값의 차이는 커진다. 던칸의 방법에서는 유의미한 차이가 세피의 방법에서는 유의미하지 않을 수 있다. 따라서 연구자는 사후검사를 선택할 때 유의해야 한다.

2) 일원 변량분석(ANOVA) SPSS 실행방법

데이터 편집기에서 '메뉴 → 평균 비교 → 일원 분산 분석'을 누른다.

〈그림 9-34〉 일원 변량분석 실행 1

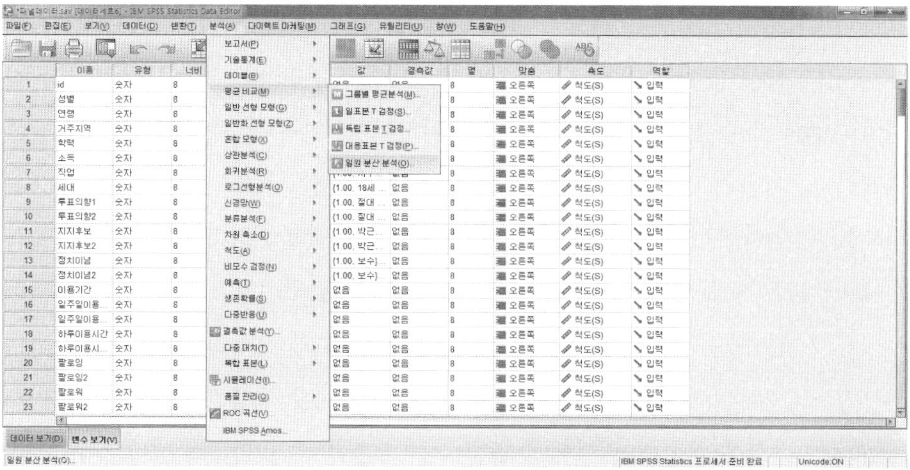

독립변인을 '요인'으로, 종속변인을 '종속 목록'으로 이동시킨 후 '사후분석'을 누른다.

〈그림 9-35〉 일원 변량분석 실행 2

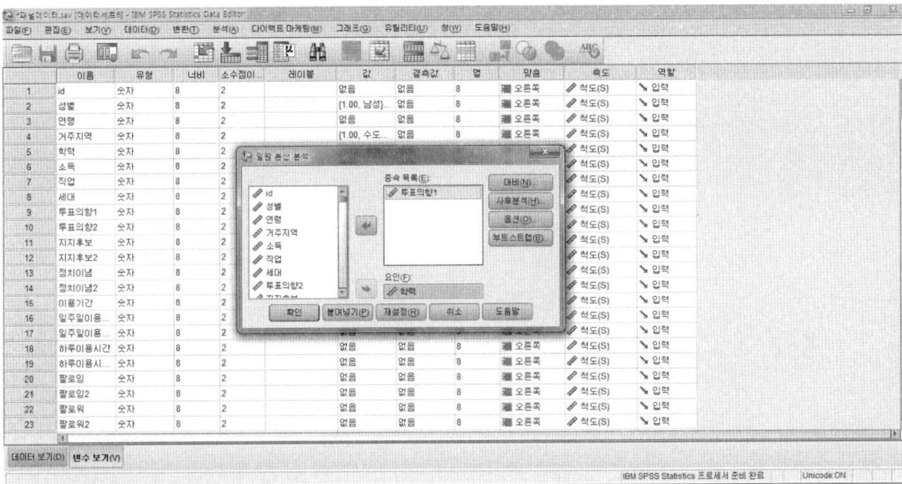

사후분석 대화상자에서 사용할 통계기법을 체크한 후 계속을 누른다.

〈그림 9-36〉 일원 변량분석 실행 3

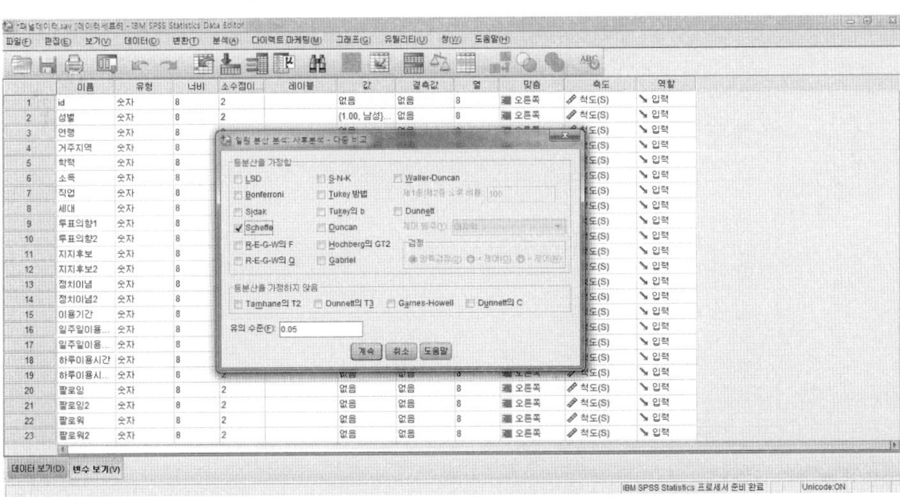

'옵션'을 선택한 후 '기술통계'를 체크한 후 계속을 눌러 대화상자로 돌아간다.

〈그림 9-37〉 일원 변량분석 실행 4

대화상자에서 확인을 누르면 일원 변량분석 결과가 제시된다.

〈그림 9-38〉 일원 변량분석 결과

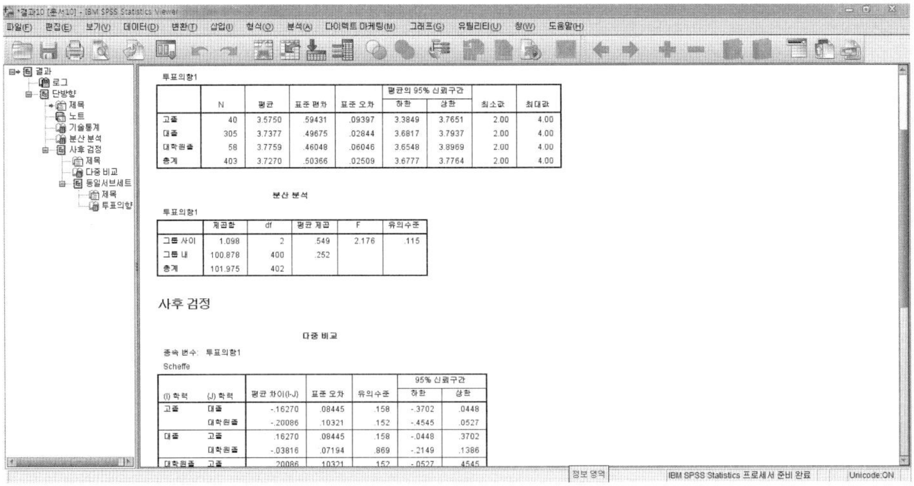

7. 다원 변량분석(n-way ANOVA)

1) 다원 변량분석 원리

다원변량분석은 여러 독립변인(요인)의 유목들 간 평균 차이를 검증하는 방법이다. 이 때 독립변인은 명명척도로 측정되고, 종속변인은 등간척도 또는 비율척도로 측정된다. 사용되는 독립변인이 두 개이면 이원변량분석, 세 개이면 삼원변량분석이 된다.

다원변량분석의 연구설계를 요인설계(factor design)라 하고 요인의 수와 세부 유목을 제시한다. 구체적으로 2×2('투 바이 투'로 읽음) 설계방안은 2개의 요인이 각각 2개의 유목으로 구성되어 있음을 의미한다. 또한 4×3 설계방안은 2개의 요인 가운데 첫 번째 요인은 4개의 유목, 두 번째 요인은 3개의 유목으로 이루어졌음을 의미한다. 예를 들어 연구문제 "성별과 교육수준에 따라 신문구독량에 차이가 있는가?"에서 성별과 교육수준은 각각의 요인이며 성별은 남과 여, 교육수준은 중학교 졸업 이하, 고등학교 졸업, 대학교 졸업 이상 등 세 개의 유목으로 구성되어 있다.

〈표 9-11〉 다원 변량분석 사용조건

	변인 수	측정수준
독립변인	2개 이상	명명척도(유목이 2개 이상)
종속변인	1개	등간, 비율척도

〈표 9-12〉 다원 변량분석의 연구문제들

- 성(남 녀)과 교육수준(중졸이하, 고졸, 대학이상)에 따라 대통령에 대한 지지도가 다른가?
- 세대(10대, 20대, 30대, 40대, 50대 이상)와 직업(화이트, 블루 칼라)에 따라 인터넷 이용시간이 다른가?

다원변량분석의 가장 큰 장점은 하나의 연구에서 여러 변인들의 효과뿐만 아니라 이들이 결합하여 나타나는 효과를 검증할 수 있다는 점이다. 이를 주효과(main effect)와 상호작용효과(interaction effect)라 표현한다. 주효과는 개별 독립변인이 종속변인에 미치는 효과이다. 반면 상호작용효과는 두 독립변인이 결합하여 종속변인에 미치는 효과이다. 앞에서 든 예를 다시 사용해 보자. 주효과를 검증하기 위한 가설로 설정하면 "성별에 따른 신문구독량은 차이가 있을 것이다"와 "교육수준에 따른 신문구독량은 차이가 있을 것이다"로 진술할 수 있다. 반면 상호작용효과를 검증하기 위한 가설은 "성별과 교육수준에 따라 신문구독량은 차이가 있을 것이다"로 설정된다.

다원변량분석을 구하는 계산방식은 앞의 일원변량분석과 비슷하다. 다만 전체 변량이 일원변량분석에서는 집단 간 제곱합과 집단 내 제곱합 등 두 가지로 구성된 반면 다원변량분석에서는 행(row)의 변량과 열(column)의 변량, 상호작용의 변량, 집단 내 변량 등 네 가지로 나뉜다. 다원변량분석에서 F 값은 각 집단의 사례수가 같은 경우(design with equal cell frequencies)와 사례수가 다른 경우(sign with unequal cell frequencies) 두 가지로 구분된다. 사례 수가 다른 경우 계산식이 복잡하기 때문에 본 서에서는 F 값의 계산공식을 생략한다.

다원변량분석 결과를 해석할 때 먼저 상호작용효과를 알아본다. 상효작용효과는 한 변인의 효과가 다른 변인의 유목에서 유의미한 차이를 나타낸다는 것을 의미한다. 다시 말해 A의 효과는 B의 수준에 따라 유의미하게 다르고, B의 효과도 A의 수준에 따라 유의미하게 다르다는 것을 뜻한다. 예를 들어 성별과 교육수준이 신문구독량에 상호작용효과를 미친다는 것은 교육수준별 신문구독량에 있어서 남성과 여성이 다르다는 것을 의미하거나 아니면 성별 신문구독량이 교육수준에 따라 다르다는 것을 뜻한다. 상호작용효과를 해석할 때 평균점수를 효과의 크기로 단정해서는 안 된다. 다시 말해 위의 남성 평균점수가 여성에 비해 높다고 해서 남성에게서 효과가 큰 것으로 단정해서는 안 된다. 상효작용효과가 유의미한 경우, 대체로 주효과는 분석하지 않는다. 그러나 상호작용효과가 없는 경우에는 주효과만을 분석한다. 상호작용효과의 F 값 계산공식은 다음과 같다.

$$F = \frac{RCSS/df}{WSS/df} = \frac{MS_{rc}}{WMS}$$

$RCSS$ = 상호작용에 대한 제곱합
WSS = 집단 내 제곱합
MS_{rc} = 상호작용에 의한 평균제곱
WMS = 집단 내 평균 제곱

〈그림 9-39〉에 제시한 것처럼 독립변인 간의 상호작용효과가 있다면 두 선은 대각선으로 교차한다. 하지만 상호작용효과가 없다면 두 선은 교차하지 않고 평행선을 유지한다.

〈그림 9-39〉 상호작용효과 그래프

상호작용효과가 있는 경우	상호작용효과가 없는 경우
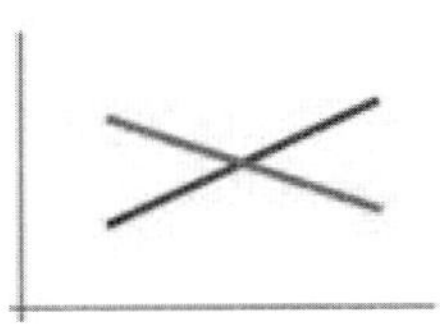	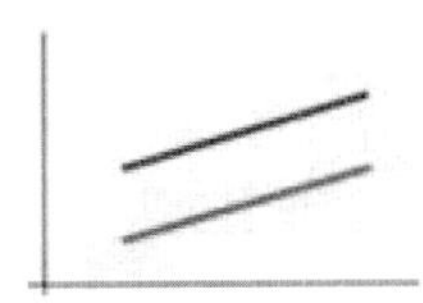
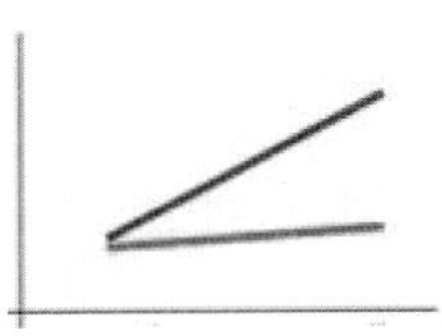	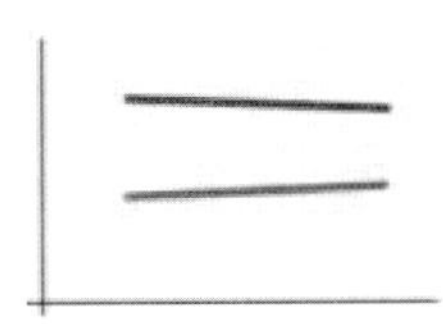

2) 다원 변량분석(n-way ANOVA) SPSS 실행방법

데이터 편집기에서 '메뉴 → 일반 선형 모형 → 일변량'을 누른다.

〈그림 9-40〉 다원 변량분석 실행 1

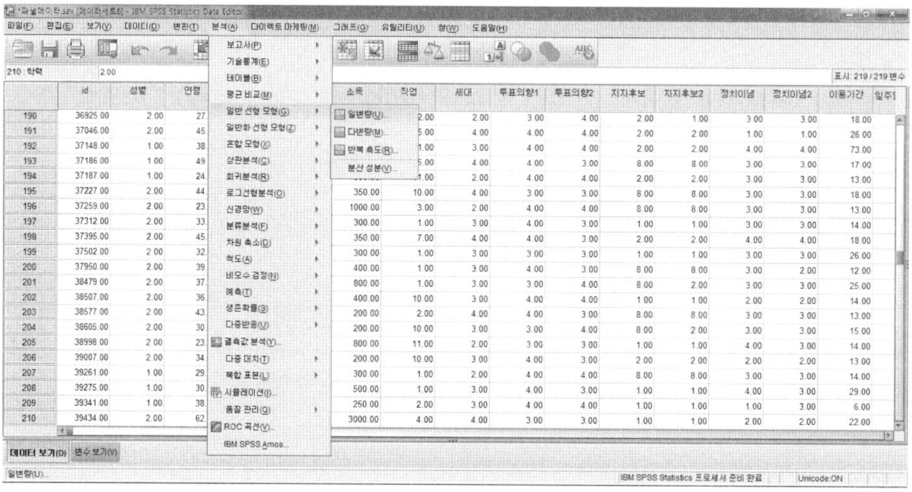

독립변인을 '모수요인' 상자로, 종속변인을 '종속변수' 상자로 이동시킨다. 대화상자에서 독립변인이 세 집단 이상인 경우 '사후분석'을 누른다.

〈그림 9-41〉 다원 변량분석 실행 2

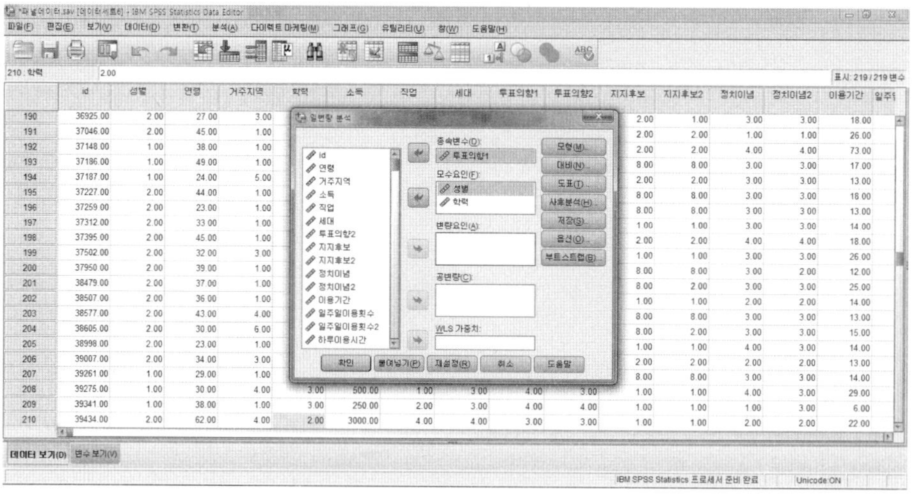

세 집단 이상의 변수를 '사후 검정변수' 상자로 이동시킨 후 사용할 사후검증 통계방법을 선택한다. 계속을 눌러 대화상자로 돌아간다.

〈그림 9-42〉 다원 변량분석 실행 3

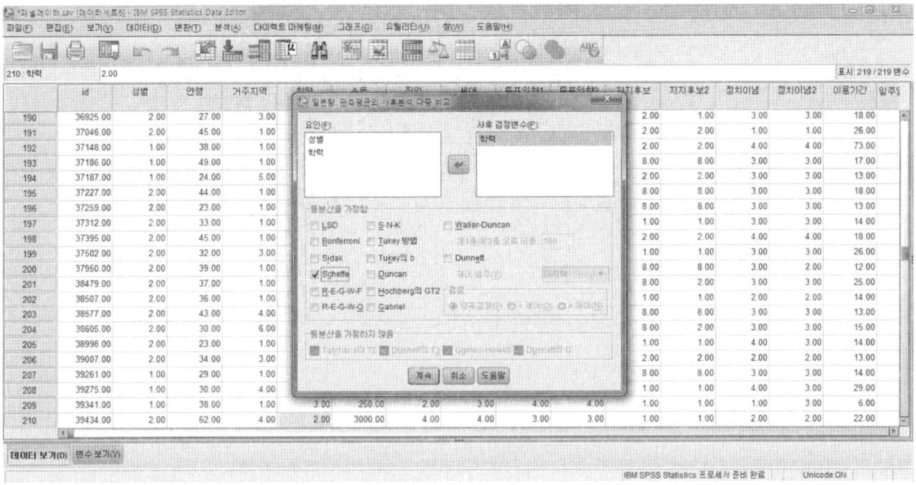

옵션을 누른 후 '기술통계', '효과크기 추정값', '동질성 검증'을 체크한다. 계속을 눌러 대화상자로 돌아간 후 확인을 누르면 다원 변량분석 결과가 나타난다.

〈그림 9-43〉 다원 변량분석 실행 4

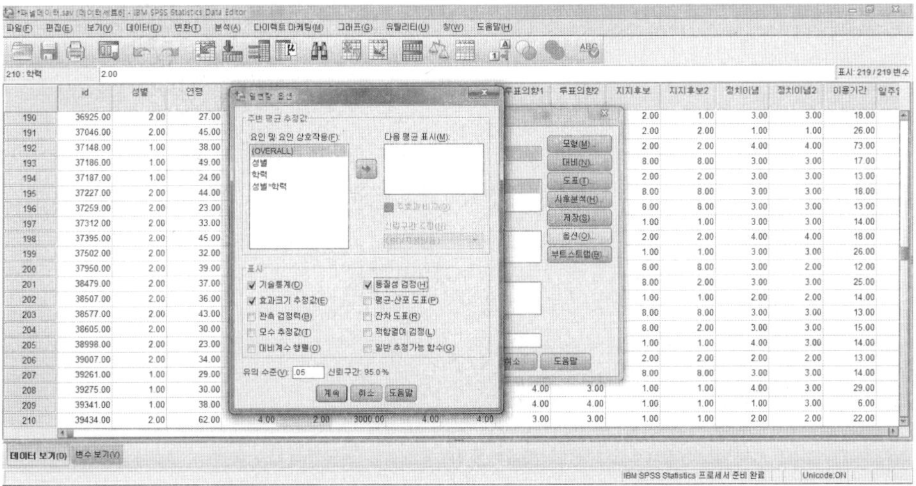

〈그림 9-44〉 다원 변량분석 결과

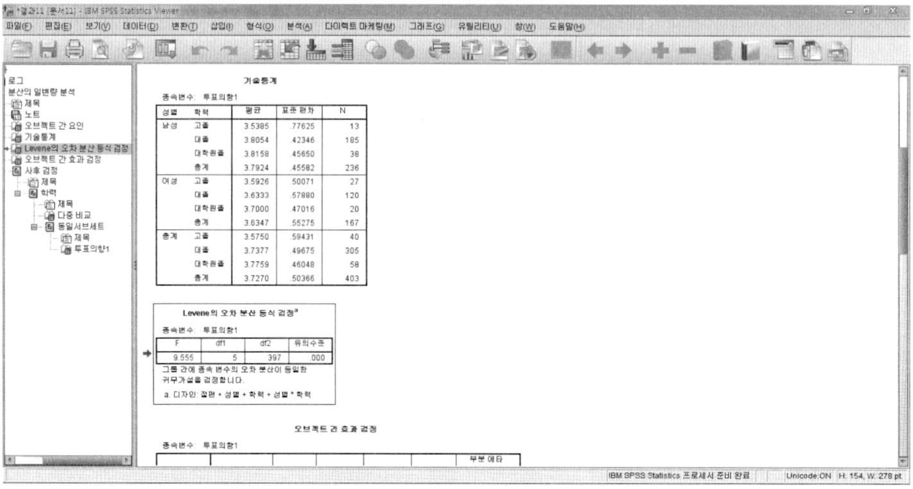

제10장
고급통계 및 SPSS 사용법

Chapter 10

고급통계 및 SPSS 사용법

앞의 9장 기초통계에서는 주로 변인들 간의 차이를 검증하는 통계방법에 대해 알아보았다. 본 장에서는 변인들 간의 관계를 밝혀내는 통계방법에 대해 알아보겠다. 변인들 간의 관계는 대표적으로 상관관계와 인과관계가 있다. 상관관계는 변인들이 공통점을 가지고 얼마나 비슷한 경향을 지니고 있는지와 관련되어 있고, 인과관계는 원인과 결과의 관계이다.

1. 상관관계분석(correlation analysis)

1) 상관관계분석의 원리

상관관계분석은 등간척도나 비율척도로 측정된 두 개 이상의 변인들이 공유하는 변인을 통해 분석하는 방법이다. 변인들이 공유하는 변인을 공변량(covariance)이라고 한다. 상관관계의 대표적 사례가 소득과 TV시청량 간의 관계이다. 일반적으로 소득이 높은 계층은 즐길 수 있는 문화생활이 많기 때문에 TV 시청량이 적다. 역으로 소득이 낮은 계층은 시간을 보낼 수 있는 문화생활의 선택 폭이 좁기 때문에 TV시청량이 많다. 이와 같이 하나의 변인이 증가할수록 다른 변인은 감소하는 관계를 부적(−, negative correlation) 관계로 표현하고, 반대의 경우를 정적(+, positive correlation) 관계라고 한다. 즉 정적 상관관계는 두 변인이 동일한 방향으로 변화하고, 부적 상관관계는 두 변인이 반대되는 방향으로 변화한다. 상관관계분석은 인과관계를 분석할 수 없고, 두 변인의 상관성만을 분석한다. 따라서 독립변인과 종속변인을 구별하지 않고 오직 정적이나 부적 관계 등 방향성(direction)과 관계의 정도(magnitude)만을 제시해준다.

〈표 10-1〉 상관관계분석의 사용조건

	변인 수	측정수준
독립, 종속변인 구분 없음	2개 이상	등간, 비율척도

〈표 10-2〉 상관관계분석의 연구문제들

- 연령, 교육수준, 신문독서량, TV시청량 간에 관계가 있는가?
- 도시화 정도와 대인간 커뮤니케이션의 양과 질은 관계가 있는가?
- 할아버지의 재력, 어머니의 대학진학 정보력, 아버지의 자녀에 대한 무관심도는 자녀의 일류대학 진학률과 관계가 있는가?

〈그림 10-1〉 선형적 상관관계 예시

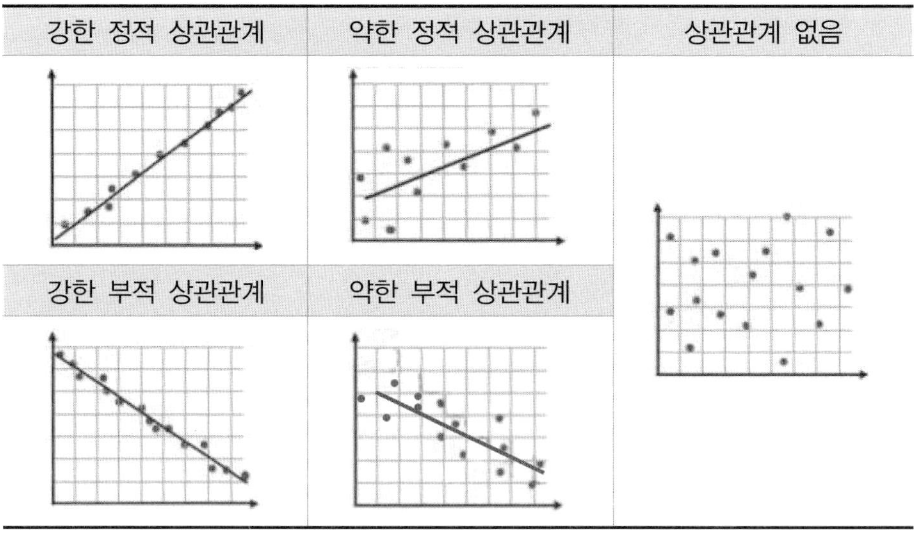

가장 일반적으로 사용되는 상관관계 분석은 두 변인의 선형관계에 대한 방향성과 정도를 측정하는 피어슨 상관관계(Pearson correlation) 분석이다. 피어슨 상관관계분석의 상관계수를 r로 표현한다. r을 구하는 공식은 다음과 같다.

$$r = \frac{S_{XY}}{S_X S_Y}$$

S_{XY} = X와 Y의 공분산(X와 Y가 함께 변하는 정도)
$S_X S_Y$ = X의 표준편차, Y의 표준편차(X와 Y가 독립적으로 변하는 정도)

위의 식을 구체적으로 표현하면 다음과 같다.

$$= \frac{\frac{\Sigma(X_i - \overline{X})(Y_i - \overline{Y})}{n-1}}{\sqrt{\frac{\Sigma(X_i - \overline{X})^2}{n-1}}\sqrt{\frac{\Sigma(Y_i - \overline{Y})^2}{n-1}}}$$

X_i = 응답자 i의 X 관찰 값
$\overline{X}$ = X의 평균 값
Y_i = 응답자 i의 Y 관찰 값
$\overline{Y}$ = Y의 평균 값

위의 공식에 따르면 상관관계 계수는 +1.0부터 −1.0까지로 나타낸다($-1 \leq r \leq +1.0$). 0.0은 아무런 관계가 없음을 나타낸다. 분모와 분자가 동일하다면 r은 1.0이고 X와 Y가 전혀 다르게 변한다면 r은 0.0이 된다. 이 때 +와 −는 변화의 방향성을 의미하고, 숫자는 관계의 정도를 의미한다. 예를 들어 +1.0은 하나의 변인이 1만큼 증가할 때 다른 변인도 1만큼 늘어나는 완벽한 정비례 관계를 의미한다. 즉, ±1.0의 의미는 모든 측정 값을 한 선으로 그었을 때 일직선이 됨을 뜻한다.

0.00~0.19 : 거의 관계가 없는 상관관계
0.20~0.39 : 낮은 상관관계
0.40~0.69 : 높은 상관관계
0.70~0.89 : 매우 높은 상관관계
0.90~1.00 : 거의 일치하는 상관관계

일반적으로 상관관계 계수가 '0.0에서 0.20 미만'인 경우 두 변인은 거의 관계가 없다. '0.20에서 0.40 미만'의 계수는 두 변인이 약간 관계가 있음을 의미한다. '0.40에서 0.70 미만' 계수는 두 변인 간의 관계가 높아 한 변인의 값으로 다른 변인의 값을 추정할 수 있다. '0.70에서 0.90 미만' 계수는 매우 높은 관계로 한 변인의 값으로 다른 변인의 값을 상당히 정확히 추정할 수 있다. '0.90에서 1.00'인 경우 두 변인은 거의 일치하는 관계이기 때문에 한 변인의 값으로 다른 변인의 값을 매우 정확히 알 수 있다.

그러나 상관계수 r은 비율을 설명하지 못한다. 즉 r=0.06이 r=0.03보다 두 배 높은 상관관계임을 의미하는 것이 아니다. r은 편의를 위한 하나의 지수(index)일 뿐이기 때문이다. 이를 알고 싶다면 r^2울 알아야 하는데, r^2는 두 변인이 공유하고 있는 변량(분산)의 비율을 의미한다. r^2은 비율이나 백분율을 설명할 수 있다. 즉 r^2=0.60이 r^2=0.30보다 두 배 많은 공통변량을 차지함을 의미한다. r^2을 결정계수(coefficients of determination)라 부른다. r^2은 변인들 간의 관계에서 한 변인의 값으로 다른 변인의 분산 비율을 측정한 것이기 때문이다. 예를 들어 상관계수(r) 0.90은 결정계수(r^2)가 0.81이다. 이는 X의 값으로 Y 분산의 81.0%(r^2=0.81)를 예측할 수 있음을 의미한다.

2) 상관관계분석(correlation analysis) SPSS 실행방법

데이터 편집기에서 '메뉴 → 상관분석 → 이변량 상관계수'를 누른다.

〈그림 10-2〉 상관관계분석 실행 1

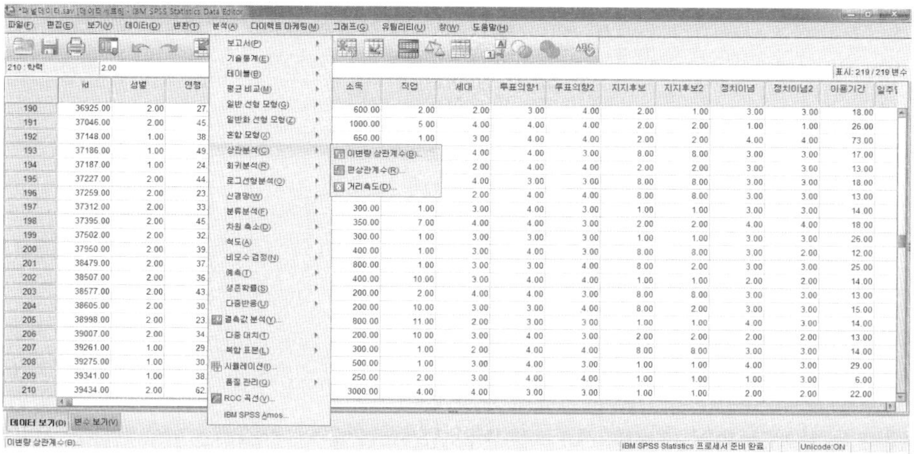

이변량 상관계수 대화상자에서 분석할 변인를 오른쪽 '변수' 상자로 이동시킨다. 상관계수는 'Pearson', 유의수준 검증은 '양쪽', 유의미한 상관계수 '플래그'(* 표시)는 기본으로 설정되어 있다.

〈그림 10-3〉 상관관계분석 실행 2

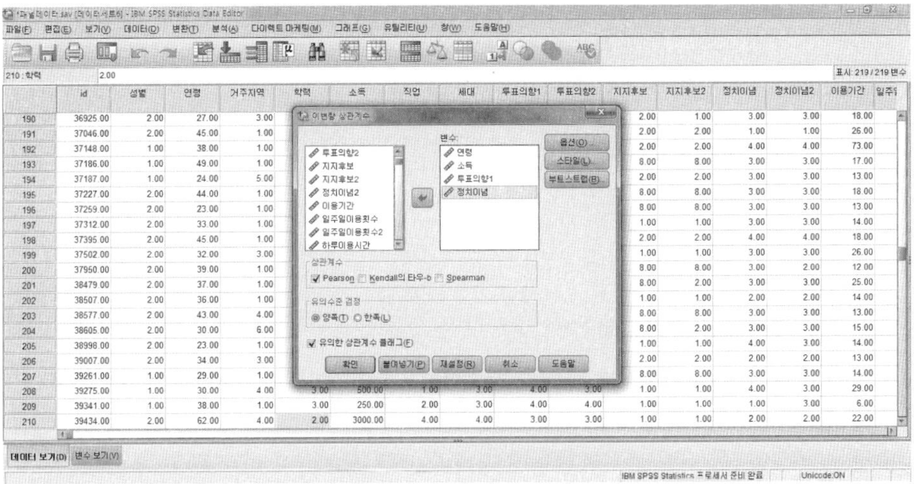

옵션을 선택하여 '평균과 표준 편차', '교차곱 편차와 공분산'을 체크한 후 계속을 누른다.

〈그림 10-4〉 상관관계분석 실행 3

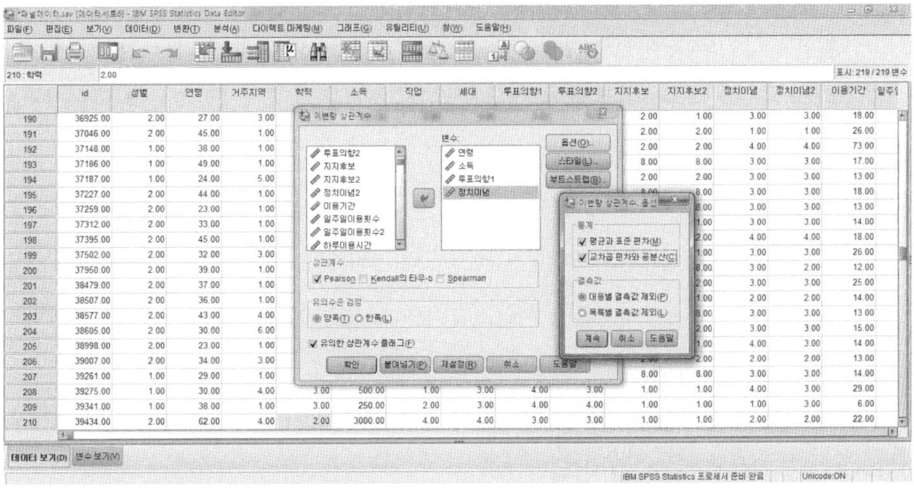

대화상자에서 확인을 누르면 상관관계분석 결과가 제시된다.

〈그림 10-5〉 상관관계분석 결과

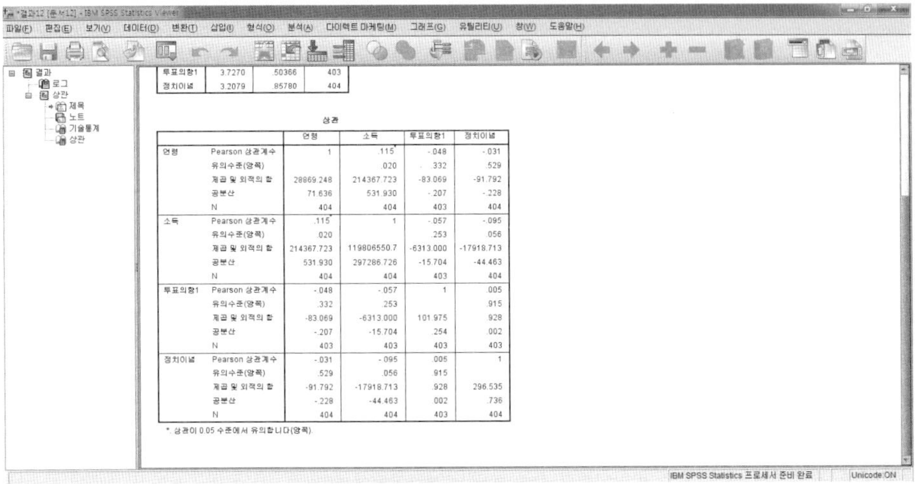

투표의향1	3.7270	.50366	403
정치이념	3.2079	.85780	404

상관

		연령	소득	투표의향1	정치이념
연령	Pearson 상관계수	1	.115*	-.048	-.031
	유의수준(양쪽)		.020	.332	.529
	제곱 및 외적의 합	28869.248	214367.723	-83.069	-91.792
	공분산	71.636	531.930	-.207	-.228
	N	404	404	403	404
소득	Pearson 상관계수	.115*	1	-.057	-.095
	유의수준(양쪽)	.020		.253	.056
	제곱 및 외적의 합	214367.723	119806550.7	-6313.000	-17918.713
	공분산	531.930	297286.726	-15.704	-44.463
	N	404	404	403	404
투표의향1	Pearson 상관계수	-.048	-.057	1	.005
	유의수준(양쪽)	.332	.253		.915
	제곱 및 외적의 합	-83.069	-6313.000	101.975	.928
	공분산	-.207	-15.704	.254	.002
	N	403	403	403	403
정치이념	Pearson 상관계수	-.031	-.095	.005	1
	유의수준(양쪽)	.529	.056	.915	
	제곱 및 외적의 합	-91.792	-17918.713	.928	296.535
	공분산	-.228	-44.463	.002	.736
	N	404	404	403	404

*. 상관이 0.05 수준에서 유의합니다(양쪽).

2. 요인분석(factor analysis)

1) 요인분석의 원리

요인분석은 등간척도나 비율척도로 측정된 여러 변인의 상관관계를 통하여 공통변량을 구하여 하나의 개념인 변인 군으로 축소하는 통계방법이다. 변인들 간의 인과관계를 검증하는 것이 아닌 공통요인(common factor)을 구하는 방법이기 때문에 독립변인과 종속변인의 구분이 없다. 매체 이용동기가 대표적인 요인분석이다. 즉 매체를 이용하는 이유를 여러 개로 측정한 후 요인분석을 통해 공통된 요인으로 압축하여 이용동기를 설명한다.

요인분석은 사용목적에 따라 탐색적 요인분석과 확인적 요인분석, 측정의 요인분석으로 나뉜다. 탐색적 요인분석은 변인들의 공통요인을 찾아내서 새로운 개념을 발견하는데 목적을 두고 있다. 확인적 요인분석은 이론적 근거를 바탕으로 공통된 요인을 가설로 제시하고 이를 검증하는데 목적이 있다. 마지막으로 측정의 요인분석은 여러 개의 요인을 압축한 지수(index)를 새로 만들어 추후 분석에 사용하는데 목적이 있다.

〈표 10-3〉 요인분석의 사용조건

	변인 수	측정수준
독립, 종속변인 구분 없음	2개 이상	등간, 비율척도

〈표 10-4〉 요인분석의 연구문제들

- TV시청 동기군들은 어떤 것들이 있는가?
- 대통령 후보자 지지 요인들의 관계는 어떠한가?
- 신문독자의 만족도 요인들은 어떤 것들이 있는가?

요인분석은 상관관계가 높은 변인들을 묶어주는 것이 기본 원리이다. 이를 위해 먼저 변인들 간의 상관관계를 계산하고 주성분 분석을 통해 소수의 요인으로 압축한다. 주성분 분석은 상관관계 행렬에서 변인들의 분산 가운데 가장 많은 부분을 설명하는 공통된 요인 하나를 먼저 추출한다. 이어서 나머지 분산을 가장 많이 설명하는 또 다른 요인을 추출하고 이와 같은 과정을 반복한다.

요인의 수를 결정할 때 최소의 원칙을 따르게 된다. 요인분석에서 요인의 최대 수는 측정된 변인의 수 만큼이다. 예를 들어 10개의 변인이 투입되면 최대로 추출될 수 있는 요인 수는 10개이다. 투입된 변인 모두 상관관계가 없어 독립적인 요인일 수 있다. 그러나 요인분석의 목적이 요인의 수를 줄이는 것이기 때문에 요인의 수가 가장 적은 요인모델을 선택하게 된다.

요인 적재치(factor loading)는 요인과 변인 간의 상관관계계수이다. 따라서 요인 적재치가 높을수록 추출된 요인과 개별 변인 간의 공통요인이 높아진다. 일반적으로 적재치의 기준은 0.5이상이다. 즉, 변인과 요인의 요인 적재치가 0.5 이상일 때 그 변인은 특정 요인에 속하게 된다.

요인의 수는 아이겐 값(eigen value, 고유 값)에 의해 결정된다. 아이겐 값은 하나의 변인에 담긴 정보의 양을 1이라고 가정했을 때 추출된 요인이 포함하고 있는 정보의 양이 얼마인지를 나타내 준다. 아이겐 값은 하나로 구분된 요인들을 구성하고 있는 변인들의 요인 적재치를 제곱하여 모두 합한 값이다. 따라서 각 요인의 정보량이 개별 변인의 정보량보다 많아야 하기 때문에 아이겐 값 1 이상을 하나의 요인으로 추출하게 된다. 결론적으로 1 이상인 아이겐 값의 수가 바로 추출된 요인의 수이다. 예를 들어 두 개의 요인이 추출된 요인분석에서 첫 번째로 추출된 요인의 아이겐 값이 4.51이고 두 번째 요인의 아이겐 값이 2.32라면 전체 변량에 대해 첫 번째 요인이 45.1%를 설명하고, 두 번째 요인이 23.2%를 설명하고 있음을 의미한다.

요인분석에서 각 변인의 공통요인을 커뮤날리티(communality)라 하고 h^2으로 표현한다. 커뮤날리티는 각 변인들이 변량에 대해 어느 정도 설명하는지를 알려준다. h^2는 각 변인에 해당하는 각 행의 요인 적재치를 제곱한 후 합하여 구한다. 만약 h^2가 .85라면 이 변인은 전체 변량의 85.0%를 공통변량으로 갖고 나머지 15.0%는 오차변량임을 의미한다.

〈표 10-5〉 요인행렬표 사례

리얼 버라이어티쇼 시청동기 측정항목	요인			h^2
	시간보내기	오락	상호작용	
지루한 시간을 해소	.863	.196	-.013	.783
소일거리	.824	.002	-.014	.679
시간 때우기	.786	.141	.134	.656
오락	.131	.840	.003	.723
재미	.089	.782	.224	.670
즐거움	.110	.717	.277	.603
가족과 함께 시청	-.013	.056	.768	.593
친구와 함께 시청	.048	.196	.694	.522
이야깃거리를 제공	.048	.130	.591	.369
설명변량%	31.635	19.008	11.562	
아이겐 값	2.847	1.711	1.041	

출처: 이무추 (2015). 중국 시청자의 〈아빠! 어디가?〉 중국판 이용동기 및 만족에 관한 연구. 40쪽 재구성.

요인분석은 상호 관련된 여러 개의 변인들을 가상의 요인(hypothetical variable) 하나로 묶어주는 통계방법이다. 따라서 변인들 간의 상관계수를 모아 놓은 상관행렬표에서 상관관계를 적절하게 설명하는 요인을 추출한다. 하지만 2개 이상의 요인이 추출될 경우, 각 변인들은 하나의 요인뿐만 아니라 다른 요인들과도 높은 상관관계를 가질 수 있다. 따라서 요인들 간의 명확한 구분을 위해 요인 회전(factor rotation)을 통해 변인을 잘 설명해주는 요인을 찾아야 한다. 요인 회전이란 하나의 변인과 요인의 요인 적재량이 높아지도록 초기 요인분석 결과를 회전시키는 것을 의미한다. 요인회전 방법은 추출된 요인들 간의 상관간계가 없음을 전제로 하여 회전축의 각도를 90도로 유지하는 직각회전(orthogonal)과 추출된 요인들 간의 상관관계가 존재함을 전제로 하는 사각회전(oblique)이 있다. 그러나 일반적으로 사회과학에서 추출된 요인들 간의 상관관계를 가정하지 않기 때문에 주로 직각회전을 사용한다. 직각회전 방식에서 주로 사용되는 기법이 배리맥스(varimax)이다.

〈그림 10-6〉 요인 회전

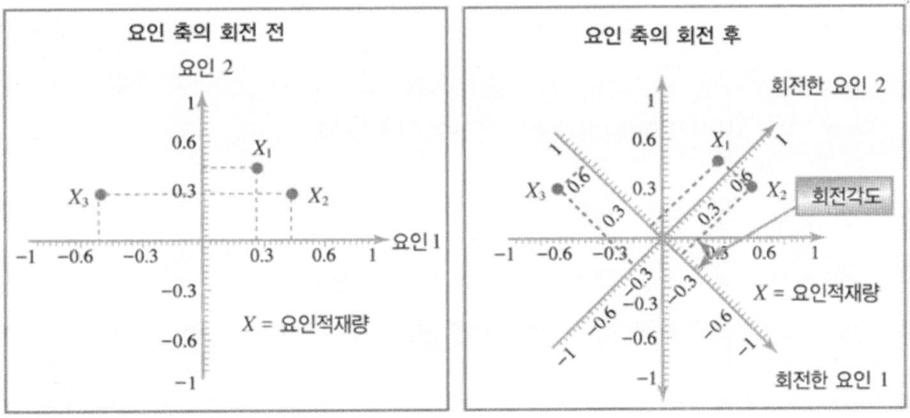

〈출처 : http://socialinnovation.tistory.com/149〉

요인분석의 목적 중 하나가 요인분석을 통해 새로운 지수를 만들어 추후 분석에서 사용하는 것이다. 이 경우 요인분석의 결과를 요인점수(factor score)로 만들어야 한다. 여러 개의 변인을 하나의 요인점수로 새로 만들 때, 각 변인들의 강도가 다르기 때문에 가중치의 문제가 발생한다. 이를 해결하기 위해 각 변인들의 값을 표준화시킨 z점수로 환산하는 방법이 있다. z값은 개별 측정치에서 평균을 뺀 값을 표준편차로 나눈 값이다. 이를 식으로 표현하면 아래와 같다.

$$z = \frac{X - M}{s} = \frac{x}{s}$$

X = 개별 측정치
M = 산술 평균
s = 표준편차

z값뿐만 아니라 z값의 평균을 이용하는 방법도 있다. 그리고 요인분석을 실행하여 얻은 요인점수 상관계수(factor score coefficients)를 이용하는 방법도 있다. 요인점수 상관계수를 이용한 요인점수 공식은 다음과 같다.

$$f_a = \Sigma(a\text{의 인자점수 상관계수}) \times (\text{각 변인에 대한 개인의 표준점수})$$

요인분석은 측정된 변인들 간의 상관관계를 이용하기 때문에 표본의 크기에 매우 민감하다. 표본의 수가 50 이하인 경우, 변인들 간의 상관계수를 신뢰할 수 없기 때문에 요인분석을 삼가야 한다. 일반적으로 요인분석에 필요한 표본의 수는 최소한 100개 이상을 요구하고, 200개 이상이면 안정적인 것으로 판단한다.

2) 요인분석(factor analysis) SPSS 실행방법

데이터 편집기에서 '메뉴 → 차원 축소 → 요인분석'을 누른다.

〈그림 10-7〉 요인분석 실행 1

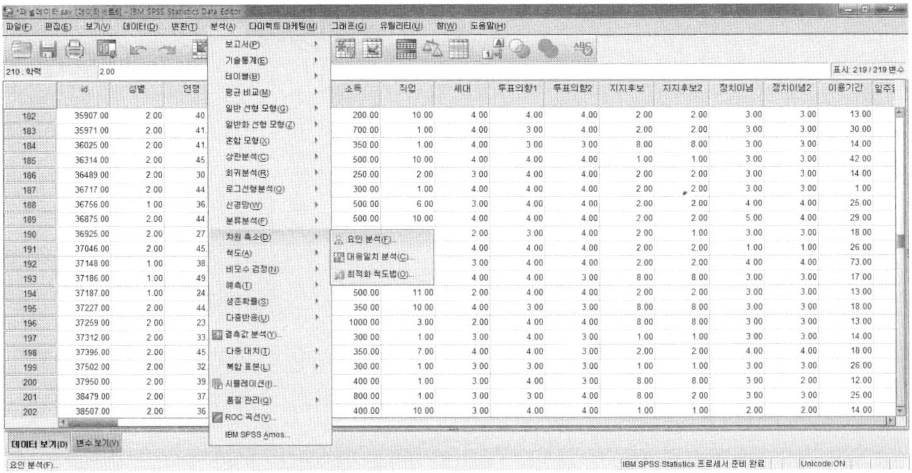

대화상자에서 요인분석에 사용될 변인들을 왼쪽 '변수' 상자로 이동한다.

〈그림 10-8〉 요인분석 실행 2

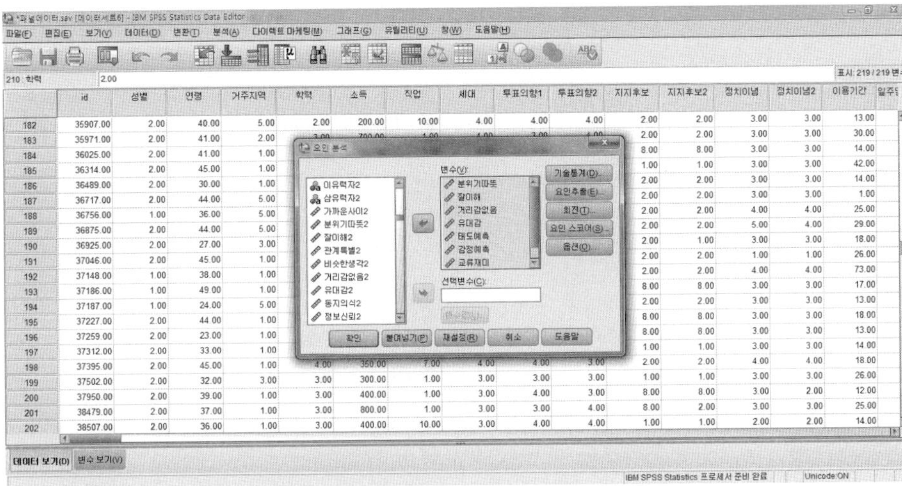

기술통계를 선택한 후 '초기해법'과 '계수'를 체크하고 계속을 누른다.

〈그림 10-9〉 요인분석 실행 3

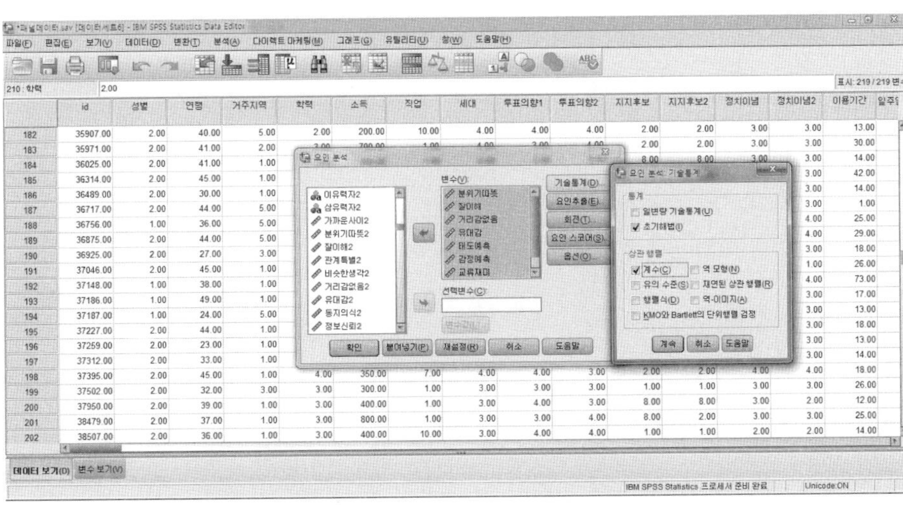

요인추출을 선택한 후 '주성분', '상관행렬', '요전하지 않은 요인해법', 다른 값

보다 큰 고유 값 '1'을 확인한다. 만약 이와 다르면 수정한 후 계속을 누른다.

〈그림 10-10〉 요인분석 실행 4

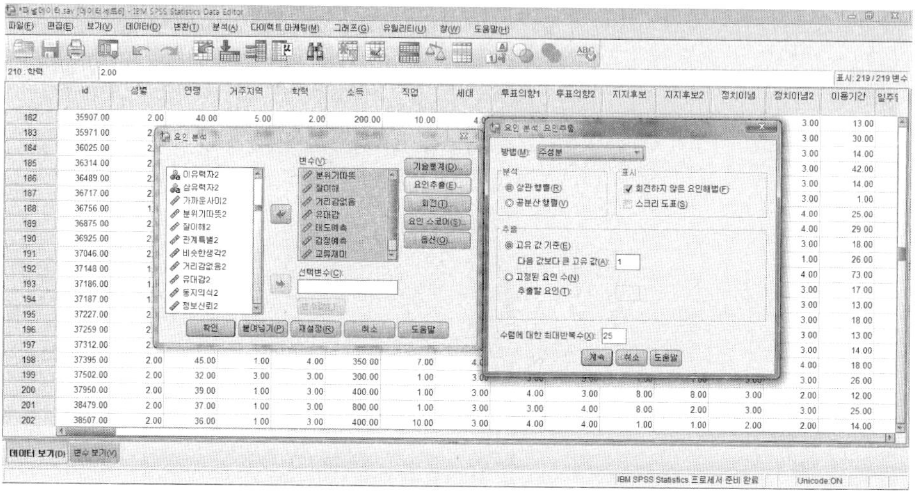

대화상자에서 회전을 선택한 후 '베리멕스'를 선택하면 '회전해법'이 체크된다. 계속을 눌러 대화상자로 돌아간다.

〈그림 10-11〉 요인분석 실행 5

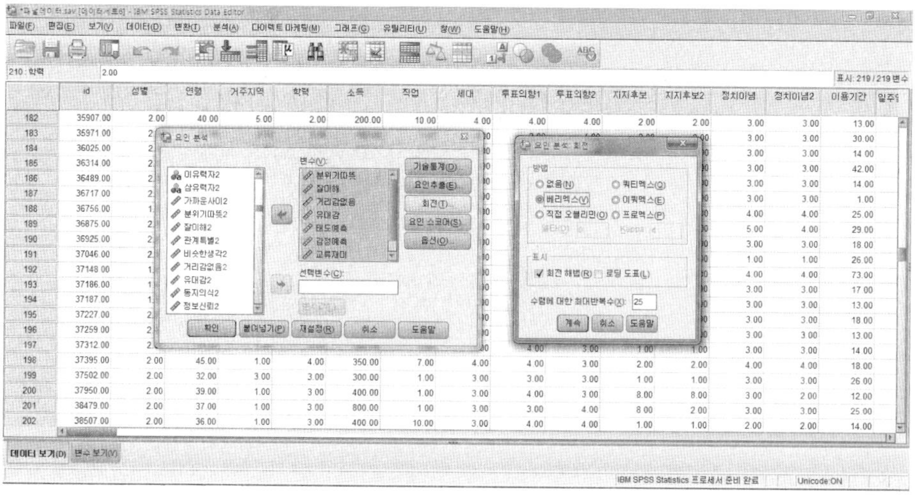

요인 스코어를 선택한 후 '요인 스코어 계수행렬 표시'를 체크한다. 계속을 누른다.

〈그림 10-12〉 요인분석 실행 6

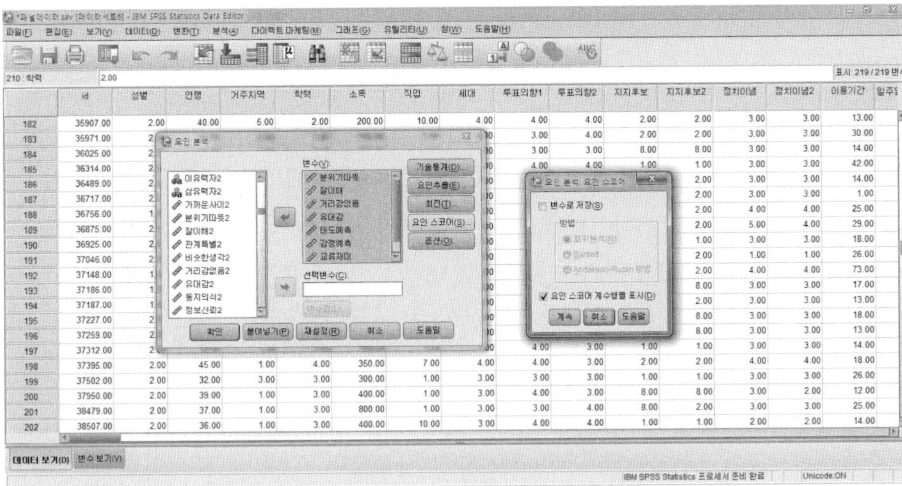

옵션을 선택한 후 '크기순 정렬', '작은 계수 표시 안함'을 체크한다. 절대값 상자에서 '.5'를 입력한 후 계속을 누른다.

〈그림 10-13〉 요인분석 실행 7

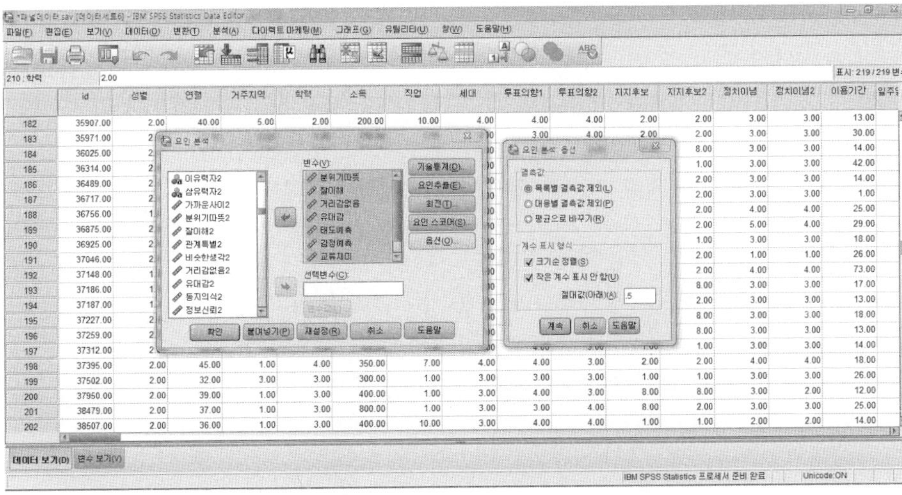

대화상자에서 확인을 누르면 요인분석 결과가 제시된다.

3. 판별분석(discriminant analysis)

1) 판별분석의 원리

판별분석은 등간척도나 비율척도로 측정된 여러 개의 독립변인과 명명척도로 측정된 한 종속변인의 관계를 검증하는 통계방법이다. 판별분석에서 종속변인은 명명척도이기 때문에 둘 이상의 집단으로 구성되어 있다. 따라서 각 집단 간의 차이를 밝혀낼 수 있는 독립변인의 선형조합(linear combination)으로 판별방정식(discriminant function)을 도출하여 새로운 사례가 어느 집단에 속하는지를 예측하는 통계방법이다. 판별분석은 다변인 회귀분석과 유사한데, 판별방정식 역시 다변인 회귀방정식과 같다. 종속변인의 집단(유목)을 잘 구별할 수 있는 판별방정식은 아래와 같다.

$$D = A + W_1X_1 + W_2X_2 + W_3X_4 \cdots + W_nX_n$$

D = 판별점수(discriminant score)
A = 상수(constant)
W = 비표준화 판별계수(unstandardized discriminant coefficients)
X = 독립변인의 측정 값

〈표 10-6〉 판별분석의 사용조건

	변인 수	측정수준
독립변인	2개 이상	등간, 비율척도
종속변인	1개	명명척도

〈표 10-7〉 판별분석의 연구문제들

- 선거여론조사에서 부동층의 지지후보를 예측할 수 있는가?
- 새로 시작할 TV드라마의 성패를 예측할 수 있는가?
- 인질을 잡고 있는 테러범들이 인질을 해칠 가능성을 예측할 수 있는가? 독립변인으로는 테러범들의 수와 남녀비율, 무기 종류, 협박수준, 인질의 수가 사용될 수 있음.

종속변인의 각 유목(집단) 내 사례들의 평균값을 집단중심치(group centroid)라고 한다. 집단중심치는 종속변인의 집단 수만큼 나온다. 예를 들어 중졸 이하, 고졸, 대학이상의 3개 집단(유목)을 갖는 학력이라는 종속변인이 있다면 집단중심치는 3개가 나온다. 특정 차원에서 집단중심치를 통해 각 집단들이 얼마나 가깝고 먼지를 알 수 있다. 판별분석에서 집단중심치들의 거리를 통해 판별함수(discriminant function)의 유의도를 검증한다. 집단중심치 간의 거리가 멀어질수록 분포 간 중복(overlap)이 적어져 집단을 잘 구별할 수 있다.

〈그림 10-15〉 두 집단에 대한 판별방정식 도식

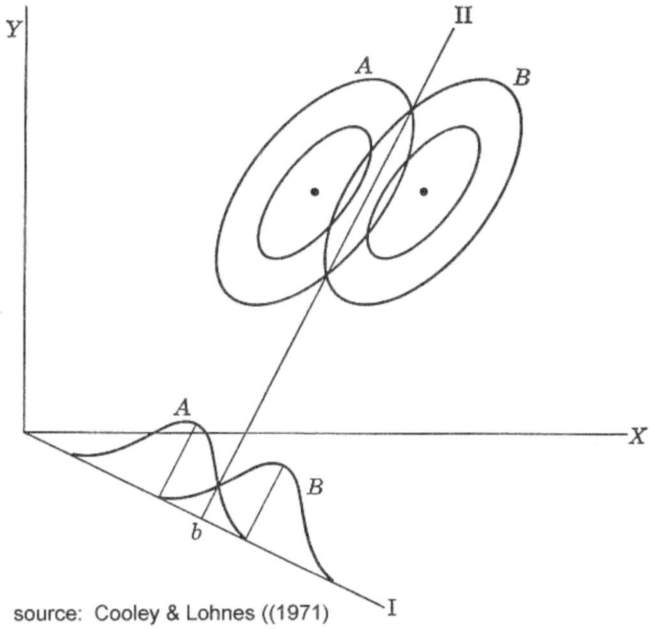

source: Cooley & Lohnes ((1971)
출처: 오레곤 대학교, 지리학과 홈페이지[22)]

판별분석은 마케팅 분야와 정치 커뮤니케이션 분야에서 유용하게 사용된다. 예를 들어 선호하는 브랜드를 종속변인으로 두고 각 브랜드를 선호하는 소비자의 성별과 연령, 소득, 학력 등 인구통계학적 속성을 독립변인으로 설정할 수 있다. 그 결과 어떠한 인구통계학적 특성을 가진 사람들이 특정 브랜드를 선호하는지를

22) http://geog.uoregon.edu/bartlein/courses/geog495/lectures/lec17.html

구별해낼 수 있다. 이를 바탕으로 자사의 브랜드를 선호할 가능성이 높은 인구통계학적 집단을 대상으로 타깃 마케팅이 가능하다. 더불어 선거 과정에서 특정 후보를 지지하는 유권자의 특성을 구별해낼 수 있다. 이러한 구별은 아직 지지후보를 결정하지 못한 부동층을 대상으로 지지 후보를 예측할 수 있다.

판별분석에서 하나의 판별방정식으로 종속변인의 집단(유목)을 정확히 구분할 수 있다면 가장 이상적이다. 하지만 종속변인의 유목 또는 독립변인의 수가 많으면 복수의 판별방정식이 필요하다. 판별방정식의 최대 수는 종속변인의 집단수에서 하나를 빼거나 독립변인의 수에서 하나를 뺀 것 중에서 작은 값이다. 예를 들어 독립변인이 5개이고 종속변인의 유목의 수가 4개라면 둘 가운데 작은 수인 유목(4)에서 하나를 뺀 3개의 판별방정식으로 결정된다. 3개의 판별방정식 가운데 유의도 검증결과 통계적으로 유의미하지 않은 판별방정식은 제외된다. 따라서 실제 사용되는 판별방정식은 최대 수보다 적을 수 있다.

판별분석에서 유의도 검증은 윌크스 람다(Wiks' Lamda, λ로 표시)를 이용하여 이루어진다. 윌크스의 람다[23]는 0에서 1 사이의 값으로 제시된다. 집단 간 분산이 집단 내 분산보다 커질수록 λ값은 작아진다. 따라서 λ값이 0에 가까울수록 판별방정식의 판별력은 증가한다. 역으로 λ값이 1에 가까울수록 판별력은 감소한다. 즉, 집단 간 차이가 클수록 더 잘 구별해낼 수 있다. λ값은 판별력을 나타내지만 유의도를 검증하기에는 부적절하다. 따라서 λ값을 제곱한 후 카이제곱(χ^2) 값을 이용하여 유의도를 검증한다.

2) 판별분석(discriminant analysis) SPSS 실행방법

데이터 편집기에서 '메뉴 → 분류분석 → 판별분석'을 누른다.

23) $\lambda = \frac{\text{집단 내 분산}}{\text{집단 내분산} + \text{집단 간 분산}}$

〈그림 10-16〉 판별분석 실행 1

종속변인을 '그룹화 변수' 상자로 이동시키고, 판별변인을 '독립변수' 상자로 이동시킨다.

〈그림 10-17〉 판별분석 실행 2

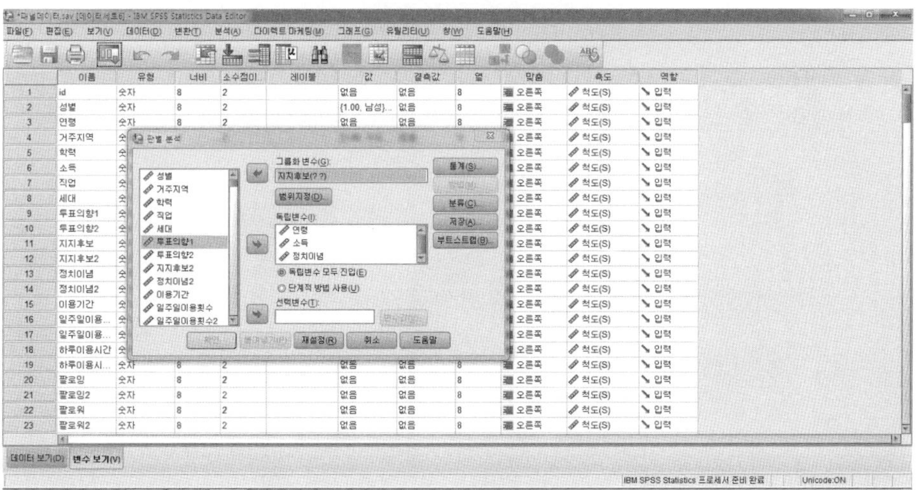

그룹화 변수를 클릭하면 범위지정이 활성화된다. 범위지정을 선택한 후 최소값과 최대값을 입력한 후 계속을 누른다.

〈그림 10-18〉 판별분석 실행 3

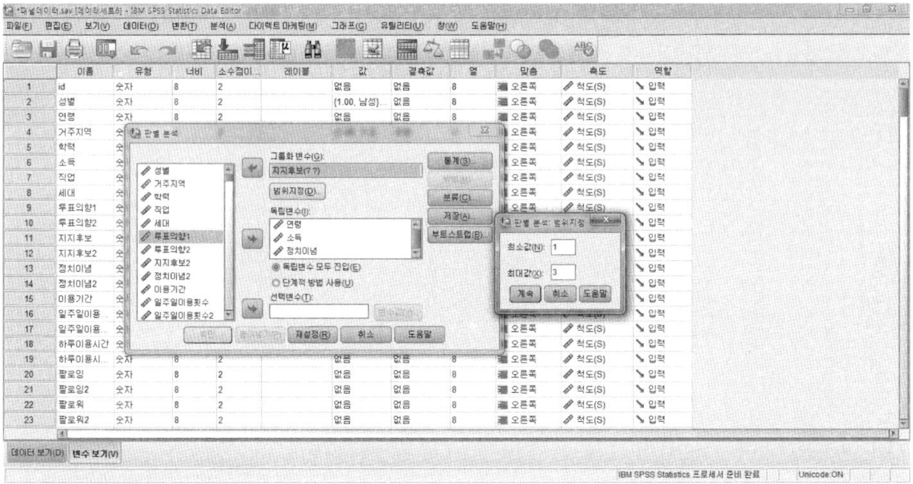

판별변인을 단계별로 고려하여 단계적 방법 사용을 선택하면 오른쪽 상단의 방법이 활성화된다. 방법을 선택하여 윌크스(Wilks)의 람다가 설정되었는지 확인한다. 계속을 누른다.

〈그림 10-19〉 판별분석 실행 4

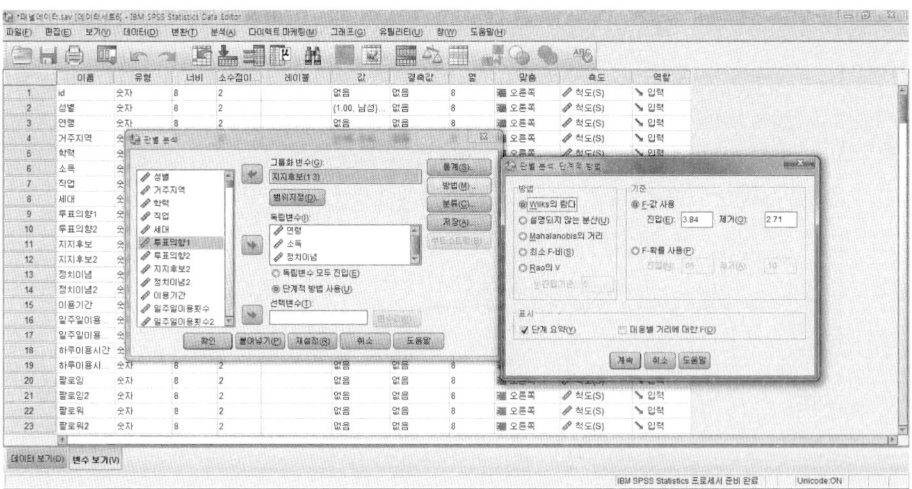

대화상자에서 통계를 선택해 평균과 비표준화를 체크한다. 계속을 누른다.

〈그림 10-20〉 판별분석 실행 5

대화상자에서 분류를 선택한 후 '모든 그룹이 동일', '그룹-내'가 설정되었는지 확인한다. '요약표'와 '결합-그룹'을 체크한 후 계속을 누르다.

〈그림 10-21〉 판별분석 실행 6

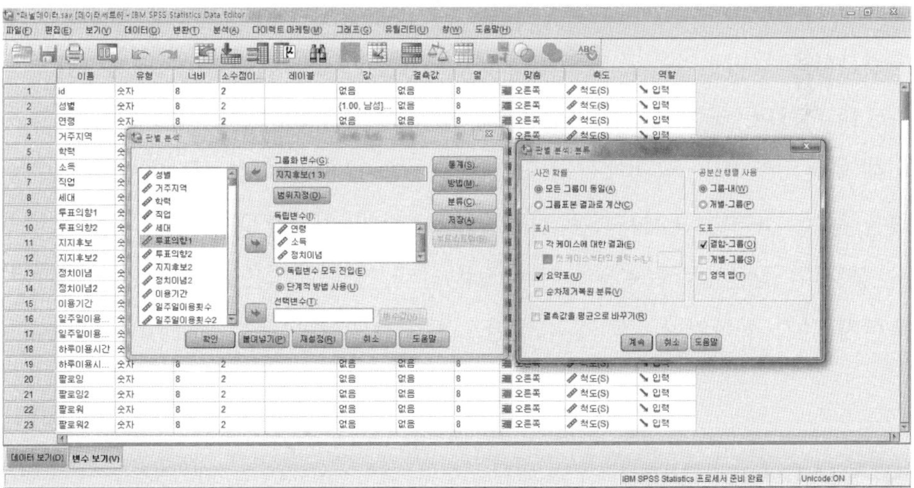

대화상자에서 확인을 누르면 판별분석 결과가 제시된다.

〈그림 10-22〉 판별분석 결과

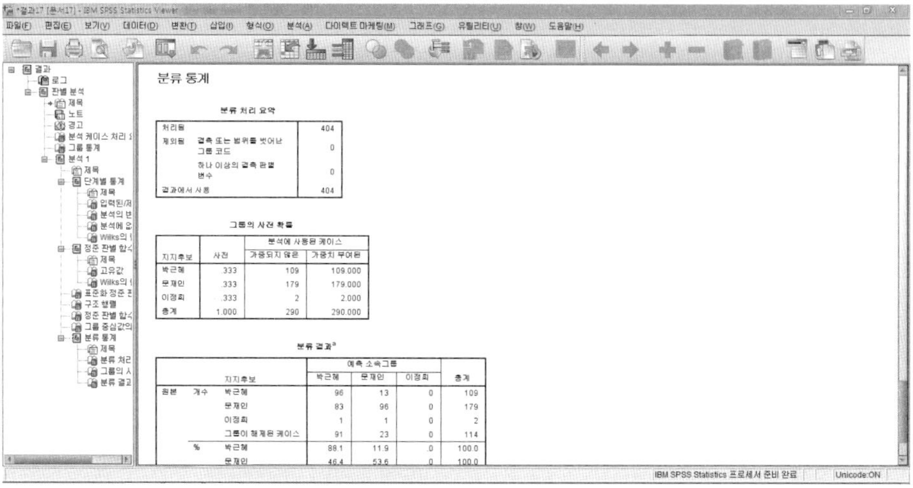

4. 군집분석(cluster analysis)

1) 군집분석 원리

군집분석은 등간척도나 비율척도로 측정된 두 개 이상의 변인들이 지니고 있는 다양한 특성을 바탕으로 명명척도로 측정된 집단을 묶어주는 통계방법이다. 군집분석은 독립변인을 집단으로 구분한다는 점에서 판별분석과 유사하면서도 조금은 다르다. 구체적으로 판별분석은 종속변인인 집단이 이미 일정한 기준에 의해 구분되어 있는 상태에서 집단을 구별하는 구성원의 속성을 밝혀내는데 목적을 둔다. 하지만 군집분석은 전체 표본들 간의 유사성 또는 이질성을 바탕으로 몇 개의 집단으로 분류하는데 목적을 둔다. 군집분석은 대상이 어느 집단에 속할지 알지 못하거나, 몇 개의 집단으로 구분될지 모르는 경우에 유용하다.

〈표 10-8〉 군집분석의 사용조건

	변인 수	측정수준
독립변인(분류변인)	2개 이상	등간, 비율척도
종속변인(분류대상변인)	1개	명명척도

〈표 10-9〉 군집분석의 연구문제들

● 소비자의 행태에 따라 소비자를 몇 개의 집단으로 분류할 수 있는가? ● 정치인들의 특성을 기초로 하여 몇 개의 집단으로 구분할 수 있는가? ● 세계에서 사용되는 언어들의 유사성과 상이성에 따라 이들을 어떻게 구분할 수 있는가?

앞에서 설명했던 요인분석과 판별분석은 상관관계를 이용하여 집단을 분류하지만 군집분석은 측정 값의 차이에 의해 분류한다. 군집분석은 복수의 대상이 가지고 있는 똑같거나 비슷한 특성을 상대적 거리로 계산한다. 대상 간의 거리가 멀면 이질적 집단으로 분류하고 가까우면 동질적 집단으로 분류한다. 일반적으로 대상의 특성을 거리로 측정하는 척도는 유클리디언 거리(Euclidean distance)를 사용한다. 유클리디언 거리는 개별 점수 차이를 자승하여 합한 값을 사용한다. 만약 대상의 특성을 측정한 단위가 서로 다르다면 z점수처럼 표준화된 척도로 변환하여 사용하여야 한다. 유클리디언 거리를 구하는 공식은 아래와 같다.

$$d_{ij} = \sqrt{\sum_{k=1}^{r} (X_{ki} - X_{jk})^2}$$

X_{ik}, X_{jk} = k차원에서 대상 i, j의 값
k = 대상이 가지고 있는 1, 2 … r개의 차원(특성)

대상의 거리를 측정하였다면 이 값을 바탕으로 집단으로 구분해야 한다. 일반적으로 계층적 군집화 방법(hierarchical cluster analysis)이 집단으로 분류하는 데 가장 많이 사용된다. 계층적 군집화 방법은 모든 대상을 독립적 집단으로 출발하여 가장 가까운 대상을 하나씩 묶어나가 최종적으로 모든 대상을 하나의 집단으로 묶는 방법이다. 예를 들어 콜라와 펩시, 사이다, 환타, 게토레이, 파워에이드 등 6개의 음료수를 계층적 군집화 방법으로 분류하면 1단계에서 6개 모두를 개별 집단으로 구분한다. 이어서 2단계에서 유사성에 따라 콜라와 펩시, 사이다와 환타, 게토레이와 파워에이드를 각각 묶을 수 있다. 그리고 3단계에서

탄산음료의 특성으로 콜라와 펩시 집단과 사이다와 환타 집단을 묶을 수 있다. 이 때 이온음료인 게토레이와 파워에이드 집단은 유사한 집단이 없기 때문에 단독 집단으로 남는다. 마지막 4단계에서 모든 집단을 하나의 집단으로 묶는다. 계층적 군집화 방법에서 집단 분류는 거리의 기준점에 따라 최단 연결법(single linkage method)과 최장 연결법(complete linkage method), 평균 연결법(average linkage method) 등 3가지가 있다.

2) 군집분석(cluster analysis) SPSS 실행방법

데이터 편집기에서 '메뉴 → 분류분석 → 계층별 군집분석'을 누른다.

〈그림 10-23〉 군집분석 실행 1

군집을 묶어낼 변인을 오른쪽 '변수' 상자로 이동시킨다. 변수의 거리를 측정하기 때문에 군집은 '케이스'가 기본으로 설정되어 있다.

〈그림 10-24〉 군집분석 실행 2

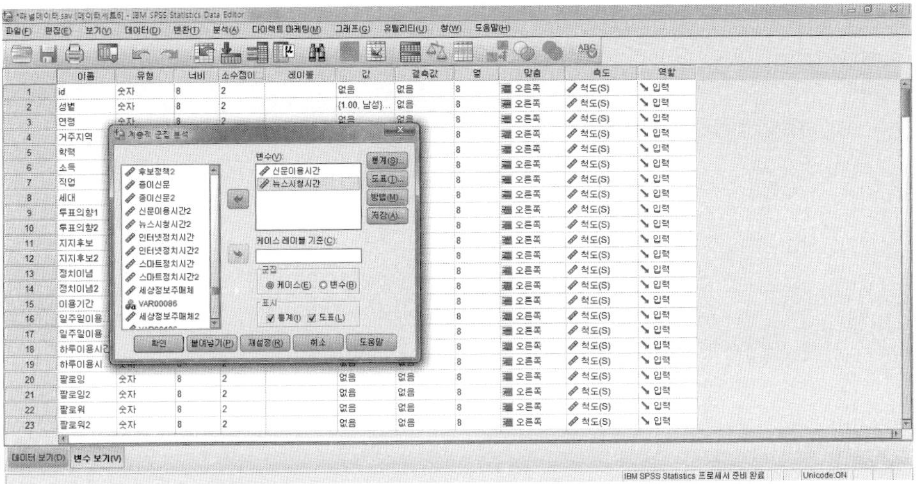

대화상자에서 통계를 선택하면 '군집화 스케줄'이 기본으로 설정되어 있다. 계속을 누른다.

〈그림 10-25〉 군집분석 실행 3

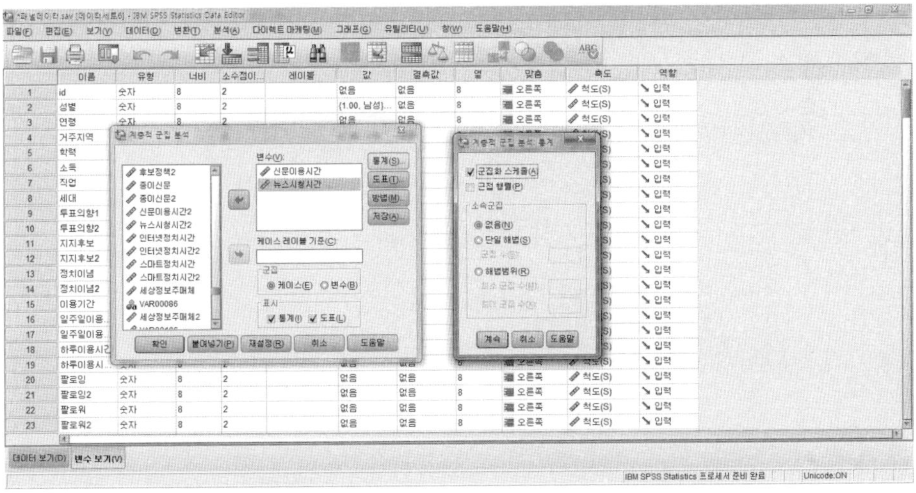

대화상자에서 도표를 선택한 후 '덴드로그램'을 체크하고 '수평'을 선택한다. 계속을 누른다.

〈그림 10-26〉 군집분석 실행 4

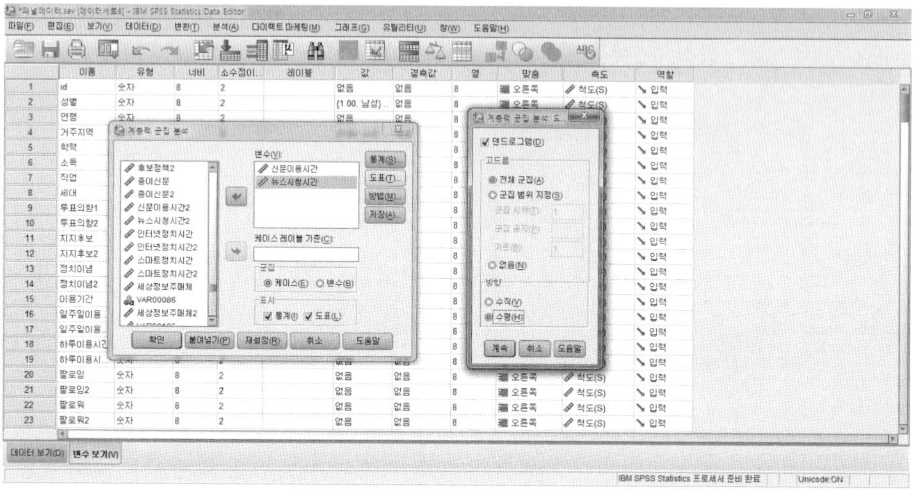

대화상자가 나타나면 방법을 선택한다. '그룹 간 연결'과 '유클리드 거리 제곱값'이 기본으로 설정되었는지 확인하다. 계속을 누른다.

〈그림 10-27〉 군집분석 실행 5

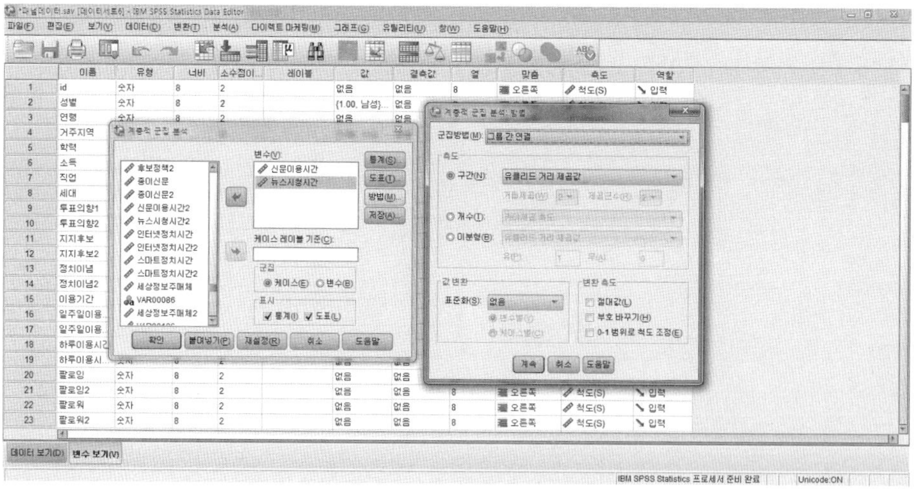

확인을 누르면 군집분석의 결과가 제시된다.

〈그림 10-28〉 군집분석 결과

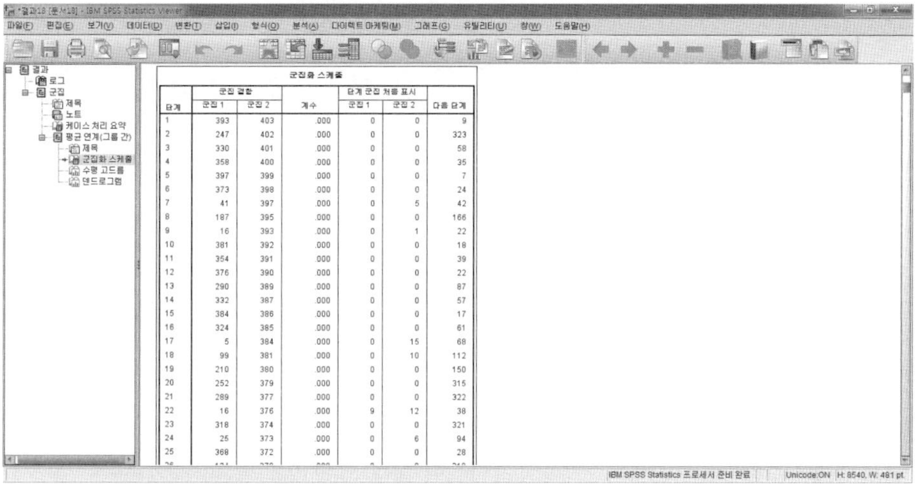

5. 신뢰도 분석(reliability analysis)

1) 신뢰도 분석의 원리

신뢰도 분석은 서열척도, 등간척도 또는 비율척도로 측정된 여러 변인들이 얼마나 일관되게 현상을 측정하였는지를 검증하는 통계방법이다. 예를 들어 TV 드라마 이용동기 가운데 오락동기를 5개의 질문으로 물었다고 가정해보자. 만약 5개의 질문 가운데 2개는 오락이 아닌 정보동기를 측정하는 질문이라면 위의 질문들은 신뢰할 수 없게 된다. 이와 같이 과학적 연구에서 측정의 신뢰도는 매우 중요하다. 측정의 신뢰도를 확보하지 못한다면 아무리 좋은 결과를 도출하였어도 그 연구는 폐기되어야 한다.

〈표 10-10〉 신뢰도분석의 사용조건

	변인 수	측정수준
독립, 종속변인 구분 없음	2개 이상	서열, 등간, 비율척도

〈표 10-11〉 신뢰도분석의 연구문제들

- TV시청동기를 묻는 문항들이 같은 성격인가?
- 정치효능감을 측정하기 위해 준비된 문항들이 신뢰할 수 있는가?
- 정치냉소주의를 묻는 문항들이 같은 성격인가?

일반적으로 측정 항목의 신뢰도 측정을 위해 가장 많이 쓰이는 방법은 크론바흐 알파(Cronbach α)이다. 크론바흐 알파는 항목의 수와 항목 간의 평균 상관계수를 이용하여 내적 일관성을 제시해준다. 크로바흐 알파는 0부터 1 사이의 값으로 나타나며, 동일한 현상을 여러 질문으로 측정하였기 때문에 질문 간에 정적 상관관계가 있는 것으로 가정한다. 따라서 크론바흐 알파에서 부적 상관관계가 나타나면 신뢰할 수 없는 것으로 판단한다. 크로바흐 알파 공식은 아래와 같다.

$$\alpha = \frac{k \times r}{1 + (k-1) \times r}$$

k = 측정 항목 수
r = 측정 항목 간 평균 상관계수

크론바흐 알파 검증 결과 신뢰도가 낮다면 신뢰도를 저해하는 항목을 제외시켜야 한다. 통계 프로그램은 항목을 제외시킬 경우의 크로바흐 알파 값을 같이 제시해주므로 이를 고려하여 항목을 삭제하면 된다. 크론바흐알파계수는 적어도 0.69를 넘어야 만족할만한 신뢰도라 할수 있고, 0.75 이상의 값은 신뢰도가 우수한 것으로 판단한다.

2) 신뢰도 분석(reliability analysis) SPSS 실행방법

데이터 편집기에서 '메뉴 → 척도 → 신뢰도 분석'을 누른다.

〈그림 10-29〉 신뢰도 분석 실행 1

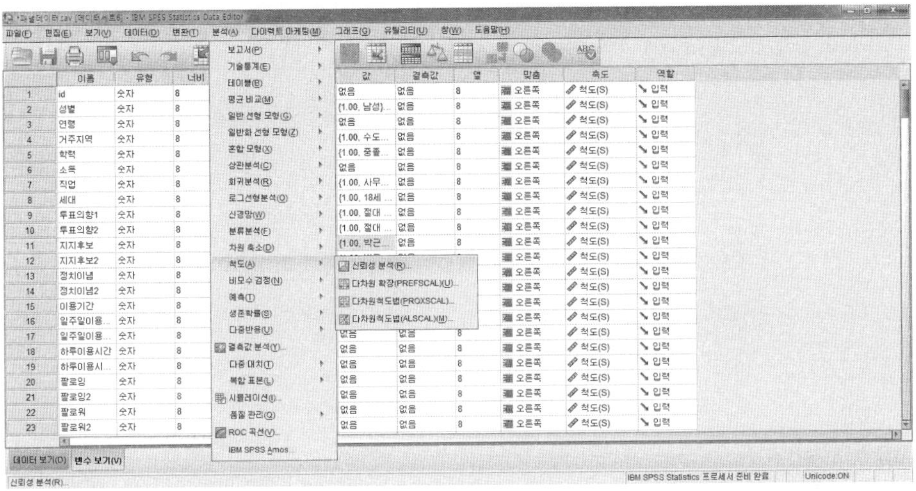

분석할 변인들을 오른쪽 '항목' 상자로 옮긴다.

〈그림 10-30〉 신뢰도 분석 실행 2

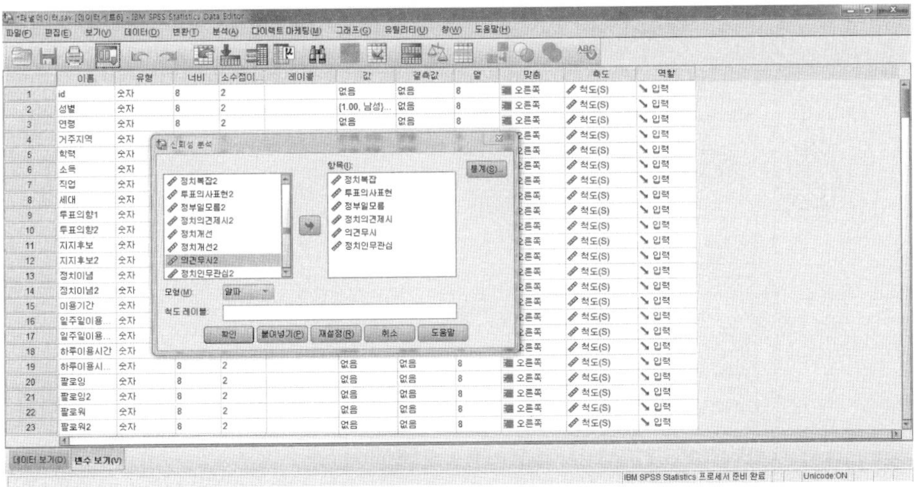

대화상자에서 통계를 선택한 후 '항목', '척도', '항목제거시 척도', 항목 간 '상관', '평균', '분산', 요약값 '상관'을 선택한다. 계속을 누른다.

〈그림 10-31〉 신뢰도 검사 실행 3

확인을 누르면 신뢰도 검사가 제시된다.

〈그림 10-32〉 신뢰도 검사 결과

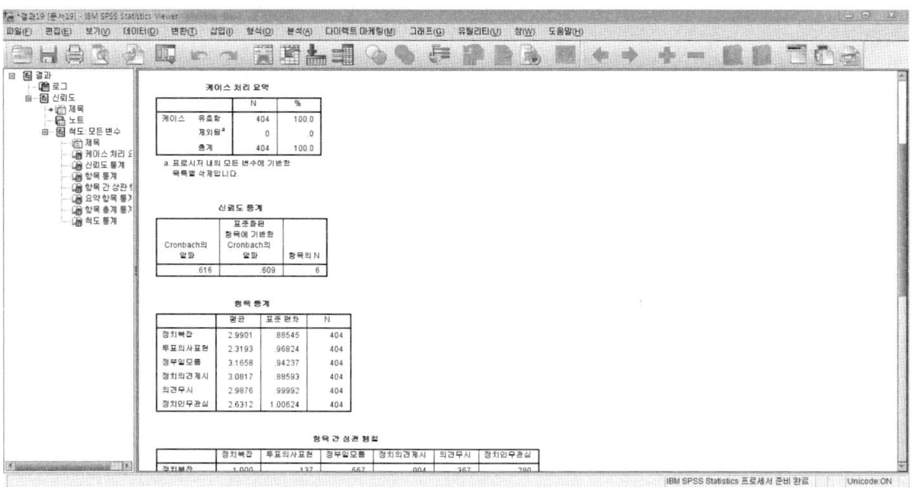

6. 단순 회귀분석(simple or bivariate regression analysis)

1) 단순 회귀분석 원리

회귀분석(regression analysis)은 독립변인이 종속변인에 미치는 영향 즉, 인과관계(causation)를 밝히는 통계방법이다. 두 변인의 관계를 기술하는 통계적 공식은 $Y=f(X)$로 Y는 X의 함수임을 나타낸다. 풀어서 표현하면 'X는 Y의 원인으로 X 값이 Y 값을 결정한다'고 말할 수 있다. 회귀분석은 X와 Y의 함수관계를 밝혀내는 통계방법이다.

〈표 10-12〉 단순회귀분석의 사용조건

	변인 수	측정수준
독립변인	1개	등간, 비율척도
종속변인	1개	등간, 비율척도

〈표 10-13〉 단순회귀분석의 연구문제들

- TV시청시간은 범죄피해의식에 영향을 미치는가?
- 아버지의 소득수준이 자식의 일류대학 진학률에 영향을 미치는가?
- 중국 사람들의 한국 방문횟수가 한국 호감도에 영향을 미치는가?

회귀분석의 사용 조건은 독립변인과 종속변인 모두 등간척도나 비율척도로 측정되어야 한다. 예를 들어 월별 광고비가 상품 매출에 미치는 영향의 경우 선행되는 광고비를 독립변인으로, 이에 영향을 받는 매출을 종속변인으로 설정할 수 있다. 또 다른 예로 정치에 대해 비판적인 내용을 주로 보도하는 신문의 이용은 정치 냉소주의의 원인이 될 수 있다. 만약 변인이 명명척도로 측정되었다면 가변인(dummy variable)으로 변환하여 사용해야 한다. 가변인이란 명명척도로 측정한 변인을 비율척도로 변환시킨 변인을 말한다. 예를 들어 남성은 1, 여성은 2로 측정한 성별변인을 '남성'이라는 가변인으로 만들어 남성은 1, 여성은 0으로 코당변경을 하는 경우이다. 가변인은 0과 1의 값만을 갖는다.

회귀분석은 독립변인의 수에 따라 단순 회귀분석과 다변인 회귀분석(multiple regression analysis)으로 구분된다. 하나의 독립변인이 하나의 종속변인에 미치는 영향을 검증할 때는 단순 회귀분석을 사용하고, 여러 개의 독립변인이 하나의 종속변인에 미치는 영향을 알아볼 때는 다변인 회귀분석을 사용한다.

먼저 단순 회귀분석을 살펴보면, 등간척도 이상으로 측정된 하나의 독립변인이 등간척도 이상으로 측정된 하나의 종속변인에 미치는 영향을 검증하는 통계 방법이다. 단순 회귀분석에서 독립변인과 종속변인의 관계는 인과관계를 의미한다. 즉, 원인과 결과의 관계이다. 회귀분석을 통해 인과관계를 실질적으로 증명할 수는 없으나 다만 독립변인이 종속변인에 미치는 영향을 수학적으로 설명할 수는 있다. 따라서 회귀분석을 통해 인과관계가 성립하려면 2장에서 설명한 바와 같이 다음 3가지 기준을 동시에 만족시켜야 한다. ① 독립변인과 종속변인이 같이 변해야 하고(covariation), ② 독립변인의 발생이 종속변인의 발생보다 시간적으로 선행(time order)하여야 하며 ③ 가외변인들이 종속변인에 미치는 영향이 없어야 한다.

단순 회귀분석은 독립변인과 종속변인의 관계를 선형 회귀분석(linear regression analysis)을 이용하여 계산한다. 선형이란 두 변인 간의 관계에서 종속변인의 크기를 독립변인의 크기에 비례하는 것으로 가정한다. 선형 회귀분석을 이용하여 독립변인의 측정 값을 바탕으로 종속변인의 추정 값을 예측할 수 있다. 선형 회귀분석의 계산식은 다음과 같다.

$$Y' = a + bX + e$$

Y' = 종속변인의 예측 값
X = 독립변인의 측정 값
a, b = 회귀계수
e = 오차

이론적으로 측정 값들을 하나의 직선으로 연결시키는 것이 가장 이상적이지만 실제 측정 값들은 하나의 직선으로 연결되지 않는다. 그 이유는 독립변인과 종속변인의 관계가 완전한 비례관계가 아니기 때문이다. 하지만 인과관계를 갖는 독립변인과 종속변인은 함께 변하는 경향을 가지고 있다. 이 경우 두 변인의 측정 값을 가장 잘 대표하는 하나의 선을 그을 수 있다면 두 변인의 관계를 설명하는데 유용하다. 이 선을 회귀선(regression line) 또는 최적선(line of fit)이라 부른다. 최적선이라 부르는 이유는 측정 값들로부터 거리가 가장 가까운 선을 찾기 때문이다. 따라서 독립변인의 측정 값에 회귀선을 적용하면 완벽하지는 않지만 최소의 오차를 포함한 종속변인의 값을 예측할 수 있다. 이 때 측정 값과 회귀선의 차이가 발생하는데, 회귀분석에서는 이를 오차(error) 또는 잔차(residual)라고 한다.

최적의 직선을 구할 때 최소자승법(least squares method)이 사용된다. 최소자승법은 평균 값으로부터 편차의 자승합은 다른 값을 기준으로 얻은 편차의 자승합보다 항상 적다는 것을 의미한다. 이 때 제곱을 하는 이유는 평균의 편차를 모두 합할 경우 그 값이 항상 0이기 때문에 오차를 균등하게 측정하기 위해서이다. 회귀분석은 최소자승법을 이용해서 독립변인과 종속변인의 관계를 가장 잘 설명하는 최적의 회귀계수를 찾는 것이다. 즉, 측정 값과 선 사이의 모든 제곱된 오차를 구하고, 제곱된 오차를 지나는 최적화된 직선을 결정하면 이 직선이 회귀선이다. 이와 같은 회귀선 결정 방식을 '최소 자승법의 해법'이라 부른다. 결론적으로 회귀분석은 회귀계수를 결정하는 직선의 절편(a)과 기울기(b)를 구하여 그 회귀계수가 통계적으로 유의미한 영향을 미치는지를 검증하는 통계방법이다. 최적선인 회귀방정식(regression equation)의 일반적인 공식은 아래와 같다.

$$Y = bX + a$$

b = 기울기
a = 절편

회귀방정식을 구하려면 독립변인(X)과 종속변인(Y)의 모든 측정 값(score)과 두 변인의 개별 평균 값(mean), 두 평균 값의 표준오차(standard error), 두 변인의 상관관계(correlation)를 알아야 한다. 회귀 방정식을 구하는 공식은 다음과 같다.

$$\hat{Y} = r_{XY}\left(\frac{S_Y}{S_X}\right)(X - M_X) + M_Y$$

$\hat{Y}$ = Y의 예측 값('와이-햇'으로 읽는다)
r_{XY} = X와 Y의 상관계수
S_X, S_Y = X와 Y의 표준편차
M_X, M_Y = X와 Y의 평균
X = X의 측정 값

위 표에서 기울기(b)는 $r_{XY}\left(\frac{S_Y}{S_X}\right)$로 계산하고, 절편($a$)은 $(X - M_X) + M_Y$로 계산한다.

회귀방정식을 구하는데 상관계수(r)와 표준편차(s)를 모르는 경우 다음 공식을 통해 a와 b를 구할 수 있다.

$$b_{xy} = \frac{\sum(X - M_X)(Y - M_y)}{\sum(X - M_X)^2}$$

$$= \frac{N(\sum(XY) - (\sum X)(\sum Y)}{N(\sum X^2) - (\sum X)^2}$$

$$a_{yx} = M_Y - b_{yx}(M_X)$$

회귀계수와 상관계수는 극단치의 영향에 민감하다. 측정 값에 극단치가 존재하는 경우, 회귀식이 왜곡될 수 있다. 극단치의 영향을 제거하기 위해서는 표본의 수를 충분하게 늘리거나, 분석에서 극단치를 제외시켜야 한다.

회귀분석에서 회귀방정식의 통계적 유의도는 F 검증을 이용하여 검증한다. 회귀분석과 F 검증은 전체 변량(total variance)이 두 부분으로 나누어진다는 점에서 근본적으로 동일한 논리를 가지고 있다. 구체적으로 회귀분석의 전체 변량은 설명되는 변량(accounted for variance)과 설명되지 않는 변량(unaccounted for variance)으로 구분되고, F 검증의 전체 변량은 집단 간 변량과 집단 내

변량으로 구분된다. 설명되는 변량과 집단 간 변량은 동일한 개념이고, 설명되지 않는 변량과 집단 내 변량도 같은 개념이다. 변량분석에서 F 값은 아래와 같다.

$$F = \frac{\text{집단 간 변량/자유도(변인수}-1)}{\text{집단 내 변량/자유도(표본수}-1)}$$

반면 회귀분석의 F값은 다음과 같이 구해진다.

$$F = \frac{\text{설명된 변량(회귀) /자유도}(1)}{\text{설명되지 않은 변량(오차)/자유도}(n-2)}$$

변량분석과 같이 회귀분석에서 F 값의 분모와 분자는 모두 자승합으로 구해진다. 단순 회귀분석에서 변인의 수가 2개 이므로 분자의 자유도는 2−1=1이고, 분모의 자유도는 사례에서 2를 뺀 값(사례수−2)이다. 구체적으로 (n)−(2−1)−1=n−2이다. 분모는 변인의 실제 값과 예측된 값 사이의 편차 자승합으로 이를 오차의 자승합이라 부른다. 분자는 예측된 변인의 편차 자승합, 즉 회귀에 의한 자승합이다. 분모와 분자의 관계에서 설명된 변량(분자)이 클수록, 그리고 설명되지 않는 변량(분모)이 작을수록 F 값은 커진다. 즉 우연에 의해 F 값이 구해질 확률이 작아진다.

R^2(squared multiple correlation)은 결정계수(coefficient of determination)에 대한 정보를 제공하여 회귀선의 설명력을 나타내준다. R^2는 투입된 예측변인(독립변인)에 의해 예측되는 변인(종속변인)의 몇 %가 설명되는지를 제시해준다. R^2는 0에서 1 사이의 값으로 나타나기 때문에 이를 백분율로 환산하면 된다. 단순 회귀분석에서 R^2를 구하는 공식은 다음과 같다.

$$R^2 = \frac{\text{회귀분석의 제곱합}}{\text{전체 제곱합}} = \frac{\Sigma(\hat{Y}_i - \overline{Y})^2}{\Sigma(Y_i - \overline{Y})^2}$$

$\hat{Y}$ = 회귀식에 의한 예측치
$\overline{Y}$ = 평균 값

단순 회귀분석에서 R^2의 제곱근인 R은 상관관계 분석의 상관계수(r)와 동일하다. 따라서 R을 통해 상관계수를 파악하고 이를 기준으로 설명력을 판단할 수 있다. 예를 들어 R^2의 값이 0.279인 경우 독립변인이 종속변인의 27.9%를 설명한다고 진술한다. R^2=.279의 R은 .528이 되는데 .50를 기준으로 한다면 이 값은 높은 설명력을 갖고 있는 것으로 판단할 수 있다. 설명력의 정도 판단 기준은 앞의 상관관계분석에서 설명했던 상관계수의 기준을 따르면 된다.

2) 단순 회귀분석(bivariate regression analysis) SPSS 실행방법

데이터 편집기에서 '메뉴 → 회귀분석 → 선형'을 누른다.

〈그림 10-33〉 단순 회귀분석 실행 1

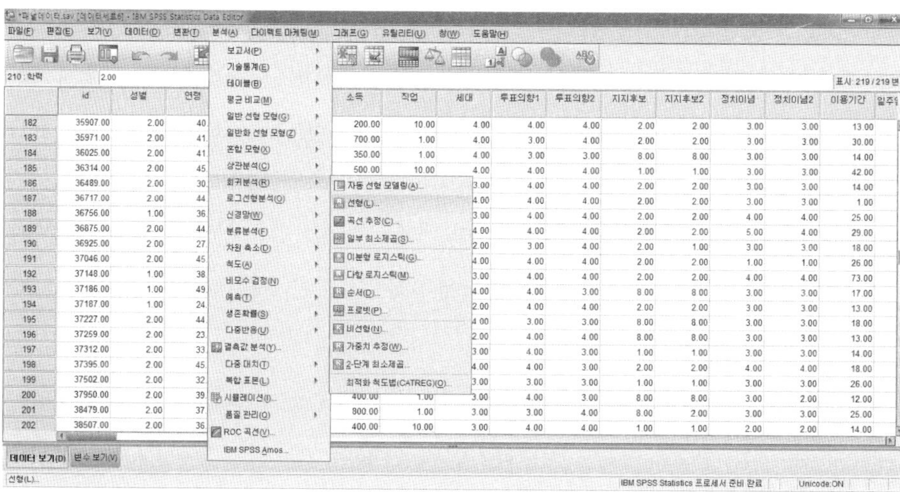

대화상자에서 오른쪽 상자에서 독립변인은 '독립변수', 종속변인은 '종속변수' 상자로 이동시킨다.

〈그림 10-34〉 단순 회귀분석 실행 2

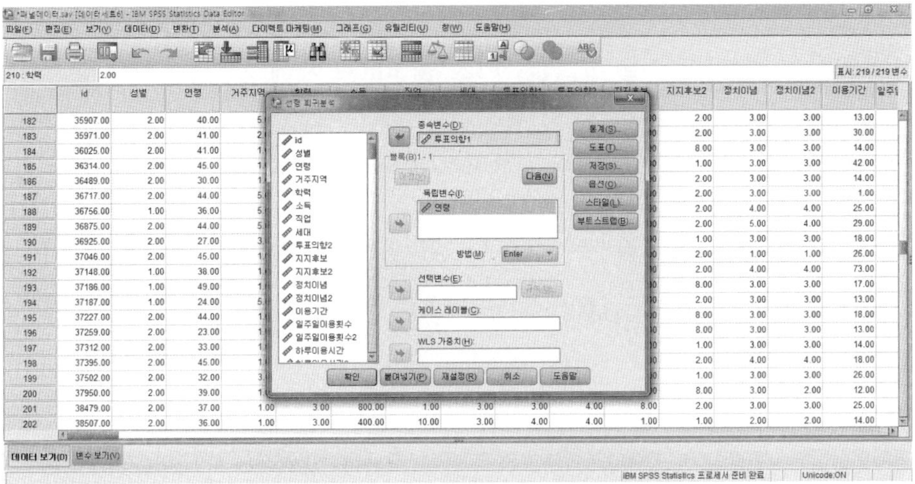

통계를 선택한 후 '추정값', '모형 적합', 'R 제곱 변화량', '기술통계', '케이스별 진단'을 체크한 후 계속을 누른다.

〈그림 10-35〉 단순 회귀분석 실행 3

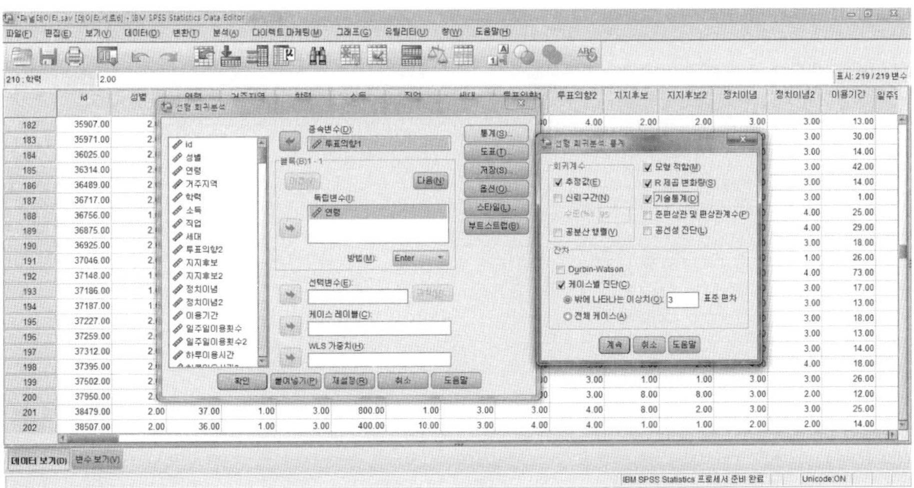

도표를 선택한 후 *ZRESID는 'Y' 상자로, *ZPRED는 'X' 상자로 이동시킨다. 표준화 잔차 도표에서 '히스토그램'과 '정규 확률 도표'를 체크한 후 계속을

누른다.

〈그림 10-36〉 단순 회귀분석 실행 4

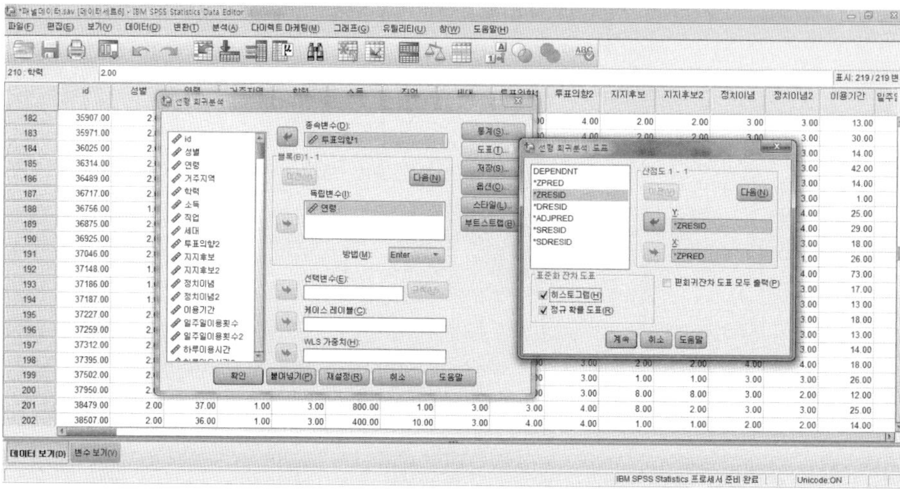

대화상자에서 확인을 누르면 단순 회귀분석 결과가 제시된다.

〈그림 10-37〉 단순 회귀분석 결과

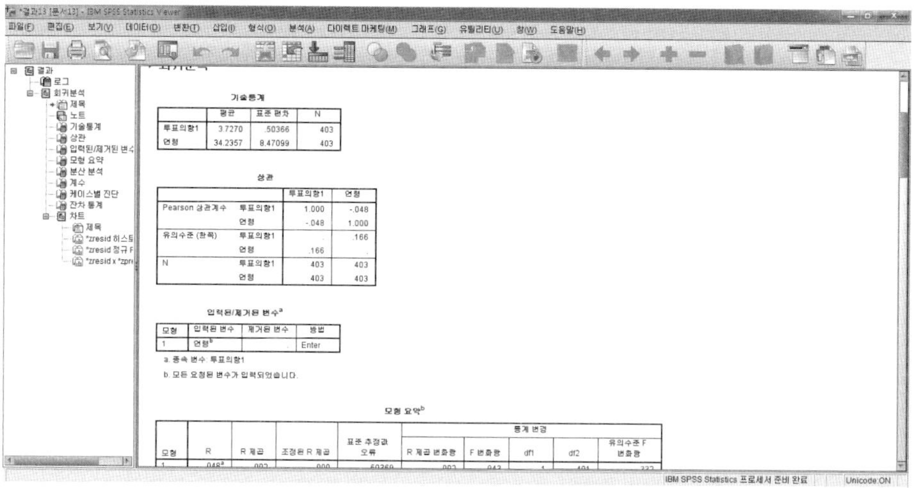

7. 다변인 회귀분석(multiple regression analysis)

1) 다변인 회귀분석의 원리

사회과학에서 하나의 독립변인이 종속변인에 영향을 미치는 경우는 극히 드물다. 대부분의 경우 여러 개의 독립변인이 하나의 종속변인에 복합적으로 영향을 미친다. 이와 같이 여러 개의 독립변인과 하나의 종속변인의 관계를 설명하는 통계방법이 다변인 회귀분석이다. 다변인 회귀분석에서 독립변인의 수는 늘어났지만 그 기본 원리는 단순 회귀분석과 같다.

〈표 10-14〉 다변인 회귀분석의 사용조건

	변인 수	측정수준
독립변인	2개 이상	등간, 비율척도
종속변인	1개	등간, 비율척도

〈표 10-15〉 다변인 회귀분석의 연구문제들

- TV 시청시간, 소득수준, 거주지의 도시화 정도는 범죄피해 의식에 영향을 미치는가?
- 아버지의 소득수준, 어머니의 자녀관심도가 자식의 일류대학 진학률에 영향을 미치는가?
- 중국 사람들의 한국 방문횟수, 한국인 친구수가 한국 호감도에 영향을 미치는가?
- TV방영 극장용 영화 시청률 예측요인은 무엇인가?
  독립변인으로는 극장 상영 경과 연수, 극장 상영 시 흥행수입, 출연배우 평가점수, 방영계절(가변인), 방영 요일(가변인).

다변인 회귀분석은 등간척도 또는 비율척도로 측정된 두 개 이상의 독립변인이 역시 등간척도나 비율척도로 측정된 하나의 종속변인에 미치는 영향을 분석하는 통계방법이다. 명명척도로 측정된 독립변인은 가변인(dummy variable)

으로 변환해서 사용해야 한다. 이 분석에서 각 독립변인들이 종속변인을 설명하는 상대적 기여도(relative degree of contribution)를 알 수 있다. 여기에서는 독립변인이 두 개인 다변인 회귀분석을 설명하겠다. 독립변인이 두 개인 다변인 회귀분석의 방정식은 아래와 같다.

$$Y' = a + b_1X_1 + b_2X_2 + e$$

Y' = 종속변인의 예측 값
X = 독립변인의 측정 값
a, b = 회귀계수
e = 오차

단순 회귀분석은 하나의 회귀선을 구하지만 다변인 회귀분석은 독립변인이 두 개이므로 두 개의 회귀선을 구해야 한다. 따라서 이들 관계는 평면이 아닌 공간에서 면으로 나타난다. 위 식에서 2개의 b계수(비표준화 회귀계수)를 갖는다. b_1은 독립변인 X_2의 영향력을 통제(control)한 가운데 독립변인 X_1이 한 단위(unit) 증가할 때 종속변인(Y)이 증가하는 비율이다. b_2역시 X_1을 통제한 가운데 독립변인 X_2의 증가에 따른 종속변인의 증가비율이다.

다변인 회귀분석에서 b계수는 상관관계를 기초한 β(베타)계수를 이용하여 구할 수 있다. β계수는 측정단위가 다른 여러 개의 독립변인이 종속변인에 미치는 영향을 표준화된 척도로 전환하여 나타낸다. 따라서 개별 독립변인의 기여도를 비교할 수 있다. 이와 같은 이유로 β계수를 표준화 부분 회귀계수(standard partial regression coefficients)라고 부른다. 아래와 같이 β계수는 r계수를 이용하여 계산한다.

$$\beta_{X_1Y\cdot X_2} = \frac{r_{x_1y} - r_{x_2y}r_{x_1x_2}}{1 - r^2_{x_1x_2}}$$

$$\beta_{X_2Y\cdot X_1} = \frac{r_{x_2y} - r_{x_1y}r_{x_1x_2}}{1 - r^2_{x_1x_2}}$$

$\beta_{X_1Y \cdot X_2}$는 독립변인 X_2의 영향력을 통제한 상태에서 종속변인에 대한 X_1의 설명력이고 $\beta_{X_2Y \cdot X_1}$는 X_1의 영향력을 통제한 상태에서 종속변인에 대한 X_2의 설명력이다. 다변인 회귀 분석에서 b값을 계산하려면 변인들의 평균, 표준편차, 단순 상관계수를 알아야 한다. β계수를 알았다면 다변인 회귀 방정식에서 회구귀계수 b_1과 b_2는 다음 방정식으로 구해야 한다.

$$b_{X_1Y \cdot X_2} = (\frac{S_Y}{S_{X_1}}) \cdot \beta_{X_1Y \cdot X_2}$$

$$b_{X_2Y \cdot X_1} = (\frac{S_Y}{S_{X_2}}) \cdot \beta_{X_2Y \cdot X_1}$$

$$b_1 = b_{X_1Y \cdot X_2}$$
$$b_2 = b_{X_2Y \cdot X_1}$$

절편 a를 구하는 공식은 다음과 같다.

$$a = \overline{Y} - b_1\overline{X_1} - b_2\overline{X_2}$$

다변인 회귀분석의 해석은 독립변인이 복수이기 때문에 결정계수와 β계수를 유의해서 해석해야 한다. 만약 TV 뉴스이용과 정당 충성도가 투표참여에 미치는 영향을 검증한다고 가정해보자. TV 뉴스이용은 시간으로 측정하고 정당 충성도는 리커트 5점 척도로 측정할 수 있다. 이렇게 두 변인의 측정단위가 다르기 때문에 변인의 단위를 표준화시켜야 한다. 회귀계수 b를 표준편차 단위로 나눈 값이 β계수이다. 따라서 β계수는 같은 측정단위를 지닌 표준화된 지수이다. 이와 같은 이유로 다변인 회귀분석에서 결과를 해석할 때 β계수를 읽는다. β계수를 구하는 공식은 다음과 같다.

$$\beta = \hat{\beta_1}\frac{S_x}{S_y}$$

S_x, S_y = 독립변인과 종속변인의 표준편차

다변인 회귀분석도 단순 회귀분석과 마찬가지로 다변인 상관계수의 통계적 유의도를 검증할 때 F비(ratio)를 사용한다. F비는 설명되는(회귀) 변량 대 설명되지 않는(오차) 변량의 비율이다. 다변인 상관계수의 F값은 다음과 같이 구한다.

$$F = \frac{\text{설명된 변량(회귀 자승합)/(독립 변인수)}}{\text{설명되지 않는 변량(오차 자승합)/(표본수} - \text{독립 변인수} - 1)}$$

단순 회귀분석에서 설명한 바와 같이 R^2는 예측변인에 의해 설명되어지는 예측되는 변인의 설명 비율이다. 다변인 회귀분석에서는 복수의 독립변인이 존재하기 때문에 독립변인이 추가될 때마다 R^2는 변한다. 첫 번째 독립변인을 투입했을 때 R^2는 .130이었고, 두 번째 독립변인을 투입했을 때 R^2가 .25로 변했다면 첫 번째 독립변인은 종속변인의 13%를 설명하고, 두 번째 독립변인은 종속변인의 12%(.25−.13=.12)를 설명하며, 이들 두 개의 독립변인들은 종속변인의 25%를 설명한다고 말할 수 있다.

반드시 그렇지는 않지만 대체로 독립변인의 수가 많아질수록 R^2가 증가하는 특성을 갖는다. 독립변인의 수를 늘리는 것이 타당한지를 판단하기 위해서는 수정된 R^2(adjusted R^2, R^2_{adj})를 확인해야 한다. 추가된 독립변인의 설명력이 높지 않다면 R^2_{adj}는 감소한다. 이 경우 독립변인을 추가하지 말아야 한다. 따라서 수정된 R^2는 추가된 독립변인의 타당성을 확인하는 보조 정보이다. R^2_{adj}를 구하는 공식은 아래와 같다.

$$R^2_{adj} = 1 - (1 - R^2)\frac{(n-1)}{n-k-1}$$

n = 사례 수
k = 독립변인의 수

다변인 회귀분석에서 독립변인을 회귀모형에 투입하는 방식은 '동시 변수입력'과 '단계적 입력' 두 가지로 나뉜다. 동시 변수입력 방법은 모든 독립변인을 회귀모형에 동시에 포함시켜 개별 독립변인의 회귀계수를 측정하는 방법이다.

이를 엔터(enter) 방식이라고 부른다. 엔터 방식은 통계적인 유의미성을 고려하지 않고 모든 독립변인을 투입하기 때문에 모형의 설명력이 떨어질 수 있다. 이를 보완하기 위해 단계적 입력(stepwise)을 사용한다. 단계적 입력방식은 단계선택과 전진, 후진 세 가지 방식으로 세분화된다. 먼저 단계선택은 설명력이 가장 높은 독립변인부터 순서대로 모형에 포함시키는 방법이다. 여러 개의 독립변인 가운데 F 검증을 이용하여 통계적 유의미성을 확인한 후 모형의 설명력(R^2)을 높여주는 독립변인을 순서대로 포함시킨다. 새로운 변인을 추가할 때마다 기존 변인들의 유의성을 확인하여 새로운 변인보다 낮은 유의성을 보이는 기존 변인은 제거된다. 이어서 전진(forward)방식은 단계선택 방식과 유사하지만 포함된 독립변인을 제거하지 않는다는 점에서 단계선택과 다르다. 마지막으로 후진(backward) 방식은 모든 독립변인을 포함시켜 유의성이 낮은 변인을 차례로 제거하는 방식이다.

다변인 회귀분석은 독립변인 간의 상관관계가 없거나 낮다고 가정한다. 그러나 다변인 회귀분석에서 독립변인들은 서로 상관관계가 높을 수 있다. 이를 다중공선성(multi-collinearity)이라고 부른다. 다중공선성 문제가 발생하면 추정된 계수가 통계적으로 유의미하지 않을 가능성이 높아진다. 이는 독립변인 간의 높은 상관관계로 한 독립변인이 다른 독립변인의 설명력을 흡수해 유의성을 약화시킨다. 따라서 독립변인의 순위 결정과정에서 어느 변인의 설명력이 더 큰지를 알 수 없게 된다.

다중공선성은 공차한계(tolerance)와 VIF(Variance Inflation Factor)를 통해 확인할 수 있다. 공차한계는 독립변인이 다른 독립변인에 의해 설명되는 정도를 의미하고, $(1-R^2_i)$로 계산한다. VIF는 공차한계를 역수로 표현한 것이다. 공차한계 값이 작을수록 또는 VIF 값이 클수록 변인들 간의 상관관계가 높아진다. 공차한계 0.10이하, VIF 10이상일 경우 다중공선성이 존재하는 것으로 판단한다. VIF 값이 높은 독립변인을 차례로 제거하여 이를 해결해야 한다. 또는 다중공선성을 일으키는 변인들의 성격이 유사하다면 이를 하나로 묶어 새로운 변인으로 만들어 사용한다. 더불어 다중공선성을 확인하는 방법은 조건지수

값(condition index)과 변량비율(variance proportions)을 검토하는 방법이 있다. 모든 변인이 투입된 단계에서 조건지수 값이 30을 넘거나, 상수를 포함한 두 개 이상의 변인이 변량비율 0.90을 넘는 경우 다중공선성 문제가 있는 것으로 판단한다. 이 경우 0.90을 넘는 변인을 제거하거나 유사한 것과 묶어 새로운 지수로 만들어야 하다.

2) 다변인 회귀분석(multiple regression analysis) SPSS 실행방법

데이터 편집기에서 '메뉴 → 회귀분석 → 선형'을 누른다.

〈그림 10-38〉 다변인 회귀분석 실행 1

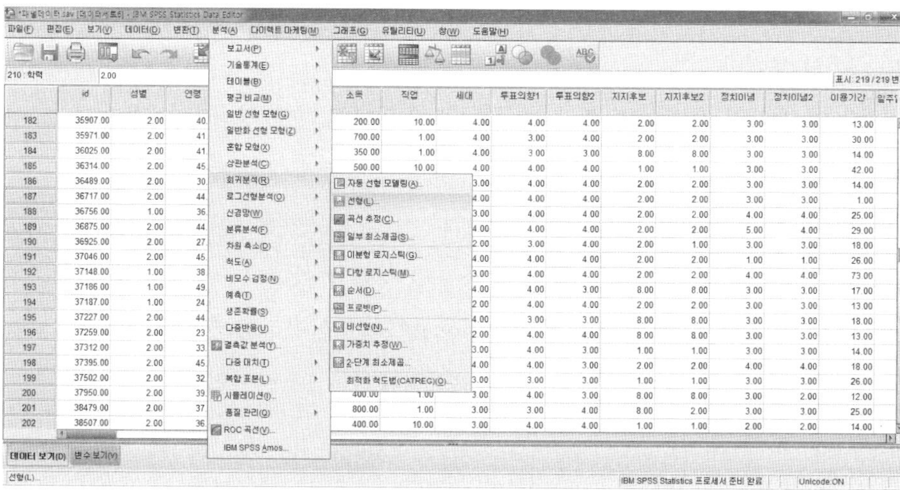

왼쪽 상자에서 여러 개의 독립변인과 하나의 종속변인을 오른쪽의 '독립변수' 상자와 '종속변수' 상자로 각각 이동시킨다.

〈그림 10-39〉 다변인 회귀분석 실행 2

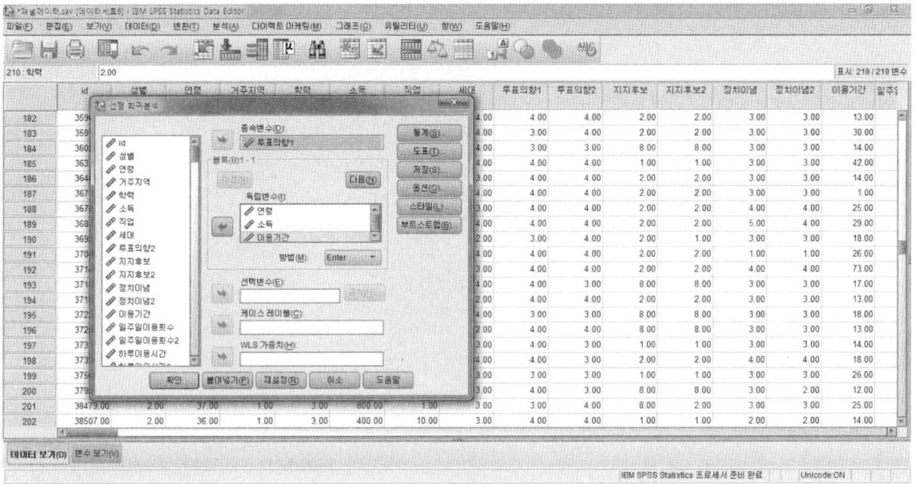

통계를 선택한 후 '추정값', '모형 적합', 'R 제곱 변화량', '기술통계', '공선성 진단', '케이스별 진단'을 체크한 후 계속을 누른다.

〈그림 10-40〉 다변인 회귀분석 실행 3

도표를 선택한 후 *ZRESID는 'Y' 상자로, *ZPRED는 'X' 상자로 이동시킨다. 표준화 잔차 도표에서 '히스토그램'과 '정규 확률 도표'를 체크한 후 계속을

누른다.

〈그림 10-41〉 다변인 회귀분석 실행 4

대화상자에서 확인을 누르면 다변인 회귀분석 결과가 제시된다.

〈그림 10-42〉 다변인 회귀분석 결과

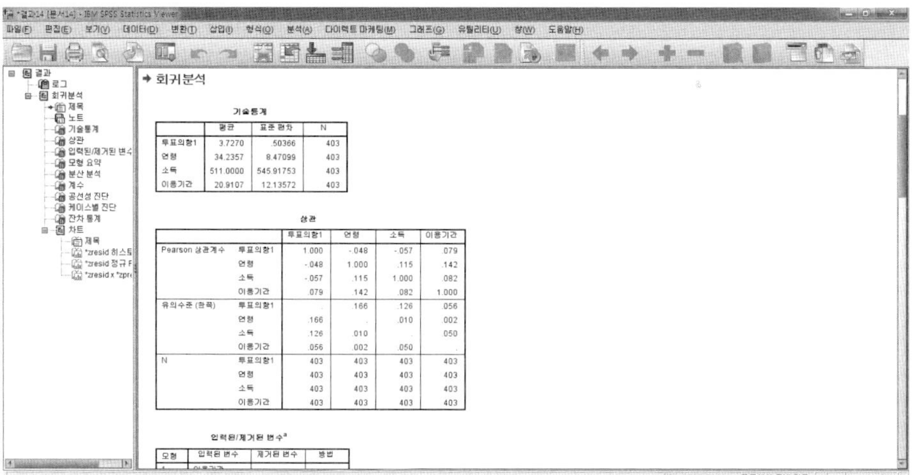

8. 경로분석(path analysis)

1) 경로분석 원리

경로분석은 등간척도 또는 비율척도로 측정된 여러 개의 외생변인(exogenous variable)이 등간척도 또는 비율척도로 측정된 여러 개의 내생변인(endogenous variable) 간의 인과관계를 검증하는 방법이다. 경로분석은 연구모형의 내부변인 수만큼 회귀분석을 실행한다.

회귀분석에서 인과관계는 독립변인과 종속변인으로 구분하지만 경로분석은 외생변인과 내생변인으로 구분한다. 그 이유는 경로분석은 여러 단계의 회귀분석이 실행되기 때문에 단계마다 변인의 역할이 달라진다. 예를 들어 3단계로 이루어진 경로분석의 경우 가운데 위치한 변인은 2단계에서 종속변인이지만 3단계에서는 독립변인이 된다. 모든 단계에서 항상 독립변인인 변인을 외생변인이라고 부르고 단계 마다 독립변인이나 종속변인이 되는 변인을 내생변인이라고 칭한다. 아래의 〈그림 10-43〉 경로모델은 한 개의 외생변인(연령)과 세 개의 내생변인(교육, 신문이용, 투표참여) 간의 인과관계를 세 단계로 표현한 사례이다.

〈그림 10-43〉 경로모델 사례

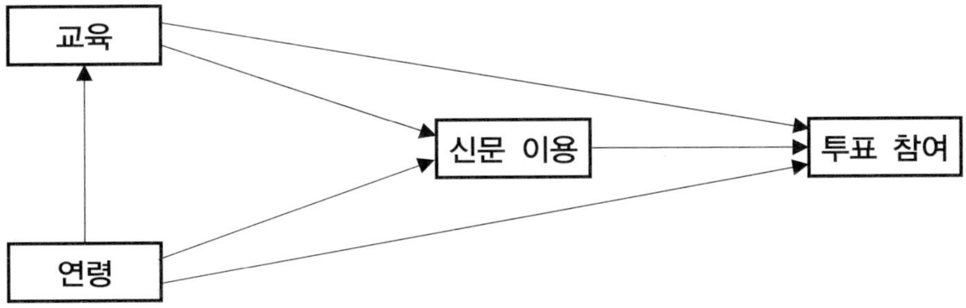

경로모델은 여러 개의 회귀분석을 합한 것이기 때문에 기본 논리는 회귀분석과 동일하다. 그러나 회귀분석은 독립변인이 종속변인에 미치는 직접적인 영향력만을 검증할 수 있는 반면, 경로분석은 변인들 간의 직접적인 영향력과 간접

적인 영향력, 그리고 이들을 합한 전체 영향력을 분석할 수 있기 때문에 인과관계를 정확하게 분석할 수 있다. 직접 효과계수(direct effect coefficient)란 외생변인이 내생변인 또는 내생변인이 내생변인에게 직접적으로 미치는 영향이며, 간접 효과계수(indirect effect coefficient)는 외생변인으로부터 영향을 받은 내생변인이 다른 내생변인에게 간접적으로 미치는 영향이다. 직접 효과계수와 간접 효과계수를 합하면 한 변인이 다른 변인에게 미치는 전체 영향력인 효과계수(effect coefficient)를 알 수 있다.

2) 경로분석(path analysis) SPSS 실행방법

경로분석 1단계를 위해 데이터 편집기에서 '메뉴 → 회귀분석 → 선형'을 누른다.

〈그림 10-44〉 경로분석 실행 1

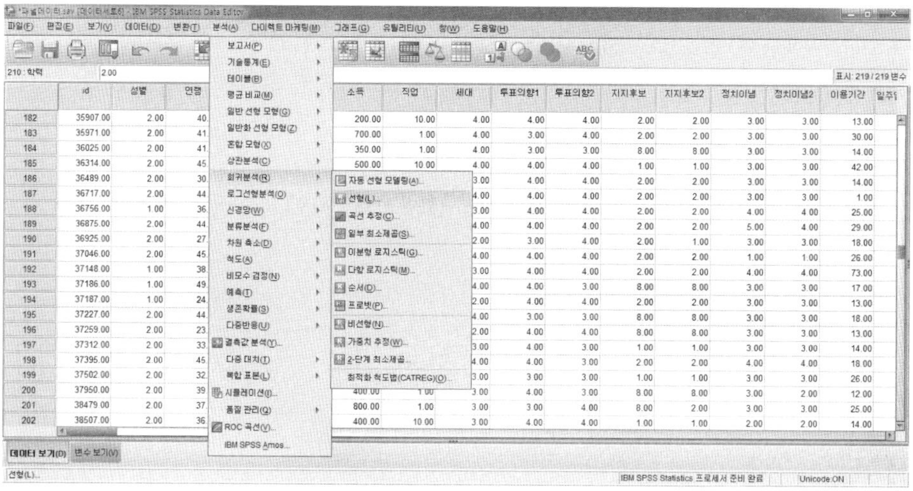

도구상자가 나타나면 경로 1단계의 독립변인을 오른쪽 '독립변수' 상자로 이동한다. 종속변인도 오른쪽 '종속변수' 상자로 이동한다. 방법은 '입력(enter)'방식이 기본으로 되어 있다.

〈그림 10-45〉 경로분석 실행 2

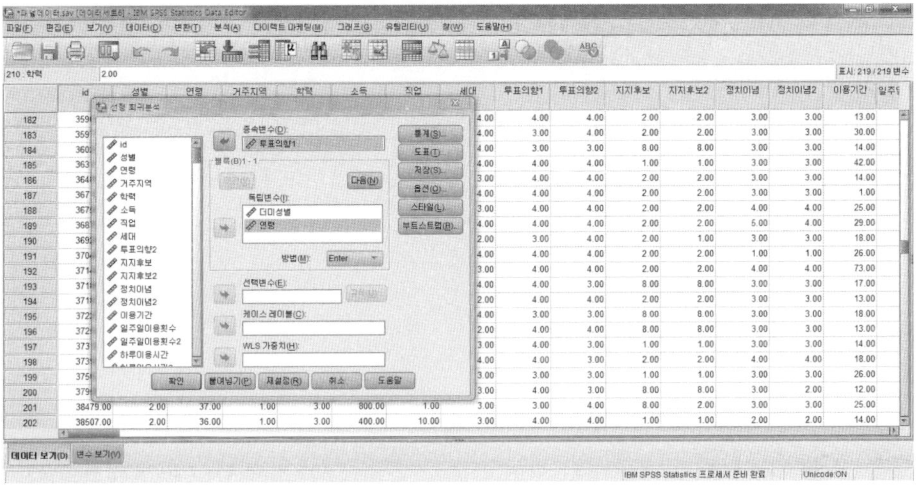

통계를 선택한 후 '추정값', '모형 적합', 'R 제곱 변화량', '기술통계'를 체크한 후 계속을 누른다.

〈그림 10-46〉 경로분석 실행 3

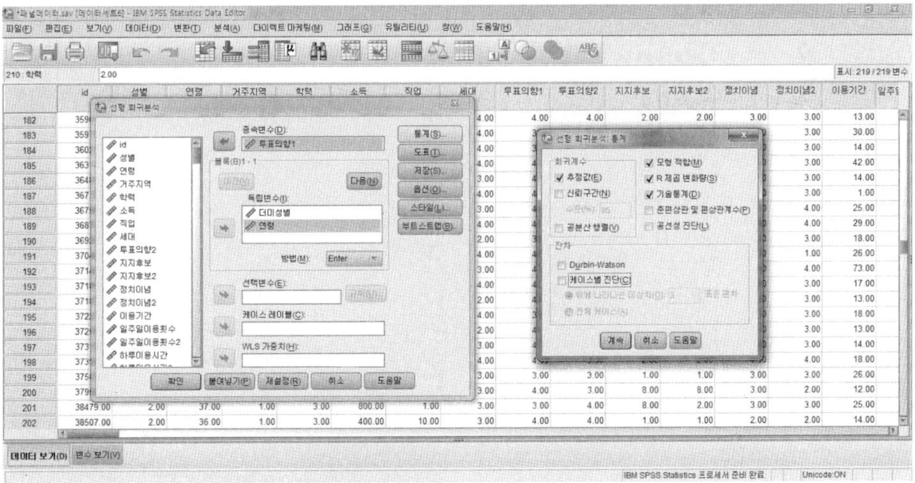

대화상자에서 확인을 누르면 경로분석 1단계 결과가 제시된다.

〈그림 10-47〉 경로분석 1단계 결과

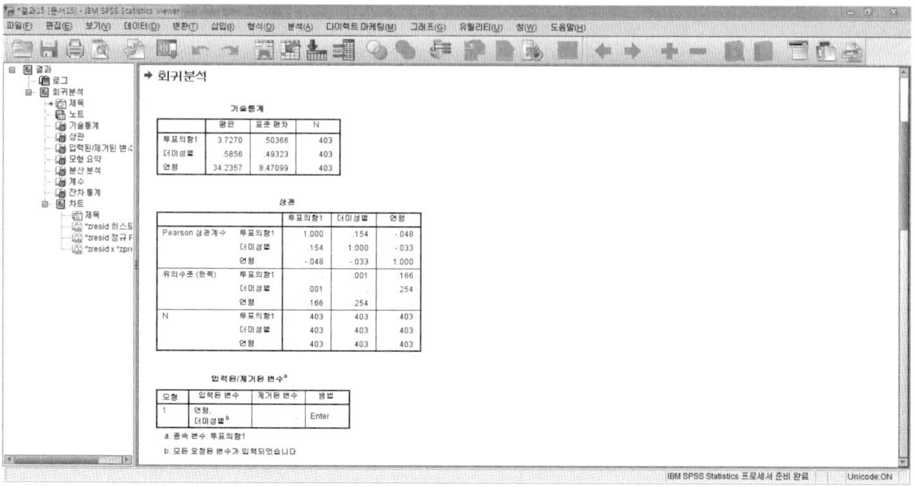

1단계와 마찬가지로 데이터 편집기에서 '메뉴 → 회귀분석 → 선형'을 누른다. 도구상자가 나타나면 2단계 독립변인을 오른쪽의 '독립변수' 상자로 이동시킨다.

〈그림 10-48〉 경로분석 실행 4

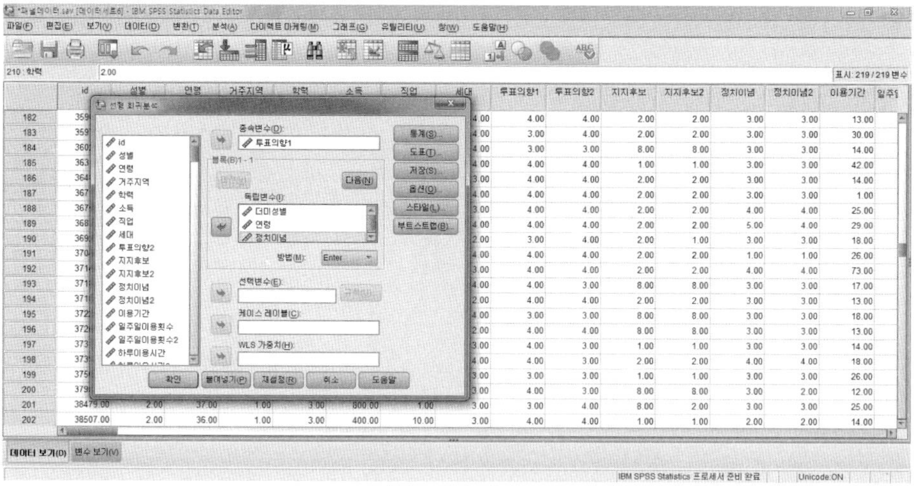

확인을 누르면 경로분석 2단계 결과가 제시된다.

〈그림 10-49〉 경로분석 2단계 결과

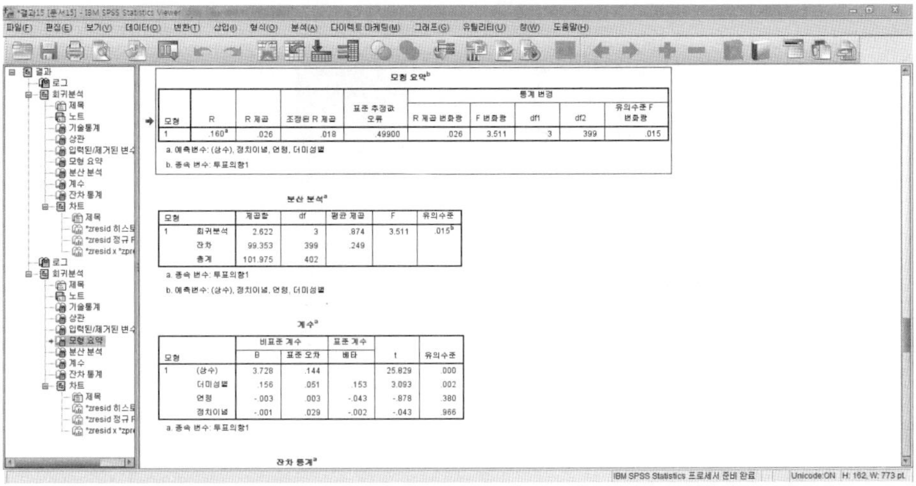

모형 요약[b]

모형	R	R 제곱	조정된 R 제곱	표준 추정값 오류	통계 변경				
					R 제곱 변화량	F 변화량	df1	df2	유의수준 F 변화량
1	.160[a]	.026	.018	.49900	.026	3.511	3	399	.015

a. 예측변수: (상수), 정치이념, 연령, 더미성별

b. 종속 변수: 투표의향1

분산 분석[a]

모형		제곱합	df	평균 제곱	F	유의수준
1	회귀분석	2.622	3	.874	3.511	.015[b]
	잔차	99.353	399	.249		
	총계	101.975	402			

a. 종속 변수: 투표의향1

b. 예측변수: (상수), 정치이념, 연령, 더미성별

계수[a]

모형		비표준 계수		표준 계수	t	유의수준
		B	표준 오차	베타		
1	(상수)	3.728	.144		25.829	.000
	더미성별	.156	.051	.153	3.093	.002
	연령	-.003	.003	-.043	-.878	.380
	정치이념	-.001	.029	-.002	-.043	.966

a. 종속 변수: 투표의향1

잔차 통계[a]

3) Amos를 이용한 경로분석 실행방법

경로분석은 구조방정식 모형(SEM: structural equation modeling)으로도 검증할 수 있다. 구조방정식 모형이란 변인들 간의 인과관계를 분석할 수 있는 통계방법이다. 본 서에서는 복잡한 구조방정식 프로그래밍을 손쉽게 그림으로 그려 분석하는 IBM Amos(이하 Amos)을 통한 경로분석 방법을 간단하게 소개한다. SPSS와 마찬가지로 Amos도 SPSS 한국지사 사이트(www.spss.co.kr)에서 체험판을 내려받을 수 있다. SPSS와 Amos프로그램은 서로 호환이 되기 때문에 SPSS프로그램에 저장된 데이터를 Amos프로그램에서 그대로 사용할 수 있다.

먼저 Amos Graphics를 실행한다.

〈그림 10-50〉 Amos 실행

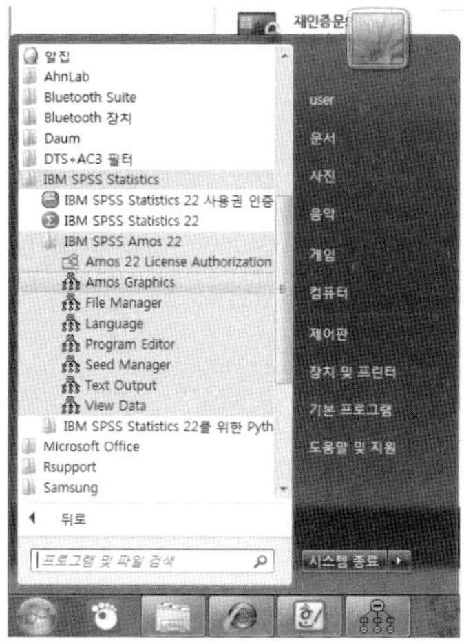

Amos를 실행하면 아래와 같은 화면이 나타난다. Amos 프로그램은 경로분석 모형을 그림을 그리듯이 설계할 수 있다. 화면의 상부에 파일 등 메뉴가 배치되어 있고, 왼쪽에 자주 사용하는 명령어들이 아이콘으로 제시되어 있다. 중앙의 하얀 부분을 도화지라고 이해하고 모형을 그려주면 된다.

〈그림 10-51〉 Amos 첫 화면

일반적으로 경로모형은 왼쪽에서 오른쪽으로 진행하도록 그려진다. 위 그림에서 가로로 정열되어 있어 모형을 그리기 부적합하다. 이를 해결하기 위해 상단의 메뉴에서 'View → Interface Properties'를 누른 후 Paper Size를 'A4'로 변경하고 단위를 'Centimeters'로 지정하고 Apply를 누른다.

〈그림 10-52〉 인터페이스 사이즈 변경

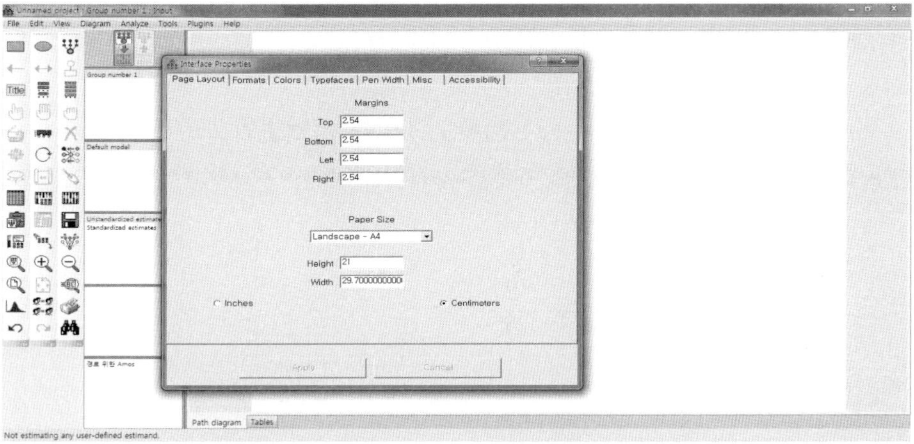

왼쪽 메뉴를 이용하여 경로모형을 그릴 수 있다. 직사각형은 관찰값을 의미하고 화살표는 인과관계, 포물선의 양쪽 화살표는 인과관계가 아닌 상관관계를 의미한다. 직사각형에 달린 원(옴)은 오차이다.

〈그림 10-53〉 경로모형 사례

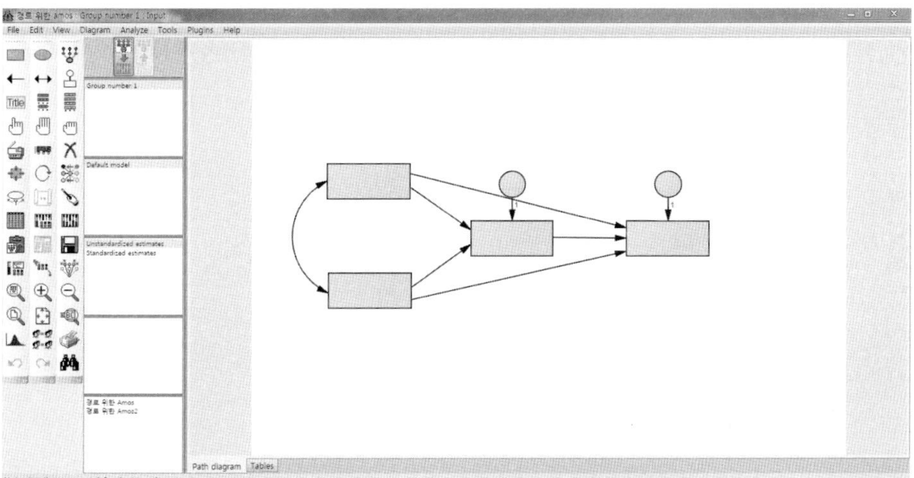

Amos의 장점 가운데 하는 SPSS 데이터를 사용할 수 있다는 것이다. 데이터를 입력하기 전 사용할 데이터를 선택해야 한다. 메뉴에서 'File → Select data'를 누르거나 왼쪽의 아이콘을 눌러 사용할 데이터를 선택하고 OK를 누른다. 이후 메뉴에서 'View → List variables in data set'를 누르거나 아이콘을 클릭하면 SPSS 데이터의 변인들이 나타난다.

〈그림 10-54〉 SPSS 데이터 불러오기

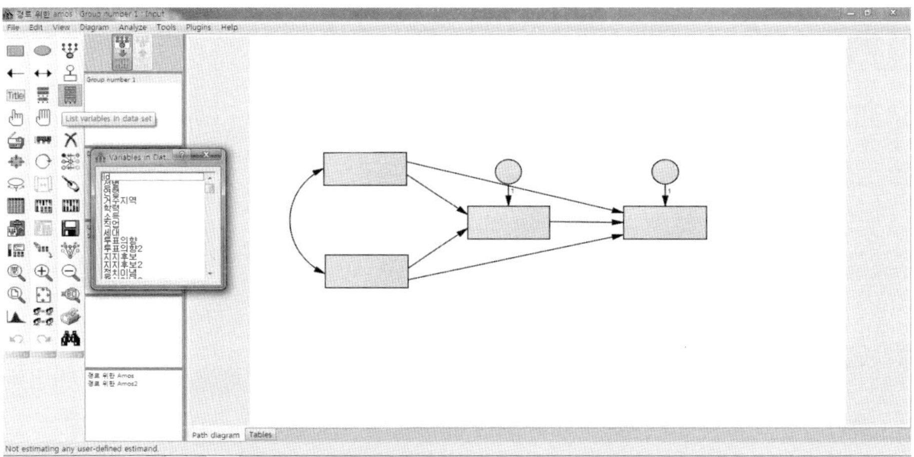

변인 목록에서 변인들을 경로모형에 드래그하면 데이터가 입력된다.

〈그림 10-55〉 SPSS 데이터 입력하기

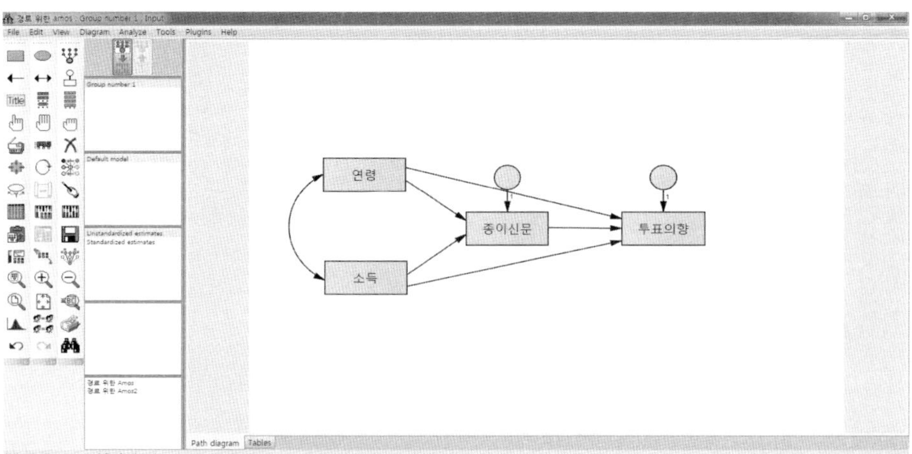

에러를 입력하기 위해 오차도형에서 마우스 오른쪽을 눌러 'Object Properties'를 선택한 후 'Variable name'에 'e1'을 입력한다. 이와 같은 과정을 모든 오차에서 순차적으로 반복한다. 이 때 같은 오차명을 가질 수 없기 때문에 e1, e2, e3 … 순으로 입력한다.

〈그림 10-56〉 에러 입력하기

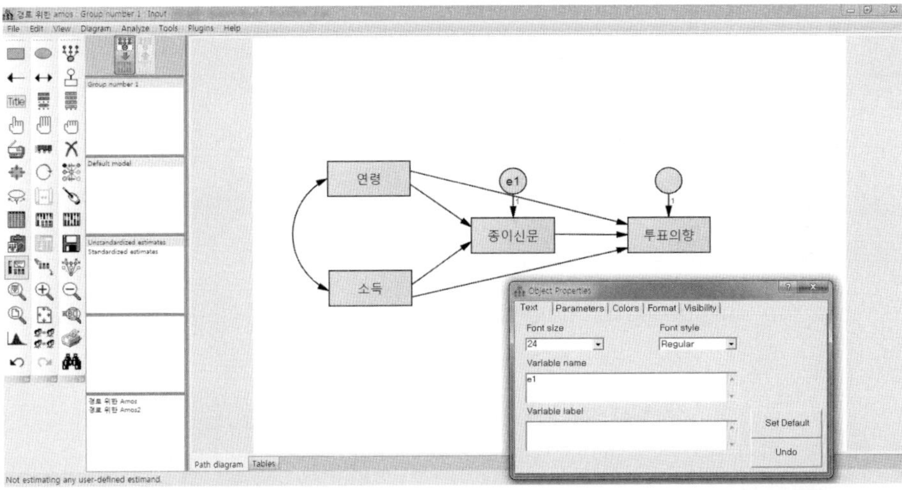

모든 값을 입력했다면 메뉴에서 'Analyze → Calculate Estimates'를 누르거나 왼쪽의 아이콘을 클릭한다. 만약 데이터에 결측이 있다면 에러가 발생하고 메시지가 제시된다. 이 경우 를 선택해 'Estimate means and inter-cepts'를 체크한 후 다시 계산하면 된다.

〈그림 10-57〉 결측 오류 해결방법

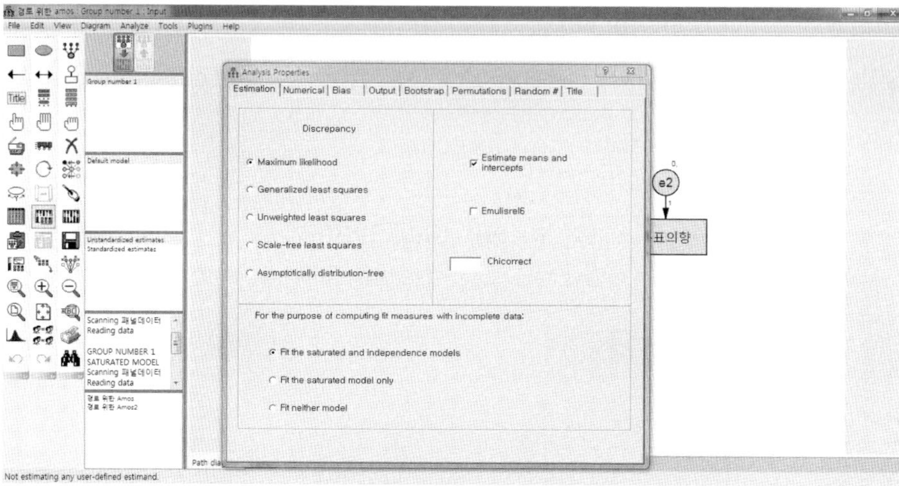

'View the output path diagram'을 누르면 구조방정식 결과가 제시된다.

〈그림 10-58〉 구조방정식 모형 결과

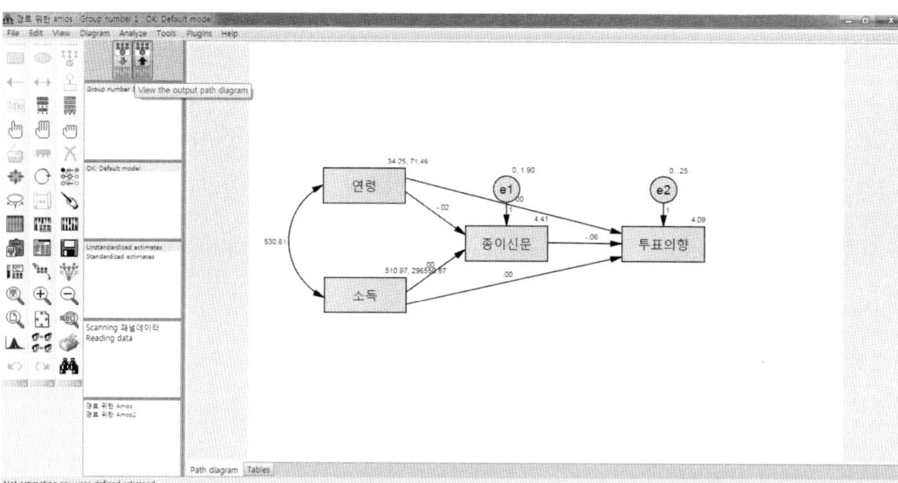

메뉴에서 'View → Text Output'을 선택하거나 왼쪽에서 ▦ 아이콘을 클릭하면 Amos output 창에서 모형 적합도나 결과값 등 다양한 값들이 제시된다.

〈그림 10-59〉 View Text

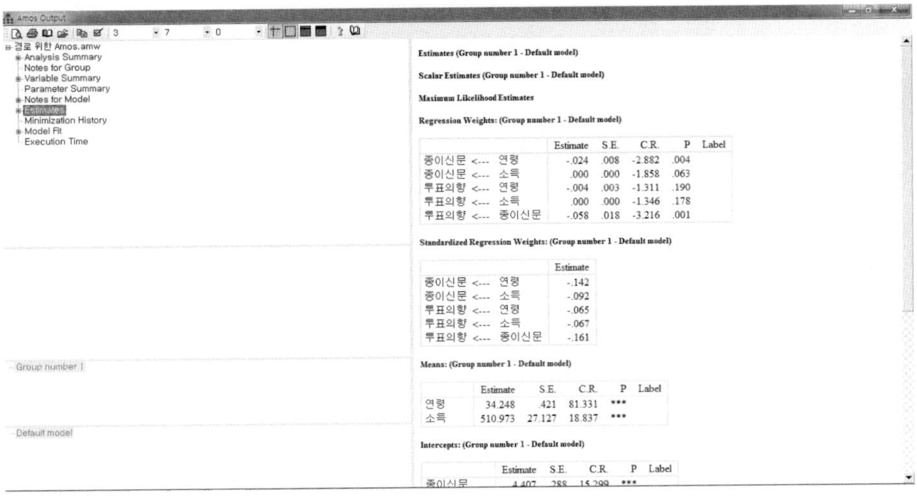

참고문헌

김경동, 이온죽 (1989). 『사회조사연구방법: 사회연구의 이론과 기법』. 서울: 박영사.

김광웅 (2013). 『방법론 강의: 기초 · 원리 · 응용』. 서울: 박영사.

김 구 (2011). 『사회과학 연구조사 방법론의 이해: 양적연구와 질적연구의 접근』. 2판 서울: 비앤엠북스.

김병섭 (2010). 『편견과 오류 줄이기』. 2판. 파주: 법문사.

김영석 (2000). 『사회조사방법론: SPSS WIN 통계분석』. 2판. 서울: 나남출판.

권혁남 (2014). 『미디어 정치 캠페인』. 서울: 커뮤니케이션북스.

신민철 (2007). 『사회연구방법의 기초』. 서울: 창민사.

오택섭 (1995). 『사회과학데이터 분석법』. 서울: 나남.

이명천, 김요한 (2014). 『SPSS를 이용한 사화과학통계』. 서울: 커뮤니케이션북스.

이무추 (2015). 『중국 시청자의 〈아빠! 어디가?〉 중국판 이용동기 및 만족에 관한 연구』. 전북대학교 석사학위 논문.

이영훈 (2012). 『이영훈 교수의 연구조사방법론』. 2판. 서울: 청람.

이종승 (2009). 『교육 · 심리 · 심리 연구방법론』. 파주: 교육과학사.

이주열, 이정환, 신승배 (2013). 『조사방법론』. 서울: 군자출판사.

이준웅 (2011). 전화 여론조사 방법 시대 안 맞는 허점 많다: 전화 여론조사 신뢰 추락 원인. 『신문과 방송』, 6월호, 22~31쪽.

차배근 (1983). 『사회통계방법』. 서울: 세영사.

차배근 (1985). 『사회통계방법론』. 서울: 세영사.

채구묵 (2005). 『사회보지조사방법론』. 파주: 양서원.

채서일 (2005). 『사회과학조사방법론』. 제3판. 서울: 비 · 앤 · 앰 · 북스.

최윤규 (2013). 중국 3대 언론매체의 한국관련 보도 행태 연구. 『언론과사회』,

제21권(2), 119~159쪽.

최현철 (2013). 『사회과학 통계분석』. 파주: 나남.

홍두승 (2000). 『사회조사분석』. 서울: 다산출판사.

Aaker, Kumar, Day & Leone (2011). 『Marketing research』. 10th ed. Hoboken: John Wiley & Sons.

Babbie, Earl (1983). 『Practice of social research』. 3th ed. California: Wadsworth Publishing Company.

Babbie, Earl (1998). 『Practice of social research』. 8th ed. Belmont: Wadsworth Publishing Company.

Babbie, Earl (2007). 『Practice of social research』. 11th ed. California: Thomson Wadsworth: 고성호 등 역. 『사회조사방법론』. 서울: 톰슨러닝.

Babbie, Earl (2013). 『Practice of social research』. 12th ed. California: Wadsworth. 고성호 등 역. 『사회조사방법론』. 서울: 센게이지 러닝 코리아.

Bogardus, E. S. (1933). A social distance scale. 『Sociology & Social Research』, 17, 265-271.

Campbell, Donald Thomas & Stanley, Julian C. (1966). 『Experimental and quasi-experimental designs for research』. Chicago: Rand McNally.

Durkheim, David Émile (1897). 『La Suicide』.

Frankfort-Nachmias, Chava & Nachmias, David (1992). 『Research methods in the social sciences』. 4th ed. Great Britain. Sevenoaks: St. Martin's Press, Inc.

Hayes, F. Andrew (2005). 『Statistical methods for communication science』. Lawrence Erlbaum Associates. 류성진 역 (2011). 『커뮤니케이션 통계방법론』. 서울: 커뮤니케이션북스.

Kerlinger, Fred N. (1973). 『Foundations of behavioral research』. 2th ed. New York: Holt, Rinehart and Winston.

Lazarsfeld, P. F., Berelson, B. & Gaudet, H. (1948). 『The people's choice: How the voter make up his mind in a presidential campaign』. 2th ed. New York: Columbia University Press.

Lassen D. D. & Serritzlew, S. (2011). Jurisdiction size and local democracy: evidence on internal political efficacy from large-scale municipal reform. American Political Science Review, 105(2), 238-258.

Malhotra, Naresh K. (2012). 『Basic marketing research: Integration of social media』. 4th ed. New Jersey: Pearson education Inc.

Neuman, W. Lawrence (2000). 『Social research methods: Qualitative and quantitative approaches』. 4th ed. MA: Allyn & Bacon.

Osgood, Suci & Tannenbaum (1957). 『The measurement of meaning』. Urbana: University of Illinois Press.

Riffe, D., Lancy, S., & Fico, F. G. (1998). 『Analyzing media messages: Using Quantitative Content Analysis in Research』. Mahwah: Lawrence Erlbaum Associates, Inc. 박영률 역 (2002). 『미디어 내용분석 방법론: 양적 분석을 중심으로』. 서울: 커뮤니케이션북스.

Wimmer, Roger D. & Dominick, Joseph R. (1994). 『Mass media research: An introduction』. 4th ed. Belmont: Wadsworth.

Wimmer, Roger D. & Dominick, Joseph R. (2004). 『Mass media research: An introduction』. 8th ed. Cengage Learning. 유재천 · 김동규 역 (2009). 『매스미디어 연구방법론』. 서울: 센게이지 러닝.

Wimmer, Roger D. & Dominick, Joseph R. (2014). 『Mass media research: An introduction』. 10th ed. Cengage Learning. 유재천 · 김동규 역 (2014). 『매스미디어 연구방법론』. 서울: 센게이지 러닝.

[부 록]

[부록 1] 난수표

11164	36318	75061	37674	26320	75100	10431	20418	19228	91792	21215
91791	76831	58678	87054	31687	93205	43685	19732	08468	10438	44482
66558	37649	08882	90870	12462	41810	01806	02977	36792	26236	33266
66583	60881	97395	20461	36742	02852	50564	73944	04773	12032	51414
82384	38370	00249	80709	72605	67497	49563	12872	14063	93104	78483
72717	68714	18048	25005	04151	64208	48237	41701	73117	33242	42314
83049	21933	92813	04763	51486	72875	38605	29341	80749	80151	33835
52602	79147	08868	99756	26360	64516	17971	48478	09610	04638	17141
09227	10606	71325	55217	13015	72907	00431	45117	33827	92873	02953
85474	65285	97198	12138	53010	94601	15838	16805	61004	43516	17020
17264	57327	38224	29301	31381	38109	34976	65692	98566	29550	95639
99754	31199	92558	68368	04985	51092	37780	40261	14479	61555	76404
86210	11808	12841	45147	97438	60022	12645	62000	78137	98768	04689
87130	79225	08153	84967	64539	79493	74917	62490	99215	84987	28759
19177	14733	24550	28067	68894	38490	24216	63444	21283	07044	92729
37284	13211	37485	10415	36457	16975	95428	33226	55903	31605	43817
22250	03918	46999	98501	59138	39542	71168	57609	91510	77904	74244
50940	31553	62562	29478	59652	50414	31966	87912	87154	12944	49862
96566	48825	96155	95009	27429	72918	08457	78134	48407	26061	58754
05326	29621	66583	62966	12468	20245	14015	04014	35713	03980	03024
12639	75291	71020	17265	41598	64074	64629	63293	53307	48766	14544
37134	54714	02401	63228	26831	19386	15457	17999	18306	83403	88827
09834	11333	68431	31706	26652	04711	34593	22561	67642	05204	30697
44806	96989	68403	85621	45556	35434	09532	64041	99011	14610	40273
09482	62864	01573	82274	81446	32477	17048	94523	97444	59904	16936
39384	97551	09620	63932	03091	93039	89416	52795	10631	09728	68202
20963	02477	55494	39563	82244	34392	96607	17220	51984	10753	76272
50985	97593	34320	96990	55244	70693	25255	40029	23289	48819	07159
60172	81697	09119	74803	97303	88701	51380	73143	98251	78635	27556
20712	57666	41204	47589	78364	38266	94393	70713	53388	79865	92069
46492	61594	26729	58272	81754	14648	77210	12923	53712	87771	08433
19172	08320	20839	13715	10597	17234	39355	74816	03363	10011	75004
86054	41190	10061	19660	03500	68412	57812	57929	92420	65431	16530
05547	10683	88102	30176	84750	10115	69220	35542	55865	07304	47010
43233	57022	52161	82976	47981	46588	86595	26247	18552	29491	33712
32285	64844	69395	41387	87195	72115	34985	58036	99137	47482	06204
24138	24272	16196	04393	07428	58863	96023	88936	51343	70958	96768
74317	27176	29600	35379	27922	28906	55013	26937	48174	04197	36074
65315	12537	10982	22807	10920	26299	23593	64629	57801	10437	43965

난수표(계속)

15344	90127	33341	77806	12446	15444	49244	47277	11346	15884	28131
63002	12990	23510	68774	48983	20481	59815	67248	17076	78910	40779
86382	48454	65269	91239	45989	45389	54847	77919	41105	43216	12608
18167	84631	94058	82458	15139	76856	86019	47928	96167	64375	74108
93643	09204	98855	59051	56492	11933	64958	70975	62693	35684	72607
23026	37004	32989	24843	01128	74658	85812	61875	23570	75754	29090
40264	80399	47254	40135	69916	40603	16152	83235	37361	98783	24838
39793	80954	76865	32713	40941	53585	69958	60916	71018	90561	84505
53980	64735	85140	73505	83472	55953	17957	11446	22618	34771	25777
27064	13526	39412	16013	11442	89320	11307	49396	39805	12249	57656
88686	57994	76748	54627	48511	78646	33287	35524	54522	08795	56273
61834	59199	15469	82285	84164	91333	90954	87186	31598	25942	91402
77227	79516	21007	58602	81418	87838	18443	76162	51146	58299	83880
20125	10794	37780	61705	18276	99041	78135	99661	40684	99948	33880
76413	63839	71371	32392	51812	48248	96419	75978	64298	08074	62055
73864	01926	78374	15741	74452	49954	34556	39861	88267	76068	62445
64361	78685	24246	27027	48239	65990	57048	25067	77571	77974	37634
81564	98608	37224	49848	16381	15069	25416	87875	90374	86203	29677
82543	37554	89179	52458	88880	78352	67913	09245	47773	51272	06976
99571	33365	33007	85607	92008	44897	24964	50559	79549	85658	96865
24186	38712	31512	08588	61490	72294	42862	87334	05866	66269	43158
58722	03678	19186	69602	34625	75958	56869	17907	81867	11535	26188
69497	51351	47799	20477	71786	52560	66827	79419	70886	12893	54048
07255	86149	99090	70958	50775	31768	52903	27645	33186	81346	85095
37282	85536	72661	32180	40229	19209	74939	79893	29448	88392	54211
61708	83452	61227	81690	42265	20310	48449	15102	44126	19438	23382
14985	37538	30120	82443	11152	94205	04259	68983	50561	06902	10269
22216	70210	60736	58772	38648	09278	81313	77400	41126	52614	93613
27263	99381	49500	04292	46028	75666	26954	34979	68381	45154	09314
81009	05114	17026	49737	85875	12139	59391	81830	30185	83095	78752
40899	48070	76848	02531	97737	10151	18169	31709	74842	85522	74092
30159	95450	83778	46115	99178	97718	98440	15076	21199	20492	12148
92231	31361	60650	54695	30035	22765	91386	70399	79270	73838	77067
24863	97576	01139	54219	02959	45696	98103	78867	73547	43759	95632
39555	74391	07579	69491	02647	17050	49869	07277	93217	79421	21769
83572	48019	17327	99638	87035	89300	65128	48334	07493	28098	52087
55519	83718	60904	48721	17522	38716	61380	60212	05099	21210	22052
01780	36813	19528	07727	31921	76458	73720	08657	74922	61335	41690
41967	50691	30508	57238	27464	61487	52329	26150	79991	64398	91273

〔부록 2〕 정규분포곡선 아래에서 면적 비율

z	+0.00	+0.01	+0.02	+0.03	+0.04	+0.05	+0.06	+0.07	+0.08	+0.09
0.0	0.00000	0.00399	0.00798	0.01197	0.01595	0.01994	0.02392	0.02790	0.03188	0.03586
0.1	0.03980	0.04380	0.04776	0.05172	0.05567	0.05966	0.06360	0.06749	0.07142	0.07535
0.2	0.07930	0.08317	0.08706	0.09095	0.09483	0.09871	0.10257	0.10642	0.11026	0.11409
0.3	0.11791	0.12172	0.12552	0.12930	0.13307	0.13683	0.14058	0.14431	0.14803	0.15173
0.4	0.15542	0.15910	0.16276	0.16640	0.17003	0.17364	0.17724	0.18082	0.18439	0.18793
0.5	0.19146	0.19497	0.19847	0.20194	0.20540	0.20884	0.21226	0.21566	0.21904	0.22240
0.6	0.22575	0.22907	0.23237	0.23565	0.23891	0.24215	0.24537	0.24857	0.25175	0.25490
0.7	0.25804	0.26115	0.26424	0.26730	0.27035	0.27337	0.27637	0.27935	0.28230	0.28524
0.8	0.28814	0.29103	0.29389	0.29673	0.29955	0.30234	0.30511	0.30785	0.31057	0.31327
0.9	0.31594	0.31859	0.32121	0.32381	0.32639	0.32894	0.33147	0.33398	0.33646	0.33891
1.0	0.34134	0.34375	0.34614	0.34849	0.35083	0.35314	0.35543	0.35769	0.35993	0.36214
1.1	0.36433	0.36650	0.36864	0.37076	0.37286	0.37493	0.37698	0.37900	0.38100	0.38298
1.2	0.38493	0.38686	0.38877	0.39065	0.39251	0.39435	0.39617	0.39796	0.39973	0.40147
1.3	0.40320	0.40490	0.40658	0.40824	0.40988	0.41149	0.41308	0.41466	0.41621	0.41774
1.4	0.41924	0.42073	0.42220	0.42364	0.42507	0.42647	0.42785	0.42922	0.43056	0.43189
1.5	0.43319	0.43448	0.43574	0.43699	0.43822	0.43943	0.44062	0.44179	0.44295	0.44408
1.6	0.44520	0.44630	0.44738	0.44845	0.44950	0.45053	0.45154	0.45254	0.45352	0.45449
1.7	0.45543	0.45637	0.45728	0.45818	0.45907	0.45994	0.46080	0.46164	0.46246	0.46327
1.8	0.46407	0.46485	0.46562	0.46638	0.46712	0.46784	0.46856	0.46926	0.46995	0.47062
1.9	0.47128	0.47193	0.47257	0.47320	0.47381	0.47441	0.47500	0.47558	0.47615	0.47670
2.0	0.47725	0.47778	0.47831	0.47882	0.47932	0.47982	0.48030	0.48077	0.48124	0.48169
2.1	0.48214	0.48257	0.48300	0.48341	0.48382	0.48422	0.48461	0.48500	0.48537	0.48574
2.2	0.48610	0.48645	0.48679	0.48713	0.48745	0.48778	0.48809	0.48840	0.48870	0.48899
2.3	0.48928	0.48956	0.48983	0.49010	0.49036	0.49061	0.49086	0.49111	0.49134	0.49158
2.4	0.49180	0.49202	0.49224	0.49245	0.49266	0.49286	0.49305	0.49324	0.49343	0.49361
2.5	0.49379	0.49396	0.49413	0.49430	0.49446	0.49461	0.49477	0.49492	0.49506	0.49520
2.6	0.49534	0.49547	0.49560	0.49573	0.49585	0.49598	0.49609	0.49621	0.49632	0.49643
2.7	0.49653	0.49664	0.49674	0.49683	0.49693	0.49702	0.49711	0.49720	0.49728	0.49736
2.8	0.49744	0.49752	0.49760	0.49767	0.49774	0.49781	0.49788	0.49795	0.49801	0.49807
2.9	0.49813	0.49819	0.49825	0.49831	0.49836	0.49841	0.49846	0.49851	0.49856	0.49861
3.0	0.49865	0.49869	0.49874	0.49878	0.49882	0.49886	0.49889	0.49893	0.49896	0.49900

〔부록 3〕 χ^2 분포

DF	유의수준							
	0.20	0.10	0.05	0.02	0.01	0.005	0.002	0.001
1	1.642	2.706	3.841	5.412	6.635	7.879	9.550	10.828
2	3.219	4.605	5.991	7.824	9.210	10.597	12.429	13.816
3	4.642	6.251	7.815	9.837	11.345	12.838	14.796	16.266
4	5.989	7.779	9.488	11.668	13.277	14.860	16.924	18.467
5	7.289	9.236	11.070	13.388	15.086	16.750	18.907	20.515
6	8.558	10.645	12.592	15.033	16.812	18.548	20.791	22.458
7	9.803	12.017	14.067	16.622	18.475	20.278	22.601	24.322
8	11.030	13.362	15.507	18.168	20.090	21.955	24.352	26.124
9	12.242	14.684	16.919	19.679	21.666	23.589	26.056	27.877
10	13.442	15.987	18.307	21.161	23.209	25.188	27.722	29.588
11	14.631	17.275	19.675	22.618	24.725	26.757	29.354	31.264
12	15.812	18.549	21.026	24.054	26.217	28.300	30.957	32.909
13	16.985	19.812	22.362	25.472	27.688	29.819	32.535	34.528
14	18.151	21.064	23.685	26.873	29.141	31.319	34.091	36.123
15	19.311	22.307	24.996	28.259	30.578	32.801	35.628	37.697
16	20.465	23.542	26.296	29.633	32.000	34.267	37.146	39.252
17	21.615	24.769	27.587	30.995	33.409	35.718	38.648	40.790
18	22.760	25.989	28.869	32.346	34.805	37.156	40.136	42.312
19	23.900	27.204	30.144	33.687	36.191	38.582	41.610	43.820
20	25.038	28.412	31.410	35.020	37.566	39.997	43.072	45.315
21	26.171	29.615	32.671	36.343	38.932	41.401	44.522	46.797
22	27.301	30.813	33.924	37.659	40.289	42.796	45.962	48.268
23	28.429	32.007	35.172	38.968	41.638	44.181	47.391	49.728
24	29.553	33.196	36.415	40.270	42.980	45.559	48.812	51.179
25	30.675	34.382	37.652	41.566	44.314	46.928	50.223	52.620
26	31.795	35.563	38.885	42.856	45.642	48.290	51.627	54.052
27	32.912	36.741	40.113	44.140	46.963	49.645	53.023	55.476
28	34.027	37.916	41.337	45.419	48.278	50.993	54.411	56.892
29	35.139	39.087	42.557	46.693	49.588	52.336	55.792	58.301
30	36.250	40.256	43.773	47.962	50.892	53.672	57.167	59.703
31	37.359	41.422	44.985	49.226	52.191	55.003	58.536	61.098
32	38.466	42.585	46.194	50.487	53.486	56.328	59.899	62.487
33	39.572	43.745	47.400	51.743	54.776	57.648	61.256	63.870
34	40.676	44.903	48.602	52.995	56.061	58.964	62.608	65.247
35	41.778	46.059	49.802	54.244	57.342	60.275	63.955	66.619
36	42.879	47.212	50.998	55.489	58.619	61.581	65.296	67.985
37	43.978	48.363	52.192	56.730	59.893	62.883	66.633	69.346
38	45.076	49.513	53.384	57.969	61.162	64.181	67.966	70.703
39	46.173	50.660	54.572	59.204	62.428	65.476	69.294	72.055
40	47.269	51.805	55.758	60.436	63.691	66.766	70.618	73.402

〔부록 4〕 t 분포

df	양방향 유의수준						
	0.20	0.10	0.05	0.02	0.01	0.002	0.001
	일방향 유의수준						
	0.1	0.05	0.025	0.01	0.005	0.001	0.0005
1	3.078	6.314	12.706	31.821	63.656	318.289	636.578
2	1.886	2.920	4.303	6.965	9.925	22.328	31.600
3	1.638	2.353	3.182	4.541	5.841	10.214	12.924
4	1.533	2.132	2.776	3.747	4.604	7.173	8.610
5	1.476	2.015	2.571	3.365	4.032	5.894	6.869
6	1.440	1.943	2.447	3.143	3.707	5.208	5.959
7	1.415	1.895	2.365	2.998	3.499	4.785	5.408
8	1.397	1.860	2.306	2.896	3.355	4.501	5.041
9	1.383	1.833	2.262	2.821	3.250	4.297	4.781
10	1.372	1.812	2.228	2.764	3.169	4.144	4.587
11	1.363	1.796	2.201	2.718	3.106	4.025	4.437
12	1.356	1.782	2.179	2.681	3.055	3.930	4.318
13	1.350	1.771	2.160	2.650	3.012	3.852	4.221
14	1.345	1.761	2.145	2.624	2.977	3.787	4.140
15	1.341	1.753	2.131	2.602	2.947	3.733	4.073
16	1.337	1.746	2.120	2.583	2.921	3.686	4.015
17	1.333	1.740	2.110	2.567	2.898	3.646	3.965
18	1.330	1.734	2.101	2.552	2.878	3.610	3.922
19	1.328	1.729	2.093	2.539	2.861	3.579	3.883
20	1.325	1.725	2.086	2.528	2.845	3.552	3.850
21	1.323	1.721	2.080	2.518	2.831	3.527	3.819
22	1.321	1.717	2.074	2.508	2.819	3.505	3.792
23	1.319	1.714	2.069	2.500	2.807	3.485	3.768
24	1.318	1.711	2.064	2.492	2.797	3.467	3.745
25	1.316	1.708	2.060	2.485	2.787	3.450	3.725
26	1.315	1.706	2.056	2.479	2.779	3.435	3.707
27	1.314	1.703	2.052	2.473	2.771	3.421	3.689
28	1.313	1.701	2.048	2.467	2.763	3.408	3.674
29	1.311	1.699	2.045	2.462	2.756	3.396	3.660
30	1.310	1.697	2.042	2.457	2.750	3.385	3.646
60	1.296	1.671	2.000	2.390	2.660	3.232	3.460
120	1.289	1.658	1.980	2.358	2.617	3.160	3.373
∞	1.282	1.645	1.960	2.326	2.576	3.091	3.291

〔부록 5〕 F 분포: 유의수준 .05

η_2	η_1								
	1	2	3	4	5	6	7	8	9
1	161.448	199.500	215.707	224583	230.162	233.986	236.768	238.883	240.543
2	18.513	19.000	19.164	19.247	19.296	19.330	19.353	19.371	19.385
3	10.128	9.552	9.277	9.117	9.013	8.941	8.887	8.845	8.812
4	7.709	6.944	6.591	6.388	6.256	6.163	6.094	6.041	5.999
5	6.608	5.786	5.409	5.192	5.050	4.950	4.876	4.818	4.772
6	5.987	5.143	4.757	4.534	4.387	4.284	4.207	4.147	4.099
7	5.591	4.737	4.347	4.120	3.972	3.866	3.787	3.726	3.677
8	5.318	4.459	4.066	3.838	3.687	3.581	3.500	3.438	3.388
9	5.117	4.256	3.863	3.633	3.482	3.374	3.293	3.230	3.179
10	4.965	4.103	3.708	3.478	3.326	3.217	3.135	3.072	3.020
11	4.844	3.982	3.587	3.357	3.204	3.095	3.012	2.948	2.896
12	4.747	3.885	3.490	3.259	3.106	2.996	2.913	2.849	2.796
13	4.667	3.806	3.411	3.179	3.025	2.915	2.832	2.767	2.714
14	4.600	3.739	3.344	3.112	2.958	2.848	2.764	2.699	2.646
15	4.543	3.682	3.287	3.056	2.901	2.790	2.707	2.641	2.588
16	4.494	3.634	3.239	3.007	2.852	2.741	2.657	2.591	2.538
17	4.451	3.592	3.197	2.965	2.810	2.699	2.614	2.548	2.494
18	4.414	3.555	3.160	2.928	2.773	2.661	2.577	2.510	2.456
19	4.381	3.522	3.127	2.895	2.740	2.628	2.544	2.477	2.423
20	4.351	3.493	3.098	2.866	2.711	2.599	2.514	2.447	2.393
21	4.325	3.467	3.072	2.840	2.685	2.573	2.488	2.420	2.366
22	4.301	3.443	3.049	2.817	2.661	2.549	2.464	2.397	2.342
23	4.279	3.422	3.028	2.796	2.640	2.528	2.442	2.375	2.320
24	4.260	3.403	3.009	2.776	2.621	2.508	2.423	2.355	2.300
25	4.242	3.385	2.991	2.759	2.603	2.490	2.405	2.337	2.282
26	4.225	3.369	2.975	2.743	2.587	2.474	2.388	2.321	2.265
27	4.210	3.354	2.960	2.728	2.572	2.459	2.373	2.305	2.250
28	4.196	3.340	2.947	2.714	2.558	2.445	2.359	2.291	2.236
29	4.183	3.328	2.934	2.701	2.545	2.432	2.346	2.278	2.223
30	4.171	3.316	2.922	2.690	2.534	2.421	2.334	2.266	2.211
40	4.085	3.232	2.839	2.606	2.449	2.336	2.249	2.180	2.124
60	4.001	3.150	2.758	2.525	2.368	2.254	2.167	2.097	2.040
120	3.920	3.072	2.680	2.447	2.290	2.175	2.087	2.016	1.959
∞	3.841	2.996	2.605	2.372	2.214	2.099	2.010	1.938	1.880

η_1 = (분자 자유도)

η_2 = 분모자유도

F분포: 유의수준 .05(계속)

η_2	η_1									
	10	12	15	20	24	30	40	60	120	∞
1	241.882	243.906	245.950	248.013	249.052	250.095	251.143	252.196	253.253	254.319
2	19.396	19.413	19.429	19.446	19.454	19.462	19.471	19.479	19.487	19.496
3	8.786	8.745	8.703	8.660	8.639	8.617	8.594	8.572	8.549	8.527
4	5.964	5.912	5.858	5.803	5.774	5.746	5.717	5.688	5.658	5.628
5	4.735	4.678	4.619	4.558	4.527	4.496	4.464	4.431	4.398	4.365
6	4.060	4.000	3.938	3.874	3.841	3.808	3.774	3.740	3.705	3.669
7	3.637	3.575	3.511	3.445	3.410	3.376	3.340	3.304	3.267	3.230
8	3.347	3.284	3.218	3.150	3.115	3.079	3.043	3.005	2.967	2.928
9	3.137	3.073	3.006	2.936	2.900	2.864	2.826	2.787	2.748	2.707
10	2.978	2.913	2.845	2.774	2.737	2.700	2.661	2.621	2.580	2.538
11	2.854	2.788	2.719	2.646	2.609	2.570	2.531	2.490	2.448	2.404
12	2.753	2.687	2.617	2.544	2.505	2.466	2.426	2.384	2.341	2.296
13	2.671	2.604	2.533	2.459	2.420	2.380	2.339	2.297	2.252	2.206
14	2.602	2.534	2.463	2.388	2.349	2.308	2.266	2.223	2.178	2.131
15	2.544	2.475	2.403	2.328	2.288	2.247	2.204	2.160	2.114	2.066
16	2.494	2.425	2.352	2.276	2.235	2.194	2.151	2.106	2.059	2.010
17	2.450	2.381	2.308	2.230	2.190	2.148	2.104	2.058	2.011	1.960
18	2.412	2.342	2.269	2.191	2.150	2.107	2.063	2.017	1.968	1.917
19	2.378	2.308	2.234	2.155	2.114	2.071	2.026	1.980	1.930	1.878
20	2.348	2.278	2.203	2.124	2.082	2.039	1.994	1.946	1.896	1.843
21	2.321	2.250	2.176	2.096	2.054	2.010	1.965	1.916	1.866	1.812
22	2.297	2.226	2.151	2.071	2.028	1.984	1.938	1.889	1.838	1.783
23	2.275	2.204	2.128	2.048	2.005	1.961	1.914	1.865	1.813	1.757
24	2.255	2.183	2.108	2.027	1.984	1.939	1.892	1.842	1.790	1.733
25	2.236	2.165	2.089	2.007	1.964	1.919	1.872	1.822	1.768	1.711
26	2.220	2.148	2.072	1.990	1.946	1.901	1.853	1.803	1.749	1.691
27	2.204	2.132	2.056	1.974	1.930	1.884	1.836	1.785	1.731	1.672
28	2.190	2.118	2.041	1.959	1.915	1.869	1.820	1.769	1.714	1.654
29	2.177	2.104	2.027	1.945	1.901	1.854	1.806	1.754	1.698	1.638
30	2.165	2.092	2.015	1.932	1.887	1.841	1.792	1.740	1.683	1.622
40	2.077	2.003	1.924	1.839	1.793	1.744	1.693	1.637	1.577	1.509
60	1.993	1.917	1.836	1.748	1.700	1.649	1.594	1.534	1.467	1.389
120	1.910	1.834	1.750	1.659	1.608	1.554	1.495	1.429	1.352	1.254
∞	1.831	1.752	1.666	1.571	1.517	1.459	1.394	1.318	1.221	1.000

F 분포: 유의수준 .01

η_2	η_1								
	1	2	3	4	5	6	7	8	9
1	4052.18	4999.50	5403.35	5624.58	5763.65	5858.98	5928.35	5981.07	6022.47
2	98.503	99.000	99.166	99.249	99.299	99.333	99.356	99.374	99.388
3	34.116	30.817	29.457	28.710	28.237	27.911	27.672	27.489	27.345
4	21.198	18.000	16.694	15.977	15.522	15.207	14.976	14.799	14.659
5	16.258	13.274	12.060	11.392	10.967	10.672	10.456	10.289	10.158
6	13.745	10.925	9.780	9.148	8.746	8.466	8.260	8.102	7.976
7	12.246	9.547	8.451	7.847	7.460	7.191	6.993	6.840	6.719
8	11.259	8.649	7.591	7.006	6.632	6.371	6.178	6.029	5.911
9	10.561	8.022	6.992	6.422	6.057	5.802	5.613	5.467	5.351
10	10.044	7.559	6.552	5.994	5.636	5.386	5.200	5.057	4.942
11	9.646	7.206	6.217	5.668	5.316	5.069	4.886	4.744	4.632
12	9.330	6.927	5.953	5.412	5.064	4.821	4.640	4.499	4.388
13	9.074	6.701	5.739	5.205	4.862	4.620	4.441	4.302	4.191
14	8.862	6.515	5.564	5.035	4.695	4.456	4.278	4.140	4.030
15	8.683	6.359	5.417	4.893	4.556	4.318	4.142	4.004	3.895
16	8.531	6.226	5.292	4.773	4.437	4.202	4.026	3.890	3.780
17	8.400	6.112	5.185	4.669	4.336	4.102	3.927	3.791	3.682
18	8.285	6.013	5.092	4.579	4.248	4.015	3.841	3.705	3.597
19	8.185	5.926	5.010	4.500	4.171	3.939	3.765	3.631	3.523
20	8.096	5.849	4.938	4.431	4.103	3.871	3.699	3.564	3.457
21	8.017	5.780	4.874	4.369	4.042	3.812	3.640	3.506	3.398
22	7.945	5.719	4.817	4.313	3.988	3.758	3.587	3.453	3.346
23	7.881	5.664	4.765	4.264	3.939	3.710	3.539	3.406	3.299
24	7.823	5.614	4.718	4.218	3.895	3.667	3.496	3.363	3.256
25	7.770	5.568	4.675	4.177	3.855	3.627	3.457	3.324	3.217
26	7.721	5.526	4.637	4.140	3.818	3.591	3.421	3.288	3.182
27	7.677	5.488	4.601	4.106	3.785	3.558	3.388	3.256	3.149
28	7.636	5.453	4.568	4.074	3.754	3.528	3.358	3.226	3.120
29	7.598	5.420	4.538	4.045	3.725	3.499	3.330	3.198	3.092
30	7.562	5.390	4.510	4.018	3.699	3.473	3.304	3.173	3.067
40	7.314	5.179	4.313	3.828	3.514	3.291	3.124	2.993	2.888
60	7.077	4.977	4.126	3.649	3.339	3.119	2.953	2.823	2.718
120	6.851	4.787	3.949	3.480	3.174	2.956	2.792	2.663	2.559
∞	6.635	4.605	3.782	3.319	3.017	2.802	2.639	2.511	2.407

η_1=(분자자유도)

η_2=분모자유도

F분포: 유의수준 .01(계속)

η_2	η_1									
	10	12	15	20	24	30	40	60	120	∞
1	6055.84	6106.32	6157.28	6208.73	6234.63	6260.64	6286.78	6313.03	6339.39	6365.87
2	99.399	99.416	99.433	99.449	99.458	99.466	99.474	99.482	99.491	99.501
3	27.229	27.052	26.872	26.690	26.598	26.505	26.411	26.316	26.221	26.126
4	14.546	14.374	14.198	14.020	13.929	13.838	13.745	13.652	13.558	13.463
5	10.051	9.888	9.722	9.553	9.466	9.379	9.291	9.202	9.112	9.020
6	7.874	7.718	7.559	7.396	7.313	7.229	7.143	7.057	6.969	6.880
7	6.620	6.469	6.314	6.155	6.074	5.992	5.908	5.824	5.737	5.650
8	5.814	5.667	5.515	5.359	5.279	5.198	5.116	5.032	4.946	4.859
9	5.257	5.111	4.962	4.808	4.729	4.649	4.567	4.483	4.398	4.311
10	4.849	4.706	4.558	4.405	4.327	4.247	4.165	4.082	3.996	3.909
11	4.539	4.397	4.251	4.099	4.021	3.941	3.860	3.776	3.690	3.602
12	4.296	4.155	4.010	3.858	3.780	3.701	3.619	3.535	3.449	3.361
13	4.100	3.960	3.815	3.665	3.587	3.507	3.425	3.341	3.255	3.165
14	3.939	3.800	3.656	3.505	3.427	3.348	3.266	3.181	3.094	3.004
15	3.805	3.666	3.522	3.372	3.294	3.214	3.132	3.047	2.959	2.868
16	3.691	3.553	3.409	3.259	3.181	3.101	3.018	2.933	2.845	2.753
17	3.593	3.455	3.312	3.162	3.084	3.003	2.920	2.835	2.746	2.653
18	3.508	3.371	3.227	3.077	2.999	2.919	2.835	2.749	2.660	2.566
19	3.434	3.297	3.153	3.003	2.925	2.844	2.761	2.674	2.584	2.489
20	3.368	3.231	3.088	2.938	2.859	2.778	2.695	2.608	2.517	2.421
21	3.310	3.173	3.030	2.880	2.801	2.720	2.636	2.548	2.457	2.360
22	3.258	3.121	2.978	2.827	2.749	2.667	2.583	2.495	2.403	2.305
23	3.211	3.074	2.931	2.781	2.702	2.620	2.535	2.447	2.354	2.256
24	3.168	3.032	2.889	2.738	2.659	2.577	2.492	2.403	2.310	2.211
25	3.129	2.993	2.850	2.699	2.620	2.538	2.453	2.364	2.270	2.169
26	3.094	2.958	2.815	2.664	2.585	2.503	2.417	2.327	2.233	2.131
27	3.062	2.926	2.783	2.632	2.552	2.470	2.384	2.294	2.198	2.097
28	3.032	2.896	2.753	2.602	2.522	2.440	2.354	2.263	2.167	2.064
29	3.005	2.868	2.726	2.574	2.495	2.412	2.325	2.234	2.138	2.034
30	2.979	2.843	2.700	2.549	2.469	2.386	2.299	2.208	2.111	2.006
40	2.801	2.665	2.522	2.369	2.288	2.203	2.114	2.019	1.917	1.805
60	2.632	2.496	2.352	2.198	2.115	2.028	1.936	1.836	1.726	1.601
120	2.472	2.336	2.192	2.035	1.950	1.860	1.763	1.656	1.533	1.381
∞	2.321	2.185	2.039	1.878	1.791	1.696	1.592	1.473	1.325	1.000

[찾아보기]

(ㄱ)

(ㄴ, ㄷ)

(ㄹ, ㅁ)

사회조사방법의 이해

– SPSS를 활용한 통계 분석 –

지은이 권혁남 · 최윤규
펴낸이 이남호
펴낸곳 소리내

초판 1쇄 인쇄 2015년 3월 6일
초판 1쇄 발행 2015년 3월 10일

주 소 전라북도 전주시 완산구 어진길 32 (풍남동2가)
내용문의 (063) 219-5321~2, 구입문의 (063) 219-5321~2
팩 스 (063) 219-5323
출판등록 2012년 8월 20일 제465-2012-000021호

* 소리내는 전북대학교 출판문화원의 브랜드 네임입니다.

값 18,000원

ISBN 978-89-98534-53-0 93310

이 도서의 국립중앙도서관 출판예정도서목록(CIP)은 서지정보유통지원시스템 홈페이지(http://seoji.nl.go.kr)와 국가자료공동목록시스템(http://www.nl.go.kr/kolisnet)에서 이용하실 수 있습니다.(CIP제어번호: CIP2015006028)